高等职业教育文秘类专业系列教材

办公室实务

第2版

主　编　张丽荣

副主编　孙静文　张静岩　陈　红

参　编　吴延钊　佟启玉　王　萌

机械工业出版社

本书以理论够用为度，突出实用与技能培养；根据秘书职业岗位和秘书工作技能的要求，设计了9个学习项目，包括概述、办公室环境管理、办公室时间管理、办公室用品管理、常规办公室工作、安全管理、信息工作、调研工作和会议工作，各项目间按照由简单到复杂的顺序安排教学内容。通过学习，学生适应社会的能力将得以增强，且具有秘书工作所需的知识、能力和素质，并能为其自身的可持续发展奠定良好的基础。本书在编写中注重挖掘一般知识内容与价值意蕴契合点，使教学内容与主流价值观同频共振，教学内容彰显时代性，同时在案例引用及点评上突出核心素质教育。

本书可作为高等职业文秘类专业的教材，也可作为在职秘书的参考读物。

本书配有电子课件等教师用配套教学资源，凡使用本书的教师均可登录机械工业出版社教育服务网 www.cmpedu.com 下载。咨询可致电：010-88379375，服务 QQ：945379158。

图书在版编目（CIP）数据

办公室实务 / 张丽荣主编．—2 版．—北京：机械工业出版社，2023.6（2025.1 重印）
高等职业教育文秘类专业系列教材
ISBN 978-7-111-73148-1

Ⅰ．①办… Ⅱ．①张… Ⅲ．①办公室工作－高等职业教育－教材
Ⅳ．① C931.4

中国国家版本馆 CIP 数据核字（2023）第 081213 号

机械工业出版社（北京市百万庄大街 22 号　邮政编码 100037）
策划编辑：乔　晨　　责任编辑：乔　晨　马新娟
责任校对：龚思文　葛晓慧　　封面设计：鞠　杨
责任印制：常天培

固安县铭成印刷有限公司印刷

2025 年 1 月第 2 版第 2 次印刷
184mm×260mm・17.25 印张・412 千字
标准书号：ISBN 978-7-111-73148-1
定价：49.00 元

电话服务	网络服务
客服电话：010-88361066	机　工　官　网：www.cmpbook.com
010-88379833	机　工　官　博：weibo.com/cmp1952
010-68326294	金　　书　　网：www.golden-book.com
封底无防伪标均为盗版	机工教育服务网：www.cmpedu.com

前言
Preface

文秘专业是一个具有鲜明职业性和应用性的专业，高职层次的教育目标应定位于主要为企业培养高技能应用型人才。我们走访了很多企业，和企业秘书一起探讨秘书的岗位工作。现代企业对秘书素质的要求越来越高，秘书工作内容不断拓展，为更好地适应秘书岗位需求，根据党的二十大报告提出的“落实立德树人根本任务”的要求，我们把立德树人的内容融入教材中，重新修订本教材。

本书主要有以下特点。

（1）编写结构新颖，实用性强。本书通过任务来引领教学内容，按照任务描述—任务分析—理论知识—任务实施—技能训练的体例进行编写，将秘书应掌握的知识和技能贯穿于每一个任务中，思路清晰，重点突出，简洁实用。

（2）重技能、轻理论，体现高职特色。本书强调“教、学、做”的统一，给教师以极大教学空间，能机动灵活地展开教学，比较适用于采用项目教学法、角色扮演法等能充分调动学生积极性的教学方法来更好地完成教学目标。

（3）注重素质教育，落实立德树人根本任务。党的二十大报告指出，培养造就大批德才兼备的高素质人才，是国家和民族长远发展大计。为全面贯彻党的教育方针，落实立德树人根本任务，教材在每一任务的学习目标中设置了素养目标，正文中配有“小案例”“素养案例”，注重用社会主义核心价值观铸魂育人，培养学生求真务实、勤俭节约的精神，提高学生的创新思维、法治思维，通过优秀案例传递榜样力量，增强学生的爱国情怀和社会责任感。

（4）配套资源丰富。本书配有案例库、试题库、课件库、课后技能训练答案库等资源，易于学生自学，能较好地满足教师教学的需要，实用性强。

本书由黑龙江农业工程职业学院张丽荣担任主编，负责全书的统稿工作。具体编写分工如下：张丽荣编写项目一、项目二，黑龙江农业工程职业学院孙静文编写项目六、项目九，黑龙江农业工程职业学院张静岩编写项目五，黑龙江农业工程职业学院陈红编写项目三，黑龙江农业工程职业学院吴延钊编写项目四，黑龙江农垦职业学院佟启玉编写项目七，黑龙江农业工程职业学院王萌编写项目八。本书力求吸收相关的前沿性研究成果，参考了诸多文献和书籍，在此一并向这些文献和书籍的作者致以深深的谢意！但因我们的水平所限，书中疏漏之处在所难免，敬请同仁批评指正。

本书配有电子课件等教师用配套教学资源，凡使用本书的教师均可登录机械工业出版社教育服务网 www.cmpedu.com 下载。咨询可致电：010-88379375，服务 QQ：945379158。

编　者

目录
Contents

项目一 / Project 1

01 概述

任务一　了解秘书工作

学习目标

知识目标

1. 了解秘书工作的含义和特征
2. 了解秘书工作的作用

能力目标

1. 掌握秘书工作的具体内容
2. 掌握秘书工作原则

素养目标

1. 明确秘书要遵纪守法，办事公道
2. 明确秘书要实事求是，准确客观

任务描述

一位条件优秀的年轻求职者，来到某公司应聘秘书一职。由于自身优势突出，他得以脱颖而出，接受总经理的面试。总经理见到他，愣了一下，随即做出惊讶的表情，从椅子上站起来，走上前紧握住求职者的双手不放，激动地说：“世界真是太小了，没想到在这里遇上你！上次我和家人在桂林游玩时，我的女儿不慎落水，幸亏你奋不顾身地将她救起。由于当时我比较激动，竟然忘记询问你的联系方式。今天总算找到你了，了却我的一桩心愿！”求职者开始听得一头雾水，后来很快意识到是总经理认错了人。

如果你是那位优秀的求职者，你会如何回答总经理?

任务分析

这是总经理精心设计的一项心理测试——制造一起莫须有的“救人”事件，以此来检验求职者。是实事求是地回答问题，还是顺水推舟应承下来，以便顺利就业，这不仅是求职面试，更是人生面试。

理论知识

一、秘书工作的含义和特征

秘书工作，顾名思义，就是指为实现秘书部门的基本职能而必须完成的具体工作。

秘书工作作为一种服务性工作，与其他职业在工作本质上有着明显的不同，它有着自身特有的本质属性。概括起来，秘书工作具有以下特点：辅助性、政策性、机要性、综合性和事务性。

（一）辅助性

在任何单位中，领导总是处于主导地位，秘书部门或秘书人员总是处于从属地位。秘书工作是随着领导工作的产生而产生，依照领导活动需求的变化而变化的。或者说，先有领导活动，才有为领导活动直接服务的秘书工作，离开了领导活动，就不存在独立的秘书工作。

秘书工作的辅助性具体表现在：其一，所有的现代秘书工作都要围绕领导工作展开，领导工作涉及哪里，秘书工作范围就要扩大或延伸到哪里。其二，现代秘书人员能参加领导班子的各种会议或共同研究问题，甚至有机会提出解决问题的方案，但秘书参加会议的主要责任是办理会议事务，要慎用发言权，无表决权，更无决定权。其三，现代秘书人员在处理问题时，只能遵循领导的意图和指示精神，不能超越职权范围自作主张，自行其是。秘书部门或秘书人员的从属地位决定了秘书工作的性质，即对领导工作的辅助，这也是为什么过去人们称秘书工作是“幕后”工作。现代秘书工作，要求秘书人员要正确认识和处理被动性与主动性的统一，充分发挥秘书人员在工作中的创造精神和主观能动性，在被动中寻求主动，从而把工作做得更好，但这绝不是鼓励秘书上台扮主角，即便走到台前，仍然是做参谋性、助手性工作。

秘书工作的辅助性要求秘书人员必须摆正与领导的关系，任何情况下都不能越权行事。切记只有领导才有决策权和指挥权，秘书只能给领导当参谋和助手，按照领导的授权和旨意开展工作，提供辅助性服务，决不能代替领导决断和指挥。

小案例

由于某公司总经理的妻子临时出国，这些天他下班后要去幼儿园接女儿回家。这天，外地来了一个大客户，他与客户谈到下午快四点都没有谈完，谈完后还得宴请对方，此时他似乎完全把去幼儿园接女儿的事给忘了。面对这种情况，作为他的秘书应该如何处理？

分析：上司是因为工作忘记了去接自己的女儿，作为辅助上司工作的秘书，应该主动为上司分忧，可以提醒上司，别忘了去接孩子，易于领导更好地完成工作。

（二）政策性

秘书工作具有很强的政策性，秘书部门的很多工作都关系到党和国家的方针政策。首先办文就是政策性很强的工作，不少文件本身就是发布政策或解释政策的，因此撰拟文件要符合国家的法律、法规和方针、政策及有关规定。信息、督查、协调、会务、调研等工作都是为了更好地辅助决策的制定与实施，这些都是围绕着贯彻执行党和国家的方针政策进行的。

秘书工作的政策性要求秘书人员必须具有较高的理论水平和政策水平，善于把党的方针政策和本地区、本部门、本单位的实际工作相结合，这样才能做好秘书工作。

（三）机要性

机要是指机密而重要。

秘书工作的机要性，是由秘书部门处于领导中枢的辅助地位决定的。这具体表现在：

其一，秘书部门是公文处理的主管部门，是文电的集散地，而文电是国家秘密事项的重要载体。其二，秘书人员作为领导的参谋和助手，贴近领导，直接参与领导层的会议和一些重要活动，接触机密多。其三，秘书部门是信息的综合处理部门，多渠道的信息在秘书部门集中，其中必然包括一些秘密事项。

秘书是领导身边的参谋助手，秘书部门是最贴近领导中枢的部分，秘书工作就是辅助领导进行管理决策和公务活动，所以秘书必须了解和掌握领导的工作范围，甚至在必要的时候，代替领导临时实施管理和开展公务活动，这就决定了秘书工作的机要性所在。

（四）综合性

秘书工作的综合性是由领导工作的综合性和秘书部门在组织内部的职责分工决定的。这具体表现在：首先，秘书人员是领导的“左右手”，秘书部门是综合办事部门，秘书的工作是为领导工作服务的。凡是领导所涉及的工作范围，秘书工作都要涉及，因此秘书工作内容和活动方式必然涉及领导工作的各个方面，具有鲜明的综合性。其次，秘书工作的内容涉及本组织的全部工作。相比而言，其他职能部门的业务比较单一，一般只负责某一方面的工作，各司其职，各负其责，唯有秘书部门的工作范围覆盖组织全部工作，它虽然并不分管某一方面的具体业务，却要和各职能部门发生经常的联系，要综合处理来自各部门、各方面的信息，要了解各个部门、各个方面的工作情况，要综合协调各部门、各方面的关系，还要处理机关的许多行政杂务，因此其工作具有全面性和复杂性。

秘书工作的综合性，要求秘书人员应具备较广的知识面和多方面的技能，善于从领导的角度观察问题，熟悉各职能部门的业务，这样才能更好地为领导和组织提供综合服务。

（五）事务性

处理大量繁杂、具体的日常事务，是秘书工作的重要内容，诸如接待客人、随从领导出访、接听电话、管理印信、安排值班等，不仅范围广，而且难度大，它涉及机关和企事业单位的各个方面，既是磨炼秘书能力的重要途径，也是秘书人员有效辅助领导工作的基础。

秘书工作的事务性，要求秘书人员要充分认识事务性工作的重要意义，积极主动地承担繁重而琐碎的事务，努力为领导的决策和管理提供良好的条件。

二、 秘书工作的内容和作用

（一）秘书工作的内容

1. 办公室环境管理

对办公室自然环境加以合理的设计、控制和组织，使其达到最优状态。

2. 办公室时间管理

能够科学合理地进行时间管理，提高工作效率，能正确编制工作日志，并且能够安排会议流程。

3. 办公室用品管理

它包括常用办公设备管理和办公资源采购与管理。

4. 常规办公室工作

秘书部门承担了企业的日常事务处理，主要包括电话通信、单位印章和介绍信的管理、邮件处理、商务旅行、后勤管理、对公务活动中的各类客人和来访者的迎送、接洽和招待活动等工作。处理好事务性工作，是保证企业工作顺利进行的重要环节。

5. 安全管理

在节假日安排值班工作，对文书、会议、通信、人事以及计算机网络信息等采取的保密手段和措施。

6. 信息工作

信息工作包括对各种信息进行收集、筛选、整理、加工、使用、反馈以及编印信息刊物等。秘书部门是企业、单位信息网络的中心，是领导了解和掌握信息的主渠道。作为科学决策和科学管理的基础，能否向领导提供及时、准确、全面的信息服务，是秘书部门的重要职责。

7. 调研工作

调查研究是秘书部门的经常性工作。秘书部门不仅要通过经常性的调查研究活动，以谙熟本地区、本单位、本部门的情况，而且还要围绕本单位一个时期的中心任务，开展政策性、专项性的调查研究。企业的秘书部门则更应注重市场情况的调查与分析，从而为领导决策提供科学的依据。秘书部门的调查研究工作是秘书辅助决策、当好领导参谋助手的重要前提。

8. 会务工作

会务工作是指直接为召开会议或举行集会服务的工作，包括会前的准备与筹划、会间的组织与调度以及会后的整理服务工作。作为秘书部门的一项基础工作，会务工作应力求周密、高效与安全。

9. 文书及档案管理工作

文书及档案管理工作包括文稿撰拟工作、文书处理工作、档案管理工作三部分。文稿撰拟工作主要指各类文稿的起草、修改、审核和校对工作；文书处理工作主要指公文（含非公文的其他公务文书）从收发到归档或销毁全过程的处理工作，包括各类文件、电报、信函等的收发、打印、传递、登记、办理、立卷、归档或销毁等工作；档案管理工作包括各类文书档案的收集、整理、保管和利用等工作。档案工作是维护本单位历史真实面貌的一项重要工作。秘书部门要集中统一地管理本单位的全部档案，维护档案的完整与安全。

（二）秘书工作的作用

从严格意义上讲，秘书工作是领导工作的组成部分，也是企事业单位各项工作有效运转的重要保障。现代社会活动的日益复杂、日益多变及其影响的日益扩大，使得秘书工作的作用更加突出。归纳起来，秘书工作的作用主要表现在以下几方面：

1. 助手作用

秘书部门作为领导机关的办事机构，是为领导工作服务的。领导活动过程中，有许多繁杂而具体的行政事务，作为决策者的领导没有时间和精力做到事必躬亲。因此，大量日常行政事务的办理，就自然落在了作为领导助手的秘书人员身上。协助领导者高效完成各种行政事务，是秘书工作的基础性作用。如果没有文件、会议、通信、接待、印信等各种事务的有序处理，机关、单位的有效管理和领导职能的实现就成了一句空话。

秘书工作的助手作用不是一时一事的，而是全方位的，凡是领导管辖范围内的工作，秘书人员都应当起到助手作用。或者说，领导走到哪里，秘书的助手作用也就应跟随到哪里。

小案例

王晓倩大学毕业后在一家公司做秘书工作。一次，公司李经理要到外地出差，王晓倩为他预订了机票，是星期六上午9点的飞机。星期五的下午，王晓倩拿到了机票，把它交给了李经理。李经理叮嘱王晓倩说："我晚上有个应酬，怕明天早上起晚了误事。麻烦你明早6点以前给我打个电话叫醒我。"可是星期六早上当李经理睁开眼睛的时候，已经是6点半了，李经理急急忙忙赶往机场。到了机场后，李经理却找不到机票，这时才想起昨天把机票放在办公室的抽屉里了。他赶快给王晓倩打电话，想让她把机票取了送来，可是没想到王晓倩关机了。李经理只好匆匆赶回办公室。等他取了票回到机场，已经错过了登机的时间，他只能改签下午的航班。李经理出差回来后，问王晓倩那天干什么去了，王晓倩说因为是星期六，所以早上起晚了，忘了叫李经理起床这件事，也忘了开手机。

分析：这件事说明王晓倩没有很好地发挥秘书的助手作用，责任心不强。首先，她在交给李经理机票的时候，应该提醒他马上把机票放进公文包中。或者，整理上司出差的公文包，包括把所需文件清点好放进去，以及检查各种证件是否带齐。其次，应该保证领导能随时找到自己，不应该关机。最后，答应领导的事一定要做到。

秘书要具有强烈的责任意识，做好一件件"小事"，充分发挥秘书的作用。

2. 参谋作用

领导者的决策活动离不开辅助力量的谋划与支持。比如我国古代的谏官、谋士和幕僚，当今各国的智囊团、思想库等，都是决策的重要辅助力量。在诸多辅助力量中，秘书和秘书部门处于特殊的地位，发挥着重要的作用。

秘书的参谋作用主要体现在，为领导的决策提供准确完整的高质量信息和决策事项的备选方案。在决策制定过程中，秘书人员应经常向领导提供准确的信息、资料、文件等决策依据，并积极向领导提出工作建议和决策预案。在决策实施过程中，秘书部门通过督促检查，要及时发现问题，并向领导提出参谋性意见，从而使领导的决策得以进一步完善。

小案例

刘洋是某移动通信公司总经理王海的秘书。这天，某通信辅助设备制造公司的老总李明想与王海见面。下午，王海就见面事宜与秘书刘洋商量。"你看我有必要见这个李总吗？"总经理兴致盎然地征求刘洋的意见。"我不知道啊，您定吧！"刘洋坦诚地说。

分析：刘洋所犯的错误是不了解本公司的业务以及某通信辅助设备制造公司的具体情况，不能为领导提出合理化建议。

3. 协调作用

秘书部门和秘书人员还承担着授权调整和改善部门关系、工作关系和人际关系的任务，发挥着其他职能部门不能替代的功能。在整个工作过程中，秘书部门和秘书人员会运用各种方式和手段在单位与单位之间、部门与部门之间、个人与个人之间联络、沟通、协商、平衡、调解，使之消除隔阂、解决矛盾、目标一致、步调一致、同心协力、密切合作，从而以最高的工作效率达到最佳的工作效果。

4. 督查作用

督查即督促检查，作为秘书部门的一项重要职责，就是秘书部门要将在工作中看到的、听到的、查到的那些无人过问或解决不力的重大问题从上至下地进行检查督促，使之不断落实和办理。

5. 信息作用

秘书部门处于一个组织的信息中心位置。它不但要为领导的决策活动提供全方位的信息，而且在整个组织系统中还起着信息交换站的作用。因此，必须要树立“眼观六路、耳听八方”的信息意识，在领导决策的前、中、后期始终担当起领导活动的灵敏触觉和聪明耳目。由此看来，秘书工作在一定意义上就是信息工作。能否及时地获取信息、迅速地处理信息、大量地储存信息、准确地提供信息，既是领导决策科学化的需要，也是秘书人员的基本职责。

6. 枢纽作用

秘书部门处于领导部门之下、其他职能部门之间的枢纽位置，是领导管理的中枢机构。领导的决策、意图、要求、计划和部署要通过秘书部门下达，下级的情况、问题、愿望、要求、请示和报告要通过秘书部门上报，本单位与外界的信息和联络要在秘书部门传递和实现。因此，它起着上情下达、下情上传、沟通左右、联系内外的枢纽作用。

7. 窗口作用

秘书部门是一个组织与外界各方面联络、接洽的窗口和门面，它反映了一个组织工作作风和领导水平的高低优劣，对一个组织良好形象和精神风貌的树立影响很大。有人说，一个单位的作风如何，只需要看它的办公室的工作作风就行了。可见，要树立起良好的组织形象，秘书部门窗口作用的重要性是不言而喻的。

三、秘书工作的原则

秘书工作的原则是规范秘书人员行为的基本准则。我国秘书工作的原则是在长期的工作实践中总结并归纳出来的，是任何一级、任何一个部门的秘书人员都必须遵循的准则。了解并掌握秘书工作的原则对指导秘书部门的工作、提高企事业单位的整体工作效率具有重要的意义。

1. 遵纪守法原则

遵纪守法是秘书人员必须遵循的首要原则。党的二十大报告提出：“弘扬社会主义法治精神，传承中华优秀传统法律文化，引导全体人民做社会主义法治的忠实崇尚者、自觉遵守者、坚定捍卫者。”秘书人员身居要害部门，充当领导的参谋和助手，必须具有很强的法治观念和政策观念。例如，秘书部门在起草文件或对领导的决策提出意见、建议乃至决策方案时，必须注意其内容的合法性，符合党和国家的政策规定。秘书人员应持续不断增强自身的法治意识，提高法治素养，牢固树立法制观念、政策观念和纪律观念，使自己的行为不偏离党的路线、方针和政策。

秘书工作的遵纪守法原则还体现在：遵守工作纪律不越权行事，遵守保密纪律不泄露机密，在接待和处理突发事件等工作中严格按有关政策规定办事等。

2. 实事求是原则

实事求是是一切工作必须遵循的基本准则。秘书工作是为领导决策提供依据的，更应坚持这一原则，否则将会妨碍和影响领导的正确决策，甚至造成领导工作的失误，以至给本单位、本部门乃至党和国家的利益造成损害。为此，秘书人员要做老实人，说老实话，办老实事，反映情况、信息调研、综合协调、督促检查、办文办事等都要从实际出发，一是一，二是二，不夸大也不缩小，不拔高也不贬低。要全面准确、实事求是地反映客观事物的本来面貌。

实事求是还要求秘书人员敢于坚持真理。对那些不符合客观实际的东西，不论出自何处，不论阻力多大，都要以对党和人民高度负责的精神，坚持真理，敢于抵制，敢于讲真话，敢于报实情。

3. 联系群众原则

秘书部门通过为领导服务，把自己的劳动价值融入单位管理的整体效益之中，从而体现了社会价值，进而实现了为人民服务的理想。

首先，秘书部门是领导联系群众的桥梁，群众的要求、意见等多通过秘书部门反映给领导，而领导的决策、意图等也多通过秘书部门传达给群众，因此秘书人员应责无旁贷地承担起密切领导与群众关系的重大责任。

其次，秘书部门的许多工作，比如调查研究和信息工作等，必须依靠群众的支持和配合，才能取得良好的效果。

4. 维护大局原则

秘书部门是整个组织系统的一个组成部分，如果脱离了这个组织，它的存在也就失去了意义，这就要求秘书部门要时刻站在组织整体利益的高度去审视局部与全局的关系。秘书部门也有部门的自身利益，当部门自身利益与组织的整体利益发生矛盾的时候，秘书部门应毫不犹豫地放弃自身的局部利益去维护组织的整体利益。当秘书部门与其他部门发生利益冲突的时候，为了顾全大局，秘书部门应在不违反原则的情况下，主动把利益让给他人。

5. 团结协作原则

团结就是力量，协作才有效率。对于任何一个组织来说，只有部门之间、人员之间的团结协作，工作目标才能顺利实现。秘书部门作为综合办事机构，在工作中需要和各个部门打交道，如果不坚持团结协作，就无法正常地开展工作。

秘书工作的团结协作原则体现在：首先，秘书部门要与各个职能部门建立良好的协作关系，在工作上互相支持和配合，从而形成系统的合力。其次，秘书部门还要与其他单位的秘书部门建立良好的协作关系，以便做到信息互通、资源共享。最后，秘书工作的综合性决定了秘书部门内部人员的职责分工不可能太细，这就决定了秘书部门内部的工作人员之间更要做到团结协作。

任务实施

任务回顾： 如果你是那位优秀的求职者，你会如何回答总经理？

求职者可以平静地说：“总经理先生，我想你一定是认错人了，我从来没有去过桂林，更不可能在那里救过你的女儿。”

技能训练

一、阅读下面内容并回答露宝为什么在42岁当了秘书并成了公司的核心人物。

创业之初的微软公司，第一任秘书是个年轻的女性，除了自己分内的工作，她对任何事情都不闻不问。盖茨深感应该有一位热心肠的总管式女秘书。

不久，总经理伍德一连交上几个年轻女性的应聘资料，21岁的盖茨看后都连连摇头。伍德犹犹豫豫拿出一份资料递到盖茨面前，“这位女士做过文秘、档案管理和会计员等不少后勤工作，只是她年纪太大，又有家庭拖累，恐怕……”不等伍德说完，盖茨已经一目十行地看完了这份应聘资料，“只要她能胜任公司的各种杂务且不厌其烦就行”。

就这样，盖茨的第二任女秘书、42岁的露宝上任了。她是四个孩子的母亲，在长年操持家庭后，她希望重新走向社会。露宝把微软公司看成一个大家庭，她对公司的每个员工，对公司里的工作都有一份很深的感情。很自然，她成了微软公司的后勤总管，负责发放工资、记账、接订单、采购、打印文件等。

…………

露宝成了公司的核心人物，给公司带来了凝聚力，盖茨和其他员工对露宝非常信任。当微软公司决定迁往西雅图，而露宝因为丈夫在亚帕克基有自己的事业不能走时，盖茨对她表示惋惜。盖茨、艾伦和伍德联名写了一封推荐信，信中给予露宝的工作能力以很高的评价，露宝凭着这封推荐信，重找一份工作不成问题。临别时，盖茨握住露宝的手真诚地说：“微软公司留着空位置，随时欢迎你。你快点过来吧！”

二、如果你是秘书晓琳，是否应该将李经理的手机号码告诉这位先生？

中午，秘书晓琳在前台值班。一位着装前卫的男士满面笑容地走了进来，“小姐，你好！”他先与晓琳打着招呼，“我找你们李经理有事”。接着，他自我介绍道：“我和你们李经理是哥们儿，今天过来是约他打保龄球的。”

由于李经理下午根本没有约客人，因此，晓琳断定这是位不速之客。“李经理在不在？”他没等晓琳反应过来，就大大咧咧地朝里面走。

“对不起，这位先生，我们李经理有事不在公司。”晓琳急忙挡着，因为李经理交代今天下午不接待客人。

“你就是李经理的秘书晓琳吧？”他突然目不转睛地盯着晓琳，顺势从公文包里拿出一张金色卡递给她，“晓琳小姐，我这里有一张瑜伽会馆贵宾卡，请您务必赏光。”

“先生，您别客气。”晓琳推辞道，“我能为您做点什么？”

“晓琳小姐，你别误会。我这就一点小小意思不成敬意。”他笑着对晓琳说，“不巧我的手机被偷了，李经理的手机号码丢了，能否帮我查一下李经理的联系方式。”

晓琳为难了：如果说自己不知道李经理的手机号码，作为秘书就是撒谎，让人家觉得你不诚实；如果说李经理的手机号码是公司的机密，那也未免太勉强了。

三、作为生产厂长的秘书，应当怎么做？

年终，某化工厂向上级领导部门汇报安全生产问题。该厂的生产厂长还未开口，他的秘书就不断抢先插话汇报情况。最后竟然不等厂长拍板就“越俎代庖”，提前将不成熟的来年生产计划“倒豆子”似的向上级领导进行了汇报。

任务二　了解秘书的职业道德及工作的悟性

学习目标

知识目标

1. 了解秘书职业道德的重要性
2. 了解秘书悟性的含义及能力要求

能力目标

1. 掌握秘书职业道德的深刻内涵
2. 明确提高秘书悟性的途径

素养目标

明确秘书应当办事公平公道，不弄虚作假

任务描述

某学院文秘专业的学生王明，毕业后被分配到光远公司任办公室秘书，每天繁杂的工作使他渐渐产生了厌倦情绪，总觉得处处不顺手，怀疑自己当初的选择是不是错了。

他应该如何调整自己的状态呢？

任务分析

王明之所以产生厌倦情绪，是因为他对秘书职业道德的深刻内涵没有充分的认识。

理论知识

一、秘书的职业道德

每一种职业都要求工作人员有良好的职业素养，恪守该职业的操守。良好的职业道德是做好工作的关键，也是成功的保证。它是秘书做好本职工作的前提，也是秘书出色地完成任务的根基。

1. 忠于职守，自觉履行各项职责

各行各业的工作人员都要忠于职守，热爱本职工作。这是职业道德的一条主要规范。

作为秘书人员，忠于职守就是要忠于秘书这个特定的工作岗位，自觉履行秘书的各项职责，认真辅助领导做好各项工作。要有强烈的事业心和责任感，不擅权越位，不掺杂私念，不渎职。

2. 服从领导，当好参谋

服从领导，这是秘书人员职业性质所决定的。作为领导工作的参谋和助手，应当严格按照领导的指示和意图办事。偏离领导的指示，自行其是，别出心裁，都是职业道德所不允许的。个人的积极性、创造性只能在服从领导的前提下发挥（更多地限于建言献策等方面）。其中特别要注意，不能用个人不成熟的想法甚至情绪化的意见，去影响和干扰领导的工作及决策。当好参谋，就是要发挥参谋作用，为领导出谋献策。在领导决策民主化、科学化的今天，尤其要求秘书人员改变以往办事就是称职的旧观念，提高参谋意识和能力，明确不能出谋献策者就不是好的秘书人员的新观念。

3. 兢兢业业，甘当无名英雄

兢兢业业，甘当无名英雄，就是要求秘书人员埋头苦干，任劳任怨。秘书工作的性质，决定秘书工作主要是实干，要围绕领导的工作来展开活动，在具体而紧张的工作中，脚踏实地，密切联系实际和群众，不计较个人得失，有吃苦耐劳甚至委曲求全的精神。

4. 谦虚谨慎，办事公道，热情服务

谦虚谨慎是秘书人员应具有的美德。秘书人员不能因为在领导身边工作而自命不凡、自以为是，要平等地与各职能部门协同工作，虚心听取他们的意见，在工作中要善于协调矛盾，搞好合作。办事公道是指秘书人员对领导、对群众都要一视同仁、秉公办事、平等相待，切忌因人而异、亲疏有别，更不能看来头办事情。只有公道正派的秘书人员，才能做到胸襟宽阔，在工作中充满朝气和活力。热情服务即秘书人员要把为领导服务、为本单位各职能部门服务、为群众服务当作自己的神圣职责，要充分认识自己所从事的工作所具有的重要作用。

5. 遵纪守法，廉洁奉公，不假借领导名义以权谋私

遵纪守法、廉洁奉公，是秘书人员职业活动能够正常进行的重要保证。遵纪守法是指秘书人员要遵守职业纪律和与职业活动相关的法律、法规。廉洁奉公是高尚道德情操在职业活动中的重要体现，是秘书人员应有的思想道德品质和行为准则。它要求秘书人员在职业活动中要坚持原则，不利用职务之便假借领导名义以权谋取私利，不搞你给我一点“好处”、我回报你一点“实惠”的所谓“等价交换”。要以国家、人民和本单位整体利益为重，自觉奉献，不为名利所动，以自己的实际行动抵制和反对不正之风。

小案例

李明大学毕业后进入某机械厂办公室工作。刚开始时，他手脚勤快、待人和气，领导和同事对他的印象都不错。不久，同事们发觉，领导在场时李明显得十分活跃，做事、发言抢在前，下班总是落在后；领导不在场时，他就忙里偷闲，跟社会上的关系户打电话、办私事。特别是在总结评比活动中，他显得更加抢眼：大会上，他为领导评功摆好，编造“典型事例”，在“典型事例”中又捎带表扬自己；小会上，他搞自我表扬、夸大事实，甚至把虚假的也说得有鼻子有眼的。时间一长，同事们认为他说假话、玩虚招，领导认为他不可靠、太油滑。

分析：秘书要兢兢业业，任劳任怨，脚踏实地，埋头苦干，不计较个人得失，更不能弄虚作假。李明表面一套背后一套，利用上班时间为自己办私事，会上弄虚作假为自己评功买好。时间长了，自然不能为领导、同事所接受。

6. 恪守信用，严守机密

秘书人员恪守信用，就是要遵守时间、遵守诺言，言必信，行必果。秘书人员遵守时间表现在领导找秘书人员汇报工作，秘书人员不迟到；秘书人员安排的会议或会谈，自己要事先到场，并做好准备工作。秘书人员要严格遵守诺言，一经允诺的事情就要尽力办到，遇到曲折变化，要事先说明原因，使人信服。秘书人员的一个显著特点是掌握的机密较多，因此，秘书人员必须具备严守机密的职业道德，自觉加强保密观念。

7. 实事求是，勇于创新

秘书人员要坚持实事求是的工作作风，一切从实际出发，理论联系实际，坚持实践是检验真理的唯一标准。秘书工作的各个环节都要求准确、如实地反映客观实际，从客观存在的事实出发。秘书人员无论是搜集信息、汇报情况，还是提供意见、拟写文件，都必须端正思想，坚持实事求是的原则。在工作中，切忌主观臆断、捕风捉影，分析问题必须从客观实际出发，既不唯领导是听，也不唯“本本”是从。创新是第一动力，秘书人员要勇于创新，培养自己的创新思维。现在各行各业的劳动者都在破除旧的观念，勇于开创新的工作局面。作为领导的助手——秘书人员更应具有强烈的创新意识和精神。勇于创新，要求不空谈、重实干，在思想上是先行者，在实践上是实干家，不断提出新问题，研究新方法，走出新路子。

8. 刻苦学习，努力提高思想水平和科学文化素质

作为新时期的秘书人员，这种素质要求显得更严格、更全面，甚至更苛刻一些。是否具有良好的素质，对于能否做好领导秘书工作是一个非常重要的问题，也是评价一位秘书人员是否称职的基本依据。因此，秘书人员必须刻苦学习，努力提高自身的思想素质。秘书工作头绪繁多、涉及面广，要求秘书人员有尽可能广博的知识，做一个“通才”和“杂家”。现代社会科学技术的发展突飞猛进，知识更新速度加快，因此，秘书人员应该具有广博的科学文化知识，以适应工作的需要。

9. 钻研业务，掌握秘书工作各项技能

从发展的角度看，新时期的秘书人员，必须了解和懂得与秘书工作有直接或间接关系的各项技能。

二、秘书工作的悟性

作为秘书人员，既要能准确领悟和落实上级的意图，又要能提出自己独特的、富有创造性的意见。否则，就不能很好地履行秘书的职责、高质量完成上级交代的任务，而这与秘书个人的悟性紧密相关。

1. 秘书悟性的含义

谈到悟性，人们总有一种神秘感，觉得只可意会不可言传，但实际上并不是这样的。康德认为，悟性是将感性材料组织起来，使之构成有条理的知识的认识能力。《辞海》则将悟性解释为知性。知性又称理智、理解力，是划分认识能力或认识能力发展阶段的用语，指理解的性能，包括规定、判定、分析、推论、区别、比较等认识的性能或求知的能力在内。基于以上认识，悟性应该是一种能力，是一种分析理解能力。

因此，根据秘书的工作性质和特点，秘书的悟性应该指具体的、适应秘书工作特点的、对秘书事务和工作的分析理解能力。具体来说，秘书的悟性就是能将信息与感性材料组织起来，使之构成有条理的知识的能力；辩证思维能力和敏锐的洞察力；快速准确地理解上级意图，迅速形成意见和办法的能力；创造性、高质量地独立完成工作的能力等。

秘书工作的悟性是指秘书在办会、办文、办事的过程中体现出来的能充分领悟工作原理，能充分发挥自己的才能，能把事情办得既遵守章法又使领导满意、大家认同的一种良好的内在素质。

2. 秘书悟性的能力要求

良好的悟性，是秘书能力的综合体现，具体表现在秘书的观察能力、认知能力、表达能力、应变能力、办事能力等方面。这些都需要秘书在工作实践中加以培养和提高。

（1）观察能力。观察能力是指秘书在工作中有意识地进行信息捕捉的能力，具体表现为观察的目的、观察的对象、观察的重点、观察的敏锐性和观察力的升华。秘书部门的特定地位和工作性质决定了秘书人员具有较强观察能力的重要性和特殊性。良好的观察能力包括明确的目的、宽阔的视野、敏锐的思想和深刻的认识。

（2）认知能力。认知能力是指秘书听懂、理解和记忆他人说话的能力。秘书要接受领导的指示，要记录会议内容，要接听工作电话，这些都需要秘书具有较强的认知能力。良好的认知能力包括听懂、理解和记忆三个环节。听懂是理解和记忆的基础，要听懂和掌握言谈的基本思想和重点。理解是核心，要理解谈话的实质和明确谈话的目的。记忆是重点，只有通过记忆，才能将谈话的内容在自己的头脑中保留下来，以便开展下一步工作。

（3）表达能力。表达能力分为口头表达能力和文字表达能力，这都是秘书的基本功。口头表达能力表现为口齿清楚、语言简洁、条理清晰、表意明确。文字表达能力表现为主题突出，观点明确；逻辑严密，条理清晰；结构严谨，布局恰当；表达方式正确，语言准确、规范。

3. 秘书悟性的养成

秘书悟性的养成主要体现在以下几方面关系的处理过程中：

（1）阅历与经验。人们常说“熟能生巧”。其实，“熟”是一个量的积累，是变“巧”的重要过程；“巧”则是一种质的飞跃，是在“熟”的基础上摸索出规律，认识到窍门，总结成经验。这个关键的环节可以称为“慧”，也可以说是“慧能生巧”。

小案例

刘雪是一家仪器仪表经销公司的总经理秘书，一天晚上，她在网上看到一条新消息：一家跨国公司位于墨西哥的工厂发生火灾，造成停产。该厂生产的产品正是自己经销的仪表上的关键部件，而该厂的产量占全球市场供用量的30%以上，专家估计这家工厂恢复生产至少需要三个月。刘雪马上想到，停产期间，供货量减少，本公司经销的产品价格可能涨20%以上。自己的大学同学小王上个月才成为本公司的代理商，要不要把这个消息告诉他，让他重新制订销售计划?

分析：作为秘书，刘雪是否应该将此消息告诉刚成为代理商的大学同学小王？刘雪要了解公司是否有明文规定，针对此类即将涨价的信息，能否通知代理商；还要明确如果没有明文规定，公司又没有安排通知代理商，这种情况自己是否可以通知小王；同时明确如果小王知道了该情况，向刘雪询问，刘雪是否可以告诉他。刘雪要如何选择，才能做到既不违反公司规定，不违背秘书职业道德，又能很好地维护公司与代理商的良好关系，彰显主动服务的精神？刘雪要熟悉此类问题的处理方法，逐步摸索出规律，掌握窍门，由“熟能生巧”转变为“慧能生巧”。

（2）意志与品位。秘书的悟性主要表现在秘书对领导工作中的难处、痛处的认识和理解。秘书处理的一切事务，蕴涵着很强的原则性、政策性、法规性，也有很强的灵活性、机动性。一个优秀的秘书，在原则问题上应当有坚强的意志、执着的追求、百折不挠的勇气、不达目的不罢休的毅力。在实现目标的过程中，应当有高超的工作艺术和工作策略，既追求目的也讲究手段。解决问题时，秘书工作的品位就表现在方法和过程的选择上。

（3）品质与技能。悟性就是秘书能在工作中主动领悟领导的难处在哪儿，在关键的时候该怎么为领导排解。秘书应能设身处地从宏观角度思考全局工作，从大的方面理解领导的意图。这就要求秘书做到：局部利益服从全局利益，兼顾公平与效益；实事求是地研究问题，以人文精神渗透辅助管理的过程。同时，秘书还应具有优秀的品质和高尚的思想。优秀的秘书应当“秀外慧中”，“秀外”是指秘书在具体的办文、办会、办事过程中表现的娴熟的、训练有素的工作技能，有良好的形象和工作状态；“慧中”是指秘书具备的高尚的品质、缜密的思维和敏捷的领悟能力。

4. 提高秘书工作的悟性

秘书是为辅助领导处理日常工作而存在的，那么在工作上就必须与领导默契配合。秘书要辅助好领导的工作，必须先理解领导，而要理解领导，又首先得熟悉领导。做到了这三点才能更好地为领导服务。

（1）熟悉领导。秘书活动的本质属性是辅助领导活动，可以说，秘书工作实际上是领导工作的补充和延伸。这决定了秘书的职能活动要以领导的意图为转移，其基点在于正确地领会、掌握领导宏观和微观的工作意图，严格遵循、围绕领导意图，通过自己的调查研究、提供信息、参谋建议、撰拟公文、协调处事、接访交往等职能活动，去辅助领导工作，去中肯地体现、贯彻领导意图。要达到有效辅助领导工作，就得了解领导、熟悉领导。了解和熟悉领导的内涵，主要体现在如下几个方面：

1）了解领导的工作内容。

① 了解领导工作的全局。作为秘书应很好地了解企业或单位的组织机构，清楚地知道

谁在哪负责什么样的业务，了解整个公司的运营状况以及公司在整个行业中所处的位置。只有具备了这种全局观念，秘书在日常工作中才能根据领导的职责范围和公司发展的需要，积极主动地做一些准备工作。譬如，当公司准备将业务的重点由以机械加工为主的制造业逐步转向新兴的生物制药行业时，秘书就要及时收集生物制药行业的信息和传统产业向新兴产业转移过程中应注意的一些问题的材料提供给领导。

② 了解直接领导的职责范围和权限。秘书要了解和掌握全局情况，但更要了解直接领导的职责范围和权限，才能在工作中根据实际情况，采取对应的有效行动，很好地完成文件、电话等交流，高效率地辅助领导的工作。比如，你的直接领导是负责技术开发工作的公司副总经理，那么你就要了解公司目前有哪些开发计划，正在和什么样的公司进行什么样的技术合作；根据这些工作内容，预先收集有关这方面的信息和资料，了解相关行业的技术与行情，在领导需要的时候，你已经准备好了这方面的材料；在领导想约见某位客人的时候，你已经把对方的电话号码找了出来……这样，你就能及时为领导提供有效的服务和辅助。

2）了解领导的性格与工作习惯。领导也会有自己的个性和习惯。秘书要与领导沟通交流，领导的职责范围可以很容易了解，但领导的性格与习惯，领导是不会直接告诉秘书的。秘书要了解领导，只能自己去观察、去琢磨。秘书可以从领导的工作阅历去了解他，如他曾担任过销售部部长和负责市场开发的副总经理，那么与客户打交道和开拓市场就是其强项，但他可能在组织管理和技术方面相对弱一些。秘书还可以从日常工作中去观察领导，如他每天见了哪些人，打了哪些电话，批了哪些文件；又如，他习惯于在什么时候约见客人，约见客人时，其先后顺序习惯怎样安排，以及谈话时间的长短、说话的口气、关注的问题等。通过这种仔细的观察，你就能慢慢地了解他，知道他内心真正在想些什么。秘书只有真正了解了领导的工作习惯、意图和想法，才能有针对性地去适应他，并在其不足的方面给予弥补和配合。

3）了解领导的交往范围和一些家庭私事。在工作职权范畴上，一般是不要求互相了解对方的家庭私事和个人隐私的，但作为秘书，为了工作的需要，又必须熟悉领导的交往范围和家庭私事，才能对各种突然出现的情况进行妥善处理。秘书要把自己与领导的关系调整到这样一种状态，即既不介入对方的生活，又在一定程度上了解对方的行动。

了解领导的家庭私事和个人交际范围，有利于秘书开展工作，如在接待客人的时候，如果你知道对方与领导是一种什么样的交往，在接待中就能更好地掌握分寸。例如，前台的电话响了，秘书拿起话筒，对方就问："陈某在吗？"这个"陈某"就是公司的总经理。对方既不说出自己的工作单位，也不报自己的姓名。这是谁呢？如果秘书很快就听出对方是总经理的好朋友，那么就可以马上说："对不起，总经理正在开会，您……"相反，假如秘书没有听出对方是谁，对于这种来路不明甚至有些无礼的电话，就可能会例行公事地回答："对不起，总经理不在。"说完，就把电话挂了。这样的处理方式很可能造成误会，影响公司的业务。

（2）理解领导。秘书要理解领导，才能有效配合领导开展工作。理解领导可从如下几个方面着手进行：

1）理解决策的真实意图。领导为什么会做出这样的决策？他做出决策的依据是什么？秘书平时要多思考，特别是要多了解领导的价值观、人生观等。只有了解了领导的内在，才能真正理解他所做决策的真实意图，而理解了领导决策的真实意图之后，秘书的辅助与配合才能默契。否则，秘书是做不好本职工作的。

2）准确理解领导的指示精神。在日常工作中，一些领导在交代工作时只是三言两语，有时甚至含糊不清。为了减少秘书工作理解上的错误，要求秘书能真正理解自己的领导，在接受领导的指示时，应从总体上准确把握指示的精神。只有完全理解了领导的指示精神，才能按照领导的意图去贯彻执行。否则，秘书是无法与领导保持默契的。

3）多找领导身上的优点。秘书应该理解，领导其实也是一个常人，他身上也有不足之处，但在本质上应肯定：他必定是有某些过人之处的，否则他就不可能取得成就并居于现在的位置。只有理解了这一点，秘书才会在工作上去适应领导的思维方式和工作习惯，才能与领导形成一种心灵默契，使双方的工作相得益彰。

4）适应领导的工作习惯。秘书与领导的关系要相协调，最有效的办法就是让自己适应对方，与领导相处不顺利时，首先应改变自己的工作习惯或性格来配合领导的工作。如果心里有不满，最好找机会和领导谈谈，即使谈话的结果是领导的否定回答，秘书也要弄清楚领导为什么会否定，这样才有机会熟悉和理解领导思考问题的方式和处理问题的方法。

（3）辅助领导。

1）把握辅助工作的权限。秘书是领导工作中对外交流沟通的枢纽，所处位置很重要，但他所拥有权限并不高，因此，秘书在工作中应发挥自己的主观能动性，但又不能超越自己的权限，给领导的工作造成被动。秘书在工作中遇到问题，必须与领导取得联系，获得领导的指令后，按指令行事，不能自行其是、自作主张。如何把握好这个主观能动性的度，的确是很微妙的。比如经常会有这样的情况：领导到外地出差时，客户来电话就某一问题征求意见，秘书凭自己的经验给了客户一个肯定的答复，但领导出差回来之后说自己另有打算，秘书是给他帮了一个倒忙。因此，秘书即使熟悉了工作，工作能力也得到了领导的赏识，能经常代替领导处理一些重要的工作，在遇到新情况和新问题时，也应适当地听取领导的意见和指示。切不可把事办完了，各部门的经理都知道了，而领导却一无所知，这会使领导丢面子，同时也说明秘书与领导之间的沟通交流存在问题。

2）尊重且维护领导的权威。

① 帮助领导摆脱窘境。日常工作中，领导与来宾会谈是家常便饭，当领导与客人会谈时，可能会出现话不投机的情况，使领导处于窘境，在这种情况下，秘书要能机智地转移话题，创造一种轻松愉快的氛围。

② 遵从领导指令。秘书更换领导是常有的事，一般来说，每个领导都有自己的工作习惯（或者叫作工作风格）。秘书在起草文件或处理来信来函时，原则上第一次都应该请示新领导如何处理。如果新领导的处理方法与前任相同，问题当然不大；即使有不同之处，经过协商也可以解决。如果新领导不允许秘书细说，在这种情况下，秘书应遵从领导指令处理。

③ 谨慎建议延续旧法。有时候，新领导可能会对刚接手的工作不熟悉。比如，过去负责研发的副总经理升为总经理后，对市场营销工作不是很熟悉，一开始没有什么经验，对于秘书的请示，不仅给不出指示，而且自己也不清楚到底该怎么办才好，此时他可能会反过来征求秘书的意见。如果是这样的话，秘书可把原来的方法告诉领导，然后再请示领导究竟是用原来的方法还是用新方法。绝对不能提这样的建议：“过去用这种方法，效果一直不错。我看最好还是用原来的方法。”实际上这是一种自作主张的做法，是不妥的。

④ 帮助领导熟悉工作。秘书作为助手，要帮助新领导尽快熟悉自己的工作。

任务实施

任务回顾：文秘专业的学生王明，刚毕业后承担秘书工作，渐渐产生了厌倦情绪，他应该如何调整自己的状态呢？

秘书具有良好的职业道德是做好工作的关键，也是成功的保证。秘书的职业道德主要有九个方面的内容，即①忠于职守，自觉履行各项职责；②服从领导，当好参谋；③兢兢业业，甘当无名英雄；④谦虚谨慎，办事公道，热情服务；⑤遵纪守法，廉洁奉公，不假借领导名义以权谋私；⑥恪守信用，严守机密；⑦实事求是，勇于创新；⑧刻苦学习，努力提高思想水平和科学文化素质；⑨钻研业务，掌握秘书工作各项技能。

技能训练

一、亚蒂公司是如何取代飞达公司与澳方公司签约的？吴莉在此事件中应负何责？对于秘书而言，有何启示？

飞达公司总经理秘书吴莉业务能力较强，且人缘很好，深受领导器重。她的好友艾丽是亚蒂公司的业务经理，两人关系甚密。

一次聚会时，性格开朗的吴莉一时兴起，信口开河地告诉艾丽：由于协助总经理与澳方公司谈成一笔生意，自己在本月底将拿到很大一笔奖金，到时请她到黄山旅游。说者无心，听者有意。艾丽回去后马上安排人与澳方公司进行商谈并达成合作意向。

等到约定日子，吴莉跟随总经理在当地一家涉外饭店准备与澳方公司签订合约。可是，左顾右盼硬是不见澳方公司的谈判代表，而此时澳方公司的谈判代表正与亚蒂公司签订合约。

二、谈一下小王为什么被停职去参加培训。

今天是星期一，上午来公司的客人特别多，前台秘书们忙得不可开交。中午吃饭时间，资历最老的秘书李姐利索地做了一下工作安排：中午秘书小王值班，其他同事去食堂吃饭休息。小王把饭菜打回来，正在低头吃饭时，听见轻轻敲桌子的声音，抬头一看，一个50岁左右的中年人，穿着一件普通的夹克衫，夹着一个黑色的公文包，正在敲前台的桌子。小王有点不高兴，面无表情地问："请问你有什么事？"来人说："对不起，耽误你吃饭了。请问张总经理在吗？我想见他。"小王说："现在是休息时间，你有预约吗？"来人回答说："之前没来得及。"小王以为对方是来推销东西的，就说："我们总经理不在，请你下次预约再来吧！"那人说："你打电话问问，说不定他现在回来了。"小王不耐烦地说："不在就是不在，请回吧。"这位客人走后，中午再没有人来。小王吃完饭后，美美地小睡了一会儿。下午1：00正式上班，总经理秘书张丽打电话到前台，询问中午是否来了一位深圳的客人，他是总经理非常重要的客人，现在人在哪里。李姐叫来小王，因为中午是她值班。小王告诉张丽，中午是来过一个客人，是不是深圳来的忘记问了，因办公室没有提前打招呼，她也不知道来人是总经理的重要客人，觉得那个客人像是推销东西的，又没预约，所以就让他回去了。张丽说："那可麻烦了，今天下午深圳序达公司的总经理秘书打电话过来询问他们老总到了没有，说他们老总是到这边开会，顺便过来找我们老总再谈谈深圳那边合作项目的事情，所以他们老总没让提前打招呼，说自己过来就行了。现在人走了，这怎么向总经理交代？"小王一听也傻了眼。过了几天，小王被停职去参加培训，因为公司认为她要学的东西还很多。

项目二 / Project 2

02

办公室环境管理

任务一　办公室环境布置技巧

学习目标

知识目标

1. 了解布置办公室的要求
2. 明确办公室布置的类型
3. 明确办公室绿化装饰的原则

能力目标

1. 能布置一间舒适、卫生、健康、环保的办公室
2. 能布置设计美观、适用的办公环境
3. 能根据办公室不同空间进行绿化装饰

素养目标

明确秘书要谦虚谨慎、文明礼貌

任务描述

伍菊刚刚毕业，是一家企业总经理的秘书。总经理刚上任，办公室地板是乳白色，窗帘日久褪色，衣柜因使用了不良装修建材而散发出呛人的味道，没有绿色植物，只有办公桌椅和有点破的沙发，需要重新布置。

伍秘书该怎样整理才能使办公室清新怡人呢？

任务分析

布置办公室，使其整洁、舒适、卫生、安全是秘书的基本工作之一，显然，伍秘书应从布置办公室开始。

理论知识

办公室环境的营造与企业的管理思想息息相关。它既反映着企业的理念、形象、功能分隔、关系建立等信息，又反映出在这个环境中工作的人的精神风貌、审美情趣及工作作风等。办公室环境的优劣，也会对工作效率和工作效果产生影响。

一、办公室布置要求

办公室布置是秘书工作的开始，这里要掌握以下基本要求。

1. 办公室的选择

根据员工数量的多少，选择大间办公室要比采用同样大小的若干个办公室好得多，更利于采光、通风、监督、沟通等。

2. 办公家具的选择

选择同样大小的桌子，可促进职员的相互平等感。

同一区域的档案柜与其他柜子的高度一致，可以增进美观度。常用的设备与档案应置于使用者附近，档案柜的布置应尽量依靠“墙体效益”，即让柜子尽可能靠墙，这样可节省空间，也可使办公室更加规整、美观。当然，也不必将所有的档案柜都靠墙摆放，也可背对背放置，当作隔断使用。

3. 办公室隔断

要重视个人环境，提高个人工作的注意力，就应尽可能让个人空间不受干扰。根据办公的特点，应做到人在端坐时，可轻易地环顾四周，伏案时则不受外部的干扰而集中精力工作。办公室隔断高度大约在 108cm，小范围内桌与桌之间隔断的高度可定为 89cm，而办公区域性划分的隔断高度则定为 149cm，这是合理的三种尺寸。

4. 办公室天花板

在办公室的设计中一般要体现明亮感和秩序感，为此，办公室天花板的设计要求如下：

1）天花板布光要求照度高，多数情况使用日光灯，局部配合使用筒灯。在设计中往往使用散点式、光带式和光棚式来布置灯光。

2）设计天花板时，要考虑好通风与恒温。

3）天花板造型不宜复杂，除经理办公室、会议室和接待室之外，多数情况采用平吊顶。

4）为安全起见，办公室天花板要采用防火材料。

5. 部门、座位的布置

通常将有许多外宾来访的部门置于入口处，当此法不可行时，亦应规定来客须知，使来客不干扰其他部门。主管座位应位于员工座位之后，使主管易于观察工作地点发生的事情。全体职员的座位应面对同一方向，不宜面对面。自然光应来自桌子的左上方或斜后上方。

6. 公共区域的布置

应预留充分的空间，以备最大的工作负荷的需要。将绿植、公告板等置于不致引起职员分散精力及造成拥挤之处。

此外，如条件允许，应在办公区内设置休息区，并提供便利、充分的休息设备，以满足职员工余休息、自由交谈及用午餐所需。秘书要根据对未来变化的预测，及时调整办公室布置。

小案例

林丽是刚刚应聘到 ×× 公司办公室的秘书，离开了大学校园的教室和寝室，拥有了一片属于自己的天地——办公室。于是，上班的第一天，她就把自己最喜欢的照片放在了办公桌上，文件柜上放着随手可以取到的零食，化妆包放在了抽屉里，打印纸干脆挪放在窗台上。听说仙人球可以防止计算机辐射，林丽便买了各种各样的仙人球，大的摆窗台上，小的排成一行，摆在计算机旁边。

林丽对自己的办公桌布置感到非常满意，同事们都说看到她的办公桌有种回到了家的感觉，可领导却觉得很凌乱，看着不舒服，要求其按照办公用品摆放规范整理好办公桌。

分析：办公室是办公的场所，应该给人留下一个良好的印象。办公室的布置尽量简洁、高雅，不论是办公室、办公桌还是抽屉等，都不应放置与办公无关的东西。办公文具的摆放要井然有序。秘书的办公桌面既是门面，也是好心情和工作高效的源泉，要保持干净、整洁。

二、办公室布局的类型

1. 开放式布局

开放式布局是指所有员工共同使用一个大的空间，包含单个工作位置的组合（见图 2-1）。每一个工作位置通常包括办公桌、纸张和文具的存放空间、文件的存放空间、椅子、电话、计算机。工作位置可以用屏风分开，以吸收噪声和区分不同的工作组。它不像传统的封闭式办公室那样有固定的独立空间，而是在开放的办公场地，根据需要，利用可移动物体随机确定工作间的位置。

图 2-1　开放式布局

开放式办公室的特点是：①不设个人专用办公室；②组合工作间的材料丰富多样；③办公室工作人员的地位级别不根据办公位置来确定，不设传统的领导座位，而是根据承担的任务来确定位置。

2. 封闭式布局

封闭式布局是指按照办公职能设置分隔式的若干个相对独立办公室（见图 2-2）。封闭式办公室的设计原则主要考虑常规办公室业务活动的各种因素，如人员、业务特点、职能、设备、空间等的稳定性，相关业务处理的连续性和系统性。

图 2-2　封闭式布局

拓展资料

办公室开放式布局和封闭式布局的优缺点见表 2-1。

表 2-1　办公室开放式布局和封闭式布局的优缺点

类　型	优　点	缺　点
开放式布局	1. 灵活应变，工作位置随需要而移动、改变 2. 节省面积和门、墙等，节省费用，能容纳更多的员工 3. 易于沟通，便于交流 4. 易受监督，员工的行动易得到上司的督察 5. 容易集中化服务和共享办公设备	1. 难保机密 2. 难集中注意力，员工易受电话、人员走动等干扰 3. 房间易有噪声，如说话声、打电话和操作设备声易影响他人 4. 员工难以找到属于自己的私人空间
封闭式布局	1. 易于集中注意力，便于从事细致或专业工作 2. 易于保证工作的机密性 3. 比较安全，可以锁门 4. 易于保证隐私，明确办公空间与自己使用的空间	1. 费用高，门、窗等占用空间 2. 难以监督工作人员的活动 3. 难以交流，员工被分隔开，易感觉孤独

3. 组合式布局

组合式布局是指在开放式布局的基础上，用组合式家具或其他材料，将分工不同的人员或机构隔开。这种办公室布局的优点在于可以减少互相干扰，可以从大体上监督、控制；缺点在于开支多，监督、控制力度小。

4. 活动中心型布局

活动中心型布局是指会议室、讨论间、接待处、打字复印处、资料室等一应俱全，工作人员根据工作任务的不同在不同的活动中心之间移动，每人仍保留一个小小的传统式个人办公室。这种办公室布局较适合项目型的工作。

拓展资料

集中式与分散式的办公室布局

将秘书部门与领导办公室集中式布局，优点是方便联系、沟通，缺点是不利于保持安静，不利于接待来访者；将秘书部门与领导办公室分散式布局，优点是可以减少相互干扰，缺点是不便于沟通联系，不便于统一管理。

另外，机要室与档案室不设在一楼，有利于安全保卫。

三、办公室布置的标准

（一）小型封闭式

1）领导桌椅摆放整齐有序，面对来人方向就座。桌面上可摆放国旗、地球仪等。

2）电话放在左边，计算机放在右边，计算机屏幕不要对着来人方向。

3）保险柜、资料柜放在领导身边或身后，柜中资料摆放整齐。

4）沙发、饮水机、报架等要求方便来宾。

5）办公室优雅、整洁、安全，有绿色植物美化空间。

小案例

秘书小夏有个习惯，特别喜欢吃小零食，她的办公桌上放着饼干、果脯、瓜子等物品。一天上午，秘书小夏正在办公室办公，这时候有人敲门进来了，进来的是一家办公用品公司的老板叶总，是来谈合作事宜的。小夏见叶总进来，也没有起身表示欢迎，对叶总做了一个手势，示意他坐下，接着又开始忙手头的事情。

叶总看着忙碌的小夏，又看看小夏的办公桌，一句话没说就走了。小夏听到走远的脚步声，觉得不可思议，心想：这人怎么又走了呢？

分析：秘书要热情接待来访者，了解来访者的信息。办公室布置要优雅、整洁、安全，办公桌上的布置也要整洁、有序，秘书小夏的办公桌摆放小零食、接待来访客人不规范，惹恼叶总，致使双方合作受阻。

（二）大型开放式

1）办公室中央区域为业务处理区，所有座位应统一朝向大门，或分成若干排相向而坐。

2）彼此间可用 1m 左右高度的屏风分隔。采用屏风当墙，因其易于架设，且能随意重排。

3）办公桌上左摆电话，右摆计算机，文件柜放置于桌面下，公用设备摆放在四周。

4）工作流程应成直线对称布置，避免倒退、交叉与不必要的文书移动。

5）主管座位应位于部属座位的后方，使主管易于观察工作地点发生的事情。

6）上司应有专门的办公室，以便其可以集中精力处理重要事务。

7）秘书的位置要在上司办公室门外一侧，起守护、挡驾作用。

8）接待处应设在近门的地方，会客室或客区单独设置在接待处旁边或大门旁边。

四、办公室布置的具体内容

（一）办公环境

（1）光线。一般来说，要尽量采用自然光照明，这就要求采光的窗户要高、大，宜多角度地接纳光线，玻璃要经常保持明净，注意光线不能太强，必要时可以用百叶窗或窗帘来调节采光。如果自然光不足，可采用灯具来补光，如日光灯，它的光亮强度接近自然光，且较为经济实用。

（2）声音。办公室内可安装吸音、静音装置，以减少噪声。办公室的理想声强为 20 ～ 30dB，在这个声音强度范围内工作，人们会感到轻松愉快，不易疲劳。办公室应尽可能远离噪声源，或在办公室和噪声源之间种植绿化带。天花板及墙壁应采用吸音、隔音建筑材料，临街窗户应安装双层玻璃，如有条件，可在办公室内铺设地毯，尽量在容易发生噪声的办公用具下面放置软垫。

（3）空气环境。空气环境包括空气的温度、湿度、清洁和流通四个因素。一般来说，办公室的温度最好保持在 20 ～ 25℃，相对湿度在 40% ～ 60%，同时，注意适时开窗，以增加室内空气的新鲜度。

（4）节能。节能型办公室最根本的标准就是养成良好的节能习惯。党的二十大报告提出，实施全面节约战略，推进各类资源节约集约利用，加快构建废弃物循环利用体系。在全社会弘扬勤俭节约精神，培育时代新风新貌。办公室节能更多地体现在一些小事上，只要稍加注意就能做到。如尽量减少传真纸、打印纸的用量，多采用双面打印；多用电子邮件传阅文件资料；使用可替换内芯的文具；尽量使用自然光源；节约用水，注意随时关闭水龙头；下班后及时关闭电源等。

（5）环保。办公室在节约能源、纸张的同时，应提倡使用可循环、环保型办公用品，尽量减少胶水、透明胶、订书机等的使用；集中收集废纸及废旧物品，提供给物资回收部门进行处理；禁止在办公室吸烟。总之，保持工作环境整洁，办公室内空气清新，没有噪声污染，是秘书应尽的义务和责任。

（6）色彩。办公室内颜色使用要适当，除警戒色彩外，基本色彩在四种以下，并且彩度要低，减少对眼睛的刺激，给人以平静感。地面覆盖物的颜色和类型应与墙壁、天花板的颜色协调一致，以保证办公环境的统一、和谐。

（二）办公设备、公用物品及座位

（1）办公设备的放置要使人感觉舒适、方便。一般来说，办公桌的大小要适中，能够放置常用的办公用品，并有适当的空间进行工作。办公椅应该舒适、稳定，不宜太软或太硬。文件柜、书架可绕墙而立，避开主光源和过道，这样既不会挡住光线，又可以节省空间。

素养案例

2021 年 5 月 13 日，习近平总书记在河南省南阳市淅川县乘船考察丹江口水库，船舱里的一张木质会议桌，成为总书记听取情况汇报和布置下一步工作重点的“移动办公桌”。2021 年 7 月 22 日，习近平总书记来到川藏铁路的重要枢纽站—— 林芝火车站。火车上，习近平总书记召集相关同志，继续深入研究铁路规划问题。一节并不十分宽敞的火车车厢，此时成为总书记的“移动办公室”。2022 年 4 月 11 日，习近平总书记在海南省五指山市水满乡毛纳村村寨凉亭里，与村民们拉家常、问生计、讲政策、谋发展。2013 年 11 月 3 日，习近平总书记在湖南省湘西土家族苗族自治州花垣县排碧乡十八洞村农家院落同村干部和村民座谈。

分析：十年间，交通工具、村寨凉亭、农家院落，许多地方都成为习近平总书记的“移动办公室”，展现了总书记为人民、爱人民，让老百姓过上好日子，永不止步的情怀。

（2）公用物品应有序摆放。文件柜里面的公用文件要按照相关制度严格管理，以便于各个部门的工作人员取用。公用办公用品柜中的物品要放置规范，通常大的、重的放下面，小的、轻的放上面，以便于取用。一些常用的公用物品，如电话号码簿、火车时刻表、字典（词典）等应放置在可以方便取阅的地方。接待区为来访人员准备的宣传品、资料以及书报、杂志应摆放整齐，并要及时更新和整理，以保持良好的对外形象。

（3）座位的安置要有利于提高办公效率。在一般情况下，为了能在第一时间接待上司约见的客人，秘书应将自己的座位设在能清楚地看到出入口的地方，最好能让客人在进入上司的办公室之前从自己的办公桌前经过。如果办公室采用的是开放式布局，主管座位应位于员工座位的后方，以使主管易于观察员工的工作情况。

（三）办公室布置工作程序

（1）对各部门的业务工作内容与性质加以考察与分析，明确各部门及各员工间的关系，以此为依据确定每位员工的工作位置。

（2）以表格的形式将各部门的工作人员及其工作分别记载下来。根据工作人员数量及其办公所需的空间来设定办公室空间大小。通常，办公室的大小因各人工作性质而异。一般而言，每个人的办公空间，大者可为 3 ～ 10m^2，普通者为 1.5 ～ 8m^2 即可。

（3）根据工作需要，选配相应的家具、桌椅等，并列表分别详细记载。

（4）绘制办公室座位布置图，然后依图布置。

（5）对设备的安放提出合理建议。

五、办公室的绿化装饰

随着经济的发展和社会的进步，人们的生活质量和办公室的环境也随之有所改善。室内绿化就是人们改善工作环境、提高工作和生活质量的一种表现。

1. 办公室绿化装饰的原则

办公室的室内绿化装饰如同园林布置一样，要有一定的艺术感，给人以美的享受。室内绿化装饰是受空间限制和建筑物制约，并在室内其他陈设物等因素影响下进行的一种艺术处理。在设计构图上，不仅要考虑花卉本身的效果，还必须与其他诸多因素整体和谐，使人犹如置身于自然境地。

（1）比例要适当。办公室绿化装饰材料的选取必须考虑空间的大小，即要考虑室内空间的高度、宽度和其他陈设物的多少。譬如，一个只有几平方米（高度为2.6m）的办公室，摆上一盆超过2m高的植物，就会使一个原本舒适的办公室显得既矮小又拥挤。相反，一个宽大的办公室，放上一盆矮小的植物，即使这盆植物无比珍贵华美，也会因难以引起人们的注意而失去它原有的审美价值。

（2）色彩要协调。办公室绿化装饰一定要考虑室内的环境色彩，包括墙壁、地面和桌、椅、柜的色彩。要注意，花盆的颜色不要与办公家具颜色雷同。如果环境是暖色调的，则应用冷色花卉植物。这样既协调又有一定的反差对比，也能衬出花卉植物的美感来。同时，还要考虑办公室的空间大小和采光亮度，空间大、采光度好的宜用暖色花卉植物，反之则宜用冷色花卉植物。此外，色调也应随着季节的变化而变化，其基本要求是：春暖宜艳丽，夏暑要清凉，仲秋宜艳红，寒冬多清绿。

（3）中心要突出。办公室植物摆放的位置有很强的艺术性，摆设得当会增强美感，令人舒适。一般采用点缀法，即在办公家具旁边，或办公室临门的一旁，或进门后1m左右的墙边摆放。装饰布置时，要做到主次分明、中心突出，在同一方位的空间要有主景和配景之分。主景是装饰布置的核心，必须有艺术魅力，能吸引人。在选料上，可考虑用珍稀植物或形态优美、色彩绚丽、体形大且有别于其他花卉的品种做主景，以突出其中心效果。这样可以体现出办公室人员的独特个性和思想感情。

2. 办公室不同空间的绿化装饰

（1）会客厅的绿化装饰。会客厅是公务活动的中心，也是招待来访者或重要来宾的主要场所。在这样的场所，应布置以抒情为主的观赏植物，力求选取珍奇、高大或色彩绚丽的品种。譬如，在沙发的一端摆放散尾葵或绿萝柱等，另一端用花架摆放一个盆景或悬垂式盆花，茶几上放一小盆鲜花。这样的装饰表明办公室人员热爱生活、热情好客。如果会客厅是漏窗，可在窗上摆放几盆悬垂式盆花，既可以分割空间，又能生动活泼。

（2）主办公室的绿化装饰。主办公室是主要的办公空间，理想的环境效果应该是宁静、宽敞、舒适，其绿化装饰则应色淡香微。色淡可营造出雅洁、宁静的环境气氛，香微有令人舒适的功能。具体布置：在衣帽架上可放一盆纤细的铁线蕨或悬垂绿萝；在靠窗处，可春天放一盆含笑，夏天摆一盆茉莉，秋天设一盆米兰，冬天缀一盆水仙。这样的布置会使办公室人员倍感惬意和舒适。

（3）办公室内书房的绿化装饰。如果条件允许，办公室可辟出一个里间或侧室用作书房。书房力求宁静、雅致、整洁，因此在植物装饰的选料上应尽量避免色彩艳丽的花卉，多用清淡、冷色、清奇一类的盆栽花卉，如竹子或棕榈类。可在书柜顶上挂一盆吊兰或鹿角蕨，书桌上放一盆文竹，这样会使人置身于一个幽静的工作环境中。

（4）会议室的绿化装饰。会议室的绿化装饰要根据会议内容做不同的艺术处理。布置节日会场或较重要的庆典会场，应采用暖色花卉，以衬托出欢乐愉快的气氛。布置迎送类会场，除了考虑用色彩艳丽的多种盆花外，还可用插花或花篮来表达敬意。布置较严肃的工作会场，则可选用高大挺拔的绿化品种，同时适当配置鲜花。

3. 办公室绿化装饰的材料选择

常用于室内绿化装饰的材料主要是盆景、盆栽花卉和插花。其中，常见的盆景有树木盆景、竹草盆景、山水盆景等。如果挑选合理，布置得当，盆景能与室内环境色彩和谐统一，起到相映生辉的作用。用于室内绿化装饰的盆栽花卉多是阴生观叶植物，因其较耐阴，喜温暖，对水肥的要求不像观果类和观花类植物那样严格，适合在室内较长时间摆放。常用的观叶植物有蕨类植物和天南星科、百合科植物，样式则有悬垂式、攀缘式、水养式、壁挂式等。室内绿化装饰也可利用鲜花和切叶，以不同的组合方式插花，这样既能带来和谐、舒心的美感，又能起到点缀的作用。

此外，室内装饰材料的选择事关办公环境的质量和人的健康。保证办公室室内绿化装饰的安全性，材料选择是关键。

小案例

周一早上，秘书唐圆提前一小时来到办公室，她打算把办公室打扫一下，让同事们可以心情舒畅地开始新一周的工作。天气很冷，她首先打开空调，调节好办公室的温度、湿度；之后将窗台、办公桌、计算机等凡目光可及的地方都细细地擦过；饮水机里的水不多了，给送水公司打电话，让他们九点把水送到；储备的办公用品也应该再补充一些，她打算下午和小夏一起去买，顺便再买点书法、绘画之类的物品装饰一下房间；然后给办公室的植物浇了水，把枯败的枝叶修剪一番。一切收拾停当，唐圆舒服地坐在椅子上小憩，开心地等着同事们的到来！

分析：在企业中，秘书可能与上司在一个办公室工作，也可能拥有一个单独的办公室。秘书应该重视对办公室的设计和布置及对工作环境的美化。环境美化主要是指工作场所（办公室）选择适当、布局合理、布置现代化，既适应工作的需要，又有益于工作人员的身体健康。环境美化是工作效率的保证。办公设备的恰当摆放，地毯和现代化装饰品、自然的或人工的花卉植物等的圆满布置，会令人产生舒适的感觉，陶冶人的性情，提高工作效率。本案例中的秘书唐圆懂得办公环境与工作效率之间的关系，因而能够主动为同事和自己布置和设计美观、恰当的办公环境，这是值得每位秘书学习的。

任务实施

任务回顾：伍秘书该怎样整理才能使办公室清新怡人呢？

秘书对办公室环境的好坏负有极大的责任。伍秘书首先应该更换新窗帘，或者直接换成蓝色的百叶窗；将衣柜换掉；养几盆吊兰、滴水莲、仙人掌等有利于改善室内空气的植物，天气好的时候，时常开窗通风；量好沙发尺寸，定制新的沙发套；如果时间、经费允许，也可将地板更换成枣红色的实木地板；平时注意打扫卫生，保持办公室清洁。当然，这么大的改动，一定要事先征求总经理的意见，得到认可后再行动。

技能训练

一、请根据现有条件和办公需要，布置一间布局合理、方便实用的办公室。

某公司市场部新近迁入新办公区域，市场部设经理 1 人、秘书 1 人、销售人员 6 人。请你布置两间相对的办公室：一间长 8m、宽 4m，另一间长 10m、宽 8m。你可以任意设置隔断，但必须有一个小型会议室。新办公区域示意图如图 2-3 所示。

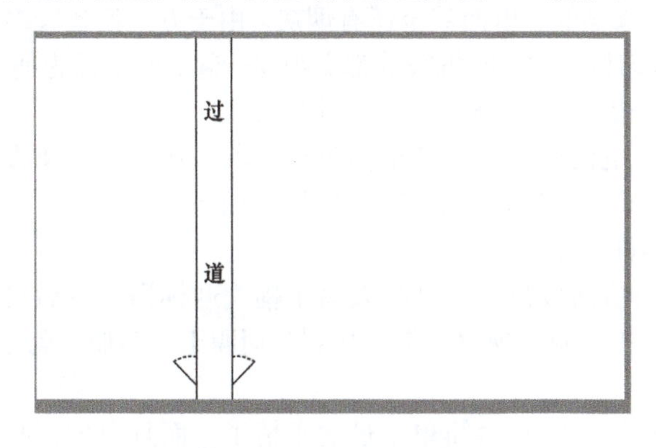

图 2-3　新办公区域示意图

二、请分析员工办公室布置存在的问题并提出解决此问题的方案。

王亮上三楼进入某公司的员工开放办公区，三面是墙壁，一面是窗户，虽有阳光，但光照不足，照明主要靠屋顶的日光灯，灯光较昏暗，让人有种压抑和憋闷的感觉。站在窗边能看到外面大街上车来车往，在办公室里面能清清楚楚地听到车辆鸣笛声。

任务二　办公室环境的维护与管理

学习目标

知识目标

1. 明确办公室环境维护的内容
2. 明确办公室环境管理的内容

能力目标

1. 能够创建整洁、安全、健康的办公环境
2. 能够采取措施排除常见隐患

素养目标

明确秘书要严格要求自己，从小处着眼，做事即做人

任务描述

某市建筑工程公司是一家创办近 40 年的老企业，公司曾经有过辉煌的历史，但在市场经济条件下，由于企业领导观念落后，改革步子迈得不大，近年来企业效益直线下滑。为此，市政府有关部门决定对企业实行改制。一贯清闲的秘书王强，这会儿开始忙得够呛。走进王强的办公室，只见文件资料柜开着，办公桌堆得满满的，有各种文件、报表、企业档案、书报杂志、白纸等，加上电话机和他的相框、茶杯摆放不整齐，一张办公桌乱成一片。刚刚还在找电话号码簿，现在又在找订书机，好不容易找到了订书机，钉子没了，又得到处找钉书钉。再仔细看看，不仅窗台上布满灰尘，连计算机键盘、显示器、复印机面板也都污迹斑斑，边上的废纸篓也是满满的，里面甚至还有烟灰。由于办公设备较多，电话线、计算机线、网络线、传真机线、复印机线、打印机线等都交织在一起。问王强为何如此这般，他说："最近太忙，领导要材料催得紧，已无暇顾及这一切了。"

这天，公司经理打电话给王强，说市体改委、市工业局、市建设局的领导下午要到公司看看，然后开个座谈会，为做好改制工作掌握第一手材料。由于公司经理近期病假在家，便让王强做好接待和陪同工作。

王强先是安排人员清洁接待室，又找人写了幅欢迎标语，然后打电话给各部门和下属几个生产车间，通知下午有领导视察，最后找到公司职工花名册，勾了几个人的名字，电话通知下午参加座谈会。

本来陪领导在公司转一圈是再简单不过的事情了，而且事前还打过招呼，可王强万万没想到会出这么一件事情。在公司内视察时，市体改委的张主任踩到了没有盖好又没有安全标志的阴井口，当即擦破裤子，小腿部表皮划伤出血，并且膝盖疼痛剧烈。王强顿时愣住了，他可从未遇到过这样的情况，一时不知所措，脑子也一片空白。他隐隐约约听到旁边有人说："快，让车子赶紧把张主任送到医院！"这才赶紧去找司机。

（资料来源：《文秘实习实训教程》，徐飚主编，高等教育出版社，2005 年版，有改动）

请指出王强办公室里的安全隐患，模拟演示改善王强办公室环境，并说出企业办公室中安全检查的方法。

任务分析

身为办公室秘书，王强应时刻保持办公室的整洁、卫生、安全，在接待领导或客人时，事先做好充分的准备工作，从物质保障到精神满足都要考虑周全。显然，王强对办公室环境的管理和维护的思想意识薄弱，亟待改进。

理论知识

一、办公环境的维护

清洁、有序的办公室环境对组织的形象和绩效会产生一定的影响。良好的工作环境，有利于组织的对外形象塑造，而整齐、有序的私人办公区则会很好地提高秘书的工作效率。因此，保持和创造科学、良好的工作环境，是秘书的职责。和谐、美观、整洁、舒适和安静的工作场所，必然有助于办公室日常工作的完成，也有利于秘书的健康。

1. 个人工作环境的维护

（1）个人工作环境整洁。个人的办公区域是秘书的门面。个人工作环境是指秘书自己的办公室、办公间以及直接用于个人办公的设备和用品。这里应做到保持台面、地面、办公设备、家具、窗帘以及门窗墙壁等处的清洁；电话按键和听筒、计算机键盘、主机箱的表面要经常擦拭；来访者用过的茶具应及时清洗干净，并重新摆好，用过的一次性口杯应及时清理。

（2）个人工作环境物品摆放有序。秘书要保持办公桌面的整齐、美观，在桌面上放置的物品一定要少，但一些必需的物品还要摆放，当然也有摆放的要求。

摆放在办公桌上的物品都应是经常使用的，而且应整齐有序。

1）电话。专用的电话应放在左手边方便拿到的位置，右手记录留言。如把电话放在右边，使用会极其不方便。

2）计算机。不要用文件材料将键盘覆盖，也不要在计算机屏幕周围贴满小纸贴，这样不但会影响个人形象，还会影响公司的整体形象。

3）参考书。由于经常需要查找相关资料，秘书的参考书一般会比其他职员多。较多的参考书会占用办公桌上的较大空间，因此应该把常用的参考书放在桌面或容易存取的抽屉中，而将较少使用的书籍放到公司的书柜里。

4）文具用品盒。将钢笔、铅笔、胶水、直尺等常用的文具一起放入伸手可及的文具用品盒内。

5）文件夹。常用文件夹应整齐地叠放在桌边或直立在文件架上，并贴有标识予以区分，取用有序，保密的文件和不常用的文件夹应存放在文件柜里；将文档归类，并存放在不同颜色的文件夹中，然后在每个文件夹上贴上标签。此外，还要分拣文件，将文件按需要程度分类，然后相应存档（见图 2-4）。

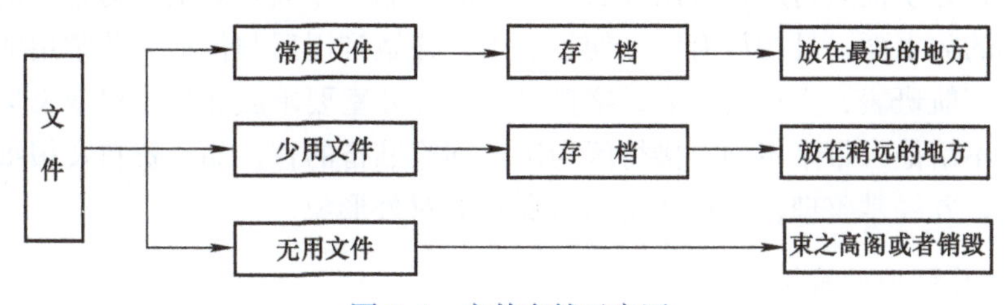

图 2-4　文件存档示意图

报纸、杂志、资料、文件等要及时清理，摆放到文件柜等固定地点；不乱放零散物品，不放置个人的生活用品。

6）办公桌抽屉。自用的办公文具、用品、零散物件应有序地放在抽屉里，按照使用频率及使用习惯安排；对于一些易黏的物品，如胶水、胶带或其他胶质材料等，要连同它们的盒子一起有序地存放在抽屉中，否则很容易将抽屉中的其他物品黏在一起。如果办公桌备有一个带锁的抽屉，可以用其来存放有保密需要的东西；其余不带锁的，则可以用来存放信笺、复写纸，并适当堆叠这些纸张，以便取用。

办公桌上不应出现的情况：①摆满文件，包括待办的、正在处理的，还有没来得及归档的、没用的；②摆满零零碎碎的小玩偶、毛绒玩具等；③把办公桌当成私人领地，放置茶叶盒、期刊、零食镜子等。永远要记住，办公桌是用来办公事的。

小案例

王丽做事追求完美，同样一张办公桌，王丽的和大家的截然不同。用纤尘不染形容王丽的办公桌一点都不过分。她的办公桌上除了计算机、电话外，几乎别无他物；桌子上只放正在处理的文件，其余的都放在抽屉里，而只要她一离开座位，正在处理的文件也要放进抽屉。有空时她就会打扫办公室，有王丽在的地方，就永远整洁。王丽把私生活和工作严格分开，在业余时间里也不喜欢与同事讨论私事，就如同她的办公桌一样，永远让大家只看到冰山一角。

小慧的办公桌上东西就多了。零食、化妆品、小玩偶、各种文件，满满地占据了办公桌，东西多到常常找不到文件，习惯走到哪东西落在哪，大家都叫她“小迷糊”。她又懒得收拾，和同事们逛街吃饭倒是很积极。

两人同期入职，工作能力都不错。最近主管林紫怀孕了，准备安心做全职妈妈，所以提出辞职，并向上司推荐了王丽。不久，王丽正式成为部门主管。

分析：保持个人办公区域整洁是秘书的职责。王丽与小慧的办公桌物品摆放截然不同，工作习惯不同，工作态度也不同，王丽能正式成为部门主管也是情理之中的事。

2. 公共区域环境的维护

（1）公共区域环境整洁。秘书除了负责自己的个人区域整洁，还要负责公共区域的整洁。要保持会客室和会议室的清洁，在来访客人离开及会议结束后要及时进行打扫和清理。对文件柜、档案柜、书架、物品柜等公用资源要经常注意清理，对报刊、文件及公用的办公用品，用后要及时放归原处，保持整洁有序。

（2）公共区域环境物品摆放有序。文件柜里的公用文件夹应整齐有序地摆放，取用后要放回原位置，方便他人再用；公用办公用品柜的物品也要放置规范，通常重的、大的放下面，轻的、小的放上面，且摆放有序，便于取用，并做到用后归位；一些常用的公用物品，如电话号码簿、航班表、火车时刻表、字典等，按办公室要求放在柜子里或书架上，注意用后放回原位，不给他人带来不便；接待区为访客阅览准备的宣传品、资料及报纸杂志应整齐地摆放或码放，并经常整理，保持接待窗口良好的对外形象。

3. 领导工作环境的维护

（1）领导工作环境整洁。秘书除了负责个人区域和公共区域整洁，还要负责领导工作环境的整洁。领导工作环境是指领导的办公室以及领导使用的办公设备和用品。秘书要保持领导办公室地面、台面、办公设备、家具、文件柜、书架和各种陈设的清洁。每天要定时开窗通风，保持空气的自然清新，并定时测温、测湿，保持舒适的温度和湿度。对领导办公室的花卉、盆景，要及时浇水、施肥、剪枝，保持其美观和生机；对办公室内的金鱼要及时喂食，清理鱼缸内的浊物，保持水质的清洁。领导接待客人后，要及时对茶具进行清洗和整理。

（2）领导工作环境物品摆放有序。经常整理领导的办公室和办公桌，将文件和物品摆放整齐；经领导授权后，定期对领导的文件柜进行清理，将文件资料归类保管存放，将一些无用的文件及时清退或销毁。

二、办公环境的管理

舒适的工作环境可以令工作人员身心健康。办公室的工作表面上似乎没有安全隐患，但实际上有关安全和健康的隐患还是存在的。因此，秘书要识别办公环境的隐患，做到防患于未然。

1. 识别安全隐患

（1）建筑隐患。建筑隐患主要是地面、墙壁、天花板、门窗中的隐患等。例如，地面缺少必要的防滑措施，天花板未安装烟雾报警器，离开办公室时忘记关闭门窗等。

（2）环境隐患。环境隐患主要指室内环境要素不符合要求。例如，室内光线不足或刺眼，温度过低或过高，空气不流通，装修材料不够环保等。

（3）办公家具隐患。办公家具隐患主要是由柜架等家具摆放和使用不合理造成的。例如，办公家具和设备有突出棱角；柜顶堆放大件或重物；计算机键盘放置过高，难以用正确的姿势操作等。

（4）设备隐患。现代办公设备的电源及电子辐射等都是很普遍的安全隐患。例如，电源线磨损裸露，插座接口不稳固，各种电线拖曳，计算机显示器摆放位置不当导致反光刺眼，复印机放置空间狭小等。

（5）人为隐患。人为隐患指对办公设备及其他用品的使用不按要求操作，或因个人习惯出现惊险动作或拖拉行为，对本人和同事造成安全隐患。例如，站在带轮的椅子上举放物品，没有及时关闭抽屉或柜门，下班忘记锁门等。

（6）消防隐患。消防隐患多是由电源布置不合理或使用不当，或消防设备过期或损坏，或在消火栓前、消防通道摆放物品，或照明灯出现故障等造成的。

2. 健康、安全办公环境的基本要求

（1）办公区建筑必须坚固安全，地面、墙面、天花板完好整洁，门窗开启灵活、能锁，室内有基本装修。

（2）光线应充足，局部照明要达到要求，且灯光不闪烁，直射的窗户应安装挡板或窗帘，注意避免计算机屏幕反光。

（3）温度要适宜。温度过高，会使人烦躁困倦，影响思维；温度过低，人的动作会显得迟缓。适当的温度则使人心情舒畅、精力集中、思维流畅。一般来说，办公室的适宜温度是 22 ～ 26℃。

（4）应注意通风，保持工作场所空气流通和空气的质量，禁止在办公室吸烟，需要时可在工作区外设立吸烟区。

（5）办公室空间及座位空间要适当，座位间要留有通道，力求员工工作舒适。

（6）办公室噪声要低，可利用屏障、地毯、设备隔音罩减少噪声。

（7）办公家具要满足工作所需并符合健康、安全要求，包括工作台面、座椅、各种存储设备及必要的锁具等。

（8）办公设备、办公用品和易耗品要满足工作所需并符合健康、安全要求，包括工作台面上的电话、计算机、文具及公用设备和物品。

（9）办公设备的安装、操作要符合要求，操作指南和注意事项要清晰展示。

（10）办公区及办公室要设置相应的消防设施、设备及必要的报警装置。

（11）办公室提供饮用水并符合健康、安全要求。

（12）办公区或办公室设置急救包，并定期更换。

（13）建立相应的规章制度，包括人员进出规定、保密规定等。

（14）室内有符合组织目标的装饰、标识和适当的绿色植物。

秘书在对办公环境和办公设备进行安全方面的检查时，可以对照上述各项。

（资料来源：《秘书国家职业资格培训教程》，范立荣总主编，海潮出版社，2003 年版，有改动）

小案例

××办公室行为规范制度

第一条　为加强办公区的管理，创造文明的办公环境，维护正常的办公秩序，树立良好的企业形象，提高办公效率，有利于公司各项工作的开展，特制定本制度。

第二条　公司职工应严格遵守作息制度。上午上班时间为 8:00—12:00，下午上班时间为 14:30—18:30，中间为午休时间（按季节变化更改）。

第三条　工作人员应穿戴整洁，朴素大方，仪表端正；上班期间应着统一制服。

第四条　办公区及公共区域应保持环境整洁，办公用品摆放整齐，不得用餐、吃零食或嚼口香糖；不得摆放鞋、雨伞及其他私人杂物；严禁随地吐痰。

第五条　办公时间不得因私会客，午休时间不得在办公区内搞文体娱乐活动，因私打电话必须简短。

第六条　办公区严禁大声喧哗、嬉笑打闹、聚堆聊天，不得使用不文明语言。

第七条　不得在禁烟区、会议室等公共场所吸烟。

第八条　按规定时间到食堂用餐，午餐不得饮酒。

第九条　下班或办公室无人时，须关闭所有电器，公文、印章、票据及贵重物品、现金、保险柜或抽屉，必须锁后方可离开。

第十条　遵守保密纪律，保存好各种文件及技术资料，不得泄露公司机密。

第十一条　空调、饮水机应使用得当。

第十二条　禁止携带任何违禁品进入公司。

第十三条　爱护公司固定资产，发现损坏应及时报修，无法修复的应注明原因申请报废。因故意或使用不当损坏公物者，应予以相应赔偿。

第十四条　本制度由总公司办公室负责监督检查执行情况。

分析：良好的办公环境有助于办公室日常工作的完成，也有利于秘书的健康与成长。目前许多单位都十分重视环境对工作成效的影响，制定了与此相类似的规定或制度，这种做法值得提倡。

3. 营造健康、安全办公环境的注意事项

（1）上岗前应了解的办公场所的安全规定。

1）国家或地方有关安全生产和劳动保护的规定，如《中华人民共和国劳动法》。

2）用人单位制定的安全规定和环保规定，如有关吸烟场所的规定。

3）组织所租用的写字楼、场地等业主制定的相关规定，如写字楼制定的出现火警情况的疏散程序等。

（2）隐患记录及处理表与设备故障登记表的区别。进行安全检查主要包括办公环境和办公设备两部分。要区分隐患记录及处理表和设备故障登记表的使用，前者记录的是隐患，包括办公环境和办公设备两部分的隐患，后者记录的是办公设备运行中出现的故障。例如，计算机不能工作了，应填写设备故障登记表；如果计算机仍能操作，但屏幕被强光照射，非常刺眼，就应该填写隐患记录及处理表。隐患记录及处理表和设备故障登记表的示例分别见表 2-2 和表 2-3。

表 2-2　隐患记录及处理表示例

序号	时间	地点	发现的隐患	造成隐患的原因	隐患的危害和后果	处理人	采取的措施
1	11 月 1 日	研发部	靠窗一排计算机屏幕耀眼	无窗帘遮阳	有损眼睛	行政主管张强	安装窗帘
2	11 月 6 日	研发部	一名外来人员没有访客胸卡	接待人员离岗	有安全和失密隐患	行政主管张强	强调接待处职责要求
3	11 月 9 日	研发部	5 号文件资料柜未锁	负责研发的人员外出开会	失密隐患	研发部经理王立统	在周一例会上强调

表 2-3　设备故障登记表示例

时　间	11 月 9 日	发 现 人	李　明
设备名称	HP LaserJet P1008 黑白打印机	故　障	打印机卡纸
维修要求	取出卡纸并使其正常运转	维修负责人	张　亮

任务实施

任务回顾：请指出王强办公室的安全隐患，模拟演示改善王强办公室环境，并说出企业办公室中安全检查的方法。

王强办公室的安全隐患：①废纸篓满满的，王强还往废纸篓里弹烟灰，易引发火灾。②办公设备较多，电话线、计算机线、网络线、传真机线、复印机线、打印机线等交织在一起，既容易连电，又易导致电器发生故障。

改善王强办公室环境的办法：首先，文件资料柜开着不利于保密，文件放得混乱不堪，既不利于查找又容易丢失，所以他应将办公桌、文件柜收拾整齐，将所有的文件、常用文具放在固定位置上，以便查找使用。其次，注意打扫办公室卫生，办公桌、办公物品、常用办公设备、地面等所有目力所及之处，都应清洁无灰尘。这种清洁工作应该是时时保持的，不应等客人来了才现安排人打扫。还有，在办公室吸烟，并将废纸篓当烟灰缸用，各种办公设备的线路乱作一团，都是安全隐患，所以应到指定场所吸烟，找专业人士给办公设备重新布线。

要想营造安全的办公室环境，需要对办公室的设备等进行安全检查，常做的工作有：保持计算机、电话等办公自动化设备的线路整齐，经常检查线路是否有破损，检查电源插头是否有松动等不安全的情况；每天下班前，要认真检查计算机、电灯、空调等是否关闭，抽屉、柜门等是否锁好。计算机、打印机等用电设备宜放置在一起，便于电源接线和管理。正确使用并注意维护复印机、传真机等办公自动化设备，保持周边的整洁，发现问题时，自己动手或及时找人维修；办公室内禁止吸烟，更不可将废纸篓当烟灰缸用，满满的废纸篓可能会引发火灾。注意发现在办公设备、室内光线、温度、通风、噪声、通道等方面存在的有碍健康和安全的隐患，并及时提出建议或通知有关人员进行整改。既然听说要陪领导参观，王强应事先在公司里走一圈，看看卫生、安全情况，顺便考察如何美化环境，如果发现问题可以及时处理。办公环境主要包括硬环境和软环境两部分，王强应经常对安全、卫生等状况进行检查，发现问题及时通知有关人员进行修理，时刻保持良好的状态。

以上案例告诉我们，秘书必须树立安全意识，在工作中要善于发现安全隐患并及时上报，同时督促整改。一旦疏忽大意，就会造成不堪设想的后果。

技能训练

一、阅读下面案例，谈谈赵秘书应该如何处理此件事情。

一天，海潮公司赵秘书在公共热水房打热水时，发现供大家使用的饮用水壶的电源线由于长时间超负荷运行而发热，为办公环境安全埋下了隐患。

二、阅读下面内容，谈谈你对这件事的感悟。

某公司总经理办公室和技术部的工作人员一起加班到深夜。第二天早上，秘书刚上班，还没走进办公室，就看到门口等候了两位未预约的客人。这两位客人是总经理刚刚结识的重要客人，其中一位是有意向与总经理合作的某世界五百强企业的副总裁。一进办公室，他们就发现室内杂乱不堪，办公桌上、沙发上、茶几上、地上到处都是文件材料，室内空气污浊……所有的东西都不在正确的位置上。

三、请将办公室中部分公用资源存放的正确位置填写进表 2-4。

表 2-4　办公室中公用资源正确存放位置

序　号	公用资源名称	办公室中正确存放的位置
1	公用电话号码簿	
2	钢笔	
3	复印纸	
4	杂志	
5	参考书	
6	电话	
7	公用文件夹	

项目三 / Project 3

03

办公室时间管理

任务一　时 间 管 理

学习目标

知识目标

掌握有效管理时间的方法

能力目标

1. 能制定各类时间表
2. 能合理分配精力，积极、建设性地进行时间管理，有效利用时间，提高工作效率

素养目标

明确秘书要遵守职业道德，不能以权谋私

任务描述

刘一大学毕业后应聘到一家小型私企，她一向勤奋也肯吃苦，工作上非常努力。但她每天都手忙脚乱，到很晚才能休息，一堆一堆的事情似乎永远也做不完。这令她感到前所未有的疲惫。周末加班后，她向自己的一个在外企同样做秘书的同学赵玉诉说自己这一段时期的状态。赵玉说："其实主要是时间没利用好。这样吧，你把你下一周要做的事都列出来，我们一块儿安排一下。"

刘一决心要把自己的状态扭转过来，回到家中便把堆积着的事情全部列出，并做了一个安排发给了赵玉。

下一周她要做的事情如下：

1）有两张订货单上有细节问题，需要沟通后工厂才能继续生产。

2）该发员工的工资了，95 名工人的工资单还没核对，大概需要 4 小时。

3）眼镜框不小心压歪了，还勉强能戴，但看东西很别扭。

4）一直没回家，有一个多月没和父母联系了。

5）周一上午 9—11 点是公司例会。

6）周三晚上恋人出差回来，定好晚上在住所为其接风，但吃的用的都还没有准备。

7）每月一期的公司简报还差一点儿，要在周五之前完成，大概需要 2 小时。

8）朋友推荐了一份兼职，需要在周三或周四晚上 7 点之前去面试，估计要花 1 小时。

9）上司负责的一个工地项目要在周一下午 6 点开一个临时会议，需要参加。

10）一位很久没联系的朋友正好得了两张音乐会的票，周二或周三晚上的，邀请自己一起去听，7 点开始，全场需要一个半小时。

11）周六要参加会计考试，至少需要用 5 小时突击一下，只能利用业余时间。

12）上司留下一张便条，要自己尽快与他见面。

13）周一晚上有个公司聚餐。

14）有个广州客户周一下午 4 点到，要去机场迎接，并为其安排食宿。

15）周一晚上有个自己特别想看的电视节目，8 点半到 9 点半。

16）上司周五出差，要为其订好机票。

17）住所的一个房间里的顶灯坏了。

18）身上的现金不多了，要取钱。

19）上司出差需要随身携带一份发言稿，完成这份发言稿大概需要 2 小时。

20）会计周三前要到银行办理一笔支付款项，因工作需要，要求本人陪同前去，最近的银行来去也要 1 小时。

注：每天上班时间为 8—12 点、13—18 点（中午有 1 小时休息）。

任务分析

这是一项考查时间管理能力的任务。作为一名秘书，每天所面临的事情比一般人要更为复杂。如何取舍，如何将所有要做的事情都安排得井井有条，如何能够从容不迫地应对工作中常有的突发事件，需要秘书人员认真思考，不能随意行事。

理论知识

时间是一种宝贵的资源，对每个人来说都是公平的、有限的。但是，从某种角度来说，时间又是一个变数，善用者则多，不善用者则少，关键要看我们能不能很好地利用它。就秘书工作而言，工作内容纷繁复杂，每天都面对着大量耗费时间的工作，这更需要秘书人员积极地、建设性地进行时间管理，合理分配精力，有效利用时间，提高工作效率。

素养案例

屠呦呦，女，1930 年 12 月 30 日出生于浙江省宁波市，药学家。1951 年，屠呦呦考入北京医学院药学系。1955 年毕业后，被分配在卫生部中医研究院中药研究所工作。

1969 年，中药研究所开始抗疟中药研究，屠呦呦担任该项目的组长。经过大量的反复筛选工作，并受到中国古代药典《肘后备急方》的启发，项目组将重点放在了对青蒿的研究上。经过多次失败后，项目组终于在 1972 年通过低温提取、乙醚冷浸等方法，成功提取出青蒿素。

2015 年 12 月 10 日，屠呦呦因开创性地从中草药中分离出青蒿素应用于疟疾治疗而获得当年的诺贝尔生理学或医学奖。她是第一位获得诺贝尔科学奖项的中国本土科学家，是中国医学界迄今为止获得的最高奖项，也是中医药成果获得的最高奖项。2019 年，屠呦呦被授予“共和国勋章”。

在没有先进实验设备、科研条件艰苦的情况下，屠呦呦带领着团队攻坚克难，面对失败不退缩，终于胜利完成科研任务，成功提取出青蒿素，挽救了数百万人的生命。

分析：屠呦呦几十年默默无闻的辛苦钻研，经历失败不放弃，为了人民勇于奋斗，勇于创新，去守望自己热爱的事业。我们应该学习屠呦呦等老一辈科学家锲而不舍的敬业精神；为追求科学知难而进的进取精神；不为名利、只为科学实验而忘我的奉献精神。

一、时间管理概述

1. 时间管理的概念

所谓时间管理，是指在同样时间耗费的情况下，为提高时间的利用率和有效性而进行的一系列控制。这种控制是应用现代科学技术的管理方法，对时间消耗进行计划、实施、检查、总结、评价和反馈等程序，以达到预期的目标。时间管理的具体内容如下：

1）决定时间的耗费标准，选定目标，制定规划。

2）用分割与集中的方法来增加自由时间，使时间耗费日趋合理。

3）诊断自己时间的耗费情况，找出非工作性时间和浪费的时间，并尽量将它消除。

4）应用现代系统论、控制论的方法定量使用时间，以提高工作时间的有效性。

5）对工作时间的不合理安排进行控制。

总之，秘书人员时间管理的目的在于发现时间的各种规律，从而科学地安排和使用时间，避免被时间所支配。

2. 时间管理与管理者的成败

近年来，国外的管理者越来越注重研究时间管理与自身成败的关系。美国通过对 3 000 名管理人员的调查，发现多数成功者都能做到以下两点：

1）精于安排时间，使时间的浪费减少到最低限度。

2）善于限定自身的工作范围，并将范围内的工作尽量做好。

美国的许多企业都已把时间管理列入企业管理人员的训练课程，《哈佛管理百科全书》也将对时间的科学利用列入成熟管理者的 9 项标准之一。

秘书辅助管理的工作也是一门学科，需要有一定能力和知识的基础。但是，能力和知识本身并不能代表成功。成功的管理者并不过分依赖自己的能力，因为他知道有能力不等于有效，能力只有通过有条理、有系统的工作，才能发挥效用。时间是能力发挥效用的限制因素。因此，能力转化为成功，只有通过有效的时间管理才可以实现（见图 3-1）。

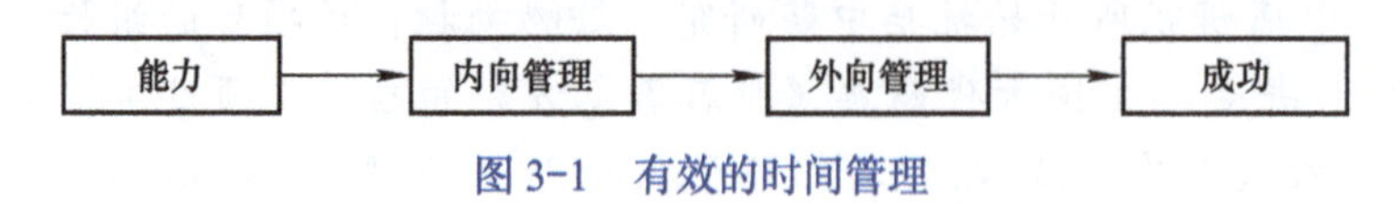

图 3-1　有效的时间管理

3. 时间分类

秘书人员的时间大致可分为两类：一类是不可控制的时间，即受限于职权的要求而不能自由支配的时间，一般是例行工作的时间；另一类是可控制时间，即在自己权限内可以自由支配的时间。从各发达国家情况来看，管理者的不可控时间多于可控时间，这个差距随着管理职务的升高而加大（见图 3-2）。

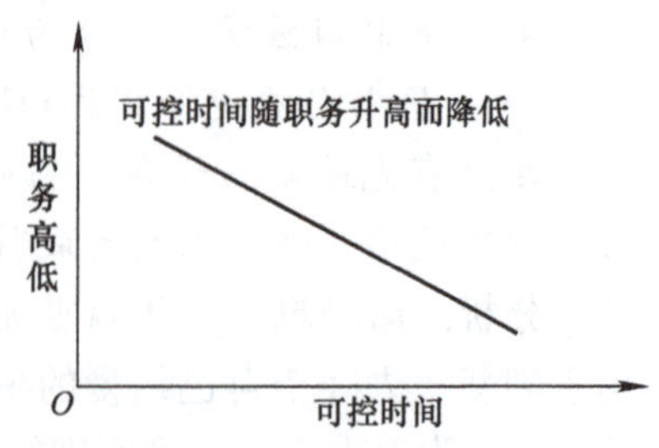

图 3-2　可控时间与职务的关系

秘书人员对时间管理的成功，不在于其在不可控时间内表现如何良好，而在于尽量把不可控时间变为可控时间。使可控时间随便溜走是管理效率低的显著特征之一。

4. 时间管理的一般原则

利用时间是一个极其高级的规律，这个规律没有也不可能有一个固定的模式，但存在着一般原则。这些原则包括：

1）用精力最佳时间干最重要的工作。

2）消费时间要计划化、标准化、定量化。

3）保持时间上的弹性。文武之道，一张一弛。

4）反省浪费的时间。

5）保持时间利用的相对连续性。

6）一般工作“案例化”，固定工作“标准化”。

7）严禁事必躬亲。事必躬亲是小生产的管理方法。不懂得授权，而满足于自己的辛辛苦苦，往往顾此失彼，干不到点子上，实际上是放弃管理职责。

8）坚持从现在做起的信念。

9）保留自我时间管理的最低批量时间。

二、秘书时间管理方法

1. ABC 时间管理分类法（或称重点分类法）

秘书面临纷繁复杂的工作，有许多是无法预料的，如突如其来的上级命令、头绪不清的内外扯皮、千变万化的企业生产经营形势、令人头痛的人事关系等，占据了秘书的大量时间。所以，必须把有限的时间科学地分配在自己所掌握的那个系统的关键上，只让少数重要的工作占用自己宝贵的时间，这样才能更好地实现预定的目标，这就是 ABC 时间管理分类法的根据。

一般来说，事物 80% 的价值集中在 20% 的组成部分中，即表现为“关键的少数，次要的多数”规律。自觉运用这一规律，把 80% 的时间用在 20% 的工作上，往往能用一二分努力获得八九分成果。具体做法是：先依据系统原理，把自己的工作组成一个有机的整体，然后分析每项工作在系统中的作用。分析时给自己提三个问题：一是能不能取消这项工作；二是能不能与别的工作合并；三是能不能用简便的东西代替。经过三个能不能“处理”后，再根据每项工作在系统中作用的大小，分成 A、B、C 三类，这是时间管理的基本方法，根据这一原则明确各项工作的先后顺序。ABC 时间管理分类特点见表 3-1。

表 3-1　ABC 时间管理分类特点

分　类	比　例	特　征	管理要点	时间分配
A类	占总工作数量的 20% ～ 30% 每天 1 ～ 3 件	（1）最重要：具有本质上的重要性 （2）最迫切：具有时间上的迫切性 （3）有后果	重点管理： （1）必须做好 （2）现在必须做好 （3）亲自做好	占总工作时间的 60% ～ 80%
B类	占总工作数量的 30% ～ 40% 每天 5 件以内	（1）重要 （2）一般迫切 （3）无较大影响的后果	一般管理： 最好自己去做，也可授权别人办理	占总工作时间的 20% ～ 40%
C类	占总工作数量的 40% ～ 50% 每天 8 件以内	（1）无关紧要 （2）不迫切 （3）影响小或无后果	不管理： 可以忽略	不占用工作时间

小案例

小李是某外籍经理的助理秘书，几年来，他工作主动，勤奋努力，但后来发现自己总是被一大堆不重要的琐事包围着。小李生性优柔寡断，一件事情总要反复掂量，考虑好多种后果，生怕引人不快。对一些他认为重要又不太懂的事，他总是采取逃避的态度，非拖到不能再拖的时候才动手去处理，结果往往因时间仓促，不得不草草了事。

一次老板休假，让他代为起草一份在董事会上的发言报告。他摩拳擦掌地表示要给老板露一手。由于还有一周时间，他想不必着急。于是，在其后的几天，他忙于完成另外的几件事：寄了几封信，发出几份传真，打了几个无关紧要的电话，给老板的一个朋友买了一束鲜花以祝贺他的开业之喜，又和自己的几个朋友小聚了两次。

临到老板休假回来的前一天，小李才想起老板要的报告还未见一字。小李本打算全力以赴完成报告，可是已安排了一个预约接待，一谈就是半天，下午又要安排去机场接老板的事，然后又被别的部门叫去协商安排明天的一个会议。当他终于把一切安排妥当时，也就到了下班的时间。加班赶工吧，又三番两次被一个个无关紧要的电话打扰，于是他决定回家加班。吃过饭，电视里又有一场精彩的足球赛，小李忍不住把球赛看完，此时已是晚上 11 点。刚写一半，他发现一些文件忘记拿回来了，只好第二天一早到办公室写报告的后半部分。结果，一份准备轰轰烈烈、一鸣惊人的报告变成了一份毫无特色、草草而就的文件。

小李经常想不明白，为什么自己几年来一直兢兢业业，工作起色却不大，而且职位升迁很慢。

分析：秘书小李之所以会出现这种情况，是因为他没有很好地对自己的时间进行管理，分不清事情的轻重缓急，不能运用时间管理方法来有效地计划时间，缺乏对时间的协调能力。

2. 时间表编制法

时间表是管理时间的一种手段，它是将某一时间段中已经明确的工作任务清晰地记载和标明的表格，是提醒使用人和相关人按照时间表的进程行动，从而有效地管理时间，达成工作任务的简单方法。

（1）时间表的编制方法。

1）根据需求确定编制时间的周期。

2）收集并列出该阶段所有工作、活动或任务。

3）发现活动有矛盾，主动与负责人协商，及时调整。

4）按照时间顺序将任务排列清晰。

5）绘制表格，标明日期、时间和适合的行、列项目。

6）用简明扼要的文字将信息填入表格，包括内容、地点。

（2）时间表的分类。

1）年度时间表。该表是将企业、单位或组织一年中例行的会议、重要经营活动、已经确定的商务出访、公共关系活动等做出妥善安排。秘书可以参照上一年度的时间表和新一年工作部署来编制，力求内容简明概括，让人一目了然。详细情况在月时间表和周时间表中体现。

2）季度时间表。该表是根据年度时间表来制定的。上面注明重要事项，一般在上一季度结束之前制作完成。第二季度时间表（2020 年 4—6 月）见表 3-2。

表 3-2　第二季度时间表（2020 年 4—6 月）

周　次	4月	5月	6月
第一周	周一上午：公司品牌战略研讨会（公司小会议室）	周一上午：面试 3 位营销员（公司小会议室）	周一上午：总经理面试财务总监
第二周	周三上午：北京商务会议	周五上午：对全体职工进行办公礼仪培训	
第三周	周二：销售会议，传达北京商务会议精神（大会议室）	周四下午：上海会议	周二上午：公司领导审看宣传片
第四周	周一上午：部门经理会议 周三下午：总经理与 ×× 公司进行商务谈判	周四下午：部门经理会议（公司大会议室） 周五上午：传达上海会议精神	周五上午：部门经理会议

3）月时间表。该表信息由主管领导负责，请各部门负责人提出下月计划，再结合集体议定的事项，由秘书制表，经主管领导审定下发实施。有的组织月底请各部门负责人将下月的安排或活动以口头或书面形式交给秘书综合整理，对有冲突的地方加以沟通调整，然后将编制的月时间表交主管领导审定下发实施。2020 年 4 月时间表见表 3-3。

表 3-3　2020 年 4 月时间表

日　期	星　期	工 作 内 容	日　期	星　期	工 作 内 容
1	三		16	四	主持召开销售会议
2	四		17	五	
3	五		18	六	
4	六	上午 10 点乘飞机到北京，下午 5 点乘汉莎航空公司飞机赴德国	19	日	
5	日	到达德国	20	一	上午参加总经理办公会
6	一	在德国考察	21	二	
7	二	在德国考察	22	三	到北京拜访客户
8	三	在德国考察	23	四	到北京拜访客户
9	四	在德国考察	24	五	
10	五	在德国考察	25	六	
11	六	晚上 10 点到达中国香港	26	日	
12	日	下午 1 点回到本市	27	一	上午参加总经理办公会
13	一	上午参加总经理办公会	28	二	
14	二		29	三	
15	三		30	四	

4）周时间表。该表是在月计划的基础上制定的，表中内容常在周五下班前或周一上午与主管领导协商安排，加上平时收集的信息，由秘书填写在固定的按周一至周五并分上下午时间的表格中，经被授权人审定后印发相关人员（见表 3-4）。

表 3-4　周时间表

时　间	星期一	星期二	星期三	星期四	星期五
8:30	召开各部门负责人会议			财务总监与银行信贷部洽谈贷款事宜	召开全体职工大会
9:00		人力资源面试公关部秘书	接待日本客商		
10:00	总经理听取销售部经理工作汇报			副总经理去市工业局开会	
11:00					
12:00			招待日本客商的宴会		
13:00		财务总监和销售部经理与A公司进行××项目谈判		财务总监向董事会汇报财务状况及贷款洽谈进展情况	
14:00	××项目团队会议		日本客商参观公司		
15:00		总经理接受新闻记者采访			
16:00					各部门召开一周工作总结会
17:00					

小案例

夏秘书是公司总经理的秘书，一些人想和夏秘书结交，以便得到一些内幕消息，所以今天这个人请吃饭，明天那个人送她点小礼物。夏秘书一开始还知道要遵守职业纪律，坚决推托。可时间一长，自己飘飘然起来，不光宴请照吃，礼物也照单全收。夏秘书在制定领导下周时间表的时候，育达公司王秘书给她打来了电话，说晚上请她吃饭，并请求夏秘书在下周二上午安排育达公司的领导和他们公司的领导洽谈××项目。对于××项目，公司首选合作方是慧晓公司，将在下周三上午和慧晓公司洽谈××项目，与育达公司的洽谈时间是下周四下午，但夏秘书同意了育达公司王秘书的请求。

分析：秘书安排时间表面上看是小事，实则不然。常言道：千里之堤，毁于蚁穴。秘书要遵守职业道德，实事求是，服务意识常驻心间，不能有一丝一毫的懈怠。制作时间表要根据工作需要合理安排洽谈项目，不能因为某人的宴请而随意更换项目，把工作当成与人交往、为自己谋利的工具。

（3）编制时间表的注意事项。

1）要一目了然。时间表应以叙述、说明为主要表达方式，不加评论，不做过多分析，简洁而具体。

2）要留有余地。月计划、周计划、日计划不要安排得太满，尤其是后两者。因为情况随时变化、领导要根据不同的情况做出一定的调整，所以编制时间表要留有余地。活动与活动之间要有一定的时间间隔，以避免时间冲突。

3）要跟踪标注处理结果。对已经处理完的工作，一般应注明结果，对没有处理的工作也要标注，这样既可以避免漏掉一些重要内容，也可帮助领导随时掌握信息。

4）要对实施者进行指导。时间跨度越小的表格，填写的信息就应越详细、准确，要对实施者进行有针对性的指导。

任务实施

任务回顾：刘一将所有要做的事情一一列出来后，按照自己的习惯大致排了个顺序发给了赵玉。赵玉给她介绍了ABC时间管理分类法后，先让她用这个方法重新排序。然后，赵玉又发给她一个表格（见表3-5），让她将内容填入表格。经过赵玉的指点，刘一最后形成了自己的周时间安排表（见表3-6）。

表3-5　周时间安排表

时　间	星期一	星期二	星期三	星期四	星期五
8:00					
9:00					
10:00					
11:00					
⋮					

表3-6　第四周时间安排表

<table>
<tr><th>时　间</th><th>星期一</th><th>星期二</th><th>星期三</th><th>星期四</th><th>星期五</th></tr>
<tr><td>8:00</td><td>见上司</td><td rowspan="4">为上司拟写发言稿</td><td></td><td></td><td rowspan="3">做上司出差前的准备</td></tr>
<tr><td>8:30</td><td></td><td rowspan="4">核算48名员工工资</td><td rowspan="4">核算剩余员工工资</td></tr>
<tr><td>9:00</td><td rowspan="4">公司例会</td></tr>
<tr><td>9:30</td><td></td></tr>
<tr><td>10:00</td><td rowspan="4">陪会计去银行支付款项，顺路修眼镜框</td><td></td></tr>
<tr><td>10:30</td><td></td><td></td><td></td></tr>
<tr><td>11:00</td><td rowspan="2">11:15沟通订单上的细节问题</td><td></td><td></td><td></td></tr>
<tr><td>11:30</td><td></td><td></td><td></td></tr>
<tr><td>12:00</td><td></td><td>请人修理住所顶灯</td><td></td><td></td><td></td></tr>
<tr><td>13:00</td><td>为下午来的客户订酒店</td><td></td><td rowspan="2">完成公司简报</td><td></td><td></td></tr>
<tr><td>15:00</td><td></td><td></td><td></td><td></td></tr>
<tr><td>15:30</td><td>取钱、接客户、为上司订机票</td><td></td><td></td><td></td><td></td></tr>
<tr><td>18:00</td><td rowspan="2">上司的项目会议</td><td rowspan="2">给父母打电话，准备明晚吃的用的</td><td></td><td rowspan="2">兼职面试</td><td></td></tr>
<tr><td>18:30</td><td></td><td rowspan="5">准备会计考试</td></tr>
<tr><td>19:00</td><td rowspan="3">公司聚餐</td><td rowspan="4">准备会计考试</td><td rowspan="4">听音乐会</td><td rowspan="4">准备会计考试</td></tr>
<tr><td>19:30</td></tr>
<tr><td>20:00</td></tr>
<tr><td>20:30</td><td rowspan="3">看电视节目</td></tr>
<tr><td>21:00</td><td></td><td></td><td></td><td></td></tr>
<tr><td>21:30</td><td></td><td></td><td></td><td></td></tr>
</table>

技能训练

一、阅读下面内容，请按照时间管理方法，帮助张帆将当天待处理的10项工作进行排序。

张帆是某公司总经理秘书，面对繁杂的工作，她非常勤奋，每天工作10多个小时，周六、周日经常加班，但工作仍是忙乱不堪，总感觉时间不够用，张帆很苦恼。

周一上班，张帆需要完成很多工作，她迅速地开始逐一工作，搞得手忙脚乱，临近下班时间，仍有部分工作没有完成。以下是她某天上班遇到的10项待办事务：

1）总经理感觉近一段时期各种业务会议太多，耗去了大量时间，要求秘书拟定一个控制会议次数和时间的方案。

2）今天下午A国汽车销售商麦尔先生来公司商谈代理本公司产品在该国销售的具体事宜（意向书已于7月上海车展时交换），秘书须做好谈判准备工作。

3）本市××职业学院欲与我公司建立长期的合作关系，将我公司设为该院秘书专业的“实习基地”，人力资源部问秘书部门是否愿意接纳实习生，是否愿意建立长期协作关系。

4）通知销售部落实一名业务骨干（最好是经理或副经理），后天陪同总经理去东北出差。

5）发动机车间一技师的女儿考上了清华大学，昨天已拿到录取通知书，要以公司总部名义给他打祝贺电话，通知他到财务部领取本公司颁发的奖学金3000元。

6）记者写了一篇上级领导视察我公司的通讯稿，已发到公司电子信箱，要求公司领导确认事实，打印并加盖公章后传真回去。

7）总公司各部门和各分公司今年招聘了一批管理人员，将于下周开始进行岗前集中培训，人力资源部要求总经理秘书给新职员开展一次公文处理的讲座。

8）海尔公司企业文化顾问×××先生被本市××集团请来做专场企业文化建设的讲座，询问总经理是否参加。

9）总经理后天要去东北出差，须落实往返机票。

10）10天后有歌手来本市开演唱会，会议组织者来函问本公司是否需要优惠的集体入场券，如果不回电，视为放弃。

二、项目经理王总主管公司所有新项目，周一上班，下面是一天来他所要接触的事情，请按照时间管理四象限法[1]进行划分，并在后面标明。

1. 周一例会　2. 下周展会准备　3. 上周工作报告　4. 重大项目谈判
5. 收广告信函　6. 同事求助　7. 接受专业培训　8. 同事闲聊
9. 总经理办公会　10. 接到广告电话　11. 朋友来访
12. 项目关键资源短缺导致项目暂停　13. 下期重大项目人员招聘
14. 上网冲浪　15. 接待甲方领导　16. 了解项目进程

[1] 时间管理四象限法是把要做的事按照重要和紧急两个方面的不同程度进行划分，可以分为四个象限：重要而且紧急（第一象限）、重要但不紧急（第二象限）、不重要但紧急（第三象限）、不重要而且不紧急（第四象限）。处理顺序：先是重要而且紧急的，接着是重要但不紧急的，然后是不重要但紧急的，最后才是不重要而且不紧急的。

任务二　编制工作日志

学习目标

知识目标

掌握工作日志的填写方法和填写内容，以及工作日志的变化与调整

能力目标

能为上司和自己一天的活动做出合理安排，能合理编制工作日志，提高工作效率

素养目标

明确秘书要善于接受别人的批评，并在今后的工作中加以改进

任务描述

某公司首席执行官（CEO）在 2020 年 3 月 12 日有以下工作：同规划总监、技术部讨论网站的特色设计问题；接受新闻记者采访；与国外风险投资基金谈判（具体时间由我方定）；与 XP 公司总经理洽谈（具体时间由我方定）；召开公司高层会议，分析竞争对手情况并制定网站的下一步规划；批复文件。该 CEO 每天一上班首先习惯上网浏览国内外新闻，午餐在 12:30 进行，然后午休半小时，13:30 开始工作，一般在 18:00 下班。

张红是该公司 CEO 秘书，刚参加工作不久，她为上司编制好工作日志后送交给 CEO，其编制的工作日志内容见表 3-7。

表 3-7　CEO 工作日志（一）

2020 年 3 月 12 日　星期四

时　　间	工 作 内 容
8:00—9:30	与国外风险投资基金谈判
9:30—10:50	与 XP 公司总经理洽谈项目合作事宜
11:50—12:20	接受新闻记者采访
12:30—13:00	午餐
13:00—14:10	召开公司高层会议，分析竞争对手情况并制定网站的下一步规划
14:10—15:10	批复文件
15:10—16:00	在网上简单浏览国内外重大新闻
16:00—17:30	同规划总监、技术部讨论网站的特色设计问题
18:00	下班

公司 CEO 看过之后，皱着眉头说：“这就是你编制的工作日志？”张红很不安，意识到自己的工作可能出了差错。

请帮助张红为上司编制一份工作日志。

任务分析

秘书的工作很繁杂，既要在有限的时间内把自身工作做得井井有条，还要把上司的各项工作和活动安排妥当，这就需要掌握合理安排时间的方法，编制好工作日志，使上司提高工作效率。张红的问题是在为上司编制工作日志时考虑不全面，如安排的活动之间没有适当的间隔时间，把两项重要谈判、洽谈安排得过于紧凑，同时还缺乏对上司工作习惯的了解和关注等。

理论知识

工作日志是秘书协助领导通过与各方协商，对自己和上司一天的活动做出合理安排，并予以实施的一种提高效率的重要工具。

一、工作日志的填写方法

工作日志应备有手写版和电子版两种，二者的信息内容应相同。

1. 手工填写的工作日志

秘书手工填写的工作日志有两本，一本是上司的，另一本是自己的。填写的方法有：

1）提前了解上司工作和活动的信息，之后在上司和自己的日志上填入，并于当日一早再次确定和补充。

2）提前在自己的日志上清楚标出当日应完成的工作。

3）输入或填写的信息要清楚、方便阅读，保持日志整洁，最好先用铅笔填写，确认后再用墨水笔正式标明，还可以使用不同色彩。

4）输入或填写的信息要完整，标明各项活动的时间、地点，参与活动的人的姓名、联系方式等必要信息。

5）输入或填写的信息要准确，当日出现情况变化，应当立即更新日志，并及时告知上司出现的变化。

6）在上司日志变化的同时，应更改自己的日志，并做好变更的善后工作。

7）在自己的日志上要清楚标出为上司的有关活动应做的各项准备，并逐项予以落实。安排工作时，还要安排好那些例行工作，如文件归档。

8）协助或提醒上司执行日志计划，在必要时能帮助上司排除干扰。

小案例

李红是某集团公司销售部秘书，一直填写自己和上司（销售部经理）的工作日志，2020 年 1 月 23 日，李红的工作日志上有如下信息（见表 3-8）：

表 3-8　经理秘书工作日志

2020 年 1 月 23 日　星期四

时　间	工作内容
8:00	准备会议相关材料
9:00	部门工作人员会议，5 层 505 室，带相关文件及会议日程表
10:00	提醒副经理去机场接格仑公司销售部李经理一行，提醒司机张师傅准时出发
11:00	安排宴请格仑公司销售部李经理事宜
12:00	宴请格仑公司李经理；午餐前，将下午业务洽谈会议相关材料分别送经理、副经理及各业务主管
13:00	
14:00	与格仑公司进行业务洽谈
15:00	经理下周五出差到北京，落实往返机票等事宜
16:00	
17:00	准备经理 26 日报告的资料和 PPT
18:00	

分析：秘书李红的日志可以反映出销售部经理在 2020 年 1 月 23 日一天的工作：9:00 要召开部门会议，中午要与格仑公司李经理一起用餐，14:00 要进行业务洽谈等。

2. 电子工作日志

计算机程序现已可以提供日历、日志和计划的功能，并应用于联网的计算机中。有条件的可以使用计算机电子日志来管理时间，通过计算机程序中的 Microsoft Outlook 可以打开个人文件夹，上面有今日的时间、本月和下月日历，只需输入工作任务即可。输入的方法和内容与手工填写日志基本相同。电子工作日志比手工填写日志用起来更加方便，可以迅速修改和更新日志内容，且不留痕迹。

小案例

小王和小如是大学同班同学，两人都应聘到同一家公司当秘书，辅助总裁办副主任的工作，两人的起点是一样的。但一年之后，无论是工作能力，还是上司的信赖程度，两人的差异就非常明显了。

小王的自我表现欲很强，喜欢争强好胜；而小如倒像是小王的秘书，她只做一些由小王从总裁办副主任那里转包来的工作。老文是总裁办副主任，跟着总裁快 20 年了，是总裁名副其实的助手。老文给小王安排的第一项工作是让她制定总裁司机的日程表，以便接送总裁。但只做了一个星期，小王就三次把地点搞错，让总裁很不高兴。小王一口咬定都是司机失误，把责任推得一干二净。于是，老文也懒得管小王了，只安排她打杂，做一些收发、复印之类的工作。

小如虽不太爱说话和表现自己，但工作任劳任怨，虚心接受老文的批评和建议；遇到不懂的地方，她会主动向老文请教。当她在工作中出现失误后，她会主动承认自己的过错并道歉。老文觉得小如是颗做秘书的好苗子，于是将他所有的秘书经验都传授给了她。有一次当老文突然请假的时候，总裁对老文说："那先让小如代替你工作吧。"

对于自己挑选的两个助手，老文一开始对她俩一视同仁，并且对小王寄予了更大的希望。但是，不到一年的时间，两人的表现已是云泥之别。第二年，老文被提拔为一个子公司的总经理。在交班之前，他向总裁推荐由小如来接替自己的工作。

分析：秘书要善于接受别人的批评，并在今后的工作中加以改进，不推卸责任，具有责任意识、精准意识。制定日程表看似小事，实则不然，需要有足够的细心、耐心，不断积累经验，才能尽快成长起来。机会总是留给虚心学习、知错能改、任劳任怨的人。

二、工作日志的填写内容

1. 上司工作日志的填写内容

无论手工填写日志还是电子工作日志，填写的信息内容应相同。上司日志内容通常包括：

1）上司在单位内部参加的会议、活动情况，要记录清楚时间、地点、内容。

2）上司在单位内部接待的来访者，要记录清楚来访者的姓名、单位详情、约会时间。

3）上司在单位外部参加的会议、活动、约会等情况，要记录清楚时间、地点、对方的联系方式等。

4）上司个人的安排，如去医院看病等，秘书应保证不在这段时间为上司安排其他事宜。

5）上司私人的信息，如亲属的生日，秘书应提醒上司准备生日礼物。

2. 秘书工作日志的填写内容

秘书的日志内容除了包含上司的日志内容，还需要包括：

1）上司的各项活动需要秘书协助准备的事宜，如为上司参加某会议准备发言稿、安排会议议程、订机票，为上司的某会谈草拟合同和订餐等。

2）上司交办自己的工作，如签字仪式的准备工作。

3）自己职责中应做的工作、活动，如撰写半年工作总结、值班等。

三、处理工作日志的变化与调整

有时会因为预想不到的事或对方的原因而必须改变日程安排，如果是我方原因变更安排，会造成一些有形或无形的影响，甚至会影响企业、单位的信誉和双方的信任关系。因此，秘书应尽量想办法将日程安排的变更限制在最小的范围。

一般变更的原因包括：

1）原定结束时间延长，超时。

2）追加紧急的或新添的项目。

3）项目的时间调整、变更。

4）项目终止或取消。

日志变化与调整时的注意事项有：

1）安排的活动之间要留有 10 分钟左右的间隔或适当的空隙，以备活动时间的拖延或新添临时的、紧急的情况。

2）进行项目的时间调整、变更，仍然遵循轻重缓急的原则，并将变更的情况报告上司，慎重处理。

3）确定变更后，应立即做好有关善后工作，如通知对方、说明理由、防止误解等。

4）再次检查工作日志是否已经将变更后的信息记录上，防止漏记、错记。

小案例

总经理艾伦下午 2:00 要和业务部共同讨论如何进行某产品在郊区的销售工作，这项销售工作的成败和公司年度的销售预算是否能达到有很大关联；接着，下午 4:00 又要和一位客户商洽一笔重要的交易，他希望花 1 小时的时间和客户谈判。但是，恰巧当天下午，办公室又收到某一政府部门的临时开会通知，上面写着开会的时间是下午 3:00，必须由艾伦亲自参加，而且通知上没有写清楚会议的结束时间。如果你是艾伦的秘书，该怎么做呢？

分析：因现实情况的复杂性，工作日志经常要更改。总经理艾伦因有新添的紧急项目，使得其下午的工作日志必须要修改。因下午 4:00 的约会涉及一笔大生意，最好在当天完成；下午 2:00 的讨论，参加者都是本公司的人员，可以将时间延后一些。因此，可将时间安排改为：下午 2:00 和客户商谈生意，3:00 参加政府会议，4:00 或 5:00 召开讨论会。

四、工作日志编制的总体要求

1. 统筹兼顾

安排时间表既要从单位的全局出发统一筹划，又要兼顾领导的实际情况。

2. 规范合理

根据单位领导的分工，明确规定哪一类单位活动应由哪些领导参加，避免出现随意性，要注重实效，克服形式主义。

3. 效率原则

时间表要注重效率，应制定出既能节省时间，又能提高效率的日程，以便提高单位和领导的工作效率。

4. 分清轻重

在编制日志时，要按照轻重缓急来决定工作的先后顺序，要采用时间管理方法排出工作的优先等级。

5. 酌留余地

安排领导的时间要有余地，不要安排得过于紧密，要给领导留有空隙时间。

6. 征得同意

在安排领导的工作日志时，无论是一般工作还是重要工作，都要事先征得领导的同意。

此外，秘书在编制工作日志时还应注意：

1）确保上司日志信息的保密，只给上司授权的人查阅。

2）要保持两本工作日志信息一致和准确，若上司有了新安排，应立即补充，并且每天要进行检查和更新。

3）熟悉上司的工作习惯和约会时间的长短，每天最早和最晚可安排约会的时间，以便安排的约会符合要求。

4）熟悉上司用餐和休息的时间，以便安排约会时避开上司的休息时间。

小案例

华锋集团总经理工作十分繁忙，每天的日程都安排得满满的，吴秘书为总经理安排的日程见表3-9。

表3-9　总经理2020年10月23日（星期五）工作日志

时　间	内　容	备　注
8:00	公司高层会议	地点：总经理办公室
8:30		
9:00	主持新产品新闻发布会	地点：本公司礼堂 人员：所有部门经理
9:30		
10:00	接待有合作意向的美国B公司高层代表团参观考察	地点：公司接待室 陪同：部门经理
10:30		

（续）

时　间	内　容	备　注
11:00 11:30	宴请B公司代表团	地点：贵都宾馆 交通：公司派车 陪同：主要部门经理
12:00 12:30	视察联营工厂	联营工厂地点：经济开发区 陪同：部门经理 交通：公司派车
13:00 13:30	出席宏华玻璃制造厂合作项目的剪彩仪式	地点：龙腾路八号地 交通：公司派车
14:00 14:30	出席员工婚礼	地点：悦华大酒店
15:00 15:30	约法律顾问谈话	地点：总经理办公室

分析：吴秘书的这个日志把总经理变得如同一个陀螺。从表3-9中可以看出，总经理每小时都要主持或参加一项活动，可以说是“连轴转”。如果领导每天的日程安排都如此，恐怕身体会吃不消。上述总经理的所有活动内容中，重要的是接待外商B公司代表团，吴秘书应围绕这个中心来安排上司的活动。早晨的公司高层会议是否有必要？通常情况下，公司高层会议是安排在星期一的。接待参观考察和宴请，这项活动不可更改，但中午的视察活动是大可不必的：半小时的视察，来往赶路，且有可能联营工厂有午休，到时根本就无法视察。总经理下午的活动偏松，16:00后就没事可做了。总体上来看，这个日程表安排得不尽合理，应进行调整。

五、日志管理的注意事项

1）了解上司的工作作风和生活习惯，科学合理地安排上司的各项活动，注意让上司劳逸结合。

2）及时更新日志，保持秘书日志和上司日志的信息一致、准确。

3）对上司日志要妥善保管，注意信息保密，只给上司授权的人取阅。

4）保持日志整洁，可先用铅笔填写，确定后再用油性笔写，还可用不同颜色的笔做标注。

5）养成早晚与上司日志核对信息的习惯，及时更新信息，及时提醒上司相关内容，提前做好相关辅助工作。每天早上为当天的所有活动做好必要的准备工作。例如，为会议和约会准备好文件和档案材料；每天工作结束前，要仔细检查当天日志，看所有事宜是否都已处理，所有约会是否都已赴约。

6）合理安排时间。活动安排应按时间先后记载。上司与秘书都要参加的活动要记录在相同的时间内；秘书的单独活动要安排在上司的空余时间或秘书单独活动的时间。

任务实施

任务回顾：请帮助张红为上司编制一份工作日志。

编制后的工作日志见表3-10。

表 3-10　CEO 工作日志（二）

2020 年 3 月 12 日　星期四

时　间	工 作 内 容
8:00—8:40	在网上简单浏览国内外重大新闻
8:50—10:20	与国外风险投资基金谈判
10:30—11:40	召开公司高层会议，分析竞争对手情况并制定网站的下一步规划
11:50—12:20	接受新闻记者采访
12:30—13:25	用餐、午休
13:30—14:30	批复文件
14:40—16:00	与 XP 公司总经理洽谈项目合作事宜
16:20—17:50	同规划总监、技术部讨论网站的特色设计问题
18:00	下班

技能训练

一、根据下面某经理工作日志的内容（见表 3-11），填写一份某经理秘书的工作日志。

表 3-11　某经理工作日志

2020 年 9 月 30 日　星期三

时　间	工 作 内 容	备　注
9:00	部门负责人例会	小会议室
10:00	接待某厂负责人高经理，协商工程进度方面的问题	经理办公室
11:30	出发到某饭店与重要客户王先生共进午餐	司机小王在公司门口等候
14:30	审阅某项目投标书	
15:00	为参加郑州的经销商招聘会做准备	
16:00	去机场	司机小王在公司门口等候

二、阅读下面案例，谈谈这件事给你的启示。

小陈初到一家私企做总经理秘书。总经理的事情很多，小陈常忙得团团转，而且稍有不慎，就会顾此失彼。一些小的失误，尚可谅解，但偶尔也会出现大的失误，这让小陈很自责。例如，有一次总经理的一位老友临时来访，二人相谈甚欢，以致总经理忘了早已订好的下午 4 点的飞机。小陈因忙于他事，也忘了及早提醒。当总经理想起时，已距飞机起飞时间仅剩 50 分钟。总经理来不及批评小陈，告别老友火速赶往机场，险些误了第二天的总部会议。

任务三　约 会 安 排

学习目标

知识目标

能够了解和掌握约会安排的原则、方法

能力目标

1. 熟练把握约会安排的技巧和注意事项
2. 能够把约会工作安排妥当，完成领导的基本意图和工作目标

素养目标

能够正确掌控自己的情绪，能换位思考，并采取正确的方式处理问题

任务描述

小文刚毕业就在某家公司担任秘书。她工作勤奋，上进心强，可因为工作经验少，在处理某些问题时，难免显得有些生疏。

星期一的上午，上司告诉秘书小文，他想约请 A 公司的研发部主管 B 商谈关于联合开发研制某种新产品的问题，让小文代他去约请对方。小文接到任务后，迅速去处理。约会的事情很顺利，时间定在本周五上午。

可第二天，对方的秘书突然打来了一个电话："主管 B 最近要出差，不知会谈的时间能不能提前一点？定在明天上午可以吗？"听了这话后，小文心想：我可不能做主。放下电话就往经理办公室跑，可经理的回话是："不行，因为明天上午有个重要会议要参加。问问他们，明天下午方便吗？"

接到经理指示后，小文给对方秘书回电话答复说："对不起，明天上午不行。下午方便吗？"可对方秘书立即答复："不行。因为经理已与别人约好了。"于是，对方建议后天上午。不用说，小文不得不又往经理办公室跑一趟。就这样经过几回折腾，最后终于将时间安排在后天下午。

秘书小文为什么需要接二连三地向经理请示才能确认下来，而对方的秘书却连问经理也不问？

请帮助秘书小文做好约会安排。

任务分析

秘书为上司安排约会是一项常规性的工作。约会安排看上去似乎是比较简单的一项工作，但要使约会安排妥当，还是很有讲究的，有很多的约会技巧和应遵循的基本原则。秘书小文的错误是在为上司安排约会时缺乏对上司工作的了解，导致其面对约会变更时，在约会安排上几经折腾。

理论知识

约会也称约见，是指上司在事先约定的时间、地点与别人会面洽谈业务、协商工作。在企事业单位中，约会这种交际形式被运用的频率仅次于电话联系和书信联系。商量工作、解决问题、交流信息、联络感情，常采用这一形式。在现代社会中，会面应事先约定，这是讲究社交礼节、注重工作效率的表现。

为上司安排约会是秘书的一项常规性的工作，看上去简单，实际上有很多技巧、原则和注意事项。不要以为约会只是纯粹与对方约个时间就行了，其中需要考虑的细节问题还有很多。

小案例

某天上午，秘书科值班的王丽指着赵霞对一位客人说："这位就是姜总的秘书，由她领你去姜总的办公室吧！"

赵霞很纳闷，当天上午姜总根本没约任何客人。但见王丽这样介绍，而且来客也似曾相识，于是赵霞犹豫地领着客人到了姜总办公室。

不想，下午下班前，姜总大发雷霆，将赵霞劈头盖脸地批评了一顿："赵霞，你今天怎么这么糊涂？！居然领着一个保险推销员到我办公室来。浪费了我整整一个上午！"赵霞顿时眼前发黑，眼泪差点就掉下来了……

赵霞打算向姜总说明此事缘由，并找王丽去理论。

分析：为上司安排约见有很多技巧、原则和注意事项。赵霞如果核实约见者的身份、事由，就不会盲目领客人进入姜总办公室，也不会受到批评。作为秘书，要吸取经验教训，而不是为自己开脱。

一、约会安排的原则

1. 配合上司的时间表

上司对自己的日程安排有一定的原则，秘书在为上司安排约会时，不能随便打乱上司的常规工作，要注意配合上司的工作规律和生活习惯，如上司的上下班时间、休息时间、睡眠习惯等。约见一般不能安排在领导生活中的休息时间和睡眠时间。

为了做好约会安排工作，秘书在平时就要做个"有心人"，在日常的工作中多加观察上司是如何分配时间的，注意聆听上司的工作计划，并能据此分析、掌握上司的工作习惯和生活习惯。这样，在为上司安排约会时，就能做到心中有数、妥善安排了。

2. 要区分轻重缓急，合理安排约见

一般来说，凡是上司主动约见的，就必须进行安排；但对方要见上司，就不一定要予以安排。在上司频繁的约会活动中，秘书要依约会的性质、重要性不同，按轻重缓急妥善予以安排。通常，重要而紧急的约会应安排在最近的时间；重要或紧急的，但不是既重要又紧急的约会，可稍缓安排约见；不重要的约会或礼貌性拜访，可适当插入上司的工作空隙中，或者取消约见。要保证该约的、该见的不耽误，适时安排；不该见的，坚决不约，但必须说明原因，要想办法推辞；该见的，但并不是很急的，可稍缓安排约见。将上司目前、将来和日常的约会列成表格，然后将它们分为三种类型——A 型、B 型和 C 型。

A 型：重要的并且紧急的约会——安排在最近的时间。

B 型：重要的或紧急的，但不是既重要又紧急的约会——可稍缓安排约见。

C 型：既不重要也不紧急的约会——适当插入上司的工作空隙中，或者取消约见。

3. 留有弹性，不可太紧或太松

安排上司的约会，在时间上一定要留有充分的余地，这包括以下两方面的内容：

（1）约会时间要错开，不可太紧或太松。不要犯这样的错误，为了争分夺秒，上司刚与 A 先生会谈完，就安排与 B 先生会谈……其实，这并不能提高工作效率，其结果往往适得其反。因为上司刚与 A 先生会谈，思想不能一下子转过弯来，加上没有休息，这样与 B 先生会谈，效果会好吗？如果与 A 先生的会谈延长时间的话，那不是浪费了 B 先生的时间吗？所以，在安排约见时间时，要在每次约见之间留出 10 ～ 15 分钟的机动时间。

（2）远期安排或答应的约会，时间不能太确定。未来是难以预料的，对于远期安排或答应的约会，时间不能太确定，因为届时也可能会因情况有变而更改约见时间。

4. 约会的内容要适当保密

上司的约会安排，一般要注意保密。对于上司的约会日程安排表不要随意乱发，一般来说，给上司、有关科室和司机各一份，自己留一份。要注意的是，给科室和司机的约会日程安排表，内容不能太详细——比如，在某一天的上午与 A 公司的 B 经理会谈——只有文秘人员自己和上司本人手中的日程表才允许这么详细，因为日程安排表分发得越多，泄密的可能性就越大。如果领有日程安排表的人不小心让竞争对手看到了上司详细的约会日程安排，后果就难以设想了。所以，给这部分人的日程安排表，只要与他们业务有关的部分详细一些就行了。

因此，在制定上司约会日程安排表时，不妨使用一些特定工作内容的符号，但是这些符号所代表的内容需要与上司和其他相关人员事前进行沟通，不仅自己可以看得懂，领导和其他相关人员也要看得明白。

5. 要做到内外兼顾

随着业务的发展，上司与外界打交道的时间会越来越多，但是上司必须内外兼顾。因此，秘书人员在给上司安排约会时，一定要留出专门的时间让上司来了解本公司生产经营状况，及时处理业务中的各种矛盾和问题，把握本公司的发展。秘书人员应该知道上司每天大概有多少文件需要批阅，并在每天留出一定的时间让上司及时处理文件。

如果上司从早到晚都在忙于与他人约会，上午 8 点与 A 公司的董事长约会，10 点与 B 公司的经理会谈，下午又要去拜访 C 公司的市场总监……根本就没有时间了解本公司的业务情况，甚至对请示报告也不能及时批阅，那就会影响本公司的发展。

6. 约会前要协助上司搜集有关信息

约见应当是有准备的，越是重要的约见，越要准备好，以使上司事先能做到心中有数。

7. 注意提醒上司准时赴约

如果上司不能按事先约好的时间进行约见，秘书人员要设法及早通知对方，保证上司准时赴约，不误约、不失约。

小案例

请看以下通话片段：

电话铃声响起。

李秘书：（迅速拿起电话）您好，总经理办公室。

李秘书：（停顿、待对方回话）您好，王小姐，请问有什么事吗？

李秘书：（停顿）张总想约杨总吃饭？星期五？

李秘书：星期五恐怕不行，周末杨总可能会有一些私人的事情要处理。

李秘书：（停顿）下个星期？请等一下，我看一下我的记事本。（翻开记事本）下个星期一安排很满，星期二到星期四会空一点。要不约在下个星期，具体时间我们下星期二再联系，怎么样？

李秘书：（停顿，待答复）好的，我等你电话。再见。

分析：李秘书为上司安排约会遵循了以下两条原则：一是配合上司的时间表；二是酌留弹性。

二、约会安排的方法

约见工作的好坏，不仅关系到上司的工作效率，同时也关系到公司的公共形象。秘书人员在安排上司约会时，一定要做到心细如发，每一个环节、每一个细节都应重视，只有方法得当、举止得体、技巧娴熟、掌握原则，才会使领导的约会起到事半功倍的作用。

1. 约会时间安排的技巧

约会安排的内容：约请谁、时间、地点、事由、需要多长时间、资料。

秘书应在领导时间比较充裕、精力比较充沛的情况下安排约会。

1）不要在上司出差回来当天安排约会。因为上司很可能因飞机误点或其他原因不能及时赶回企业，而且因为长途跋涉，人会比较疲倦，需要好好休息。

2）尽量不要在星期一上午或星期五下午以及节假日前后的那些日子里安排约会。因为上司要处理很多在此期间积压的工作事务。

3）不要在临近下班时安排约会，以便上司能够更顺利地完成当天的工作。

4）不要在周末、节假日或对方休息日安排约会，以免影响上司及对方的休息。

5）如果约见安排在上午，时间应定在早上上班后半小时左右，因为此时办公室不仅已经打扫完毕，而且上司也往往安排好了一天的工作。

2. 约会需考虑的细节问题

1）及早备妥约会所需的资料，并在适当时间请上司过目。

2）安排约会时，需要向对方说明：约会的内容、时间是得到上司的同意的。

3）如果你为上司安排一个外面的约会，在他离开办公室之前，最好打电话再确认一下。

4）了解每一位与上司有约会的人的姓名、地址以及电话号码，以便取消约会或更改约会时间时可及时通知对方。

5）一般来说，如果约会是通过电话来联系的，在打电话的同一天，应该发送一封电子邮件证实电话联系内容，事情办理情况应以便条形式写给上司留存备查。

6）特别重要的约会，在接近约会的时间前，应与对方再联络，以确保约会的顺利进行。随时提醒你的上司准时赴约。

7）下班前将第二天的约会事项填进小卡片，一张送交上司，一张交给司机，一张自己保存，以供提醒。

为使领导的约会工作顺利进行，秘书要做好精心的准备工作。其中，制作约会卡片便是一项不可忽视的重要工作。约会卡片在实际工作中非常重要、实用。下面列举约会卡片示例（见表 3-12），以供参考。

表 3-12 约会卡片

约　会	
×× 年 ×× 月 ×× 日　星期 ×	
10:00	会见张 ××，商谈下一季度的销售问题。地点：公司会议室。
13:00	与 ×× 公司刘 ×× 经理共进午餐。地点：花园酒店二楼。
14:30	与律师商谈租赁位于中环大街的假日别墅事宜。地点：淘金路 12 号。
16:00	去白云机场接 ×× 公司董事长周先生及其夫人。客房定在花园酒店。
19:30	去花园酒店赴晚宴（宴请 20:00 开始）；服装正式，附请柬。

3. 约会日程表的妙用

约会日程表是安排约会的必备之物，其内容简单清楚，便于查阅。如能恰当使用，不仅能帮助秘书妥善安排约会，还能起到提醒的作用。另外，因为约会日程表记录着上司参加过的约会及去过的地方，可以澄清一些开支的来龙去脉，如旅游开支、公务开支等。

约会日程表的编制方法：

1）如果上司自己安排了一个约会，则必须把它记在上司和个人的日程表上。

2）如果是通过电话或者亲自安排约会，必须得到上司的确认，然后再把它记入上司和个人的日程表上。

3）如果约会的另一方来电确认约会的具体时间，一旦时间已定，必须通知询问的人，并且把它记入上司和个人的日程表上。

4）当上司与某客户讨论时，他也许会让秘书安排下一次与对方约会的时间，安排好后，必须确保对方收到书面或口头的通知，并记在上司和个人的日程表上。

5）有时，可能会通过邮件与外地的参观者安排暂定的约会，这些约会应用铅笔记入上司与个人的日程表，因为它们的变动性比较大。

6）每天上班前要请上司核对他的日程表，看有没有约会，以避免上司安排了约会却忘记告诉你，造成尴尬局面。

三、约会变更

约会一经约定后，除非万不得已，否则不应该轻易改变。但约会又是约定在未来的时间，而未来是难以预料的。或许是上司因为其他事务耽误了，或许是对方有突发事件要处理。无论是己方，还是对方，遇上意外情况非变更约会时，文秘人员都要做好相关的工作，妥善处理，不要因为一时疏忽，忘记通知相关人员，浪费了他人的时间不说，还给上司带来不必要的麻烦。

小案例

上周，公司新来了一位秘书张彦，她性格开朗，办事风风火火。

一天，经理叫张秘书进来，想知道上午有什么必须汇报给他的事情。张秘书赶紧到经理的办公室去。

一进门，她就大声问："什么事，老总？"

"请把上午重要的来电讲一下，张小姐。"

"哦，A公司经理来电，说他刚从德国访问回来，只是告诉您一下。他还让您向张副经理问好。"

"嗯？"经理又问："还有吗？"

"您太太中午来过电话。"

"什么事？"

"让您回电话，两点以前，别忘了。"

"没有了？"

"没有了。"张小姐看看记录。

"我明天有一个重要的会要开，你通知B公司约会推迟了没有？"

"哎呀，糟糕，忘了。"

"忘了？那可是明天的约会，你……还不快去通知！"经理挥了挥手，自己又忙着处理其他事务了。张小姐赶紧去打那个险些误了事的电话。

周末工作会上，经理要求人事部门重新聘请一位称职的秘书。

分析：作为文秘人员，最大的职责就是将办公室里多而杂的问题和事情安排好，让上司将更多的精力投入重要的事情中，可张小姐无法安排好一天的工作，连取消约会的事情都需要经理提醒，难怪经理要重新聘请秘书了。

1. 己方变更约会

当上司因故需要变更约会时，需要注意以下几点事项：

（1）尽快通知对方。如果约会时间有变，应该尽快通知对方，这样就不会误了别人的事，对方也能重新安排时间。

（2）委婉说明变更的原因。无缘无故变更约会，是对他人的一种不尊重。即使是因为特殊情况才变更约会的，也必须向对方解释，请求对方谅解。

（3）致歉。有必要为变更约会给对方带来麻烦表示诚恳的歉意。

2. 对方变更约会

为了慎重起见，在约会的前一天或约会的当天早晨，最好打电话问一下对方，以防对方有临时变化。

当与对方确定了变更的时间后，要及时将变更的约会时间安排表交到上司的手中，让当事人清楚自己的工作安排，这样上司才能够按照已做好的安排如期赴约。

约会日程表（见表3-13）和约会时间提示表（见表3-14）在约会安排工作中是经常用到的。

表3-13 约会日程表

约会起止时间	地 点	对方人员名单	主要参加人员

表 3-14　约会时间提示表

约会事由	所带资料	随行人员	备　注

任务实施

任务回顾： 请帮助秘书小文做好约会安排。

为上司安排约会是秘书的一项常规性工作。要想把约会工作安排好，需要秘书对上司的工作日程有一个全面的了解。当秘书小文接到对方秘书要变更约会安排的电话时，应及时拿出上司的工作日程安排表查看，然后结合上司的工作日程安排，向对方提出具体的建议，这样就不至于手忙脚乱、几经折腾，也就能够像对方秘书一样不需要问经理，就可以把约会安排妥当。

通话片段可如下：

对方秘书：您好，我单位主管 B 最近要出差，不知会谈的时间能不能提前一点？定在明天上午可以吗？

小文：（查看上司工作日程安排表）您好，明天上午恐怕不行，我们经理有一个重要会议要参加。明天下午方便吗？

对方秘书：不行。明天下午我们经理与他人有约。那后天上午如何？

小文：（查看上司工作日程安排表）后天上午我们经理有约，后天下午会有一点空闲时间，除此之外其他时间安排很满。

…………

技能训练

一、阅读下面案例，回答王秘书的这种处理方法是否合理以及应如何处理。

王秘书在接到一位重要客户电话后，要请示领导该如何处理与客户的事宜。此时领导正在会见一位来自韩国的客商，洽谈 2023 年春季竹工艺品的出口事宜。这时，王秘书敲门请总经理出来，并请总经理马上给那位客户回电话，给予答复。

二、阅读下面案例，帮助于雪做出选择并说明理由，同时对其他几种选择进行评析。

今天是星期五，上午 10 点，秘书于雪在去总经理办公室送资料时，正听见总经理在与朋友打电话："前一阵子太忙了，好久没打高尔夫球了。你明天有空吗？（停顿）好，那就这么说定了，明天下午一起去打高尔夫球，放松放松。"下午 1 点左右，高尔夫球俱乐部的客服人员给作为俱乐部 VIP 会员的总经理打来电话，恰巧总经理外出应酬还没回来，于雪接的电话。

对方问总经理明天去不去打高尔夫球，如果去就给他预留位置。面对这种情况，于雪应该如何处理？现在于雪有以下几种选择：

（1）也许可以去，你们先留个位置吧！

（2）明天肯定去！

（3）我不太清楚。

（4）我需要请示一下再答复你！

（5）我们总经理太忙，说不准！

项目四 / Project 4

04

办公室用品管理

任务一　常用办公设备管理

学习目标

知识目标

1. 了解办公设备的类别与功能
2. 掌握常用办公设备使用的注意事项

能力目标

1. 能够熟练、正确地掌握各类设备的使用方法
2. 能够对办公设备进行日常管理和维护

素养目标

培养秘书追求新知识、新技能的自学能力

任务描述

周辉是某高职学院文秘专业毕业生，刚刚参加工作。他在校成绩良好，在办公自动化实习中成绩优秀，因此对办公设备的使用十分自信。今天是他第一天上班，经理让他打印两份公司的宣传材料。小周拿了一沓 A4 纸，放进针式打印机的进口处，打印机动了几下后，突然发出奇怪刺耳的声音，然后纸就卡住了。小周十分不解，纸也拉不动，他只好去找经理求助。经理看了皱皱眉问道：“你在学校实习过吗？”

小周说：“实习过啊。”

经理又问：“用的是这种机器吗？”

小周回答道：“是激光打印机！”

经理说：“那就是了！”

说说小周错在哪？他应该怎么做才合适？

任务分析

秘书每天都在和办公设备打交道，对一般办公设备的用法应有所了解。显然，小周没有意识到针式打印机与激光打印机的区别。

理论知识

现代化的办公设备包括计算机、打印机、复印机、传真机等，选择配套的、方便耐用的、造型美观的办公设备，并且能够做到规范管理和熟练使用是文秘人员的工作之一。

一、办公设备的管理

以计算机为代表的办公设备，是现代办公室空间里的重要组成部分。这些自动设备一般应有自己的独立存放空间，以便于电源接线和管理、保养；与设备有关的资料等也应放置好。如果办公室的其他人员也需要使用这些设备，设备放置时就要保证既能方便他人工作，又不妨碍自己的工作。

文秘人员在使用这些常用的办公设备时，必须遵守以下几条基本的操作规范：

1）明确每台设备的具体用途，熟悉操作程序，严格按照设备使用说明书的要求进行操作。

2）计算机、打印机、复印机、投影仪、传真机等，使用到规定的期限就要请人保养、维修，不能等到出现故障才去修理，如果发生故障，应立即请设备维修商修理。

3）经常保持这些办公设备的清洁，并注意防尘。

4）离开办公室时，尤其是每天下班之前，要查看计算机、打印机、复印机等是否关好，切断电源。

小案例

会议结束了，秘书小朱忙着清理会议室。她关掉了计算机、投影仪，却没有切断投影仪的电源，就忙着去清理文件、整理桌椅和名签等。等其他事情都处理完后，她才过来切断了投影仪的电源，将投影仪搬走。

分析：小朱的做法是完全正确的，投影仪按下关机按钮后，散热风扇仍然会高速旋转。此时不能立即关闭电源，更不能搬动投影仪，否则很容易导致投影仪的周边器件过热而损坏；应等待几分钟，让投影仪在散热后自动停机。

较重要的办公设备，如电话机、计算机、传真机、打印机、复印机等，置办时一般在年初由秘书制订计划、做出预算，由主管上司批准后交秘书或总务人员购办。购买设备、用品必须有正式发票，票物齐全、相符，由秘书验收、登记后方可进入办公室。

文秘人员在管理这些办公设备时，主要在以下方面进行规范和督促：

1）建立专人使用、专人负责保管的责任制。避免机器设备良好时，谁都来用，甚至滥用；机器发生故障了，谁都不管。要实行定人定机的岗位责任制和故障保修制度，有专人负责定期保养和维修。专用设备应由使用人负责保管，共用设备由秘书负责。

2）建立办公设备的档案登记制度，保证有关资料的完备。有关机器设备的说明书、维修单和发票等资料都要妥善保管，以备后用。损耗、报废、添置等都应有账可查，防止因混乱而造成的浪费或资产流失。

3）应协助上司制定机器设备使用的操作规范，平时严格按照操作规程使用，或督促员工规范操作。

4）平时注意机器设备的保养环境，发现故障及时检修。要根据办公设备使用和维护的要求，安装必要的防锈、防潮、防尘和防震等防护装置；在日常维护中，要进行必要的润滑、紧固、调整、清洁和防护等维护措施，同时注意对设备所需的环境条件的控制。

5）秘书应积极配合专业技术人员，共同开发现代办公设备的各种潜能，提高办公设备的利用率，扩展其应用范围和功能。关注国内外办公机器和设备的技术进展，为本组织的采购提供建议。

小案例

王晓倩在某单位办公室从事秘书工作。办公室的办公条件非常好，拥有复印机、传真机等许多现代化办公设备，单位还为她配备了专门的计算机、打印机、扫描仪。王晓倩觉得自己很受重视，工作热情非常高，她觉得凭借自己上学时所学的知识足以驾驭这些机器设备，工作一段时间后，领导对王晓倩的工作也很满意。有一次，领导开会亟须复印一些文件，王晓倩拿去复印时复印机发生了故障。王晓倩灵机一动，借口需要忙其他事情，请刚参加工作不久的李秘书帮忙复印这些文件，未说明复印机的故障。等李秘书到其他办公室复印完文件再交给领导时已经晚了5分钟，领导对王晓倩的表现很不满意。

分析：王晓倩此种做法欠妥。首先，不能很好排除复印机故障；其次，面对出现的问题未想办法解决，而是选择了逃避，让新人承担责任。

二、常用办公设备使用的注意事项

（一）计算机使用注意事项

目前计算机已经成为必不可少的办公设备，对于计算机的正确使用、定期维护和功能拓展至关重要，保证计算机始终处于良好的工作状态，可以有效提高工作质量和效率。关于计算机的正确使用和维护应注意以下几点：

1）开始使用计算机时，先开显示器等外部设备，再开主机。关闭计算机时，要先关闭主机，再关闭外部设备。强制性关机容易造成系统崩溃或硬盘损坏。

2）关闭计算机后，请务必关闭电源插座再离开。请使用带保险功能、大功率规格并具有良好接地的电源插座。长时间不使用计算机时，应彻底切断电源，并对主机和显示器进行遮盖以达到防尘效果。

3）使用计算机时要注意周边的卫生整洁，主机/显示器与墙壁之间的距离不得小于10cm，保持机箱正常散热，防止碎物或者液体落入键盘等其他设备以致损坏。使用计算机时，环境温度需要在10～35℃，否则会出现无法开机的情况。要定期清理机箱内的灰尘，这样对延长计算机使用寿命很有帮助，必要的时候需请专业人员处理。

4）使用计算机的过程中，要及时关闭不再使用的浏览器窗口、应用程序及保存好的文件，可以使硬件资源利用率最大化。不安装与工作无关的、来路不明的软件。上网浏览页面时不要随意单击超链接。定期使用杀毒软件进行安全维护，及时清理垃圾文件，保持计算机正常运行速度。

（二）打印机使用注意事项

为了使打印机保持良好的工作状态，定期检查和清洁打印机是很重要的。虽然打印机不需要周期性维护，但为了延长打印机的使用寿命和保持打印机的最佳工作状态，以下几点是需要注意的：

1）打印机的安放要合适，周围空间要充足。打印机要远离灰尘多、有液体的地方；灰尘和液体对打印机的寿命有很大影响。另外，打印机放置地应避免阳光直射，避免放置在有磁铁或能产生磁场的装置附近。

2）经常保持打印机的清洁和环境清洁，可使用吸尘器；不要在打印机上堆放重物。这样会妨碍热的散发以及可能对打印机的机械部分造成压力。

3）较长时间不用打印机时，应把电源线拔下来。

4）使用针式打印机时，为了防止对打印头的损害，没有纸或色带时，不要打开打印机；不要重复地使用同一根针打印；正在打印时，不要用手摸打印头。

5）激光打印机的感光鼓在整个激光打印过程中起着重要作用，价钱也较高，因而要注意保养。感光鼓中的墨粉将用完时必须马上加粉或更换感光鼓，否则打印出来的文件将不清晰。

（三）传真机使用注意事项

避免机器出现故障的最好方法就是正确使用和日常维护。传真机属于高精密的电子设备，必要的日常维护是提高传真机通信质量的重要保证，对延长机器的寿命也大有好处。

1. 传真机安装场所的注意事项

1）一定要用匹配的、标准化的交流电源插头和插座，插头在插座中不能松动，勿与产生噪声的电器（如空调机、电传打字机等）共用电源，而且接地一定要好，否则会造成误码率高、传真质量差的不良现象。如果漏电或烧坏芯片会严重危害人身安全。

2）避免阳光的直射和灰尘的侵害，远离火炉等热源，以保证机器良好的散热和热敏纸不会变质。

3）放置于水平平稳的工作台上，避免倾斜而影响正常工作。

2. 传真机使用的注意事项

1）除待传送的文稿之外，不要在传真机上放置任何其他东西。

2）传真机在发送、接收或复印时，绝不可打开传真机的机盖。

3）在打开机盖取出机内任何东西之前，一定要拔掉交流电源的插头。

（四）复印机使用注意事项

1）使用前，开机预热半小时左右，使复印机内保持干燥。

2）在复印过程中一定要盖好盖板，以减少强光对眼睛的刺激。

3）每次使用复印机后，一定要及时洗手，以清除手上残余的粉尘，防止对人体造成伤害。

4）如果复印书籍等装订物，应选用具有“分离扫描”性能的复印机。这样可以消除由于装订不平整而产生的阴影。

5）如果复印品的背景有阴影，可能是因为复印机的镜头上有灰尘，此时需要对复印机进行专业清洁。

6）保持复印机玻璃台清洁、无划痕，不能有涂改液、指印之类的斑迹，否则会影响复印效果。如有斑迹，使用软质的玻璃清洁物处理。

（五）碎纸机使用注意事项

1）清洁机器外壳时，请切断电源，用软布蘸上中性清洗剂轻擦，切勿让溶液进入机器内部，不可使用漂白粉、汽油或稀释液刷洗。

2）不可放入湿的纸、胶纸、碳纸、塑胶袋、衣服，以及订书钉、大头针、曲别针等金属物品。

3）有些碎纸机需要在切割装置上油以减少磨损，清除积在刀刃里的灰尘，纸满后应及时清除，保证正常运行。

4）避免在极限容量下长时间使用，尽量避免连续使用时间超过 10 分钟，并且避免纸张容量超过最高限制量。每次碎纸量应小于最大碎纸量，以延长碎纸机的使用寿命。

小案例

秘书初萌身着职业装，坐在计算机前写文件。桌面零乱，传真机上压着一大摞文件。销售部的张伟走进来，手里拿着一个文件夹。他从中拿出两份文件，说："初萌，帮忙给天地公司传真一份报价单。我们打印了两份，你看哪份发过去效果会更好些？"初萌说："我看看。"初萌接过原稿，将深色的文件还给张伟，扬着手中的文件说："就发这份吧！你坐在沙发上等会儿。"张伟在沙发上坐下。初萌将传真机上的文件放到桌子上，然后插上传真机的电源。传真机传来报警声，红色报警灯闪烁。初萌看了一眼液晶显示屏，自语道："可能没纸了。"初萌打开传真机，从中取出纸卷轴，转身从储藏柜中拿出一卷新的传真纸，拆开包装，顺便用指甲在纸的一面划了一下，出现黑色的划痕。初萌将传真纸装好，盖上面板，取下原稿上的回形针，磕齐后正面朝下放入传真机中，然后拿起话筒，拨号码。初萌："你好！我是宏远公司的初萌，要给你们经理发一份传真，请给我一个信号。""好的。"听筒中传来信号音。初萌按下"开始"按钮，然后放下听筒，传真机开始发送传真。传真发送完毕，初萌再次拨通对方电话："你好！我是宏远公司的初萌。请问传真收到了吗？字迹清楚吗？"对方："收到了，很清楚，谢谢！"初萌："不客气。再见！"对方："再见！"请分析初萌的工作行为中的可取与不足之处。

分析：办公桌比较零乱，不整齐；不应在传真机上放置任何其他东西；选择原稿正确，白色或浅色的纸发送效果好；应提前接通电源，做好准备工作；能够正确处理传真机报警故障；能够区分传真纸的正反面；能够正确安装记录纸；能够检查原稿，取下回形针；能够正确放置原稿；电话用语正确；发送传真过程正确；能够对传真进行确认。

（六）扫描仪使用注意事项

1）不要忘记锁定扫描仪。由于扫描仪采用了包含光学透镜等在内的精密光学系统，使得其结构较为脆弱；为了避免损坏光学组件，扫描仪通常都设有专门的锁定/解锁机构，移动扫描仪前，应先锁住光学组件。但要特别注意的是，再次使用扫描仪之前，一定要首先解除锁定；否则，很可能因为一时的疏忽而造成扫描仪传动机构的损坏。

2）注意扫描仪的清洁。扫描仪内如果有灰尘或污痕，就会影响扫描时反射光线的强弱，从而直接影响扫描的效果。注意不要用有机溶剂来清洁扫描仪，以防损坏扫描仪的外壳以及光学元件。

3）不要带电接插扫描仪。在安装扫描仪，特别是采用 EPP（增强型并口）的扫描仪时，为了防止烧毁主板，接插时必须先关闭计算机。

4）注意更新扫描仪驱动程序。许多用户平时只注重升级显卡等设备的驱动程序，却往往忽略了升级扫描仪的驱动程序，而驱动程序又直接影响扫描仪的性能，并涉及各种软、硬件系统的兼容性，为了让扫描仪更好地工作，应该经常到其生产厂商的官网下载更新的驱动程序。

5）不要使用太高的分辨率。使用扫描仪工作时，不少用户把扫描仪的分辨率设置得很高，希望能够提高识别率，但事实上，在扫描一般文稿时选择300dpi左右的分辨率就可以了，过高的分辨率反而可能降低识别率，这是因为过高的分辨率会更仔细地扫描印刷文字的细节，更容易识别出印刷文稿的瑕疵、缺陷，导致识别率下降。

6）不要让扫描仪工作在震动的环境中。扫描仪如果摆放不平稳，那么在工作的过程中就需要消耗额外的功率来寻找理想的扫描切入点。即使这样，也很难保证达到理想的扫描仪垂直分辨率。

7）不要频繁开关扫描仪。有的扫描仪要求比较高，在每次使用之前要先确保扫描仪在计算机打开之前接通电源。频繁开关扫描仪的直接后果是要频繁启动计算机，而且频繁地开关对扫描仪本身也是极为不利的。

小案例

这天小朱刚上班，经理就拿来一大堆报纸杂志，上面有关于本公司以及产品的介绍，要求小朱整理一下，录入计算机中。这要是一个字一个字地敲，不知得录入几天呢！看着这一大堆资料，小朱突然想起储藏室有一台扫描仪。于是她找出扫描仪，在计算机中安装好驱动程序和扫描软件，将所有资料扫描进计算机，然后进行整理，很快就完成了工作。

分析：随着科学技术的发展，各种办公自动化设备将秘书从大量的事务中解脱出来，大大提高了秘书的工作效率。

（七）数码相机、摄像机使用注意事项

1）禁止摔落和撞击数码相机、摄像机。使用和存放时必须避免震动、碰撞与随处乱扔，实际拍摄过程中应始终将设备套在手腕或脖子上，不用时要及时放在保护套里，特别是在携带过程中。

2）数码相机、摄像机应保持干燥，并在清洁的环境中使用和保存，除拍摄时间外，应随时盖好镜头盖，同时应尽量避免靠近强磁场，并远离高温，避免在火焰、电击、爆炸以及储存易燃或易挥发性气体的环境中使用设备。如果长时间在温度较低的室外使用数码相机，应随时把数码相机放在可保暖的装备里，以保持电池电量。

3）严格按照使用说明书进行操作，不要随意移动、打开或除去主要零部件，如某部件不能正常工作或者在运行时显现出明显的变化，仅可调节操作手册中提到的控制按键。

4）重要部件的维护方法如下：

① 存储卡。存储卡要注意插入和取出时保护好金属触点，当出入不顺畅时，应立即检测方向是否错误或查看插槽内是否有异物，切记不要用力强行插拔存储卡。存储卡也要注意不要震动或碰撞，其中CF卡只能用数据线传输照片，不能随意取出。

② 镜头。不可随意拆卸镜头。镜头除要防尘、防污染、防雨淋、防外伤外，在实际使用过程中要养成及时盖好镜头盖的习惯，以免丢失。为了保护镜头，平时应把UV镜（紫外线滤光镜）安装在镜头上。镜头表面稍有些灰尘只对进光量略有影响，而对成像的清晰度并无大的妨碍，因此不必轻易擦拭，特别是没有镜头清洁布或清洁纸时。

③ 液晶显示屏。对于彩色液晶显示屏的使用与存放，要注意不让其表面受重物挤压，

更要注意不要脱手将数码相机掉落以免摔坏液晶显示屏。如果彩色液晶显示屏表面脏了，只能用干净的软布轻轻擦拭，一般不能用有机溶剂清洗。

④ 电池。只能使用用户手册中指定型号的电池，长时间不使用设备应将电源切断（电池取出）。遇到以下情况，请立即取出电池或拔掉电源插头，并向有维修服务资格的人员查询：设备有噪声、有异味、有烟雾；电线或者插头破损；液体进入机器设备部件中；设备部件被摔坏或外壳破损。

（八）投影仪使用注意事项

1）在开启投影仪电源之前，需要确认连接投影仪的电缆是正常连接的，同时布置好使用环境，关掉正对投影屏幕的灯光，设法遮挡外部光线的照射。

2）投影仪开机时，机器有 10s 预热的过程，千万不要以为投影仪还没有工作而反复按压启动键，频繁开机产生的冲击电流会影响灯泡的使用寿命。

3）如果需要计算机连接投影仪投放，不要把投影仪与计算机的电源插在同一个电源插座上，避免由于计算机信号源和投影仪电源不共同接地造成的影像不稳定以及条纹现象。

4）投影仪镜头的干净与否，将直接影响投影屏幕上内容的清晰程度，不用的时候需要盖好镜头盖，避免粘落灰尘，需要擦拭时应用专用清洁光学用品。

5）在使用过程中，如出现意外断电却仍需启动投影仪的情况，要等投影仪冷却 5 ～ 10 分钟后，再次启动。连续使用时间不宜过长，一般控制在 4 小时以内，夏季高温环境中，使用时间应再短些。

6）用遥控器关闭电源，关闭后需等待数分钟后才能拔掉投影仪的电源插头，如果长期违规关机，将造成机器灯泡、主板等损坏。

7）投影仪被关闭后，无法马上再打开，需等待上次关机操作完成后才能打开。

任务实施

任务回顾：说说小周错在哪？他应该怎么做才合适？

针式打印机只能一张一张地放纸，不可塞上一沓。小周看到打印机型号不同时，应该首先向领导说明自己没用过这种设备，然后虚心请教使用方法，而不应自以为是地把激光打印机的用法用在针式打印机上，致使打印机故障。秘书每天都在和办公设备打交道，除正确使用外，还应能对办公设备进行管理。针式打印机速度慢、清晰度不高，但成本低，比较适合打印大型纸张的文件。纸张放入后，不可外抽。激光打印机的速度快、图片分辨率高，但价格高。刚参加工作时，对不懂的事情要虚心请教，切记不能骄傲。

技能训练

一、参观某办公场所，指出其常用办公设备的管理是否到位。

二、正常情况下，一台电子计算机或激光打印机每小时耗电约 0.3kW・h，针式打印机相对较低，每小时耗电约为 0.1kW・h。目前，某公司现有电子计算机 1 000 台、激光打印机 200 台、针式打印机 400 台，按照每天工作 8 小时计算，这些办公设备每天需耗电近 3 200kW・h，每月（按 22 个工作日）用电约 7 万 kW・h。办公室该如何合理利用办公设备呢？

任务二 办公资源采购与管理

学习目标

知识目标

1. 了解办公用品类别和采购方式
2. 掌握办公用品采购程序、管理办法和发放流程

能力目标

1. 能采购、管理和发放办公用品
2. 能制作并填写办公用品库存控制卡

素养目标

培养秘书认真细致、严谨负责的工作态度

任务描述

北京某电子设备有限公司成立于 2002 年初，主要经营项目有：个人计算机和服务器、笔记本计算机、打印机和其他外设产品、网络产品等相关 IT（信息技术）产品，并代理销售 IBM、康柏、联想等多家知名品牌产品。公司内部设有办公室、销售部、技术部、维修部、财务部、采购部、仓库等部门。

小朱原是哈尔滨某集团公司的秘书，因照顾家庭回到北京，应聘来到了该电子设备有限公司担任秘书。工作期间，小朱发现公司办公用品管理非常混乱。由于公司本身经营办公设备，耗材自然消耗要大一些，办公用品储藏室的钥匙虽在办公室，但哪个部门需要耗材都可以直接来拿钥匙提取，当领用人发现需领用的物品没了，才通知办公室采购。财务部的人昨天让买打印纸，销售部的人今天来领用信笺、信封时说，储藏室连一张信笺、一个信封都没了。小朱到储藏室看了看，本想清点一下物品，搞个清单，但储藏室内堆得乱七八糟，不仅有本子、U 盘、圆珠笔、胶带纸等办公用品，还有拖把、扫把等清洁用品，甚至还存放着员工休息时用的篮球、排球，以及一些装潢材料。除此之外，储藏室通风也不好，照明条件又差，很不容易找到物品。当小朱买回物品，准备登记入库时，居然找不到入库单。她把发票拿到总经理处签字，总经理只是问了一下买了什么，然后看也没看就签字了，财务部也就把钱给了她。

为了公司的利益，小朱打算说服总经理对办公用品严格管理，提高工作效率。

（资料来源：《文秘实习实训教程》，徐飚主编，高等教育出版社，2005 年版，有改动）

（1）分析该公司办公用品管理存在哪些问题。

（2）帮助小朱设计办公用品申领表、办公用品库存统计表。

任务分析

从以上案例中，我们发现这个公司办公用品管理非常混乱，既没有库存监管，也没有办公用品清单。小朱一到公司就发现了存在的诸多问题，并提出了整改想法，她是一位很合格的秘书。

理论知识

一、办公用品采购

办公用品主要是指企业单位日常工作中使用的各种文具、耗材、工具等常用物品。办公用品是每一个企业单位日常工作的必需品，它用量大、更换频繁、品种繁多，如果不加强管理，不仅会造成不必要的浪费，而且还会直接影响工作的质量和效率。

1. 办公用品类别

一般企业单位的办公用品主要有以下几个大类：

（1）文具。铅笔、圆珠笔、钢笔、橡皮擦、修正液；墨水、胶水、印油；装订机、订书机、切纸机、计算器；订书钉、图钉、回形针、纸夹；笔筒、印台、日历、台历、名片盒、桌牌、文件夹、文件袋、档案盒。

（2）小工具。如清洁工具、修理工具、制画工具、宣传工具、各种刀具（剪刀、削笔刀、美工刀、裁纸刀）等。

（3）纸张。信纸、相纸、复印纸、打印纸（白色和彩色）、复写纸、各种规格的白纸、备忘录纸、文件纸、稿纸、笔记本、会议记录本和便笺等。

（4）常用耗材。包括计算机用的光盘、U 盘、移动硬盘，打印机、复印机用的色带、硒鼓、墨盒（单色和彩色）、油墨、墨粉等，各种型号电池等。

办公用品的采购应从满足本单位的需要出发，根据实际工作使用的情况和本单位的经济状况选购，既要经济实用，又要保证用品的质量。由于不少用品具有一定的保质期，还有些更新换代较快，因此不宜一次采购过多，也不必一味地求新、求好、求贵。但对一些耐用品，应尽可能选择品牌和质量较好的。

2. 办公用品采购方式

办公用品的采购方式通常有以下几种：

（1）招标采购。招标采购一般适用于采购量比较大的办公用品，做好前期询价和调研，严格履行招标程序。

（2）供货商订购。对于采购量比较小的办公用品，可以直接去固定供货商处进行订购，这种方式的前提是需确认该供货商能够提供所需物品。

（3）线上采购。这是目前采用比较多的形式，可以在网上商店订购所需的办公用品和耗材，足不出户，送货上门，可以节省人力、提高效率。

不论采用哪种采购方式，秘书人员一定要保留一张购货订单，收到货物时，要将实物与订单一一核对，以防出错。办公用品采购应履行相应审批手续，向供应商发出购买需求时要明确物品的规格、型号、数量和价格。

二、验收入库

对采购回来的办公用品，秘书人员有责任仔细核对数量、检查质量，要认真登记用品的品名、规格、等级、产地、牌号、数量、价格、出厂日期等内容，做到账目清楚、账实相符，以备今后工作中核对查找。

采购人员要根据收到的货物填写办公用品入库单（见表 4-1），库房人员要签字表示货物进库。

表 4-1　办公用品入库单

部门：				日期：			
序　号	物品名称	型号 / 规格	摘　要	单　位	数　量	单　价	金　额
采购员				经办人			

三、保管

对办公用品的保管应从实际出发，根据用品的特点、性能、质地、保管要求来选择存放地点和存放设备。对于一些电器类用品或精密电子产品更应该加强保管，定期进行检查维护，做好经常性的除尘、除潮处理，保证设备经常处于良好的技术状态。

库存保管注意事项如下：

1）储藏间或物品柜要上锁，保证安全、避免丢失，储藏需要的面积取决于单位对所需物品的储存量。

2）各类物品要清楚地贴上标签，标示类别和存放地，以便能迅速找到物品。

3）新物品置于旧物品的下面或后面，先来的物品先发出去，这样可保证物品不会因过期而不得不销毁。

4）体积大、分量重的物品放在下面，以减少从架子上取物时发生事故的危险。

5）小的物品、常用的物品，如订书钉盒，应放在较大物品的前面，以便于看见和领取。

6）要经常检查库房的温湿度、通风隔热防火防水措施，防止霉、虫、鼠等各种有害因素的侵蚀。

7）储藏办公用品的房间应有良好的照明，以便容易找到物品。

四、领用和发放

应根据有关部门的计划提前备好用品，根据实际情况采用领用和发放相结合的方式，保证办公用品能够及时、有效地发挥作用。在领用和发放过程中要严格履行登记和签字手续，不允许擅自借用、赠送，更不允许公物私用。

领用和发放物品要做好以下四方面的工作：

1. 审核物品领用申请表

无论何人领取办公用品，都必须填写物品领用申请表，务必要填清楚领用物品的名称与数量。申请表必须要有部门领导的签字才能生效，秘书必须对此进行把关。这样能使领用人与发放人都心中有数，也可以作为发放物品的原始参照数字。

2. 发放物品

依据物品领用申请表中注明的名称与数量发放办公用品，发放的物品名称与数量必须与申请表中一致，不得任意增加或减少。

3. 更新库存记录，备案清单

物品发放后，秘书必须及时更新库存记录，记下新的余数，以便能够及时掌握物品的供应状况。另外，分发了什么办公用品，发给了谁，秘书都要留一张清单。备案清单包括领用物品的时间、物品名称和数量、领用人姓名等内容，在发放时应要求领用人签字。这样，即使在一两个月甚至更长时间之后，也能清楚地知道谁领走了什么物品，什么时候可能会用完。

库存记录可以用手工记录在一连串的库存记录卡片上，或者在计算机中使用库存控制软件包、电子表格或数据库。无论使用什么系统，都记录同样的信息。每一种物品都要有一张库存控制卡。库存控制卡用以登记、接收和发放物品，并使管理人员随时掌握物品的最大库存量、最小库存量和再订货量。

库存控制卡上的内容主要有：

（1）项目。库存项目要描述准确，包括大小、颜色和数量，如 A4 白文件纸。

（2）单位。货物订购、存储和发放的单位，如盒、包等。

（3）库存参考号。给每一库存项编号，经常与存放位置相联系。例如，C4 表示柜子编号为 C，架板编号为 4。

（4）最大库存量。一项物品应该存储的最大数量，这个数字通过综合考虑了费用、存储空间和保存期限确定的。

（5）再订货量。当库存余额达到这个水平时，必须订购新的货物。

（6）最小库存量。当库存余额达到这个水平时，必须采取紧急行动检查订货情况，确保很快交货。

（7）日期。必须记录所有行动的日期。

（8）接收。记录所有接收信息，包括接收的数量、发票号和供应商的名称。

（9）发放。记录清楚发放物品的数量、所发放物品的申请号和物品发给的个人 / 部门。

（10）余额。在每一次处理后计算物品库存余额。在物品接收时，在余额上加上接收的数量；在物品发放时，从余额中减去发放的数量。余额应该代表库存物品的实际数量，并用于执行库存检查。发现差异时，要通知和报告给管理人员。

库存的每一项都应该记录在库存控制卡（见表 4-2）上。秘书在每次物品发放或接收时填写这张卡片，并记录该项库存的余额。

表 4-2　库存控制卡

<table>
<tr><td colspan="4">库存参考号：
项　　目：
单　　位：</td><td colspan="4">最大库存量：
最小库存量：
再订货量：</td></tr>
<tr><td rowspan="2">日　期</td><td colspan="3">接　收</td><td colspan="4">发　放</td></tr>
<tr><td>接收的数量</td><td>发票号</td><td>供应商</td><td>发放数量</td><td>申请号</td><td>领用者</td><td>余　额</td></tr>
<tr><td></td><td></td><td></td><td></td><td></td><td></td><td></td><td></td></tr>
<tr><td></td><td></td><td></td><td></td><td></td><td></td><td></td><td></td></tr>
<tr><td></td><td></td><td></td><td></td><td></td><td></td><td></td><td></td></tr>
</table>

4. 库存监督

库存监督可以根据不同目的选择不同的监督类型以及时间间隔等。在监督中若发现有库存问题，就要缩短监督的时间间隔，保证库存符合要求。

1）检查实际库存，将库存中实际存放的物品余额与卡片上的余额相比较，看是否有出入，其目的是防止浪费和被盗，还可以准确计算库存的价值，剔除那些从未申请使用的物品，并且可以发现和纠正库存记录的不正确填写。这种库存监督通常有规定的时间间隔，例如每年四次。

2）检查库存物品申请表和库存卡，从而了解各部门和某个人使用物品的情况，其目的是防止物品的过度使用。这种库存监督通常每两个月一次。

3）定期检查库存记录卡，了解库存物品的项目和最大、最小库存量以及再订购量，其目的是了解公司发展变化后，在使用方式改变的情况下是否需要重新调整这些数量，也可以通过监督处理那些过期的和多余的物品。这种库存监督通常一年两次。

小案例

王明刚刚成为办公室秘书的时候，在管理办公室物品时曾经手忙脚乱：同事急着要复印明天参展的资料，却发现储物间中复印纸已所剩无几；每次购买办公用品时，不知道到底该买多少才能既够用又不造成闲置；还有的同事三天两头来领同一种物品……后来，王明认真学习了库存管理的相关知识，为每类办公用品制作了库存控制卡，加强了办公用品的管理和监督，成为办公设备和办公用品库房的好管家，深得好评。

分析：秘书必须认真管理办公室里的设备和各种用品，以保证工作的需要，这就要求维持一个良好有效的库存系统。办公用品的订购、接收与管理的各个环节都离不开库存控制。一个科学的库存系统能够有效地帮助秘书做好办公设备与用品的管理工作。

任务实施

任务回顾：分析该公司办公用品管理存在哪些问题。帮助小朱设计办公用品申领表、办公用品库存统计表。

（1）办公用品管理混乱：办公用品应由办公室来管理和控制，现在任何部门都可以随便拿钥匙自取用品；储存室没有办公用品领取单、备品清单、入库单；办公用品的放置混乱，找不到东西；办公用品未归类，球类物品不应出现在这里；没有办公用品监督者，领导不看不问就签字。

（2）办公用品申领表、办公用品库存统计表分别见表4-3、表4-4。

表4-3　办公用品申领表

<table>
<tr><td>申领部门</td><td></td><td>经　办　人</td><td></td><td>时　　间</td><td></td></tr>
<tr><td>序　　号</td><td>物品名称</td><td>物品数量</td><td>领用原因</td><td colspan="2">备　　注</td></tr>
<tr><td></td><td></td><td></td><td></td><td colspan="2"></td></tr>
<tr><td></td><td></td><td></td><td></td><td colspan="2"></td></tr>
<tr><td></td><td></td><td></td><td></td><td colspan="2"></td></tr>
<tr><td></td><td></td><td></td><td></td><td colspan="2"></td></tr>
<tr><td></td><td></td><td></td><td></td><td colspan="2"></td></tr>
<tr><td></td><td></td><td></td><td></td><td colspan="2"></td></tr>
<tr><td></td><td></td><td></td><td></td><td colspan="2"></td></tr>
<tr><td colspan="2">部门领导签字</td><td></td><td>主管领导审批</td><td colspan="2"></td></tr>
</table>

表 4-4　办公用品库存统计表

序号	物品类别	物品名称	规格	库存量	单价	库存金额	库存定额	市价	采购建议
1									
2									
3									
4									
5									

技能训练

一、分组讨论在网上选购办公设备和办公用品的方法以及要注意的问题。

二、最近公司办公用品的发放较不规范，办公用品的浪费较大。请你列举一下发放办公用品应注意的事项，并制定节约使用复印机、传真机、打印机以及电话等的有关措施。

项目五 / Project 5

05

常规办公室工作

任务一　办公室电话通信

学习目标

知识目标

1. 掌握接听电话的程序和基本礼仪
2. 掌握拨打电话的程序和基本礼仪
3. 熟悉特殊电话的处理技巧

能力目标

1. 能够正确接听和拨打电话
2. 接打电话满足礼仪要求
3. 能够恰当处理特殊电话

素养目标

1. 培养秘书规范的工作习惯
2. 培养秘书懂礼仪、会方法、增效率的工作意识

任务描述

应届大学毕业生小林近日在跨国化妆品企业实习，其职位是经理秘书。经理让小林先负责电话的接打工作。请问小林应注意哪些方面的问题？

任务分析

在秘书日常事务中，电话沟通是不可缺少的形式，秘书每天要通过电话进行大量对内、对外的联络工作。要做好电话沟通，需要掌握正确的电话接听、拨打的原则、方法和技巧，充分意识到电话沟通的重要性，加强训练，熟练掌握电话通信的程序和基本礼仪。

理论知识

电话是较为普遍的现代化通信工具，在企业的发展运作过程中起着重要的作用，是秘书进行公务活动的主要手段。秘书应该学会正确使用电话。

小案例

某农产品电商公司员工小优这些天一直在忙村民土特产产品对接选品工作，她接电话的时候总是先把电话挂断，然后再打过去。总经理王强觉得有些不妥，找小优询问原因，小优说出了自己的想法：“本次农产品对接的都是一些本地的村民，有很多都是年

龄很大的爷爷奶奶，咱们的要求比较多，也比较严格，得详细地向他们复述和核对，他们都是打电话来，每次打电话都会很长时间，村民的条件都不太好，所以每次接到电话，我都礼貌地先把电话挂掉，然后再把电话打过去，这样不仅能让他们省一点电话费，还可以避免他们因电话费产生焦虑的心理，这样他们也能耐心地把标准听清记准。”王总经理听完后，对小优的做法大加称赞，虽然这只是一件小事，省不下多少钱，但小优遇事能从对方角度思考问题，顾及对方的心理感受，让人感到温暖。

分析：打电话看似是一件小事，但是往往一个人的素质从小事中就能看得出来。一个人的道德品质，不是你在人前表现得如何，有素质的人，隔着电话，你都能感受到他身上传来的阵阵暖意。“谦谦君子，温润如玉。”他们不会让人尴尬，更加不会伤害别人。

一、接听电话的技巧

1. 接听电话的程序

电话交谈的第一声常会给人留下深刻的印象。美国贝尔电话公司向25万名接线生提出“带着微笑接听电话”的职业要求。的确，每个电话都会影响整个组织的形象。秘书必须彬彬有礼地接听电话，以显示职业素养。

（1）做好记录准备。秘书一定要养成随时准备记录的职业习惯。俗话说，好记性不如烂笔头。有人称秘书为“管家婆”，每天开门“柴米油盐酱醋茶”，大小事项一起来。因此，不要过于相信自己的记忆，应在电话旁边准备好“电话记录表”（或记事本）和笔等，电话铃一响，左手摘机，右手马上准备记录。一般电话应放在桌子的左手边，这样当电话铃声响起后，可迅速地用左手拿起电话，同时右手拿起一直准备着的电话记录本和笔，做好记录。电话记录本和笔应该是专用的，并且放在触手可及的地方。

（2）响铃不过三。一般情况下，秘书应在电话铃响过两声后立即摘机接听，即铃响三声之内拿起话筒。如果因故在电话铃响过三四声后才接，应马上道歉：“您好，不好意思，让您久等了。”有时秘书需要离开办公室，在电话无人值守的情况下，秘书最好配备电话应答器，可以提示对方留言。

（3）接听电话礼貌应答。接电话后，先问好，然后再做自我介绍（包括介绍单位和自己），以便对方确认自己所打的电话是否无误，这是国际惯用的电话礼节，目前，我国很多单位也都是采用这一模式。例如，“您好！这里是××××（单位名称），我是××××秘书，我叫×××”或“您好！××××（单位名称），请问有什么可以帮您？”。

如果对方也进行了自我介绍，则可正式通话。否则，秘书就应礼貌客气地了解对方的身份：“请问您是……”“请问您贵姓？有什么需要帮助的吗？”切忌单刀直入地问“你是谁”“你找谁”或“你有什么事”。

小案例

××公司经理秘书小张听到办公电话响起，她拿起电话，声音圆润地说：“你好，××公司，请讲。”

"×× 公司吗？你们王总在吗？我有要事找他。"电话里传来对方焦急的声音。

小张一看，王总正在办公室里看文件，立即说："王总在，你稍等。"

小张放下话筒，走到王总身边："王总，你的电话。"

"谁打的电话？"王总问。

"不知道，好像挺着急的。"小张答道。

只见王总一皱眉，拿起来话筒。不一会儿，小张听到王总在电话里和对方吵了起来。王总挂了电话后，生气地对小张说，以后有找我的电话先问清楚。小张脸红了，但一副懵懂的样子。

分析：秘书在接听电话时，应首先介绍单位和自己，同时礼貌地了解对方身份，以便领导迅速反应对来电者的应对措施。

如果一接电话就能辨认出对方，便可直接称呼对方，"您好！ × 先生（小姐）"，这会给对方留下特别亲切的印象。

如遇到要转接的电话，应明确告诉对方："请稍等一下，我这就去请 ××× 来接电话。"如果对方要找的人刚好不在，应彬彬有礼地告知对方并商议有关转告事宜，例如，"× 先生（小姐）刚好不在，方便让我转告他（她）吗？"千万不能鲁莽地说一句"他不在"就挂电话。

小案例

某科技公司办公室，电话铃声响起。

秘书小王拿起听筒："您好，请问您找谁？"

"我找陈总经理。"

"陈总经理不在，请您过 30 分钟再打来，再见。"小王放下听筒。

点评：秘书在日常工作中经常会遇到找上司的电话，若上司不在，应向对方说明，并要积极询问是否需要留言或另约时间；另外要尽可能问清对方的单位、姓名、身份以及联系方式，以便稍后向上司汇报。

（4）认真做好记录。通话时，秘书应用心倾听，准确领会对方意图，认真做好记录（见表 5-1）。

表 5-1　来电记录单

来电单位		来 电 人	
来电时间	年　月　日　时　分	电话号码	
内容摘要：			
领导批示			
处理结果		记 录 人	

通话过程可适当插用一些短语或其他的反应方式，如"好的""我们会尽快处理的"等表示自己在认真倾听。

重要的内容，应主动予以复述，以得到主叫方的确认。不明白、不清楚的地方，应不厌其烦地请主叫方重复或解释，保证信息的准确性。

如果某个问题必须放下话筒做进一步的查问才能回答对方，则应向对方说明需要多长时间并征询对方可否等待。如果对方愿意等待，那么再次拿起话筒时要先向对方表示歉意。当然，让对方等待的时间不宜过长。

如果通话时有另一个电话打进来，应礼貌地向对方说明并请对方稍候。如果第二个电话是本地的，可问明对方的电话号码，告诉对方要迟些再复电，并简单解释原因，然后再接第一个电话。如果第二个电话是长途电话，或者是须马上处理的电话，则应区分轻重缓急，及时处理，可向第一位通话人说明，请求对方稍等或先挂断，然后再接第二个电话。不管是哪一种情况，当重新接起第一个电话时，都要向对方致歉并感谢对方的等候。同时要特别注意，放下电话时，应把话筒正放，不能侧放或反放，以确保电话处于挂断的状态。

如果确信对方在电话中所谈的内容无法解决，不要生硬地拒绝对方，使对方陷入窘境，而应热情地给予对方一些力所能及的帮助，如帮助对方把电话转到可以解决问题的分机，或告知对方应找人员的电话号码及姓名等。这样做，虽然增加了工作负担，但可给人留下良好的印象。

带有秘密性质的电话留言，要注意保管好留言记录。

通话要注意节奏，不宜太快或太慢，因为适中的节奏可体现出一个人的沉着和自信。

小案例

×××商贸公司办公室，电话铃声响起。

秘书小王拿起听筒："您好，×××商贸公司，请问您找哪位？"

"您好，王秘书，我是×××服装公司总经理秘书赵磊，对于本次服装订购业务，我们还有几个细节要与贵公司再确认一下，在服装……"，在与赵磊讲话正在进行时，秘书小王的手机响起，电话显示是公司张总打来的电话，秘书小王直接切断了张总电话，继续与赵磊核对订购业务细节。待核对完成后，小王给张总回复了电话，得知张总急用公司业务签订合同样本，想让小王发合同样本电子版给他，电话不通，无奈，张总只能派人赶回公司领取，险些错失了意外获得的订单生意。

分析：秘书每天都会接到来自各方面的电话，每一个工作电话都要第一时间接听，当接听电话时，如果另一部电话响起，秘书要向第一来电人表示歉意，让对方稍等，来接听第二个电话，秘书此时要根据两个电话的紧急程度来确定先处理哪个电话内容，对不能及时接待的一方表示歉意，并说稍后会回复电话。这样既解决了急迫电话的内容，又不失对另外一人的尊重。

（5）礼貌结束通话。结束通话的礼节要求与主叫方相类似，同时还要注意：一般应让主叫方先放下电话，如果对方是长辈或领导，更应如此。如果对方也在礼貌地等候，可以客气地说："还有事吗？我可以放下电话了吗？"通话结束后，一般来说，应贯彻"谁打出电话谁先挂断"的原则。

如果重要内容已讲完，对方仍喋喋不休地讲一些无关紧要的事，不能生硬地打断对方，而应找适当的借口礼貌地结束电话，比如"我已经都记下了，请放心吧！"或"我手头有个紧急的事情要处理一下，以后我们保持联系"。

2. 接听电话的基本礼仪

秘书在接听电话时应注意以下几方面：

1）声调温和，语速适中，语言简练、亲切。

2）不要喝茶、吸烟、嚼口香糖等。

3）仔细倾听对方的讲话，不要打断对方。如果必须打断时，应该说：“对不起，打断一下。”

4）对方的声音太小、环境嘈杂或对方发音不清晰时，应客气地请对方再讲一遍。

5）不时对对方的讲话做出简洁的反应。

6）转接电话时，应礼貌地告诉对方“请稍候”。

7）如对方要转接的人不在，应礼貌地询问对方是否需要留言转告。

8）灵活使用委婉温和的语言，如“对不起”“失礼了”“十分抱歉”“给您添麻烦了”“打搅了”“不敢当”等。

9）尽量用肯定的语气表示否定的意思，将命令形式转为请求形式。

10）注意清晰准确地发出每一个音节，确保对方正确无误地接受你的信息。同时，无论谈论什么话题，都应保持谈话的语调与所谈及的内容相互配合，并恰当地表明你对某一话题的态度。

11）控制适当的音量，保持恰当的语速。

12）坐姿端正，所发出的声音也会亲切悦耳，充满活力。在电话交谈时，应保持双L形的坐姿，即从侧面看，小腿和脚形成一个L，大腿及躯干形成另一个L。

二、拨打电话的技巧

秘书除了每天要接听很多电话，还经常需要拨打电话，进行各种事务的联系。打电话，要“打”出成效来，这是对秘书的基本要求。为此，秘书就需要了解和掌握拨打电话的程序和技巧，做到胸有成竹。

1. 拨打电话的程序

（1）通话前的准备。通话前的准备，主要包括如下几个方面。

1）情绪准备。电话是机械的，虽然它只能传声，不能传情，但“言为心声”，对方可以凭借电话中的语言声音来判断你的态度，看出你的修养和性格。和蔼的态度、热情温和的声音，会使对方对你甚至你所代表的组织留下良好的印象。所以，拿起话筒时，就要保持愉快的心情，以确保声音的甜美、柔和，使人从中感受到你热诚有礼、亲切近人的态度。当不顺心的时候，尽量不要打电话，以免怒气通过话筒传给对方；非打不可时，一定要控制好自己的情绪，千万不能表现出不耐烦的态度，更不能因自己不称心而迁怒于对方。

2）内容准备。拨号前，应把内容要点记下来，或者打好腹稿，以便在电话中讲清楚，避免遗漏。内容准备通常包括六个方面，简称“5W1H”，即

Who——谁（何人）

When——什么时候（何时）

Where——什么地方（何地）

What——什么事情（何事）

Why——为什么（何因）

How——如何做（方法）

手头还应准备好通话时所需要的文件、资料，并且预想通话情况，对对方可能提出的

问题做好回答的准备；如果有几件事情同时要说，要考虑其先后顺序。

3）工具准备。应准备的工具主要包括公司最新电话号码簿、自编的常用电话号码表、国内外城市直拨电话区号（代码）、世界各地时差表以及记录用的笔、纸（或电话记录单）等，以便节约时间，提高效率。

4）拨号准备。拨号之前一定要查对清楚欲打电话的号码以及欲找之人，不能先摘机再查对，否则便是对电话资源的无效占用。

小案例

“我是××公司的李红，请问李明在吗？”李红拨通了电话。

“对不起，请问您是找市场部的李明还是要找财务部的李明？”对方反问。

“……”李红一下愣住了，不得不放下电话，急忙去翻看名片簿。

分析：打电话之前一定要核对清楚对方的号码、身份，做到心中有数。想要向对方说明哪些问题，或者需要了解哪些情况，都要事先想清楚，可以列个提纲。否则，必然会浪费时间，影响工作效率。

（2）正确拨号。摘机后要立即拨号。拨号时注意力要集中，以免拨错。要耐心等待线路接通，至少要让电话铃响六次以上，确认对方没人应答才收线。

如果上司要打电话找对方的上司，作为秘书不宜直接找对方上司，而应先打电话给对方上司的秘书，等对方的上司出来通话时再把电话交给自己的上司。

（3）自我介绍。自我介绍是通话的基本礼节。电话接通后，如果对方未自报家门，你首先应用亲切的语调向对方问好并确认对方是否是自己要找的对象：“您好！请问是××公司吗？”在得到对方确认后，便应先做自我介绍（包括介绍单位和自己），如“您好，我是××××办公室（或公司）的秘书×××”。

如果对方已自报家门，便可直接进行自我介绍并“直入主题”：“您好，我是××××办公室（或公司）的秘书×××，麻烦您请×××先生（或小姐）接电话。”

如果接电话的正是你要找的人，便应亲切地称呼对方：“您好，×小姐（或×先生），我是××××的秘书×××。”

如果找不到要找的人，千万不要“咔嚓”一声挂断电话，而应表示一下谢意或给对方留言。若想进一步了解对方，可说“对不起，请问该怎样称呼您？”或“对不起，请问您贵姓？”等。

如不慎拨错了电话，别忘记表示歉意。

不管是找人还是转号，都要注意使用礼貌用语；说话时声音要清晰、温和；语调要比平时略微缓慢；避免张口就说“喂，喂，喂”之类的话，这是不礼貌的。

（4）清楚陈述。简明扼要、准确清楚地陈述预先准备好的电话内容，特别重要和容易弄错的地方，如双方约定的时间、地点，谈妥的产品数量、种类，认同及分歧的地方，确定的解决方案等，可以重复，确认对方已明白无误地理解。

如果线路出现故障，电话中途被切断，要马上重拨一次并说“不知什么原因，电话被切断了，真是很抱歉”之类的话。

通话过程如有紧急事项非马上处理不可，须向对方道歉，处理完毕接着通话时，应再次致歉；如果处理的时间较长，可与对方另约时间通话。

在涉外部门，因通话对象的不同，秘书还应熟练地掌握好相关语种的礼貌用语。

通话过程要自始至终保持音量适中、吐字清楚、声音愉快。

（5）道别挂机。通话结束，要使用如“谢谢”“再见”“请多多关照”之类的礼貌告别用语，然后轻轻挂机。挂机后，要确保电话切实挂断，否则来电无法呼人，计费仍在延续，甚至无意间还有可能造成泄密。

2. 选择合适的时间拨打电话

秘书拨打电话时，应尽量选择合适的时间。一般刚上班的前半个小时，特别是周一，是大家最忙的时间，都不太愿意被电话打扰。如果是重要的事项，这个时候打最合适。除非重要和紧急的事项，否则午休时间、下班前、周末等时间最好不要拨打电话。此外，还要注意拨打国际电话时，应考虑时差的问题。

3. 拨打电话的基本礼仪

要做好打电话前的准备工作。仔细核对电话号码，正确称呼，准备好文件、资料等，最好能准备好提纲。

打电话宜用左手拿话筒，右手来记录。

考虑到对方接听电话的人可能恰巧不在电话旁边，应该让电话铃声响过六声后再挂断。

拨打电话时，如果听到占线的忙音，可暂时挂断电话，稍后再拨。

尽量长话短说，不要浪费对方时间，遵循三分钟原则。

如果是长途电话，应向对方通报，便于对方配合节约时间。

替自己的上司打电话给对方上司时，应在对方上司接电话前就将电话递给自己的上司。

回答对方提出的问题时不得越权。

通话时要遵守保密纪律，不得泄密。

三、特殊电话处理技巧

秘书每天都会接到许多电话，或联系业务，或推销产品，或借贷募捐……有来自外界的，也有内部打来的；有来自认识的人的，也有陌生人打来的；有公开的，也有匿名的……面对繁多的电话，秘书必须迅速地进行甄别、过滤、分流，做出判断，或马上处理，或延后安排；或由自己答复，或交有关部门、有关人员处理，或请上司出面……这必须讲究技巧，否则会使工作陷于被动之中。

1. 接听上级来电

接听上级打来的电话，不管是传达指示，还是布置工作，都应认真地记录。必要时还应对全部或部分通话内容核对一遍，确保准确无误。通话完毕，要及时把有关内容转告上司或通知有关部门和人员。

2. 接听下属来电

下属打来的电话，不管是集体还是个人，大都是请示工作或联系事情的，一般都要上司做出指示。如上司不在，秘书要说明处理的办法，如“我马上请示有关的领导”或“大约 × 天内答复您”，而不能说“知道了”就挂电话或含糊其辞搪塞对方。

3. 接听直接找上司的电话

接到直接找上司的电话时，切记要先问清楚对方的单位、姓名、身份等，然后根据具体情况再做进一步的处理。

（1）上司正在开会或会客。可以诚恳地告诉对方，“× 经理正在开会（或会客），预计四点钟结束，请您到时再打电话来，好吗？”（或“到时我们再给您回电话，好吗？”）如果上司是在开重要的会议或接待重要的客人，这时一般是不便接电话的，秘书如果照实说“× 经理正在开会（或会客），不便接电话”，对方会认为这是怠慢了他。妥善的方法应是使用“善意的谎言”，比如可以说“× 经理现在不在这儿，方便让我转告他吗？”然后再见机行事。如果对方确有急事或是非常重要的客人，非马上找到上司本人不可，便可以说些富有弹性的话，如“请您稍等一下，我马上去找找看”。把对方的单位、姓名、身份、事由等写在便条上，通过便条向上司请示处理办法。如上司不接电话，便可恳切地告诉对方：“实在对不起，让您久等了，这会儿找不到 × 经理。见到他以后，我请他马上给您回电话，好吗？”当然，上司有回复的意向时才可以这么说，但别忘了记下联系方式。

（2）上司不想接的电话。出于某些原因，有时上司会有一些不愿意接听的电话。这时，秘书就应一口回绝：“× 经理出去办事，今天不回来了。您找他有什么事吗？”如果对方仍固执纠缠下去，也应礼貌地拒绝：“对不起，我还有急事要办。我见到他，会转告他的，好吗？”

（3）上司正在通话。上司正在处理一个电话，刚好又一个电话打进来，这时秘书可以说：“× 先生，真不凑巧，× 经理正在接电话，大概还需要 × 分钟吧，请问您有什么事吗？”如果确实有急事需要向上司请示或汇报，或者另一电话需要上司即刻接听，秘书可把事情写在便条上放在上司面前，而不要直接口述或对上司耳语。

（4）上司不在。上司不在办公室而刚好有电话找他，秘书有时可以告诉对方上司不在的原因，例如“× 经理身体不适，去医院了（或 × 经理出差了）。您有什么事可以让我转告他吗？”但如果上司不在的原因不明或不能直言相告，千万不能说“× 经理还没来上班”或“× 经理不在”之类的话，而应说“× 经理现在不在办公室，您有什么事吗？方便留言的话，我可以转告他”。

4. 接听推销电话

有时，秘书在办公室会接到一些推销商品的电话，而且推销商三番五次打来，好像“不达目的不罢休”似的。面对这类情况，秘书的态度一定要明确，说话不要过于婉转，而应“柔中带刚”，礼貌地拒绝对方，比如，“我正忙着呢，有空再给您回电话吧”或“谢谢您多次打来电话，只可惜我们已选定了办公用品的供应商，有机会我们再合作”。

5. 接听打错的电话

接到打错的电话时，不能只说“打错了”便“咔嚓”一声挂断电话，而应礼貌地说“您打错了，我这里是……”，这也不失为宣传组织的一个好时机。

6. 接听投诉电话

投诉电话往往会伴随着比较冲动的感情和激愤的言辞，这时，秘书不能针尖对麦芒，而应心平气和、冷静耐心地倾听，等对方发完火后，再诚恳地向其解释原因或提出建议。例如，

“您购买的产品出现了问题，可以直接找我们的维修中心维修，维修中心的地址是××××，电话号码是××××××”，或“我会把您反映的情况及时向上司汇报，有了结果，我将马上通知您”，或把电话直接转至有关的业务部门等，以此来显示秘书的职业素养和风度。

对于企业的秘书来说，这样的电话会更加频繁，更需要有耐心。

小案例

办公室秘书小张刚刚接听了一位顾客的投诉电话，对方情绪非常激动，小张耐心地进行了解答，终于妥善处理了顾客的投诉。这时她想起第二天经理到合作单位参观事项，还要与对方确认一下具体安排，于是她平复了一下心情，照了一下镜子，调整了面部表情，嘴角上扬，调动起了积极的情绪，走到电话机旁，打开记录本，拨通了对方的电话。通话中，小张声音圆润，乐观热情，语言礼貌规范，很快确认了各项事宜，轻柔地放下了电话。

分析：作为秘书，经常要接听各类电话，处理各项事宜，不免有棘手和不顺心的事情发生，但都要客观、理性、平和地对待，妥善处理各项工作，同时也不能因为上一个事件或者电话影响下一项工作的开展。秘书要拥有较好的心理素质和较强的情绪调节能力，沉着应对，处乱不惊。

7. 接听匿名电话

有时，打电话的人既不愿报上姓名，也不愿说明来电话的动机，只一个劲儿地要找上司。这时，秘书仍应保持彬彬有礼的态度，坚持不报姓名或不说明来意就不打扰上司的原则，可向对方说：“很抱歉，先生，×经理此刻不在办公室。如果您不愿意告诉我您是谁，那么有什么事，请您最好写一封信来，注明‘亲启’字样，我会尽快交到×经理手上。”

如果接到匿名打来反映有关情况的电话，要注意先不要明确表态，也不要听到风便是雨，大肆宣扬，而应向有关部门的负责人反映。

8. 接听告急电话

若接到告急电话，或反映情况，或请求帮助，或请示解决的办法……这时，秘书应沉着、冷静、细心、果断、迅速地予以处理，尽快弄清楚发生了什么事、在什么地方、涉及什么人以及严重程度等，如情况紧急又是自己职权范围内的事，要当机立断，马上提出防范措施或初步处理意见；如不能决定，应马上请示汇报，并协助有关部门即刻处理。

四、电话的后续处理

1. 整理电话记录

为了尽可能完整地记录电话内容，接听电话时，秘书可以根据自己的书写习惯做快速记录，但如果记录较为潦草，别忘记在处理完电话后，及时地把较为重要的或较为复杂的电话内容（不管是打出的还是接听的）整理并誊写一遍，以便于上司批示或立卷存档和日后查考。

2. 及时处理有关事务

秘书对于接听的电话内容，除紧急情况随时请示报告和及时处理解决外，一般应按其内容或项目进行分类归档。属于秘书个人或秘书部门能解决的，要及时解决。需要向上司汇报或请示的，如果内容较多，可先做初步的整理汇总，必要时还可附上自己的处理意见，协助上司处理。需要有关部门解决的，或及时转交、移交，或协调有关的部门解决。对重要的事项还要跟踪了解并把有关的情况反馈给上司。

小案例

××公司的杨××是一位刚毕业的文秘类专业的本科生，因为总经理秘书刘××即将升任公关部经理，总经理安排杨××跟随刘××学习，有意让她接任刘××的职位。这一天，总经理正好有事出差，刘××也外出办事去了，只有杨××在办公室。电话铃响了，下面是杨××与对方的一段对话：

来电者："是××公司吗？"

杨××："是的。"

来电者："你们老板在吗？"

杨××："他不在，有什么事跟我说吧。"

来电者："你们的乳胶手套多少钱一副？"

杨××："18.9元一百只。"

来电者："16元一百只卖不卖？"

杨××："不卖。"

杨××说完，就"啪"的一声挂上了电话。

点评：仔细分析上述对话，杨××的做法至少有三点不妥：一是杨××接听电话后，首先应该自报家门"您好，我是××公司总经理秘书杨××"，以使对方知道自己是在与谁洽谈此业务；二是杨××在与对方谈价时，不应草率地回绝，要么按照总经理给自己的价格权限与对方洽谈，要么留下对方的联系方式，请示了总经理后再回答对方，否则很有可能推掉了一个大客户；三是杨××电话语言不够礼貌，应多用"请""谢谢""对不起"等礼貌用语。

五、接打电话常用表述

对不起，我能耽误一下您的时间吗？

不知您现在是否方便？

请问您现在有时间谈话吗？

不知现在给您打电话是否合适？

您能给我一分钟时间，让我简单地给您说一下吗？

我之所以冒昧地给您打这个电话，是因为……

请您收到传真后斟酌一下，再给我回个电话，好吗？

谢谢您打电话来。

如果您有什么问题请随时给我打电话。

我能为您做点什么？

对这件事我有自己的一些看法，我们能再谈谈吗？

如果我有什么问题的话，我再给您打电话，可以吗？

对不起，我正要去参加一个会议，五分钟之内必须到达，您能简短一些吗？

我的另一个电话响了，请您稍等片刻。

我正在接别人的电话，过一会儿我给您回过去，好吗？

对不起，我的办公室还有人等着，我会尽量在短时间内解决，然后给您打电话，好吗？

对不起，我正在接另一个电话，您能稍等一会儿吗？

您给我三秒钟的时间，让我考虑一下好吗？

很抱歉，我不得不让您等一会儿。

您稍等一会儿，让我帮您查找一下有关的资料好吗？

我正在帮您查找资料，请再稍等一会儿。

让您久等，真是抱歉。

您的来电真不凑巧，因为我正在谈论另外一件事，我迟点再给您打电话，好吗？

现在我无法和您谈此事，但我知道这件事很重要，星期三上午十点您有时间吗？到时我再给您打电话，好吗？

我对这件事十分关心，我会查实之后给您打电话的。

我现在没有这方面的资料，但我很乐意去找，我明天会给您打电话的。

张经理，谢谢您接听我的电话。我打电话是想和您谈谈……请问您有空吗？

（资料来源：《办公室事务管理》，众行管理资讯研发中心编著，广东经济出版社，2003 年版，有改动）

任务实施

任务回顾：小林是一名实习生，岗位是经理秘书，工作内容是负责电话的接打工作。请问小林负责电话工作应注意哪些方面的问题？

注意问题如下：

1）接打电话的程序。

2）接打电话的基本礼仪。

3）特殊电话的处理。

4）电话记录本的整理及相关事务的处理。

技能训练

一、以秘书的身份模拟以下接打电话的情景。

一位电视台广告部的客人要找总经理，总经理不在。

请两人为一组，进行具体情景设计，两人可轮换接打电话的角色，并做好记录。

二、模拟接打电话情景，并做好电话记录。

A 公司总经理王强，下周二要到合作伙伴企业 B 公司进行参观考察，办公室秘书小王给合作伙伴单位 B 公司打电话，落实各项参观事宜。

请两人为一组，进行参观考察事宜设计，并就各事宜进行沟通商定。

三、根据下面内容，进行现场演示。

×× 彩印厂厂长来电话找公司平面设计部经理，此前，平面设计部经理曾交代秘书不要转给他。

要求：既要委婉拒绝接听电话，又不能使客人感到怠慢和失落，同时做好电话记录。

任务二　印 信 管 理

学习目标

知识目标

1. 了解印章的作用、种类、样式
2. 掌握印章管理的基本要求

能力目标

1. 能够规范用印
2. 能够正确出具介绍信

素养目标

1. 使学生养成良好的职业行为习惯，严格遵守各项规章制度
2. 合规操作，注重细节，加强责任心，严谨细致
3. 教育学生坚持原则，严于律己，杜绝“关系章”“人情章”

任务描述

某集团的秘书小林是一位刚毕业的大学生，因为总经理秘书刘 ×× 即将升任公关部经理，总经理安排小林跟随刘 ×× 学习，有意让她接任刘 ×× 的职位。一天，刘小姐与总经理外出开会，小林自己留守办公室。

临近午休，业务处小王来开介绍信，小林让小王填写了用印申请单。小林看了小王填写的用印申请单后说：“让你们部门李经理签字，然后我再给你盖章。”小王听后有些着急，“李经理在外地出差，我已经跟李经理说过了，A 公司要求必须在两点之前到，这都马上午休了，到 A 公司得一个多小时，再耽误一会儿，可就来不及了。”小林听后有些犹豫，怕耽误了公司业务，想到这儿，她随手从桌子上的文件夹中取出介绍信，填好相关内容，然后开锁从抽屉里拿出印章，为小王开了一张介绍信（见图 5-1）。

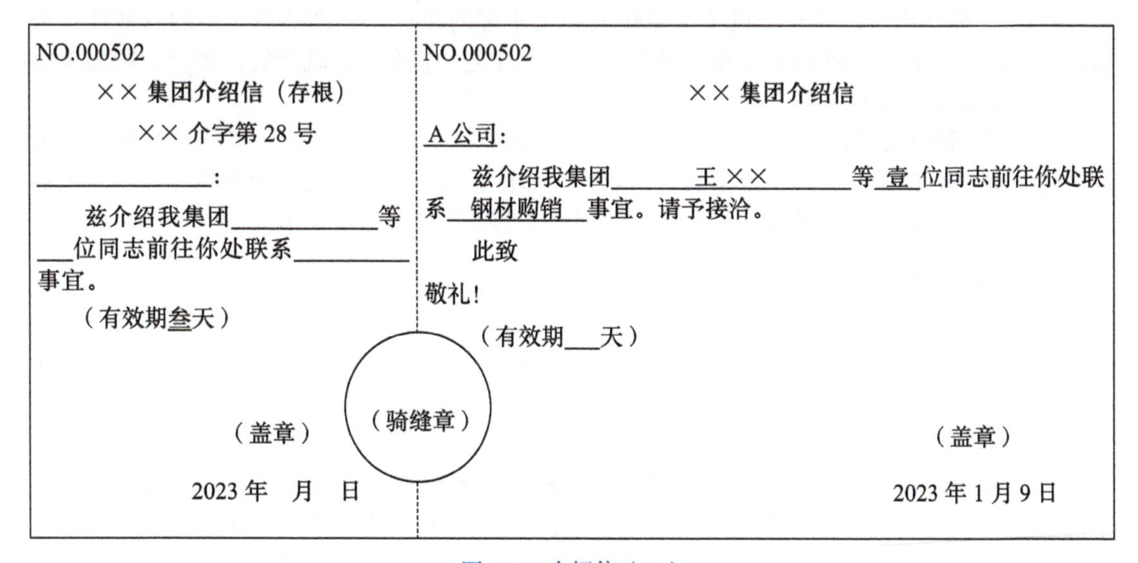
NO.000502

×× 集团介绍信（存根）

×× 介字第 28 号

________：

兹介绍我集团________等___位同志前往你处联系________事宜。

（有效期叁天）

（盖章）

2023 年　月　日

（骑缝章）

NO.000502

×× 集团介绍信

A 公司：

兹介绍我集团　王 ××　等 壹 位同志前往你处联系 钢材购销 事宜。请予接洽。

此致

敬礼！

（有效期___天）

（盖章）

2023 年 1 月 9 日

图 5-1　介绍信（一）

由于着急，小林忙乱中没写存根，只在正文落款处盖了公章（骑年盖月，但章盖倒了）。小王拿着介绍信，没细看，就走了。

下午 4 点多，刘 ×× 与总经理开会回来，小林很高兴地向刘 ×× 汇报自己一天的工作。这时小王回来了，气呼呼地把介绍信往桌上一摔，说：“啥事也没办成！”

刘 ×× 了解了一下情况后，很生气地对小林说：“你上学时是怎么学的？”

小林不知道自己哪做错了，她不明白自己忙了一天怎么会是这样一个结果。

请帮助小林找出错误，并帮她开一张介绍信。

任务分析

在秘书日常事务中，对印章和介绍信的管理和使用是秘书的一项重要职责。秘书小林的错误是没掌握印信的管理和使用方法。

理论知识

印信工作是对本单位印章和介绍信的管理和使用工作。印章和介绍信是各级各类组织对外联系的标志和行使职权的凭证，加强对印信的管理、严格按照规定使用印信，是秘书的重要职责之一。

一、印章

印章是印和章的合称，在我国古代叫印信。现代印章是指刻在固定质料上的代表机关、组织、单位和个人权力的图章。秘书部门掌管的印章主要有三种：一是单位印章（含钢印）；二是单位领导人“公用”的私章；三是秘书部门的公章。其中，单位印章是单位对外行使权力的标志。

1. 印章的作用

（1）标志作用。任何一个机关或单位都会有刻着自己单位法定全称的印章，也叫公章。通过印章，人们可以看出单位性质、级别和职权范围。是否盖有印章表明了单位对文件中的内容是否认可的态度，也是一个单位行使权力的展现形式。

（2）权威作用。任何一个机关或单位及负责干部的印章、手迹都有一定的权威性。加盖印章后，在其职权范围内所发布的命令、指示、规定、制度等，就会发挥效力，所属单位和人员就要服从、执行、照办。

（3）证明作用。各种各样的文凭证据，只有加盖公章后才能生效，才能表明某个机关或单位对此负有责任，人们才会相信它的效力。如任职书不盖印，任何职务的任命都是无效的；毕业证书不盖印，就无人承认其学历；现金支票不盖印，就不能取出现金；等等。

2. 印章的种类

一般来说，公务印章分为以下几大类。

（1）正式印章。正式印章通常指单位印章。单位印章是按照法定的规格、外形、尺寸和样式刻制的标明一个单位法定全称的印章，是一个单位的标志和象征，代表单位行使一定的职责、权力。

（2）专用印章。专用印章是各级各类领导机构为履行某一项专门职责，经过一定批准手续，颁发给所属某一专门机构使用的印章。这种印章不代表整个机关、单位，只反映某项专门业务内容和一定的业务权力，包括财务专用章、合同专用章、业务专用章等。

（3）套印章。套印章是根据需要，按照正式印章或专用印章的原样复制而成、专供印刷用的模印。它主要用于印刷需加盖印章的文件、颁发的通知和布告，以及经缩微后在各种凭证的印刷品上使用。它用制版印刷的方式代替手工盖印，适用于大宗公文凭证用印，或者用在税务发票及其他专用票等小型票据上。

（4）钢印。钢印是用钢材制作的印章。既有相当于正式印章的钢印，又有相当于专用印章的钢印，加盖钢印是使用加压设备，采用模压方法加盖无色印章，只显出印章突出的字样、式样和图样，而不显出图样、字样的颜色。它用于加盖各种证件，一般加盖在贴有照片的证件上。

（5）领导人签名章。领导人签名章是指刻有单位主要负责人姓名的图章。它表示负责、信用、尊重和信任等，具有权威性。

（6）戳记。戳记是刻有一定字样的，带有标志性质的印章。这种印章字迹醒目，常加载在显要的位置上，起着提示的作用。例如，财务单据上盖的“现金收讫”，文书处理中所盖的“急”“特急”等。

3. 印章的管理

（1）专人负责。应选择事业心、责任心强的人保管印章，不能随意更换公章管理人员或将公章交与他人管理。一般情况下，印章的保管者也是具体用印者。因此，秘书部门对于保管和使用印章的人员必须严格审查和挑选，并应加强平时的教育和考查。对不适合者，应坚决调离。

小案例

2014年7月6日，×公司将其名下一间酒店地下一楼及场地对外租赁，与L公司签订了《房屋场地租赁合同》，在履行过程中经数次调整，至2019年6月，双方共达成4个补充协议，租期延至2022年7月5日。2020年4月，×公司原法人代表潜逃国外。此前该单位行政公章由原法人代表和经办人两人共同保管。

经办人利用原法人代表忙于企业主营业务，无暇顾及酒店出租事宜之机，通过工作便利，将大量加盖有公司公章的空白A4纸张，出卖给L公司谋取私利。2019年11月至2021年，L公司法人代表利用盖有×公司行政公章的空白A4纸，伪造了其与×公司签订的一系列所谓《补充协议五》《补充协议六》等假法律文书，分别使用多名自己的堂兄弟名义，对×公司进行敲诈勒索。事发后，×公司经办人迫于L公司施加的压力，又怕自己被L公司收买的事被发现，利用企业减员增效机会，买断工龄拿了20多万元补偿费后离开企业。眼看自己由企业职工成了社会人，该经办人立即转守为攻，不惜上法庭为L公司做伪证，谎称上述《补充协议五》《补充协议六》系受现任公司总经理委托，加盖×公司公章，又拿不出任何加盖公章手续记录。

分析：经办人利用保管公章的便利条件，弄虚作假，出卖公司利益，并实施金融诈骗，已经触犯了法律。公章是公司权力的象征，保管者必须对企业有高度责任心，有规范用印、严格审批、遵规守纪的职业品质。当企业发生变故时，企业其他主管领导或上级组织一定要立即清查企业管理中的危机隐患，避免给公司造成损失。

（2）确保安全。印章应选择安全保险的地方存放和保管，如机要室或办公室的保险箱内。如存放在办公桌的抽屉里，则应当装配牢固的锁。保管人员不得将锁存印章的钥匙委托他人代管，也不得将钥匙插入锁孔后离去，以免印章被人盗盖，造成严重后果。

（3）防止污损。使用印章要注意轻取轻放，避免破损；同时要经常洗刷，防止印泥和其他脏物将刻痕填塞。要保持图案和印文的清晰。

4. 印章的使用

使用印章，一般应经本单位领导人批准，办理签批手续，秘书不得擅自做主。秘书要严格执行监印制度，他们对使用印章有监督权，对不合法或不合手续使用印章的，有权拒绝盖印或提出异议，而不能违反规定“有求必印”，以免给自己和公司带来无法挽回的损失。

（1）印章的刻制与启用。

1）印章的刻制。刻制印章是印章管理工作的首要环节，必须严格执行国家的有关规定。无论刻制哪一级单位的印章，都要有上一级主管单位的正式公文。得到上级单位批准后，由印章的制发单位开具公函，附上样章到所在地的公安部门办理登记手续，由公安部门指定专门的刻制单位承担印章的刻制任务。印章刻制完毕后，刻制单位一律不得留存样章。

2）印章的启用。

①印章启用前的准备。

a. 选定印章的启用时间。

b. 提前向有关单位发出正式启用的通知并附上印模。

c. 填写“印模卡”一式两份（一份留存，一份交上级单位备案）。

d. 在印章启用通知所规定的生效日之前，所刻印章不得使用。

②印章启用的要点。

a. 为安全起见，取公章应实行双人同行制。

b. 取回公章后，立即交办公室负责人拆封检验，指定专人保管。

c. 使用单位启用新刻制的公章时，要将印模和启用日期报送上级主管部门。上级主管部门和使用单位都要把印模和启用日期的材料立卷归档，永久保存。

（2）印章的使用程序。印章的使用程序是：申请→填写用印申请单→专人审核签名→用印→登记。

1）申请用印。盖用单位公章，用印人必须填写“用印申请单”，经本单位的主要负责人或经主要负责人授权的专人审核签名批准（见表5-2）。一般证明用印可由办公室主任批准，或遵循上司所确认的用印惯例。用印时，如有不明确的情况，应请示上司核准后，方能用印。盖用职能部门的印章，也必须由本部门的主要负责人审核签名批准。

表5-2　××学院用印申请单

用印单位	××××××			经办人	×××	
内容摘要	开展项目合作，签订合作协议					
使用印章种类及份数	党委印章		份	学院党委书记名章		份
	学院印章	3	份	院长名章		份
	学院钢印		份	办公室印章		份
使用证件种类及份数	法人证书复印件		份	法人身份证复印件		份
用印单位意见	同意 ×××　2022年1月20日			部门会签意见（根据需要）		
学院领导审批意见	同意 ×××　2022年1月20日					
办公室审核意见	同意，按规定办理 ×××　2022年1月20日					
监印人	×××			用印日期	2022年1月20日	

小案例

某物流公司办公室秘书小王，负责公司印章管理工作。一天，分公司经理张伟拿着一份物流合同前来加盖公司公章，小王审核了合同和公司加盖公章申请单，符合规定，正要盖章时，办公桌上的电话响起，小王急忙接起电话，是公司总经理王涛打来的电话，小王示意张伟自己完成加盖公章工作，自己则开始记录总经理布置的工作任务。一年后，一服装厂将该物流公司告上法庭，声称"该物流公司在一次服装运输过程中，货物丢失，造成服装厂20余万元的损失"，该物流公司感到莫名其妙。后来在法院庭审中才揭开真相，分公司经理张伟供述"他以总公司的名义与此服装厂签订了物流运输合同，以牟取私利，合同签章是趁秘书小王接听总经理电话时偷偷盖上的"。

分析：单位印章是单位法人的凭证，并对盖有单位印章的文件内容负有法律责任，因此要严格进行印章管理。该案例中，秘书小王在工作中因疏忽大意，导致单位印章管理出现重大失误。下属分公司经理张伟，未经批准，私盖印章，并给公司带来经济损失，要承担赔偿责任。

2）正确用印。正式公文只在文本落款处盖章。带存根的公函或介绍信、证明信要分别盖骑缝章和文末落款章。用印时，应当使实际盖印的文件数量和"用印申请单"上的份数完全一致。

3）用印登记。用印后应当进行用印登记。登记的项目有用印日期、用印事由、份数、用印人、批准人等。单位一般有专用的用印登记表（见表5-3）。

表5-3　××××（单位全称）用印登记表

序　号	用印日期	用印事由	份　数	用印人	批准人	备　注

（3）领导人签名章的使用。领导人签名章代表一个公司的领导身份，具有行使职权标志的作用，多用于书信、票证、合约、报表、文件等方面。各级领导机构之间，以领导人个人名义发出的书信，一般都加盖领导人签名章，表示负责、尊重和信任；领导机关印发的一些票证，常加盖领导人签名章，表示负责、严肃和认真；签订合同、协定、协议等，要加盖双方或各方领导人签名章，表示负责和信用；布告、通告等特殊文书也加盖领导人签名章，表示权威和承担法律责任。领导人签名章具有法定的权威性和代表性，因此要控制使用、加强管理，要像保管公章那样保管领导人签名章，防止他人利用领导人签名章招摇撞骗，进行非法活动。

5. 印章的停用与缴销

因机构变动、名称改变或公章损坏需启用新公章而停止使用旧公章时，在新公章启用的同时将旧公章送缴，由制发机关封存或销毁。自行销毁的，要经上级部门批准方可。

属于机构撤销的，应在撤销决定下达之日起，停止使用公章并缴销。公章送缴要有手续，销毁旧公章要登记造册，要经上司批准，要有两人监督。

6. 用印的注意事项

1）用印时，首先检查有无单位领导人批准用印的签字。加盖单位的公章应由分管领导审核签字。

2）检查文件内容，看其是否超越或缩小了本单位公章的职权范围。超越或缩小这两种情况均属不合理用印，应予制止。

3）印章的使用必须登记，登记的内容有用印日期、用印编号、用印单位、印文名称、用印人姓名、批准用印人姓名、盖章人姓名。

4）盖印要保证位置恰当。通常在文尾，盖在署名中间，上不压正文，下要骑年盖月。印油要均匀，用力要适度，使盖出的印章清晰、端正、庄重。

5）印章管理人员发现带有政治性错误的或政治上不严肃的文件，弄虚作假的或与实际有较大出入的文件，内容、观点、文字有问题的文件，根本就不该盖印的文件，则不能盖印并要及时向上司反映。

6）不允许违章用印，以印谋私。杜绝滥用印、私用印、空用印，以及将印章带出办公室。

小案例

A公司的员工张某找到B公司的经理助理王某，称有一批紧俏的电子设备产品，是一笔好买卖，但他是个人，没有公司，对方不太信任，因此，想借用B公司的名义，让王某给他出具一张B公司的业务介绍信，并借用一下印章，等合同签完后就会立即还给B公司，并给王某一万元报酬。王某应允后，张某利用从B公司借用的业务介绍信及印章，以B公司业务经理的身份和B公司的名义与C公司签订了一份电子产品购销合同，骗取了C公司一百万元金额的电子设备。张某将电子设备卖掉后，携款潜逃。这一事件给B公司造成了信誉和财产上的损失。

分析：从上述案例可以看到，王某在印信管理工作中是严重失职的，他为了个人的私利而不惜牺牲公司的利益，致使张某犯罪行为得以实施，为犯罪分子打开了方便之门。秘书应该引以为戒！

二、介绍信

1. 介绍信的管理

1）介绍信的管理有明确规定，要指定专人负责管理。介绍信与用印紧密相连，一般情况下，介绍信由印章管理人员负责管理。

2）介绍信的保管应同印章保管一样，牢固加锁，随用随开，用毕锁好，以防被盗、丢失。

3）管理介绍信的人员在使用介绍信时，要在存根上加以记载，涉及重要事项的要请批准人在介绍信存根上签字。属于口头批准的，要在存根上记下批准人姓名，有批条的要将批条粘贴在存根上。介绍信要按编号顺序使用。

4）对于开出后未用的介绍信，管理人员应及时催回，粘贴在存根上。

5）介绍信持有者如将介绍信丢失，应及时报告单位或部门负责人，并告知介绍信管理人员，涉及重要事项的还应通知前往办事的单位，以防冒名顶替。

2. 介绍信的使用

介绍信是用来介绍被派遣人员的姓名、年龄、身份、接洽事项等情况的一种专用书信，具有介绍和证明双重作用。

介绍信有多种。秘书部门掌握的主要是工作介绍信，这是统一印制的。出具介绍信要经过单位内部的审批手续，填写清楚，与存根一致，加盖骑缝章，并有存根备查。

3. 使用介绍信的注意事项

1）严格履行批准手续。使用单位的介绍信，要经上司或办公室负责人批准。

2）介绍信内容要明确具体，不能含糊笼统。

3）要填写有效时间。

4）管理人员要对开出的介绍信负责，检查无误后方可用印。

5）一份介绍信只能用于一个单位，不能用于两个单位。

6）要填写持信人的真实姓名和身份，不能为达到目的而随意提高持信人的地位和身份，不准弄虚作假。持信人不能将介绍信转借他人使用。

7）介绍信的存根内容要同介绍信的正文内容相符，与持信者姓名相一致。

8）介绍信书写要工整，字迹要清楚，不能随意涂改或涂抹，如有涂改需在涂改处加盖公章，否则视为无效。

9）填写介绍信要用毛笔或钢笔，禁止用铅笔、圆珠笔或红色墨水笔书写。

任务实施

任务回顾：请帮助小林找出错误，并帮她开一张介绍信。

案例中的秘书小林面对没有领导批准的用印申请单，必须请示领导，经请示同意签字后办理，否则不予办理。另外，介绍信的保管应同印章一样，牢固加锁，随用随开，而不能随意放在桌面文件夹里。再者，开具介绍信时，要将领用人姓名、去何单位、联系何业务、有效期限等内容填写清楚，在存根上也要加以记载，与正文要一致，并在落款处与骑缝线处加盖两次公章，盖章要端正、清晰。重开的介绍信如图 5-2 所示。

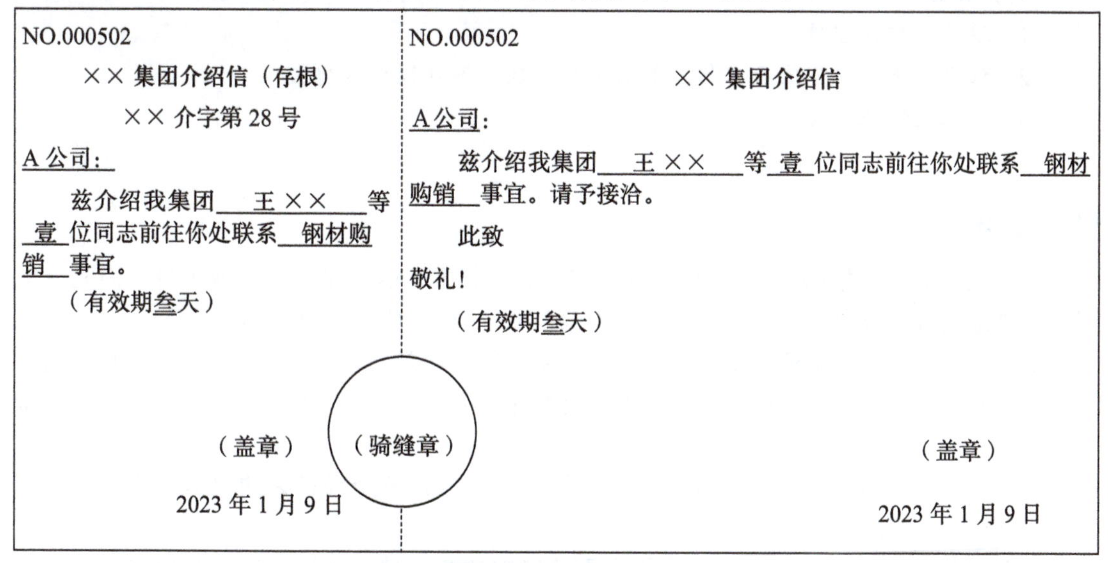

NO.000502

××集团介绍信（存根）

××介字第 28 号

A 公司：

兹介绍我集团 王×× 等 壹 位同志前往你处联系 钢材购销 事宜。

（有效期叁天）

（盖章）

2023 年 1 月 9 日

（骑缝章）

NO.000502

××集团介绍信

A 公司：

兹介绍我集团 王×× 等 壹 位同志前往你处联系 钢材购销 事宜。请予接洽。

此致

敬礼！

（有效期叁天）

（盖章）

2023 年 1 月 9 日

图 5-2 介绍信（二）

技能训练

一、公司派业务处李兴到医保部门办理职工医疗保险事宜。请给李兴开一封介绍信，并盖上公章，制作印章使用登记表，并填写好相关项目。

二、阅读下面案例，如果你是 ×× 公司的秘书，你该怎么办？

单位员工小路是你的大学同学，私人关系非常好。一天下班前，他匆忙赶来，拿出两张空白的公用信笺，请你给盖一下单位公章。他说，他准备办理住房公积金贷款，这两张纸是准备自己开介绍信用的，绝不他用。

三、甲公司在印章使用的过程中出现了哪些问题？应怎样处理？

2022 年 2 月，甲公司因业务需要，将原圆形合同专用章更换成方形。因疏忽，未登记收回或销毁，由李某保管。两个月后，李某辞职。后甲公司收到一张传票，才知晓李某用甲公司作废公章同一家商场订立了购销合同，收定金 30 万元后，下落不明。商场遂以违约为由，要甲公司双倍返还定金 60 万元。

任务三　邮 件 处 理

学习目标

知识目标

掌握邮件收发的方法和技巧

能力目标

能够熟练正确地处理各种纸质信函、实物邮件和电子邮件

素养目标

1. 培养工作条理性
2. 秘书要善于配合他人工作，能够无私奉献，不计较个人得失
3. 树立文件保密观

任务描述

小毛刚毕业，被招聘到 ×× 集团办公室任见习秘书。她不是秘书专业出身，因此，总经理安排她跟着办公室秘书王丽做事，让王丽多带带她，使她早点熟悉工作。

周二上午刚上班，王秘书拿了一个专用大文件袋来到办公室，把小毛叫过来，对她说：“这是今天收到的邮件，现在我们一起来签收邮件，你学着点。”小毛很高兴，今天又有新工作做了。

王秘书刚把邮件从袋子里倒出来，电话铃就响了，是总经理打来的电话，让王秘书马上去他办公室一下。

王秘书放下电话对小毛说：“我得先去总经理那儿一趟，你把邮件先收起来，放到柜

子里锁好，等我回来一起弄。”说完，就去总经理办公室了。

王秘书走后，小毛想：邮件签收有什么难的，我自己先做就是了，等王秘书回来说不定还会夸我一番呢。说干就干，只见她右手拿剪刀，左手拿信件，把信件一封一封从封口顶部剪开，拿出里面的文件，摊在办公桌上。有好几封信的信纸都剪破了。正当她忙得不可开交的时候，王秘书回来了。她一进门，被眼前的情景吓坏了，赶紧喊：“小毛，你在干什么？快住手！”小毛被王秘书吓了一跳，说：“我在拆信啊。你看，我都快拆完了。”说完，还一脸得意。

王秘书很严肃地说：“小毛，邮件不是这样处理的。不是告诉你先收起来等我回来一起弄吗？为什么不等我回来？”

小毛不服气地说：“不就是拆封吗？”

但王秘书那严肃的表情让小毛心里忐忑不安，她不知道自己究竟哪儿错了。

请帮助见习秘书小毛正确签收当天的邮件。

任务分析

秘书每天都会收到很多邮件，接收邮件时要签收。接收的这些邮件有的是公函，有的是私人函件，有的是有密级的文件，有的只是普通的宣传品，应对其进行分类：私人信函和有密级的文件不能随便乱拆；部门邮件应送给部门拆阅；公函拆封时要注意保持原信封的完好，特别要注意封内文件不能损坏；拆封后要进行登记等。见习秘书小毛的错误是不了解邮件签收的程序和步骤，未掌握邮件拆阅的技巧。

理论知识

邮件收发是指秘书在邮件的接收和发出过程中所要进行的一系列工作。邮件不仅包括通过邮政系统或快递公司传递的各种邮件，如各类信函、电报、印刷品、包裹等，还包括电子信函，如传真、E-mail 等。

一般来说，私人邮件秘书是无权处理的。但实际情况是，很多署名员工个人的邮件往往是关于公务活动的，很难区分公私性质。如果因为署名是个人而没有及时处理，就会给单位造成难以挽回的损失，或者给单位带来麻烦。因此，对于一个单位来说，应该明确这样一个原则：凡员工私人邮件一律禁止寄到单位，否则以公务邮件拆阅处理。

小案例

李达是某公司销售部经理的秘书，不过她当秘书还不到一个月。这天上午，李达的上司被公司市场总监叫去了，上司办公桌上的电话铃响了，李达过去接电话时发现上司的桌子上放着印有“公司机密 不得外传”的文件，文件已经启阅。李达拿起桌上的一本资料将文件盖在了下面，接完电话，就立即回到了自己的座位。

分析：公司的机密文件让不该看的人看到会惹出麻烦，所以，作为助手，秘书既要具备不探秘的职业素养，又要有帮助上司管理好机密文件的职业责任感。

一、接收邮件

1. 签收

实物邮件的送达一般有三种情况：一是传达室或收发室收到邮件，再送到秘书办公室；二是邮件送到单位信箱里，由秘书开启信箱取出邮件带回办公室；三是邮局派专人把邮件送达秘书办公室，需要秘书签收。不论哪种情况，秘书都要仔细核对是否是本单位的邮件，然后认真清点件数，检查实收件数与签收清单上的件数是否符合。经清点检查无误后，在“投递回执单”或“送件簿”上签字，并注明收到的具体时间。

2. 分拣

秘书收到邮件后应该按照一定的标准进行分拣，一般按照邮件的重要性分拣，以保证重要信函得到优先处理。

分拣原则如下：

1）把私人邮件和商业邮件分开。

2）把办公室内部和外部邮件分开。

3）把优先考虑的材料放在一起。

4）带有密级的文件与普通邮件要分开。

5）如果所在的公司还有其他种类的邮件（如订单或者收据等），应该使用一些分类工具，如分类架和分类盘等。

6）对报纸和杂志，选出上司可能感兴趣的部分提供给上司，其他的放在报刊架上供员工阅读。

7）同事的私人信件可直接分拣到指定信袋或顺便送交。

3. 拆封

邮件的拆封在许多人看来是非常简单的事情，可是，如果在拆封时没有注意到邮件的安全和邮件拆封的权限，可能会引起不必要的麻烦。因此，哪些邮件可以拆封，应事先和上司达成协议。除此之外，还应注意以下几点：

1）收到邮件要及时拆封，以免耽误邮件中紧急事件的处理。

2）不能拆开私人邮件；不能拆开有“亲启”“保密”等记号的邮件，除非上司授予你这样的权力。

3）如果无意中拆开了不应该拆的邮件，应该立即在邮件上注明“误拆”字样，并封好。

4）如果所接收的邮件是报刊、小册子等印刷材料，拆封时要注意整洁，把邮件上的所有包装纸除去，并把来件理齐摊平。

5）拆邮件时，应在邮件底部轻轻敲击几下，使邮件内的物件落到下部。

6）要使用开封刀或者用自动拆封机，切勿用手撕，并仔细检查里面的物件是否全部取出。

4. 阅函

阅读信函要仔细认真，应把其中的重点部分用黄色笔做出标记，或者做简要说明。同时，还要检查信封、信笺上的地址是否一致，附件是否齐全等，邮件上注明的附件也必须核对清楚。如果缺少附件，应该在邮件上注明。最好将附件用环形针或订书钉固定在邮件上。

5. 登记

最好为邮件建立一个登记簿（见表 5-4），其目的有两个：收发邮件有误的可以作为核对依据，还可以作为回复邮件的提示条。

表 5-4　收件登记簿

序号	收到日期	发出日期	邮件标题	来文单位	保密级别	签收人	承办人	备注

6. 分发

分发邮件要及时，每天的分发次数要与邮局的投递次数一致，每次收到邮件后必须在一小时内分发出去，每次分发邮件的时间也必须相对固定。

在分发邮件前必须按“由谁处理”的原则进行再次分类，一般可分为三类：第一，按职能规定由秘书自己处理的；第二，必须交给上司处理的；第三，必须转交有关部门或人员处理的。

（1）秘书部门邮件。需要秘书部门自行处理的邮件，要及时处理。办理结果需要让上司知道。要将已处理的信函及处理结果放在一起供上司审核。

小案例

李萍是某公司办公室秘书，收发邮件是每天都会涉及的工作内容，现在她已经是一位业务熟练的工作骨干，但谈及成长经历，她也是感慨颇多，处理邮件中遇到的几件事令她记忆深刻。

第一，称谓要准确。有一次，有位办公室的副主任专门给我回邮件，说让我在写邮件的时候称呼他为“副主任”，我才恍然大悟。我的邮件因为是直接抄送给三个部门的领导，直接在邮件开头称呼他“主任”，与其他两个部门的正职主任直接并列，确实不妥。自那以后，每次遇到这类客户，我都事先跟公司领导明确好到底是“正”是“副”，不然会让对方产生不悦的情绪。

第二，邮件主题不要忘记。刚开始工作的时候，有一次忘记写邮件主题就发出去了，邮件发出几天后依然没有收到对方回复，便打电话询问，原来对方以为是垃圾邮件根本就没有打开阅读，耽误了工作的进一步开展。对于工作忙碌的客户，没有写明主题的邮件往往会漏看，所以一定要记得检查邮件主题。

第三，收件人称呼不能写错。工作中因为疏忽，我把收件人的名字“钧”写成了“均”，发了好几次邮件，对方对我的态度一直很冷淡，后来我的领导发现了，我才意识到自己犯了严重而低级的错误，这个错误是自己一开始拿到对方名片的时候就已经下意识地认为对方的名字是“均”造成的，感觉自己把整个公司的形象都拖垮了，真的是追悔莫及。

分析：邮件的收发涉及的细节很多，稍有疏忽就会使公司形象受到影响，文明细节虽小却是“天大的小事”，所以秘书不仅要工作符合规范，还要养成踏实、细致的工作作风。

（2）呈交上司邮件。把邮件呈送给上司时，应注意的事项如下：

1）需要呈送给上司的邮件要及时呈送上司，尽量赶在上司进办公室之前把收到的邮件准备好。呈送时信笺在上，信封在下，用曲别针夹在一起，按照轻重缓急依序放好。

2）信函中的重要内容要用黄颜色的笔标注，必要时还应将秘书的建议标注在一旁，以提醒上司引起重视。如果以前保存在档案中的资料与现在的邮件有很大的关系，秘书还应把档案中的资料找出来与邮件一起呈送。

3）根据重要程度整理上司的邮件，重要的放在上面。由于广告商也经常使用快递手段，因此必须把广告商的这些材料与特别紧急的信件分开。

4）征询上司的意见，是否使用不同颜色的文件夹存放不同种类的邮件。

5）征询上司的意见，是否需要你对邮件进行评述。

6）询问上司是否要把收到的亲笔信复印备份。

小案例

秘书小李是刚毕业的大学生，刚刚上班两天，工作非常积极。上午10点，收发室送信人送来一些邮件，此时，他正忙着接待客人，就告诉送信人把邮件放到办公桌上。送走客人后，小李翻看了邮件，发现有几封是发给公司的和发给经理本人的，他就直接把这几封邮件放到了经理的办公桌上。

分析：收发邮件应严格按照流程处理，对收到的邮件应进行签收，然后按类进行分拣，根据信件性质进行拆封，登记在收件登记簿上，最后进行分送。小李收到邮件后没有进行这一系列的程序，直接放到了经理的办公桌上，也没有进行标识说明。小李对邮件接收工作基本要求还知之甚少。

（3）交给他人邮件。交给他人邮件是指秘书部门无权处理的邮件，以及应该转交其他部门的邮件。对于此类邮件，可信笺在下、信封在上，用曲别针夹在一起，也可以用便利贴写上具体办理意见，例如“为您提供信息资讯”“征求您的意见和建议”“请您看完交回”“请您阅后存档”“请您下达工作指示”“请您与我一起审核”“此文件内容需立即回复，请您阅后及时转交给有关部门及人员”。

广告和传单如果有价值也要及时提供给相关部门或人员，或者作为资料保存起来。因为广告和传单是方便、免费的信息来源，可以从中了解到新产品的市场行情和发展趋势，也可以了解一些重要的会议和其他的商业行动等。

需由多个部门或领导阅办的文件可按常规程序传阅或分送复印件；传阅时可按表5-5的方法设计一个邮件传阅提示单。

表5-5 邮件传阅提示单

（按序号顺序传阅）		下发日期： 年 月 日	
序号	传阅人姓名	签 名	传阅时间
1	×××		
2	×××		
3	×××		
请签上姓名、日期并传给下一个人，最后请交还秘书刘××。			

7. 办注

办理完毕的邮件要及时在备注栏注明办理结果。

二、发送邮件

1. 内容校核

信函起草完毕后，秘书应该按照规范的格式进行打印，并检查字、词、句及标点的使用是否正确。信函的内容要完整、清楚，防止疏漏。

2. 上司签发

有的邮件需要上司签发，上司的亲笔签名会引起对方对邮件内容的重视，秘书可在恰当的时机把信函呈交上司签字。除紧急的信件必须立即请上司签字之外，一船的信件可以集中在一起，找一个方便的时间请上司统一签字。

3. 复印存档

重要的信函发出前应复印一份，做好登记，存入档案。

4. 查核邮件

在邮件封装寄发之前，还要仔细核查邮件。一是核查附件，要注意全部附件是否齐全、正确。二是核查信封或外包装，检查收件人姓名、地址与信笺上的收件人姓名、地址是否一致，标记是否注明，如“绝密”“保密”“亲启”等。三是核查必须由上司签名寄发的信函是否经过了上司的签署。

5. 装封登记

邮件装封之前，秘书应该注意将信纸上的小夹子或其他装订用具取下。

邮件装封既要考虑方便收件人拆阅，还要注意整齐美观。根据所使用信封的大小，信纸可不折叠，也可采用二折法、三折法或凹折法。多页信纸应按顺序折叠成一叠，不能单页折叠。附件应与文件正文分开，把附件叠好并放在正文的最后一叠中，以方便收件人取信时，附件也可一并取出。秘书在寄发平信、国内外特快专递时，应对所有邮件进行登记（见表 5-6），方便工作的落实与跟踪。

表 5-6　邮件发出登记簿

序　　号	发件日期	寄发单位	邮件标题或内容摘要	密　　级	发件部门	经办人	备　　注

6. 分类寄发

秘书要了解邮政方面的规章制度和寄发时间，选择适当的邮寄方式。将邮件按境内平信、国际航空、特快专递、大件包裹等分类。因为不同的邮件类型往往意味着不同的寄发要求，分类能够帮助秘书人员很好地按要求处理邮件。

对于快递或挂号信，秘书要保存好快递或挂号凭证，在凭证背面记下邮件发往单位与收件人，贴在“邮件发出登记簿”上。

邮件寄发要考虑时间、经济、便利等因素。如果时间允许，可以通过普通邮局办理寄发，因为价格比较低廉。如果时间紧迫，可以选用专人投递或快递邮件国际服务，但费用相对较高，大件物品可用包裹邮递。如果公司内部有另外的通信系统，秘书人员可选择一种既能满足时间要求又能节省开支，而且设备和服务都比较好的邮件寄发方式。

机密文件不能按普发文件的发文渠道发送，更不能混装在普通文件中。一些办文人员，不熟悉文书处理有关规定，或以为这项工作属简单劳动，往往在一些具体环节上出差错。如果机密文件的内容被透露出去，或将机密文件不归还，就会酿成严重的后果。秘书人员应按规定办事，严谨工作，严格把关。

三、电子邮件的处理

1. 撰写与发送电子邮件

（1）撰写内容要简洁。电子邮件内容要简明扼要，因为电子通信强调的是简洁迅速，要避免长篇大论。撰写电子邮件和写一封书面信函是一样的，一定要精心构思。如果事情复杂，最好使用序号，列几个段落进行清晰明确的说明。在一次邮件中要把相关信息全部说清楚，不要过两分钟之后再发一封“补充”或“更正”之类的邮件。也不要在一封电子邮件内谈多件事情，电子邮件最好是一文一事。一般信件所用的起头语、客套语、祝贺词等，在线沟通时都可以省略，但必要的邮件用语还要有，以示对对方的尊重。如果具体内容确实很多，正文应只做摘要介绍，并单独撰写一份文件作为附件进行详细描述。

（2）语言要流畅。电子邮件行文要通顺，不要出现让人感觉晦涩难懂的语句，语气语调要恰到好处。切记收信对象是一个“人”，而不是一台机器。尽可能避免拼写错误和错别字，可以使用拼写检查，这是对别人的尊重，也是秘书人员工作态度的体现。要合理提示重要信息，但是不要随便使用大写字母、粗体、斜体、颜色字体、加大字号等手段对一些信息进行提示。过多的提示会让人抓不住重点，影响阅读；也不要大量使用笑脸等表情字符，在商务信函中，使用表情图片会显得不够庄重。

（3）主题要明确。主题是接收者了解邮件的第一信息，因此要提纲挈领，尽量写得具有描述性，反映邮件的内容，使接收者迅速了解邮件内容并判断其重要性。切忌使用含义不清的标题。一封电子邮件，最好只有一个主题，可适当使用大写字母或特殊字符来突出标题，引起接收者的注意，但应适度，特别是不要随便使用“紧急”之类的字眼。回复对方邮件时，可以根据回复内容需要更改主题，不要 RE（回复）一大串。当然，电子邮件也不要用空白主题。

（4）慎重选择发信对象。在电子邮件发送之前，务必仔细阅读一遍，检查行文是否通顺，拼写是否有错误，收信对象是否正确，以免对他人造成不必要的困扰。发送电子邮件要遵守国家法律和社会公德，不能滥发邮件，应确保收到信函的人需要此信息。

（5）正确使用抄送和密送。在发送电子邮件给多个人的时候，一般用抄送的方式。这样的话，所有收件人可以分享所有的电子邮件地址。如果不想把电子邮件地址被所有收件人分享，应该使用密送方式。密送的优点是收件人不会知道还有其他接收者的存在。发送电子邮件给多个人的时候，还要注意各收件人的排列应遵循一定的规则。例如，按部门排列，按职位等级排列等。

（6）正确使用附件功能。首先，应在电子邮件正文中提示收件人查看附件。其次，应按有意义的名称给附件命名。发送较大附件时需要先进行压缩，以免占用收件人信箱过多的空间。在发送邮件之前要确认邮件接收者能够处理所要发送的文件的大小和类型。在一些电子邮件系统中，由于附件功能的缺乏或不成熟，会造成接收者无法顺利阅读文件。所以，如果附件是特殊格式文件，应在正文中说明邮件的打开方式。

（7）慎选电子邮件功能。现在电子邮件软件都非常先进，可有多种字体备用，还有各种信纸可供使用者选择。这固然可以强化电子邮件的个人特色，但是此类功能在商务活动中应该慎用。因为修饰过多的电子邮件，容量会增大，收发时间延长，往往会给收件者以华而不实之感。

（8）发送电子邮件时要注明发送者姓名及其身份。除非是熟识的人，否则收件人一般无法从账号识别发件人到底是谁。因此，标明发件人的身份是电子邮件沟通的基本礼节，每封邮件在结尾都应签名。

（9）转发邮件要谨慎。在转发电子邮件之前要确保收件人需要此消息。单击发送按钮前检查一下内容，如果有需要，还应对转发邮件的内容进行修改和整理，以突出邮件要点。转发敏感或机密信息要小心谨慎。例如，不要把内部消息转发给外部人员或未经授权的接收人。

小案例

北京A公司与上海B公司经过多次谈判，终于达成了合作意向，A公司总经理让秘书小王把合作的意向协定发给对方公司经理，秘书小王也是喜出望外，公司达成了这项合作，他也有成绩。打开邮箱，直接把保存箱里关于决议的文件转发给了对方，可这份保存文稿还有其他相关讨论本项目的文件附件，小王因疏忽一并都转发了出去，结果无意中泄露了大量的内部会议机密，给公司造成了损失。

分析：在使用电子邮件的过程中，要树立保密意识，每一份邮件都要慎重核查，不仅是文件本身有没有错误，而且要核查文件是否涉及商业机密，避免泄密。

2. 接收与回复电子邮件

（1）及时回复。每天规定一个具体的时间来查阅邮件。例如，每天早上8点、下午1点和5点打开邮箱。其他时间不用管理，不必经常打开邮件客户端，以免影响工作效率。

凡公务邮件，一般应在收件当天予以回复，以确保信息的及时交流和工作的顺利开展。理想的回复时间是2小时内，特别是对一些紧急、重要的邮件。对于一些优先级低的邮件可集中在一个特定时间里处理，但一般不要超过24小时。如果涉及较难处理的问题，可先告知发件人已经收到邮件，再择时另发邮件予以具体回复。如果由于因公出差或其他原因而未能及时回复，回复时要向对方致歉。

（2）分批处理。进入邮箱后要对邮件进行分批处理，保证每天下班前收件箱里的新邮件数为零。分批处理前，创建分类的邮件文件夹，如公务邮件、个人邮件、群邮件等，对其进行归档。也可合并邮件，把某个文件夹中或某标签的邮件生成一个单一的RTF或PDF文件，以备以后再读。还可通过全选和单选的快速方法，以及分类垃圾和清除全部垃圾的操作进行分批处理。

优先阅读重要邮件，将重要邮件备份到硬盘存档，并及时处理。

如果邮件需要回复，则立刻回复。回复邮件的主题要鲜明，标注公司全称和事由。内容要简洁明了。发送每一封电子邮件之前都要重读一遍，检查是否有语法、拼写错误，是否遗漏了什么信息，是否忘记添加附件等。为方便接收者了解整个事态，要尽量保持邮件内容的完整，回复邮件时不要删除原来邮件的内容，并尽量在邮件中重申上一封邮件提到的内容。

发送邮件前可事先准备一个高效的签名。签名可以节省大量时间，不必在每封邮件的下方输入固定的结束语，包括名字、联系方式等。

不要就同一问题多次回复讨论，如果收发双方就同一问题的交流回复超过 3 次，这只能说明交流不畅，此时应采用电话沟通、面谈等其他方式进行交流。电子邮件有时并不是最好的交流方式。因此，在电子邮件的回复中要避免反复交流，浪费资源。

（3）邮箱文件管理。信息材料秘书人员要保管好自己的收件箱。要定期整理收件箱，把邮件按照优先级、主题、日期、发件人及其他选项进行分类，该保存到其他位置的邮件要选择其他的保存位置，重要的内容应该打印出书面形式予以保存。及时删除垃圾邮件。

（4）邮件保密。发送重要文件或机密信件，可以采取在电子邮件中添加数字签名和附件加密的措施。如果是在公共计算机上收发信件，还要注意保密的问题。可以通过“Internet 选项”的“常规”选项卡删除文件、清除历史记录及删除 Cookie，也可以到“内容”选项卡的“个人信息”栏进行自动完成设置，清除表单及密码等。

（5）对误发的电子邮件要回复。当收到他人误发的邮件时，尽可能代为传递或通知原寄送人。如果能从信件内容看出正确的收信者，应迅速转送出去。若无法辨认，也应及时回复发信人。在网际空间中，要有宽容互助的心胸，原谅别人无心的错误并给予热心协助。

（6）整理保管通信簿。秘书要妥善管理大量的电子通信地址，需要分类建立通信簿，每次发送文件时要在“收件人”或“抄送”“密件抄送”等栏中输入该联系人的姓名或在通信簿上单击该联系人的姓名即可，这样既可以避免输入错误，也能提高工作效率。同时，秘书也要妥善保管收到的电子邮件地址，不要泄漏给他人，甚至家人或朋友，更不能贴在互联网论坛或公告板上、新闻组系统里、聊天室中，或者其他公共区域内。

任务实施

任务回顾：请帮助见习秘书小毛正确签收当天的邮件。

邮件的收发、分拣看起来很简单，实际上要做好并不容易。因此，秘书人员在做这项工作时要细心负责，更要熟练掌握收发文件的程序和方法。

对于当天的邮件，见习秘书小毛可以这样处理：

（1）清点。首先清点一下邮件的数量。

（2）将邮件进行初步分拣。先把私人信函、标有密级的邮件放在一起，余下的邮件按部门分开。

（3）及时拆封。邮件分拣后，秘书应抓紧对属于自己处理的邮件予以拆封。当然，上述如私人信函、有密级的文件以及其他部门邮件，小毛是不能拆封的。在拆封过程中，应当掌握一定的技巧和注意事项。

1）拆邮件时，要小心别剪到里面的信纸。可在邮件的底部轻轻敲击几下，使邮件内的物件落到下部，然后使用开封刀进行开封，以避免出现剪破信纸的问题。

2）邮件拆封后，应把每封信里面的文件都拿出来，然后按顺序叠好，连同信封一起用回形针别好，而不能在拆封后随意把文件摊在桌子上，以免把文件给弄乱了。

3）对于已经误拆的信件，应在邮件上注上“误拆”字样并封好。秘书应及时向收信人道歉或予以说明，如果无法直接见到收信人，要将信件连同信封装入本单位的信封里，在上面注明“对不起，误拆”字样，并注上自己的姓名，转呈收件人。

（4）如实登记。秘书处理的所有文件都应进行登记。登记时，应按接收文件登记簿中所列内容逐项登记。收文登记的目的在于便于秘书掌握重要的、需要办理的信件的去向、办理结果及办妥后的归档。

（5）分送处理。上司亲收邮件应立即呈送；不同部门的文件、信函要及时送交相关部门；对于同事的私人信件可放入指定信袋或顺便送交；报纸和杂志则可放到报刊架上。

（6）阅办。秘书应仔细、认真地阅看已经拆封的文件、信函，以便进一步做好邮件的分发传阅工作。

技能训练

一、阅读下面内容，完成要求。

何经理向刘秘书口述了一封信的概要，要求刘秘书整理出来后，以最快的速度发出，并保证对方能够在最短时间内收到这封信。要求：

（1）详细描述刘秘书从整理信函到发出信函的全过程。

（2）分组模拟：将学生分成若干组，分别扮演何经理和刘秘书，演示口述、整理和发送信函的全过程。其他同学对演示结果进行评议。

二、以下情况，应该运用哪些邮寄业务？

（1）经理正在外地参加一个商品交易会，留守单位的秘书小牛接到经理打来的电话，要求小牛立即寄送一个商品的样本过去。

（2）某员工与公司解除劳动关系后，应聘到了另一家企业，由于走得匆忙，刚刚补办的证件还未来得及取走，现在需要把证件给他寄过去。

（3）企业因业务拓展需要，欲印制大量的商业函件发往全国各地，寻找合作伙伴。

三、阅读下面案例，分析小汪的处理存在的问题。示意三份邮件的处理过程，展示其中的主要环节。

一天上班不久，邮递员送来三个邮件：一个是发给万总经理的函件，封面上有“急件”字样，另一个是给朱经理的包裹，还有一个是税务局寄来的函件。秘书小汪在投递单上签收后，将三个邮件放在一边，开始忙昨天未结的工作，直到快中午的时候，才腾出时间处理这三个邮件。小汪打开税务局的函件，是一份关于税务新管理办法的文件。小汪又打开急件，是一封客户请求确认并要立即给予回复的商函。小汪一看这两个函件，不是重要就是紧急，不敢怠慢，急忙送交万总经理阅办。回来后，小汪还没有坐稳，办公室钱主任走了进来，叫小汪外出办一件事情。于是小汪把包裹放在办公桌上，给朱经理打了个电话，让他过来自行取走，然后放下电话出去了。

任务四 后勤管理

学习目标

知识目标

1. 了解小额现金、公车使用管理的基本知识
2. 掌握小额现金管理的基本方法和注意事项
3. 掌握公车申请、派遣的操作方法

能力目标

1. 能够按规定做好小额现金保管和报销工作
2. 能够按规范要求做好公车派遣工作

素养目标

1. 培养秘书工作的原则性和规范性
2. 培养秘书公私分明、遵规守纪的职业素养

任务1描述

A公司行政办的秘书小贾是一名大学应届毕业生。一天办公室的计算机出了问题，无法正常使用。行政办于主任让小贾联系公司技术部来修理一下，而技术部忙于新产品开发，抽不出人来，只能等忙过这一阵再说。小贾把联系的情况向于主任汇报后，于主任很着急，因为最近行政办的事务非常多，离了计算机可不行。这时，于主任猛然想起公司新来的业务员小马在学校学的就是计算机专业，他让小贾找小马来修计算机。小马对计算机检查之后表示，修好没问题，但是必须要换一些配件，需几百元钱，而小贾负责办公室的小额现金管理，她就从自己办公抽屉里的零用现金中拿出了500元，交给业务员小马去购件，当天计算机就修好了。

第二天上班，复印室的小赵来找小贾，说几天前购买了一些A4纸，她把发票给了小贾，小贾接过发票，看了看金额就把钱支付给了小赵。十点多，行政办于主任找小贾说，他明天要去杭州出差两天，让小贾去财务部借款。小贾说，正好办公室的小额现金还有几千元，便让于主任先拿去，回来再报销。

于主任走后，小贾这才想起办公室支出的费用已达到一定数额，需到财务部报销以备周转。她清理了抽屉里的一堆发票，发现有些票据她已经想不起来经手人是谁了，甚至发票里还夹杂了几张购货收据。小贾到财务部后，遇到了麻烦，受到了财务部主任的严厉批评。

请帮助秘书小贾正确进行小额现金管理。

任务1分析

对办公室小额现金进行管理是秘书工作内容之一，要做好此项工作必须按照相关规定严格执行。秘书小贾必须要了解和掌握办公室零用现金管理和公务费用报销的基本知识，否则很难胜任秘书工作。

任务 2 描述

上海 B 公司销售部与北京 C 公司经多次磋商，已达成合作意向。C 公司欲再次前往上海 B 公司考察并签署合作协议。B 公司作为接待方，要进行接机、考察、送机等各项工作，销售部预申请用车。如果你是 B 公司秘书，你会如何处理此事？简要说明理由。

任务 2 分析

公车是为处理公司各项必要和紧急事务时而专门设置的，申请公车要满足用车条件，并且要有规范的程序。

理论知识

一、小额现金管理

公司企业付款，一般都是通过银行转账结算，或使用支票、汇票等结算。但在企业的日常运营当中，许多开销不可能用支票等形式来支付，一些小额的办公费用难以多次去财务部临时支取，因此，许多企业办公室常设立有一笔小额现金，又称备用金，以备急用。秘书应做好这笔小额现金的保管与使用工作。

（一）小额现金的用途、申请和保管

（1）用途。小额现金主要用来支付小额费用，如本市交通费、邮资、接待茶点费、停车费及添置少量办公用品。

（2）申请。设立小额现金，要部门提出申请，由企业领导和财务负责人批准，到财务部门开出一张支票并取得现金，它的数额根据企业的规模和平时小额支出的数额来确定。

（3）保管。秘书领取小额现金后，应将其锁在办公室的保险柜内并负责保管和支付。

（二）小额现金的管理方法

1. 建立小额现金账簿

秘书首先建立一本小额现金账簿（表 5-7），注明小额现金编号、收到 / 支出日期、来源 / 支出部门、现金用途、增补数额、支出数额、现金结存、收据和发票开具情况等，并可做适当分析，了解开支情况。

表 5-7　小额现金账簿

编号	收到 / 支出日期	来源 / 支出部门	现金用途	增补数额	支出数额	现金结存	收据	发票

2. 填写小额现金凭单并审批

内部工作人员需要领取小额现金时，应填写小额现金凭单（见表 5-8），提交开销的项目和用途、日期、金额。秘书要认真核对小额现金凭单，经审批人审批签字后，方可将现金支付给申请人。审批人通常是企业中分管财务的负责人。

表 5-8　小额现金凭单

申请部门：　　　　申请日期　　年　　月　　日　　　　　　编号

金额：人民币　　仟　　佰　　拾　　元整　　¥ ________
项目和用途：
审批人意见： 日期：
申请部门意见： 日期
申请人： 日期
小额现金 保管人：　　　　日期

小案例

××科技公司员工小郭，来找秘书小贾，说几天前因办公需要购买了一些文件夹，她把发票给了小贾，小贾接过发票，看了看金额就把钱支付给了小赵。

分析： 小贾做法不妥，因为这种情况应先得到部门领导的同意，才能报销费用，而不能自作主张。

3. 认真核对内容

秘书要认真核对申请人提交的发票、收据等单据上的用途、内容及金额是否与所填写的凭单上各项内容完全一致，无误后将单据附在小额现金凭单后面，并在小额现金账簿上记录。小额现金发票等单据要一并保存在小额现金保险箱内，要使现金的金额加上单据上的金额总是与最初的款数吻合。

4. 做好支出记录

每支出一笔现金，秘书均须及时在小额现金账簿上登记。

5. 定期财务报销

当支出费用达到一定金额或周期后，应到财务部门报销，返还的现金应归入小额现金箱中进行周转。当收到一张账单（发票）时，就要把它附在小额现金收据的后面。此时，如果小额现金金额支付不足，可以开出一张支票取得现金，使小额现金保持最初的数额。

6. 保存相关资料

秘书应把办公室的小额现金开支记录下来，以便了解办公开支的情况，也可以作为资料存查。

（三）小额现金管理制度

对公司小额现金的管理，要建立专门的制度，从预借到支出都要严格按规章办理。

范例：

××公司小额现金管理细则

1. 有关小额现金设置划分如下：

（1）公司本部由财务部负责各单位零星支付。

（2）工地总务组负责设置小额现金管理人员，尽可能由原有办理总务人员兼办，必要时再行研讨设置专人办理。

2. 小额现金额度暂定，工地每月保持5万元，将来视实际状况或减或增，再行研办。

3. 小额现金借支程序：

（1）各单位零星费用开支，如需预备现金，应填具小额现金借（还）款通知单，交小额现金管理人员，即凭单支给现金。

（2）小额现金暂支，不得超过1 000元，特别事故者应由企业部经理核准。

（3）小额现金借支，经手人应于一星期内取得正式发票或收据，加盖经手人与主管章后，交小额现金管理人冲转借支；如超过一星期尚未办理冲转手续，则将该款转入经手人私人借支户，并于当月发薪时一次扣还。

4. 小额现金保管及作业程序：

（1）小额现金收支应设立小额现金账户，并编制收支日报送呈经理核阅。

（2）小额现金每星期应将收到发票或收据，编制零用支出传票结报一次，送交财务部。

（3）财务部收到小额现金支出传票后，应于当天即行付款，以期保持小额现金总额与周转。

（4）财务部收到小额现金支付传票，补足小额现金后，如发现所附单据有疑问，可直接通知各部经手人办理补正手续，如经手人延搁不办，照第3条第3款办理。

（5）小额现金账户应逐月结清。

5. 小额现金应由保管人出具保管收据，存财务部，如有短少概由保管人员负责赔偿。

6. 本细则经批准后实施。

（四）小额现金管理注意事项

有时为公司办事需要花些费用，如出差或接待客人等，但小额现金金额有限，这些费用按规定不能从小额现金中支付，需要直接到财务部门申请费用和报销结算，如遇特殊情况须经领导同意才可。秘书在处理这类小额现金时，特别要注意不要将它和差旅费等混同起来。

小案例

××公司的市场营销部经理秘书小王收到本部门一销售员的返程飞机票据，但是公司明确规定，出差是不允许乘坐飞机的，除非是得到了领导的批准。但这位员工和秘书小王私下里关系非常好，而且他因公遭遇车祸，脚部骨折，所以必须乘坐飞机返程，于是小王在一番思想斗争后为该员工报销了路费，但后来遭到了领导的一顿批评。

分析：小王被批评有两个原因：第一，差旅费的费用不在小额现金的报销范围之内；第二，小额现金的使用，需事先得到部门领导的同意，然后才能支出报销，小王不能自作主张。

秘书人员在管理办公室的零用现金时，不应该自己或者协助他人建立办公室的“小金库”，而是应该严格遵守办公程序和财务制度，依照国家法律以及相应的财会管理制度进行现金管理。

小案例

李平是××公司办公室秘书，一天她跟老同学聚会，遇到了学生时代的挚友张梅，张梅介绍说她正在经营一家服装加工公司，于是大家相互敬酒，以示祝贺。聚会后第二天，张梅突然跑到李平的单位，开口就向李平借3万元钱，她说公司购买计算机，需要支付3万元，公司流动资金有一笔未及时到账，导致手头资金短缺，但保证2天就能归还。李平手里只有1万元钱，但看到老同学焦急的状态，就想起了办公室的保险柜里还有4万元钱，想着她2天就能归还，应该不会影响单位使用，单位这几天也没有什么活动安排，就在保险柜里拿了2万元钱，借给了她。第二天，办公室小王匆忙跑来，告诉李平说单位同事在出差途中出现交通事故，正在医院治疗，情况紧急，领导派小王马上启程出发，到医院看望并处理相关事故问题，需要预借现金3万元，用于出差和相关问题处理。李平想起同学刚刚拿走2万元，还没归还，现在只剩2万元，还差1万元，她后悔不该把钱借给同学。

分析：秘书人员要正确认识小额现金设置的意义和作用，以及小额现金使用保管的原则，现金属于单位公家财产，不是私有资金，不可以挪作私用，要坚持公私分明的职业态度，做事要懂规则、守规则。

秘书在管理办公室零用现金的过程中，应该严格按照规章制度办事。在向有需要的申请者支付零用现金、用手中的零用现金报销一些开支的时候，应该严格按照相应的程序做到该有的文件和单据完整齐全，再给予支付或者报销。绝对不能由于个人关系比较亲近而省去相应的手续，这样的行为对自己、对别人、对公司都是没有益处的，应当极力避免。

二、用车管理

为方便、高效、快捷地完成单位各项工作，单位都会配有公有车辆，公有车辆一般统一由行政办公室管理。

（一）用车范围

不同的单位用车范围会有不同，一般有以下几种用车情况：

1）公司副总裁以上领导成员用车。

2）涉及公司生产经营及外事等重大商务活动和会议用车。

3）由董事长或总裁批准的特殊公务用车。

4）计财部到银行提取大额现金用车。

（二）用车原则

车辆使用按先上级、后下级；先急事、后一般事；先满足工作任务、接待任务，后其他事的原则安排。除公司领导或各部门到有关单位、各地办事外，单独一人在城区办事，原则上不安排车辆。公司员工外出办理公务，视具体情况选择交通工具。特殊紧急事情需用车时，要经部门领导报公司领导批准后方可用车。公车不得私自借予私人使用。外单位借车，需经主管领导批准后方可安排。

（三）车辆调度

公司车辆由办公室统一管理、调度，公司车辆调度实行派车制度，各部门公务用车，由部门负责人先向办公室申请，填写申请单（见表 5-9、表 5-10），说明用车部门、目的地、用车缘由等，办公室根据需要统筹安排派车。

表 5-9　公务用车申请单

用车部门		出发时间	
联系人		联系方式	
目的地			
乘车人数		申请车型	
用车缘由			
部门领导意见			
办公室意见			
车队意见			

注：部门申请用车须提前一天递交此单。

表 5-10　部门公务用车申请单（出车单）

用车部门	出发时间	目的地	乘车人数	申请车型
人文社科系	2022-04-25 08:00	哈尔滨大街 ××× 号 ×× 大厦 × 号楼	69	大客车
用车缘由	○ 教学实习 ○ 公务活动 ○ 其他 20 级旅游管理专业茶艺实训。4 月 25 日—29 日，每天早上 8 点在学子食堂门口集合出发，送学生到实训学校，下午 3 点到实训学校接学生返校。备注：4 月 28 日（星期三）中午 11:30 接学生返校			
联系人及电话	张 ×× 187××××××××			
用车部门领导签字	【同意】 杨 ×× 2022-04-10 15:53			
办公室意见	【同意】　王 ×× 师傅出车。 王 × 2022-04-11 07:40			

注：部门申请用车须提前一天递交此单。

任务实施

任务 1 回顾：请帮助秘书小贾正确进行小额现金管理。

秘书小贾在对小额现金管理中存在很多问题，她应从以下几个方面加以改进：

1）办公室的小额现金不能随便放在办公抽屉里，这样存在很大的安全隐患；应将现金锁在保险柜里，如数额较大，应存入银行，办公室不能留存太多现金。

2）让小马去购买计算机配件，应该进行小额现金申请，并向领导请示。

3）秘书小贾在支付小赵办公费时的做法违反了小额现金管理操作程序；应该先由小赵向领导提出购买申请，填写相关凭单，经领导签字同意，秘书小贾予以认真审核后，才能支付给小赵。另外，小赵把发票交回后，秘书小贾应在小额现金账簿上进行登记。

4）秘书小贾将小额现金当作差旅费借给于主任是不正确的，小额现金不能等同于差旅费，二者用途是不同的。秘书小贾应按相关规定到财务部门为于主任预支差旅费。

5）每次上交的票据，应按规范签字并进行分类归档，否则容易导致账目混乱。

6）要及时进行小额现金账目登记，清楚显示小额现金支出额与现存额，当小额现金支出达到一定额度或现金存量不足时，能够及时提示进行报销和申请补足小额现金，保证单位工作顺利开展。

任务 2 回顾：北京 C 公司到上海 B 公司进行考察，并签署合作协议，B 公司销售部申请用车，B 公司秘书应如何处理此事？

1）秘书首先要判断用车事由是否符合用车要求：合作单位来单位考察，属于公司公务活动，可以派车。

2）本次公务活动因销售部而产生，秘书应指导销售部填写公务用车申请单，并报上级批准。

3）公务用车申请单得到批准后，秘书应填写派车单，通知车队，做好准备。

技能训练

一、阅读下面案例，回答后面的思考问题。

××液压销售有限公司的 2 台计算机总死机，经理让桑秘书找人修计算机。桑秘书开始打电话，找到长期为公司服务的小刘。打电话时她环视办公室，想起打印机没墨了，纯净水也不多了，又分别给办公设备供应商和送水工打电话。上午，技术人员来检修计算机，发现有主机配件坏了，要买新的，需要几百元，桑秘书有点拿不定主意，自言自语道："谁去买呢？我也不懂，这样吧，你自己去买，多退少补，要票据哦。"桑秘书随手从抽屉拿了 500 元递给小刘。很快，墨盒送来了，桑秘书用办公室小额现金付了账；水也到了，正好有几位客户来了，桑秘书忙着招待客人，随手从自己兜里掏出 20 元钱交给对方，但忘了让对方在办公用品消耗单上签字。

第二天，公司业务员张楠出差回来了，还顺便要回 3 笔欠账（这是经理交代过的），共 5 250 元，会计没在公司，张楠不愿意保管现金，他对桑秘书说："也没多少钱，你就收着做办公室小额现金吧。"于是桑秘书收下了。几天后，桑秘书在支付一笔公司电话费时，被告知其中一张是假钞，桑秘书不知所措。

思考问题：

1. 桑秘书把钱直接交给小刘合适吗？桑秘书付水费的方式对吗？
2. 你认为桑秘书能顺利报销票据吗？
3. 秘书应如何管理办公室小额现金？
4. 桑秘书直接收张楠讨回的欠款做办公室小额现金的方式对吗？怎样处理比较合适？

二、阅读下面内容，进行实务训练。

谢秘书正在办公室工作，公司前台秘书小李进来，说接待用的茶叶不够了，要求购买三盒某品牌的茶叶。谢秘书按正常程序为她办理了支借手续。小李刚走，公司王经理进来了，要求谢秘书为他办理出差费用报销手续。谢秘书整理王经理出差相关票据并及时到财务部会计老赵处办理相关事宜。

实训说明:

1. 本部分实训在学校实训室进行。

2. 实训时，全班可分为若干个实训小组，每组 4 人，分别扮演谢秘书、王经理、前台秘书小李、会计老赵。

3. 在模拟的秘书办公室、财务室中，轮流演示谢秘书支借办公室小额现金、整理票据及报销出差费用的全过程。

4. 其他学生对演示过程及结果进行评议。

5. 实训材料的准备：小额现金账簿、小额现金凭单、差旅费报销单、若干张发票等。相关实训材料学生可自己制作。

三、阅读下面案例，如果你是张秘书，你会如何处理此事？简要说明理由。

一天，正在值班的张秘书接到王副经理从外地打来的电话，王副经理说："张秘书，我爱人明天从北京旅游回来，你联系一下，派一部小车，12 点以前去机场接她。我要过两天回本市，请帮忙联系一下。"

张秘书左右为难，明知王副经理是用公车办私事，又无付车费之意，与公司的用车制度不合，何况前不久总经理还在公司的大会上批评了公车私用的现象。自己掏钱吧，去机场一次要 180 元，往返 360 元，对刚毕业的小张来说，又有些承受不起，况且有第一次，就会有第二次、第三次；不办吧，后果不堪设想。这该怎么办呢?

任务五　接 待 工 作

学习目标

知识目标

1. 了解接待的类型及规格
2. 掌握接待工作的原则
3. 掌握接待来访者的程序和方法

能力目标

1. 能够根据工作需要执行相应接待规格
2. 能够根据接待工作程序和方法进行来访者接待

素养目标

1. 明确秘书要工作严谨，认真负责
2. 忠于职守，强化责任意识，不越权越位

任务描述

一天，×× 公司胡秘书正在办公室忙碌着，一位西装革履的男士走了过来，自称是与李总经理约好的。胡秘书查了查李总经理的日程安排，发现今天并无约会。但他想可能是经理自己约定安排的。接过来人的名片一看，对方是某家杂志社广告业务部的钱经理。接下来该如何处理，胡秘书很犯难。

请帮助胡秘书做好此次接待工作。

任务分析

接待工作是秘书的一项常规性工作，要做好接待工作必须掌握相应的原则和方法。胡秘书的难点在于缺乏对接待工作方法和技巧的理解与把握。

理论知识

在秘书的日常工作中，每天都要接待大量到本单位访问和办事的各方人员。秘书是代表组织和领导来完成接待任务的，往往是来访者抵达后看到的第一个人，也是离开前见到的最后一个人。秘书接待工作的好坏，直接反映出一个单位的工作作风和外在形象，也直接体现了秘书本身的素质、能力、水平和形象。因此，秘书人员必须十分重视和切实做好接待工作。

一、接待的类型及规格

1. 接待的类型

根据不同的标准，接待可分为不同的类型。现选择重点类型做简要介绍。

（1）内宾接待。内宾接待指接待境内的来访者。

（2）外宾接待。外宾接待指接待境外来访者。

（3）有约接待。有约接待指对事先与本单位有约定的来访者的接待。这种接待比较正规，需要在人力、财力和物力上有充分准备。

（4）无约接待。无约接待指对事先与本单位无约定的来访者的接待。

2. 接待的规格

秘书是根据来访客人的身份来确定接待规格的。接待规格有以下三种：

（1）高规格接待。高规格接待即主要陪同人员比主要来宾的职位要高的接待。高规格接待表明对被接待一方的重视和友好。

（2）对等接待。对等接待即主要陪同人员与主要来宾的职位相当的接待。这是最常用的接待规格。

（3）低规格接待。低规格接待即主要陪同人员比主要来宾的职位要低的接待。

高规格接待固然能表现出重视、友好，但它会占用主陪人很多时间，经常使用会影响其正常工作；低规格接待有时是因单位的级别造成的，有时是另有原因，用得不好，会影响双方的关系；对等接待是最常用的接待方式。

3. 接待规格的确定

秘书首先要了解客人的身份和来访目的，据此确定由谁来出面接待最合适。接待规格的最终决定权在领导那里，秘书仅提供参考意见。当接待规格定下来以后，秘书应当把我方主要陪同人员的姓名、身份以及日程安排告知对方，征求对方意见，得到对方认可。这里要注意对方与我方的关系。当对方的来访事关重大或我方非常希望发展与对方的关系时，往往以高规格接待。有时一些突然的变化会影响到既定的接待规格，如领导生病或临时出差，只得让他人代替，致使接待规格降低。遇到这类情况，应该尽量提前向客人解释清楚，向客人道歉。对以前接待过的客人，接待规格最好参照上一次的标准。

二、接待工作的原则

1. 热情服务，细致周到

俗话说："情暖三冬雪，善待天下客。"诚恳热情的态度是人际交往成功的起点，也是待客之道的首要之点。秘书人员在接待活动中，面对来访者，能否尽快缩短彼此的心理距离，营造出有利于交流和沟通的良好氛围，对接待工作的成功具有重要影响。一个热情的微笑，一个亲切的表情，一句真诚的问候，即使是一杯热茶，只要是替来访者着想，都会使来访者产生一种春风拂面般温暖、愉快的感觉。

同时，接待工作本身也是琐碎而具体的，它涉及许多部门和人员，牵涉衣食住行和人财物等方方面面，这就需要秘书综合考虑、周密组织、精心安排，把工作做得细致入微、面面俱到、有条不紊和善始善终。即使一个环节没有考虑周全，可能也会让来访者感到不热情、不重视，以致影响全局。

小案例

B公司市场部门的经理和工程技术人员，先后3次来到C公司洽谈联营生产高钡铁项目。C公司把接待任务交给接待处周主任和小李。周主任和小李每次接到任务，一边拟出接待方案呈领导审批，一边到宾馆、车队联系安排好食宿、车辆。客人到达前，周主任和小李一一检查落实并填好住房卡、领好房门钥匙，等候迎接客人。客人一到达，他们就领客人进客房并介绍有关情况和询问客人需办的事；到开饭时间即领客人进餐厅；客人要离开返程，事先陪客人到宾馆前台结账并及时送站。周主任和小李每次都在工作和生活上为客人提供方便。后来，该项目签订了协议，B公司与C公司合作投资达1 000万元，年产值1.5亿元，年利税可达1 000多万元。客人对C公司周到的接待工作十分感谢。他们说："我们到C公司好像到了家一样，你们热情周到的接待，使我们看到C公司同志办项目的诚心和决心。高钡铁项目的签订，有你们的一份功劳。"

分析：接待工作就是迎来送往，为外地宾客做好服务工作，使宾客称心如意。热情周到、善始善终是接待工作的基本要求。同时，接待工作要有条不紊，切忌有头无尾，缺少章法。周主任和小李深谙接待工作的精要，他们接到任务后，首先弄清情况，按有关规定做好食宿安排和迎送车辆的准备工作，同时拟出完整的接待方案报领导审批，然后按领导审批后的方案一一加以落实，客人来时，及时等候接送，并详细地给客人介绍当地的情况。他们出色的接待工作，令客人感到宾至如归，消除了身在异地的感觉，主客关系十分融洽，犹如一家人。秘书人员细致、周到、耐心、真诚的品质是做好工作的前提条件。

2. 一视同仁，礼貌待人

来访者因身份、地位、职务的不同很可能会导致接待人员的心理变化，造成先入为主的心理定式。尽管来访者的职务、职业、年龄、性别、身份、来访目的不尽相同，但是他们的人格是平等的。对于来访者，不管是企业经理、单位厂长，还是业务员、推销员，秘书人员都应该一视同仁、平等对待。对上不能唯唯诺诺，卑躬屈膝，对下不应趾高气扬、盛气凌人，更不能以貌取人、以衣看人。孔子云：“上交不谄，下交不渎。”

中华优秀传统文化源远流长、博大精深，是中华文明的智慧结晶，我国自古就有“有朋自远方来，不亦乐乎”的待客礼仪文化。接待工作作为一项典型的社会交际活动，秘书人员务必以礼待人，以体现自身的礼仪素养和单位的精神风貌，具体应是：仪表——面容清洁，衣着得体，和蔼可亲；举止——稳重端庄，风度自然，从容大方；言语——音量适度，语气温和，礼貌文雅。

小案例

一天上午，科研部办公室秘书刘依依正忙着打印一份重要的研发报告，这是下午杨部长要向总经理汇报的。她想集中精力赶紧把报告打完，谁知道，一会儿一个电话，叫她通知这通知那；一会儿来一个人，让她解决这事那事。刘秘书恨不得变成哪吒，生出三头六臂，把这些杂无头绪的事情都搞定。

正在刘秘书懊恼忙乱之际，忽听有人敲门，心想：又是谁呀？但嘴里忙说：“请进。”推门而进的是一个四十几岁的中年男人。刘秘书见他进来，只好强打笑脸致意：“您好！请问您有什么需要帮忙的？”来人说：“我是 ×× 公司的洪金龙，想见你们杨部长，今天早上约好十点钟见面。”刘秘书看了一眼墙上的挂钟，还差十分钟到十点，就说：“那您先坐会儿吧。”说完，就又低头忙碌起来。

紧接着，刘秘书又听见有人敲门，她头也没抬就高声说：“请进。”这次推门而进的是科研部的常客，也是杨部长的老同学——市政府科技处的张处长。刘秘书马上热情地迎上去，说道：“张处长您好！您是来找我们杨部长的吧？快请坐，我给您沏茶。”说完，手脚利索地沏好茶端给了张处长。张处长接过茶，说：“谢谢。今天有时间就直接过来了，想跟你们部长谈谈市里那个项目的事情。他今天上午没别的事吧？”刘秘书忙说：“部长上午没什么事，我这就带您过去。”说完，就要带张处长去杨部长的办公室。

这时，中年男人生气了，大声说：“你这个秘书懂不懂先来后到的道理？难道这就是你们公司的待客之道？我是小公司的人，不配受你这个大公司秘书的接待，既然我在你们公司是不受欢迎的人，那我就先告辞了。”说完便摔门而去。刘秘书一时愣住了，脸一下红到耳根，张处长也尴尬地站在原地。

分析：刘秘书的错误在于，面对第一位来访者没有做到热情周到，对两位来访者不能够做到一视同仁、平等对待。

3. **按章办事，勤俭节约**

“没有规矩，不成方圆。”每个单位都有自己在接待方面的规章制度，秘书人员必须严格遵照执行。例如，不得擅自提高接待标准；重要问题应及时请示汇报；对职责以外的事项不可随意表态，不准向客人索要礼品，对方主动赠送时，应婉言谢绝，无法谢绝的，要及时汇报，由组织处理等。

接待工作是一项消费型的事务活动。在计划性接待和团体接待中，接待一方不仅要投入人力，还需要投入物力和财力。因此，秘书在接待工作中必须注意反腐倡廉，本着勤俭节约的方针，精打细算，抵制讲排场、摆阔气，大吃大喝、铺张浪费等现象，抵制各种不正之风的侵袭。

4. **确保安全，内外有别**

在接待过程中，秘书人员除了要保证来访者的人身安全、财产安全、交通安全和饮食安全，还要注重对本单位机密的保密和财务安全。要做好保密工作，应注意两个方面：一是言；二是行。因此，秘书人员在接待中，既要热情周到、讲究礼仪，也要注意自己的言谈举止，严守组织秘密。

小案例

一天上午，张秘书正在打印公司的销售计划，这时，来了一位不速之客。“李总在吗？”客人问。

“预约了吗？”小张随口问道，姿势没有任何改变，双眼仍盯着计算机显示屏。

“约什么约！我要找你们老总谈谈！”

小张朝客人瞟了一眼，觉得有点眼熟，但想不起是谁，说：“你等一下。”说完起身走向斜对面会客室找李总，将客人一个人留下。在会客室里，小张告诉李总，有人找他，李总问是谁，小张说：“有一点眼熟，好像是来讨债的。”李总不愿见，小张顺便请示了如何处理销售计划中几个敏感数据的问题。

几分钟后，小张回到办公室对客人说：“李总不在，你回去吧。”客人表示不信，接着双方发生了激烈的争吵。

半个月后，销售部向李总反映，本公司销售计划泄漏，部分客户的业务被别的公司抢走。

分析：秘书接待工作的态度和方法不当，不仅会破坏本单位良好的企业形象，还会影响领导的判断决策，而违反接待工作的基本原则，更会给本单位造成不应有的损失。

5. **认清职责，不擅权越位**

秘书因领导的工作需求而产生，伴随领导活动而活动，因而其工作具有辅助性、服务性等特点。作为秘书，要始终把自己放到配角和从属的位置，以服从为本，甘当“无名英雄”，积极适应领导工作的需求，以领导为中心开展工作，而不能喧宾夺主和越俎代庖。

小案例

年轻的小王大学毕业以后，应聘到一家规模较大的贸易公司的杭州分公司工作。凭借他的聪明和能力，经过一段时间的努力，他被分公司的李经理看中，调到经理办公室当秘书，王秘书干得倒也有声有色。这些天王秘书很兴奋，因为几天后总公司的张副总经理要来他们分公司视察工作。由于他工作出色，人又机灵，李经理点名让他陪同一起向张副总经理汇报工作。王秘书心想机会来了，他要精心准备一番，一定要在张副总经理面前好好表现一把，不仅让李经理脸上有光，说不定借此机会以后还可以调到总公司工作。所以，在张副总经理视察期间，王秘书总是抢着介绍公司某些具体情况，侃侃而谈，娓娓道来，从现状到未来发展趋势、从具体工作到宏观评价无一遗漏。对自己了解得不太准确的情况，也能灵机一动，迅速做出汇报。对张副总经理给公司布置的任务，王秘书也毫不犹豫地承诺下来。视察结束后，王秘书还给张副总经理留了名片，表示今后张副总经理要办什么事，无论公私，都可以直接找自己。送走张副总经理以后，王秘书对自己的表现有些沾沾自喜，可是，他发现李经理的脸色有些不对，并没有表扬他，只说了一句："辛苦了。"

分析：作为领导的秘书，在工作中应该有积极主动的精神，更要有甘当"无名英雄"的精神，要踏实肯干、兢兢业业。秘书对自己的工作和职权都必须有清醒和明确的界定，不能把积极表现当作调整工作的跳板，不能越权越位。

三、接待平时来访者的程序和方法

1. 已预约来访者的接待

（1）迎接来访者。对于这类来访者的迎接，可分为办公室内的迎接和办公室外的迎接。

1）办公室内的迎接。在办公室内，秘书面对已经预约的来访者，应该停下手头的工作，抬头，行注目礼；如果正在打电话，可用手势示意，请来访者稍候。与此同时，脸上应报以真诚的微笑，并迅速辨认来访者是谁，给以适当的称呼，随后说迎接词："您好，请问您找谁？"

客人进来的时候应该起立，以示礼貌。需要注意的是，面对来访者，秘书一般不主动伸出手去与来访者相握，如果来访者先伸出手，不管对方是谁，秘书都应与之握手。

对于来访者拿着的雨伞、物品等，秘书只需告知放在哪里即可，不需要主动上去帮助。在特殊情况下，如来访者是老人或者残疾人，在征得同意后，可以给予适当的帮助。

2）办公室外的迎接。秘书在办公室外的迎接，可能是在公司的办公楼或公司的大门口迎接，也有可能是到来访者的工作单位或者是其下榻的宾馆等地迎接。当需要到机场、车站、码头迎接时，需要考虑交通堵塞的因素，时间要留有余地。

（2）向领导通报。当来访者到访后，秘书需马上向领导通报。这样，不仅可使来访者感到受重视，也可以提醒领导放下手头的工作，准备接待来访者。当来访者的身份很尊贵时，可以让领导亲自迎接。

秘书向领导通报时，可以用电话告知领导，也可以到领导办公室告知（秘书离开办公室时应注意桌上文件、电子资料的保密）。

（3）为来访者引路。在获得领导同意后，秘书需将来访者引领至会客厅。如果来访者是单位的常客，也可由来访者自行进入；特别尊贵的来访者，则需领导亲自引领。引领时还需注意一定的礼仪。

（4）引见来访者。当不熟悉的人来访时，秘书应对双方进行介绍，介绍的顺序应该是先介绍领导，后介绍来访者。

（5）为之送茶饮。待双方落座后，秘书人员要准备茶水或饮料。应先从来访者中上座起按顺序奉茶，然后再为公司内人员奉茶。

（6）送别来访者。会谈结束后，秘书有送别的义务。秘书可根据来访者重要程度将其送至办公室门口、电梯口、办公楼前、大门外，送别时应提醒来访者不要遗忘个人物品。

（7）整理会客室。会谈结束后，秘书要及时将会客厅清理干净，为下次的会见做好准备。

2. 未预约来访者的接待

秘书工作中会经常遇到没有预约的来访者，应对这样的来访者，秘书应掌握一定的技巧，恰当处理，发挥秘书的过滤和分流作用，帮助上司避免许多无谓来访的打扰。接待程序如下:

（1）搞清来访者的身份和来访事由。一般情况下，来访者会做自我介绍（出示名片或介绍信），并说明来访事由。作为秘书，在没有摸清对方身份之前，不能贸然拒绝，也不能轻易向领导引见。

（2）在权限范围内酌情处理来访者。秘书的一个重要职责就是要对所有未预约来访者进行甄别，起到过滤和分流的作用，不能让来访者直接见到领导。秘书通常有一定的权限，权限内秘书可以自行处理，不用请示领导，尤其是对那些领导不愿意见的来访者，秘书要想办法为领导挡驾。

（3）请示领导是否接受来访。对于不能确定是否是领导欢迎的来访者，秘书应向领导请示。若领导同意接受来访，应根据领导的时间和意愿来安排，其程序方法与已预约来访者的接待程序和方法一致。对于领导不接受或不能见的来访者，秘书则需要找出合理的理由委婉拒绝来访者的要求。

面对未预约来访者，秘书人员应始终做到:

1）热情接待。面带微笑，主动迎接，问候来访者，要以礼貌友好、欢迎的态度去接待。

2）了解情况，尽心服务。了解来访者要访问的部门或人员，看看能否安排尽可能早的预约时间。若来访者要求当下见面，则要设法联系有关部门或人员，看被访者能否接见来访者，若能接见，则可以按照预约来访者的工作程序进行；若不能接见，则向来访者说明情况，主动请对方留言或留下联系方式，保证尽快将留言递交给被访者，或是尽可能快地安排会见时间并通知对方。

3）机敏应对。如果来访者要见领导，而领导不愿见，秘书则要找借口打发来访者，或是请示领导能否指定别人代替，若可以，则礼貌地请来访者与指定的人员会谈。如果来访者坚持要见领导，而领导实在不方便会见，则秘书一方面要为领导挡驾，让来访者明白今天无法会见；另一方面让对方留下联系方式和会面时间、要求，表示将及时禀告领导，待领导决定后立即通知对方。

4）耐心倾听。若来访者是怒气冲冲前来指责批评的或是脾气急躁的人，则秘书一方面要耐心倾听、礼貌接待，切不可以语相激，致使事态恶化；另一方面要快速寻找解决方法，向对方表示尽力帮助解决问题，抱着善良、认真、诚恳的态度对待他，使对方感到你是真心诚意为他着想的，等事态缓和下来再想办法解决问题。

5）确保来访者满意。在接待过程中始终要热情、周到，使来访者满意离开。送客时与有约接待相同。

四、接待计划中来宾的程序和方法

1. 计划中内宾接待的一般程序和方法

高质量的公务接待能够维护本单位或部门的良好形象，展示本单位或部门合作的诚意，无形之中推动相互合作与发展。作为秘书人员，应从以下几方面做好接待工作。

（1）了解来宾情况。为了使接待工作万无一失，秘书要事先掌握来访者的基本情况，如所在单位的全称、业务范围、发展态势，来访者人数、姓名、性别、民族、宗教信仰、身份职务、来访目的、联系方式及逗留时间，以便开展车辆安排、接待日程安排与计划调整等工作。按照单位具体规定或惯例拟定接待标准并报相关领导审核。

（2）拟订接待方案。在与来访者一方协商并征得领导的同意后，制订出详细的接待计划。前面已经讲过如何确定接待规格。接待规格决定了其他的人员、日程安排及经费开支，包括谁到机场、车站迎接送别；谁全程陪同；宴请的规格、地点；住宿宾馆的等级、房间标准等。这些都要在计划中写清楚。

（3）做好接待准备。根据来宾的情况与来访目的，通报参加此次会晤的领导，如有会议洽谈，应先行准备讲话稿、会议内容、汇报资料等文件。同时通知相关部门及工作人员，做好接待活动的迎宾，会场布置，音响设备、摄影摄像设备的租借，领导座席安排，指示牌放置等工作。

根据来宾相关情况与接待标准预约酒店，并适当准备相关物品。

（4）迎接来访宾客。秘书人员在预定时间随车到机场、车站、码头等迎接来访客人。当客人走下飞机、火车或轮船时，应热情主动地迎上去，行见面礼。如果与来访者从未见过面，就需要事先制作一个牌子，上面写着来访者的单位名称，字迹要工整，字号要大，能让人从远处看清。如果需要，可准备花束，但一定要尊重宾客对花的禁忌风俗。

（5）宴请。根据宴请目的、出席人员的身份和人数的多少，可将宴请分为正式宴会、便宴、酒会、茶会、工作餐等。宴请的准备工作是十分重要的，从宴会设计到宴会的组织实施，每个环节、每个步骤都要考虑周到，准备充分，才能确保宴会的顺利举办。

（6）组织双方会谈。根据接待准备中已经了解到的会议洽谈内容的安排，将会谈时间、地点、主方出席人、具体安排、注意事项通知对方。准确掌握会谈的时间、地点和双方参加人员名称。会谈结束，应送客人至车前或门口握手告别，目送客人离开后再返回室内。

（7）参观游览。接待单位可在客人办完正事之后，适当安排一些参观游览活动以显示热情、增加情意。在参观游览过程中，秘书与客人之间的交谈比较多，客人心旷神怡，秘书可以择机宣传自己的企业，使客人对当地的自然风光、人文景观和参观的企业都留下良好的印象。

1）游览活动。游览的地方分为两类：人文景观和自然景观。有一些景点属于人文与自然相结合的，如泰山、崂山。如果客人是初次来访本地，一般都会安排游览本地区的著名景点。

2）娱乐活动。娱乐活动可以分为观看项目和参与项目。听音乐会，看话剧、京剧、芭蕾舞剧，参观博物馆，都属于观看项目；打高尔夫球、台球，唱卡拉OK、跳舞等，属于参与项目。

① 了解客人的特长和兴趣，这样安排的活动才能使客人满意。

② 观看项目的水准应该是较高的，有地方特色的最好。参与项目选择的地点要合适、高雅。

3）安排游览的工作程序如下：

首先，初步确定内容。秘书根据了解到的客人情况和领导的意见草拟方案，初步确定活动的内容。其次，征求对方意见。在日程安排表中列上具体的参观娱乐活动内容，征求对方的意见。再次，修改、确定方案。如果对方提出不同的意见，要本着维护双方关系的原则尽量予以满足，但是要先向领导报告，且不能违反组织的规章制度。最后，实施方案。这里要注意人员安排、参观地点检查、提前预订门票，或把游览、娱乐项目外包给旅行社，旅行社更有经验，也拥有更多的这方面的资源。为确保不出问题，一定要选择资质信誉好的旅行社。

（8）送别来访客人。如果来宾离开的时间是在上午，那么在前一天晚上，主人一方全体陪同人员要到客人下榻的宾馆去话别，时间不要过长，控制在半小时之内为好。有礼物要送的话，也是在此时送上最好。因为客人还来得及把礼物放在行李里面。如果临上机场再送礼，客人就只能把它提在手里了，很不方便。如果客人离开的时间是在下午或晚上，也可以在当天上午到宾馆话别。此时应该告诉客人送行的人员、车辆及时间方面的安排，让客人心里有数。主陪人如果工作忙，可以请副职代替到机场送行。

2. 计划中外宾接待的一般程序和方法

在交往中，常涉及涉外接待，涉外接待的内容与对内接待大同小异，但迎宾礼仪涉及外事接待工作的一些方面，它们环环相扣、彼此制约，对外事接待工作的总体质量产生重要的影响。下面将简要介绍迎宾礼仪的程序和其中要注意的关键环节。

（1）涉外礼仪规范。迎宾礼仪指的是在涉外交往活动中，当我方身为东道主时，为操作、落实迎宾活动而应当遵守的外事接待礼仪。通过迎宾礼仪给予来宾与其身份、地位相符的礼遇，向对方表达主人的热情好客之意，并且使之产生宾至如归之感。作为礼仪之邦，我们既要继承我国待客的优良传统，又要遵循国际上通行的礼宾惯例。在涉外商务交往中，一项重要而又经常的工作就是在国内迎接或送别外国的商务人员。通过这种迎送活动表达东道主的诚意，展现主人的形象，使双方建立友好的商务关系。要使涉外接待工作出色圆满，就要处处注意。

1）发出邀请。在正式对外方发出邀请前，必须先明确邀请的规格，以便兼顾来宾的具体身份与来访的目的。通常由东道主先发出邀请，这既是礼节，也是一项必要的手续。邀请一般采用书面形式，被邀请者在接到邀请函后，应及时给予答复，并据此办理有关的手续。邀请函除表示欢迎之意外，也表明被邀请者的身份、访问性质以及访问的日期与时间等内容。有时，为表示客气，也可请被邀请者在他认为“方便的时候”来访，或将时间留待以后“另行商定”。实际上，访问也不一定都是由东道主一方首先提出，在有些情况下，是双方协商的结果。有的访问安排是由有关的协议事先约定的；有的是来访者有访问的愿望，主动向东道主做出某种表示，经双方磋商同意，然后再做正式安排；还有的是以“回访”方式进行的。

2）准备工作。这里基本与对内接待相同，只不过从涉外礼仪的方面要多加重视。

3）善始善终。外宾抵达时，由适当的人员前往机场、车站迎接，表示欢迎，并妥善安排各项礼仪程序和活动。这是外宾进入国门后的第一项正式活动，各国对此都十分重视。外宾结束访问离开时，也要给予热情欢送，使访问得以圆满结束。在外宾进行访问期间，还可能到国内各个城市参观访问，也都要有迎有送。所以，迎送不仅是一般的迎来送往，还是对外交往中一项重要的礼仪活动。

（2）着装要求。参加迎送仪式的所有人员，着装要郑重，要穿着正装。

（3）工作程序。

1）确定迎候人员。本着身份对等的原则，参加涉外迎送仪式的有与主宾身份相当的主人以及随从人员，还要有翻译人员。

2）准备迎宾的物品。如果双方互不相识，则需要准备一块牌子，上面写着来访团体的名称或主宾的名字，用对方能看得懂的文字，书写工整。如果决定献花，一定要用鲜花，不可以用黄白两色的菊花或百合花。献花人应为年轻的女性。要按照来访团体的人数和主宾的身份决定接客人的车辆。

小案例

某公司接待了一个来访的外国考察团，双方互不相识，秘书应该事先准备好一块牌子，写好来访公司的名称。可是由于没有经验，秘书柳栩忽略了这件事。到了机场大家才想起来，谁也没有带合适的纸。此时客人所乘的飞机已经抵达，机上乘客有的已经出关了。情急之下，柳栩想到了广播室。她马上跑到机场广播室请求帮助，通过广播通知客人他们所处的位置。这样主客双方才接上了头。

（资料来源：《秘书国家职业资格培训教程：三级秘书·国家职业资格三级》，张玲莉主编，中央广播电视大学出版社，2006年版）

分析：涉外活动的迎来送往工作是细致而且重要的。一个细节的忽略可能会带来很大的麻烦，使我们的工作处于被动，甚至被误解。

3）见面讲究礼节。双方见面以后，主人一方的秘书先把自己这方的主要人员介绍给主宾，然后由主宾或他的秘书把客人一方的主要成员介绍给东道主。双方握手，互致敬意。有的国家来宾习惯先行拥抱礼、合十礼、鞠躬礼等，我方均应做出相应表示，不可表现出勉强。献花人献上鲜花后，主人引领客人上车。秘书要注意关照客人的行李，提醒客人检查行李，不要有遗忘。如果出现客人的行李丢失问题，秘书或其他随从人员应该留下来与航空公司或车站方面交涉，而让客人先行。

4）送行前的拜访。在拜访前，秘书应该打电话给对方的秘书，告知将去拜访的时间和主要人员的身份，提醒其做好准备。虽然这个环节在做计划时已经列上，但是提醒和确认也是必要的。

5）安排送行仪式。客人如果是乘坐飞机，特别是国际航班，一定要提前出发，因为路上可能遇到交通拥堵，办理登机手续和安全检查都需要不少时间，所以送行人员一定不能迟到。

主陪人可以在客人下榻的宾馆与客人道别，而由副职代替到机场或火车站送行。当然，主陪人如果一直把客人送到机场或车站则表现得更为重视双方的关系。

同外宾告别，要等他们离开我们的视线或火车、轮船启动以后再离开。

任务实施

任务回顾：请帮助胡秘书做好此次接待工作。

作为胡秘书，首先，要弄清这位钱经理是否与李总经理有约；其次，要了解钱经理来此的意图；再次，要向李总经理征询是否与之相见；最后，在李总经理不想见的情况下要婉拒来客，以礼相待、相送。具体操作过程如下：

（1）弄清来客是否与李总经理有约。胡秘书热情地为来客让座、端茶，并问："您是否和李总经理约在上午见面？"对方回答："如果方便，我希望很快见到李总。"胡秘书明白了，肯定没有预约，因为即使是李总经理亲自约定的，也会有具体准确的约见时间。

（2）了解来客此行的真正意图。于是胡秘书说："您看，很不凑巧，今天上午李总刚好有个临时会谈。我马上设法和他取得联系，好吗？"钱经理马上表示同意。胡秘书接着说："您看，我怎么向李总汇报您的情况？"

经交谈，胡秘书很快清楚了，来客是为杂志社编撰本市最新工商名录做广告、接客户的。

（3）征询李总经理是否与来客相见。经与李总经理联系，从他那里得到的答复是“不见”，胡秘书当然不能“直言相告”。

（4）婉拒来客并以礼相待、相送。胡秘书对来客说：“钱先生，真对不起，李总正与重要客户讨论谈判，我不方便进去打断。您看是否可以这样，我公司虽在本市，但大多数的业务还是与外省市和外商之间进行，全国工商名录上我公司已在册，本市工商名录上再登当然对本公司也有益。具体事项，我一定请示李总，并尽快与您电话联系，好吗？”钱经理虽然嘴上说“好”，可已明显不悦。

胡秘书又说：“另外，刚才看您送来的资料，我想起我的同行马女士曾和我谈起过她供职的公司正要做公共关系形象广告和业务宣传，您看我是否可以介绍她们公司与您合作？我告诉您马女士的电话，这是她的名片，您可以直接与马女士联系，您看好吗？”“好，好！”钱经理的口气变得缓和多了。

胡秘书接着又说：“钱先生，这资料您是否可以多留几份给我？尽管我们公司业务范围不太合适，但周末的同行联谊会上，我可以帮您向其他合适的公司宣传，向同行介绍恐怕更方便些，您看如何？”

钱经理告退时表达了真诚的谢意，因为他受到的热情接待弥补了没有完成任务的缺憾。最后，胡秘书热情地送他到电梯口，与之挥手告别。

技能训练

一、请指出下面接待工作的不足之处。

某计算机工程有限公司定于 9 月 28 日在某职业技术学院举办图书馆计算机管理系统软件产品展销会，通知很快就寄发到各有关学校图书馆。日程安排表上写着，9 点介绍产品，10 点参观该职业技术学院图书馆计算机管理系统，11 点洽谈业务。展销会当天，大会本该在 9 点开始介绍产品，可应该到的各校图书馆代表却只到了 1/3。原来，由于通知中没有写明展销会具体地点，加上公司接待人员不耐烦，对代表不够热情，所以引起了代表们的抱怨。会议开始时已是 9 点 30 分了。公司副总经理、高级工程师李朝南做产品介绍及演示，内容十分丰富，10 点 30 分还没讲完。由于前面几项活动时间不够紧凑，结果业务洽谈匆匆开始，草草收场。

二、分组分角色进行情景模拟，表演秘书处理过程。

一天上午，某公司秘书于小菲正在公司前台接电话，电话是一个客户打来的，由于事情有点复杂，两人通话已有一段时间。这时候进来两位客人，一位是已经预约的，另一位是还未预约的。这时秘书于小菲应该怎样处理才能使电话里的客户和来访客人都比较满意呢？

三、请演示于小菲处理这件事情的过程和方法。

秘书于小菲正在前台接电话，忽然看见两位客人直接去往经理办公室。于小菲见状，赶紧对着电话说了两句将电话放下，然后上前叫住这两位客人。客人有些不耐烦，说：“我们上午刚来过，是找你们经理的。上午的事没有办完。”于小菲说：“对不起，请你们稍等一下。我马上跟经理联系。”经理在电话里说：“我不想见他们，请你帮我挡一下。”

项目六 / Project 6

06

安全管理

任务一　值 班 工 作

学习目标

知识目标

1. 了解值班任务与要求
2. 明确值班工作规范与程序
3. 了解值班工作事务处理的方法与技巧

能力目标

1. 能合理运用值班工作事务处理的方法与技巧
2. 能将值班内容准确记录，能分清事情的轻重缓急，找到合理的处理方法

素养目标

1. 明确秘书要工作严谨，认真负责
2. 明确建立秘书职业意识，有良好的职业操守，不落事、不误事，严谨行事

任务描述

某公司职员小吴第一次周末在办公室值班，他的主要任务是接听电话以及接待临时客户。请问办公室王主任应从哪些方面着手对小吴进行培训呢?

任务分析

王主任应使其明确了解与值班相关的一些工作程序和具体要求。

理论知识

值班是指各类企事业单位，在规定时间内，由专人担负处理全部工作的方式和制度。值班工作是正常工作时间以外的延伸。加强值班工作，对于维护单位的正常工作和生产、保证安全、畅通与外部的联系有着重要的作用。

一、值班任务与要求

值班工作是秘书部门的日常工作之一。各单位和部门值班的任务都非常庞杂，一般来说，值班工作的任务与要求是相通的。

（一）办理上司交办的事项

上司有很多临时性、紧迫性工作，在一时找不到其他部门办理时，多数交由值班室。因此，值班室工作很大一部分是承办上司交办的事项。常见的事项有:

1）临时性的会议通知。一些临时决定召开的会议，因时间紧，发书面通知已来不及，或会议内容与各个业务部门有交叉，难以确定哪个业务部门主办。在这种情况下，经常交由值班室处理，使用电话或其他方式召集有关部门和有关人员参加会议。

2）有关部门和有关人员对上司某一批示、要求的贯彻落实情况进行查问，并将查问的结果及时回复领导。在工作过程中，值班人员要适当发挥一些职能部门的作用，以便顺利完成任务。

3）受委托做好接待工作。由于上司的工作原因或精力所限，有的接待工作就委托值班室来完成，值班室根据具体情况，或自己承担或通知有关部门做接待的工作。

4）向有关单位人员转告上司的指示等。上司交办的事项很多，范围也很广，需要根据具体情况灵活办理。

5）为上司生活服务的某些工作。

（二）上传下达，沟通内外

上级部门经常派人到下级部门检查工作，了解情况；下级无隶属关系的单位也常相互联系，协调工作。上述情况经常需值班室来处理。不论来自哪个单位、哪个部门的人员，值班人员都要认真接待，或请有关负责人接洽，或介绍给有关部门。对上级的各项指示、通知和下级的请示、汇报，都要认真登记，及时汇报，及时处理。本单位的一些突发事件，值班室也有责任将新掌握的情况报告上司，通知有关人员。

（三）认真处理来函、来电

日常的函电来往是由业务部门办理的，但在下班后或节假日，由于有些业务部门无人值班，应当由值班室担负起函电接收的工作，对于其中的急电、急件应及时通知具体承办单位、部门或报告分管负责人，对电话请示、文电内容，值班人员一般只传达不答复或不随意表态，以免造成上司工作被动。若上司有批示或指示，再按上司的要求及时办理。

（四）负责接待工作

值班工作中的接待工作主要有两种：一是公务接洽；二是个人来访。接待任务包括：

1）上级单位工作人员来了解或指导工作，值班人员应根据相关规定并结合来访者的意愿做出适当的安排。

2）外地单位来参观、学习、考察，值班人员要热情接待，谦虚诚恳地向客人介绍简要情况。

3）专程前来反映意见的人员对本公司的工作提出意见、建议和要求，值班人员要热情接待，虚心听取客人的意见，并尽可能满足客人的要求。

（五）掌握上司的外出活动情况

上司外出时应由秘书人员告知值班室，以便随时取得联系，值班人员要详细记录上司外出的情况，尤其是上司出差在外要及时与上司联系，了解上司外出所在地的地址和联系方式，以便遇到紧急情况能随时找到上司，保证工作的正常开展。

（六）协调处理安全保卫工作

值班人员下班后，除做好上述工作外，还要协助有关人员做好安全保卫工作，防止丢失、被盗、破坏等问题的发生。

二、值班工作规范

1. 坚守值班岗位

值班人员在规定的值班时间内，必须做到人不离岗、人不离机（电话机），始终保持通信联络畅通。值班室要接纳来自四面八方的函电信息，必须有人接收、传送处理。特别是在重要部门值班时，随时都可能有突发性事件报到值班室，有许多紧急事件无规律可循，必须随时准备应付复杂情况和处理突发性事件。因此，值班室人员必须坚守岗位，有事要提前请假，如无临时接班人，不得擅自离开岗位。

2. 认真处理事务

值班室工作庞杂、琐碎，无规律性，处理起来有时比较麻烦，但值班人员不得有丝毫大意和马虎，如果出现差错或处理不当，轻则耽误工作，重则造成严重后果。因此，值班人员必须有认真负责的态度，如认真接转电话、认真做好记录、认真接待来访人员等，真正起到问事员、联络员、收发员的作用。

3. 做好值班记录

一是做好值班电话记录。值班人员除接待来访人员外，相当一部分值班工作都是靠电话来联系处理的，因此，必须认真做好值班电话记录。二是做好接待记录。对外来人员的姓名、来访日期、证件、联系事由、接洽单位要一一登记清楚，以备查考。三是做好值班日记，对外来的信函、邮件、反映情况、外来的电话等，都要认真登记，使接班人员保持工作连续性。

4. 热情接待来访者

因事来值班室联系接洽的人很多，值班室对各种来人要根据不同情况做出恰当的处理。对于来洽谈工作者，应验明身份证件，问清意图后，协助并指引其办理有关事务。对于一般来访者，只要不涉及机密，应尽可能地给予帮助。

小案例

一天上午，秘书在前台值班，一位中年客人推门而入，秘书马上站起身迎接："您好！请问您是？""我找你们老总！"语气比较急切，客人说着就要往里走。这时秘书继续问道："对不起，先生，请问您贵姓？"这时，客人或许认识到了自己的鲁莽，便介绍说："我姓张，是你们老总的同学，有一些重要的事情需要与他商量。"于是，秘书立即将这位客人引导到会客室，然后通知了领导。

分析：案例中，秘书再次请客人做自我介绍，不仅很有礼貌地阻止了他往里闯，而且给了客人一个改正自己鲁莽无礼行为的机会。如果对方有涵养，他就会停下来做自我介绍。这充分体现了优秀秘书的职业素养。

5. 加强安全保卫

值班员的职责之一就是做好单位的安全保卫工作，值班人员一定要处理好热情接待来访者与严格门卫制度的关系。既要热情接待，又要严格执行制度，严防坏人混入作案。如遇到紧急情况和可疑人员，应及时向领导和公安、保卫部门报告。值班人员要有牢固的保密观念，不能把亲戚、朋友带到值班室留宿，不能泄漏单位秘密，对于机密文件、他人信函，不得擅自拆阅。

三、值班工作程序

制定值班制度与值班规定→编制值班安排表→通知并给领导班子发放值班表→值班人员做值班记录→重大事件做值班报告→值班结束交接班。

四、值班工作事务处理的方法与技巧

值班人员在进行值班工作的时候，往往会被安排一些实质性的工作或者会遇上突发事件或紧急情况。在这种情况下，就需要值班人员掌握相关方法与技巧，从容地处理每一件事。

（一）做好公务接洽工作

1. 公务接洽的职责范围

1）传达、承办公司电话指示、通知和其他联系事项。

2）负责所属单位的电话请示、报告的传递和答复。

3）负责同各方面派来的办事人员接洽商谈。

4）负责转办或落实上司临时交办的事项。

2. 按照接洽事项的性质采取适当的办法处理

（1）对电话或来人商洽的简单事项直接处理。简单事项主要是指事项涉及的问题，现行方针、政策、法律有明确规定，并且情况清楚，在上司和值班人员掌握之中的事项。例如，基层或员工询问某一方面的政策，而这方面的政策已很明确，值班人员可给予答复；再如，上级单位询问本公司经理行踪、本公司工作情况，如果值班人员对情况清楚，可以直接报告。

（2）把应由有关部门处理的事项介绍给有关部门处理。值班人员根据各部门的职责范围，把相关问题转给相应部门处理，同时，向来电来人单位说明办理的途径和方法，以免在转办过程中出纰漏误事。

（3）对电话或来人商洽的重要事项请示上司后处理。重要事项主要指事关重大，涉及的问题复杂，需要上司直接出面处理或上司决策的事项。例如，来人要求面见上司，汇报某项工作，值班人员应先请示上司，上司做出安排后，再根据上司意见处理。

小案例

将近年底，××科技公司特别忙，就要召开董事会了，由于销售额大幅滑坡，姜总心情不太好。这天上午10点钟左右，广告公司的赵总来电话，想就明年的广告代理问题与姜总交换一下看法。姜总正忙得焦头烂额，听李秘书说赵总要谈明年的广告问题，就对李秘书说了一句："不就是明年的广告吗？现在没时间！"李秘书回复："今天我们姜总挺忙的，以后再说吧。"赵总很生气地挂断了电话。因为双方签订的是5年协议，没有详细的沟通，于是沿用去年的广告策略，而这给××科技公司带来了新的资金困难。最后，姜总把李秘书辞退了。

分析：一名优秀的秘书应该辅助领导当好参谋，努力钻研业务，灵活处理问题，在实际工作中表现为能替领导出谋划策、排忧解难，在顺境中能让领导借其东风；在逆境中能帮领导力挽狂澜。当领导心情不好的时候，秘书不能把领导的坏情绪迁移出去，而应该自我消化，想办法解决问题。比如，李秘书可以说："今天我们姜总时间安排得很满，实在抽不出时间。回头我再给您打电话过去可以吗？"广告公司与××科技公司是合作关系，因此这种答复显得有礼有节，易于对方理解和接受，双方的良好合作关系也能得以保持。李秘书可事后再向姜总报告情况，待姜总确定想法后再回复赵总。

3. 建立健全公务接洽制度

（1）岗位责任制度。明确公务接洽的职责范围、任务、要求；建立请示汇报制度；明确什么性质的问题必须向上司请示，什么性质的问题必须向上司汇报，同上司保持必要联系。

（2）登记、记录制度。明确公务接洽的登记内容、登记办法、记录形式等。建立公务接洽记录本等登记、记录册，要坚持经常记录，对其中有保存价值的材料应立卷归档。公务接洽记录本参考样式见表6-1。

表6-1　公务接洽记录本

来电来人单位		姓　名		职　务	
接待时间	年　月　日			接 待 人	
接待事项					
经理意见					
处理结果					
备　注					

（二）掌握汇报情况的技巧

值班时应当注意以下3点：

（1）问明情况，做好记录。凡是打来的电话，不论事情大小，都要问明情况，如来电者姓名、单位、职务（职业），来电时反映情况的内容等，要认真做好记录。有条件的企业还可配备录音电话。

（2）重要情况，及时报告。所谓重要情况，是指突然发生的重大事件、重大灾害、重大事故等，或者是需要上司立即知道（决策）、采取措施、亲临现场处置的问题。凡属此类情况，要毫不犹豫地立即向有关负责人报告，并迅速按其指示承办。一般来说，报告程序是：首先，报办公室值班经理或主管领导；然后，报办公室主任；最后，根据办公室主任的批示，报其他相关负责人。非常重大紧急的情况，值班人员也可灵活掌握，直报主要经理，然后再根据经理的指示进行办理。

（3）谨防"假冒"，避免失误。电话具有方便、迅速的独特功能，但由于电话两头的人不见面，也容易被社会上一些不法分子利用来做“手脚”。例如，冒充上级部门或经理打电话，解决 ×× 问题；冒充经理亲属让办 ×× 事情；冒充记者、员工等谎报重要情况。如遇到此类可疑电话，值班人员一定要保持冷静，冷静地分析，冷静地处置，善辨真伪，以免上当受骗，给工作造成不应有的损失。

（三）处置突发事件、紧急情况

值班工作中遇到突发事件或紧急情况时，应注意如下几点：

（1）尽快做出合理的反应。凡是报到值班室的突发事件、重大事故，以及有损公司安全的事件，大都对本公司、本部门影响较大或直接关系到员工的生命和公司利益及安危。再有，要对值班室的常用通信设备定期进行维护、保养，如对讲机、手持电话平时要充好电；专用交通工具平时要加好油；交通图册、重要联络电话以至手电筒、雨衣等，要作为值班室的基础装备，做到常备不懈。

小案例

星期天小金值班，下午4点，接到一个紧急电话。电话内容是：公司一辆运送建材的大卡车与一辆面包车相撞，面包车的司机及车内三人受伤，大卡车司机手臂骨折，车损严重，不能开动，请求公司派人来处理善后。小金做好电话记录后，立即向总经理汇报，请领导亲自到现场处理事故。

分析： 小金遇到突发事件，做好电话记录是对的，但是越级汇报的做法不太妥当。应该立即向直接主管领导汇报，由直接领导来决定如何处理，以及是否向总经理汇报。

（2）准确了解具体情况。要对突发事件、紧急情况的时间、地点、影响范围、损失大小等了解得十分清楚，否则会贻误工作。要想达到办事准确的效果，必须通过各种渠道把情况尽可能地了解清楚，收听情况时要努力听清记准，对听不清楚或理解不准确的要逐字问清，如地名、人名、数字等，绝不能满足于“大概”“差不多”。

（3）积极主动做好预测。有些突发事件、紧急情况是不可预知的，而有些则是可以通过日常工作了解情况、掌握信息、综合分析，对事物的变化发展进行预测，以便做到防患于未然，将损失减少到最低限度。做好预测，就要求值班人员平时注意积累经验，遇到紧急情况时要善于思索和分析。回复时，要言语持重，不为所动。

小案例

上海某宾馆一贯以优质服务而赢得国外旅客的赞扬和信赖。一天晚上，两位德国客人来投宿，声称经朋友介绍慕名而来。不巧，客人需要的高级套房已经客满，接待人员只得向他们表示歉意。但客人仍不愿离开，再三要求想想办法。接待人员只好向经理室请示。值班秘书闻讯赶来，她先对客人表示欢迎，感谢他们对宾馆的信任，又让接待人员再仔细查阅登记簿，结果仍然让人失望。值班秘书注意到，第二天上午有客人要退房，遂建议先送两位客人到附近宾馆暂住一晚，明天上午再去接他们。客人同意了。安顿好客人后，值班秘书回到宾馆，请第二天白天值班的秘书办妥此事。

不料，次日傍晚，值班秘书上班后，发现白天值班的秘书未将两位客人接来。她认为事情严重，立即打电话到两位客人昨晚的投宿地，得知两位客人已另找其他宾馆了。她没有放弃，又四处打电话查找。终于找到了两位客人，值班秘书表示歉意后请他们回到宾馆来住。客人说昨天在那一家宾馆住了一晚后，因不习惯，次日上午又没有人来接，只得自己另找住处。若要回去，他们表示为难：一则已与相关人士联系妥当，请他们来住处洽谈；二则已交付了定金，所以不打算再换住处了。值班秘书听了，心中十分不安，她立即向经理汇报了此事，并说出自己的想法。获得同意后，值班秘书马上赶到两位客人的住处，诚恳地道歉，并表示愿意承担两位客人支付的定金，凡有人来找，其宾馆负责将他们接来与客人见面。客人被她的诚意所感动，连声说："我们的朋友没有说错，贵宾馆果真讲信用。"然后高兴地跟秘书回了宾馆。

分析：值班人员必须端正工作态度，以强烈的事业心、高度的责任心，带着满腔热情来工作。这位值班秘书爱岗敬业、责任心强，做事勤勉周到，态度诚恳热忱，遇事肯动脑筋想办法，将客人的事放在心上，所以才能留住客人，进而增强企业的知名度和美誉度。

五、值班安排表的制作

党政领导机关、大型企事业单位或一些性质比较特殊的单位设立有固定人员值班的值班室，平时有固定的人员值班，法定节假日则由业务部门的人员轮流值班，较小的单位多采取轮流值班的办法。值班人员的值班安排表一般由秘书部门具体编制，与有关部门协商并报上司审定后执行。

值班安排表一般包括值班的具体时间、地点、内容，领班人姓名及电话，值班人姓名，值班任务，注意事项等。值班安排好以后，要事先通知有关部门及人员，并将值班安排表发到每位领班人及值班人员手中，让其做好准备。

六、值班内容的记录

秘书人员要做好值班管理的一个必要环节，就是做好值班记录工作。这不仅是一个程序上的工作，还是值班工作做得好与坏的凭据。

（一）值班日志

值班日志以一天为单位，记录值班中遇到的情况和工作经历。凡值班期间的来人、来电、来函、上司批示、上司交办事项、值班人员办理事项，都应摘要记录在值班日志上。

值班日志有利于下一班值班人员了解情况，保持上下班工作的连续性；有利于上司了解、检查、考核值班工作；有利于为编写情况反映、工作简报、大事记提供参考资料。

值班日志样式很多，现介绍一种样式供参考，见表6-2。

表6-2　值 班 日 志

时　间	年　月　日　时　分一　日　时　分	值　班　人	
记　事		代办事项内容	
承办事项		接班人签字	
处理结果			

（二）值班报告

值班期间发生重大情况或突发事件，值班人员应立即向上司报告，必要时可形成书面值班报告送审。对把握不准的其他问题也要请示上司，不得擅自越权处理。上司批示后，值班人员应按上司意见办理。值班报告一般为单张正反面两页式，容量较小，把主要情况和拟办意见写清楚即可，不需要过多地分析原因、危害等内容。

（三）来人登记与接待记录

对办公时间和生产时间来单位的外来人员及其乘坐的车辆、携带的物品，以及非办公时间或非生产时间进出公司大门的人员及车辆、携带的物品，都要认真登记。登记可以由进出人员自己进行，也可以由值班人员代为登记。外来人员登记表样式见表 6-3。

表 6-3　外来人员登记表样式

序号	姓名	性别	单位	乘坐车辆	携带物品	办理事项	进入时间	出门时间	备注

接待记录要编号，依次记下来人姓名、单位、来访时间、陈述的内容和要求、值班人员姓名、拟办意见和值班人员签名。

小案例

秘书小董是某职业院校文秘专业的毕业生，参加工作后，他虚心好学，把老秘书接待来访的过程认真记在心里。在接待方面，他特别注意迎客、待客、送客这三个环节，力求使来访者满意。一天，办公室来了一位下级单位的工作人员。刚听到叩门声，小董就赶忙放下手中的工作，说声“请进”，同时起身相迎。来客进屋后，小董并未主动与对方握手，而是热情地招呼对方：“您好！请坐，请坐，有什么事需要我帮忙吗？”小董的热情接待给对方留下了深刻的印象。

分析：客人来后，秘书应放下手中的工作，立即站起来迎接，将对方让进屋里。一个人在陌生的环境中容易紧张，对自己缺乏信心，总感到自己处在不利的地位，这时，秘书若简单地招呼一声“您好！”“您有什么事需要我帮忙吗？”，很快便会打消客人的拘谨。一般情况下，秘书人员不要主动与来访者握手，如果对方主动伸出手来，秘书则应趋前握手，并问候对方：“您好”。一位好秘书要忠于职守，热爱本职工作，有强烈的事业心和责任感。本案例中，小董的做法符合接待礼仪的要求。

（四）电话记录

电话是值班室使用最频繁的对外联系工具。举办各种重大活动，召开重要会议，邀请经理出席活动或会议，大多数是用电话向有关人员通知；值班室反映情况、联系事情也多用电话。对于通话内容，必须认真做好准确记录。用电话通知，事先要拟好通知稿。通知稿要简明、扼要、口语化，避免或尽量少用同音字、怪僻字。在通话过程中要做必要解释，通知后要对方复述一遍。注意记下通话完毕时间、受话人姓名，备查。接上传下，通话内容核实后，记录者要签字负责。

（五）处理值班电话

处理值班电话是值班室最主要的工作，值班电话处理及时与否，直接影响公司的形象。因此，在处理值班电话时，要有高度的责任心，具体应注意“三心”：耐心、热心和恒心。

（六）交接班

值班结束后，应有完备的交班手续，注意以下几点：

1）必须当面交接，不能委托他人。

2）交清值班记录，说明在班内出现的问题及处理方法。

3）值班人在值班记录上签名，确认记录内容。

任务实施

任务回顾：小吴第一次周末在办公室值班，办公室王主任应从哪些方面着手对小吴进行培训呢？

办公室王主任应着手培训以下内容：值班任务与要求，值班工作规范与程序，值班时事务处理的方法与技巧，及时接打电话，认真填写值班记录表。

技能训练

一、模拟值班接待。

三位同学做模拟实训，两位模拟来访者，一位做好值班记录，三人可轮换扮演秘书做记录。

注意：记录单上应包含以下项目：来访时间、来访方式、来访者、来访者目的、如何处理、是否交办、记录者等。

二、阅读以下案例并回答问题。

今天轮到秘书小王值班，上午10点左右，经理有事外出，小王来到经理室看守电话。

“漂亮的小姐，你好！经理不在吗？”不知道什么时候，一个看上去有些不三不四的男人来到了经理办公室，摇头摆脑地凑到小王跟前。

如果你是小王，应该怎样做呢？

三、阅读以下案例并回答问题。

××公司的吴秘书正埋头起草一份文件，电话铃响了，拿起电话，吴秘书听出对方声音，辨别出又是那位叫洪涛的推销员打来的电话。第一次他来电时，吴秘书听着洪涛的自我介绍，判断出这不是经理正在等的电话，也不是紧急要事，就说：“很抱歉，经理不在。请您留下姓名和联系方式，我会转达给经理的。”可对方非要找经理本人不可。挂断电话，吴秘书就此事向经理做了汇报。经理听后，告诉吴秘书，自己曾在一次会议上见过此人，印象不佳，不想与此人有生意上的来往。一周前，洪涛又来了电话，吴秘书说：“对不起，经理还是不在。我已将你的情况和要求转告了经理，目前他非常忙，还未考虑与你联系。”说完，主动地挂断了电话。

现在，洪涛第三次来电，吴秘书应该怎么办呢？

任务二 保 密 工 作

学习目标

知识目标

1. 了解秘密的等级、保密工作的要求
2. 掌握文件保密、会议保密、通信保密
3. 掌握使用办公设备保密的环节

能力目标

1. 能够做好文件保密、会议保密、通信保密
2. 能够在使用办公设备时做好保密工作

素养目标

1. 明确秘书要树立保密意识，能根据要求做好办公室保密工作
2. 明确秘书要不畏磨难，勇于进取
3. 明确秘书要践行社会主义核心价值观，热爱祖国、充满职业热忱、忠于职守、爱岗敬业

任务描述

某测绘局郝秘书在撰写一份涉外绝密文件时，接到了朋友电话，请他赴宴。他说自己正在起草一份边境地理信息系统规划批复文件，婉言谢绝了朋友。文件打印好后，外事办王秘书来领取，结果在骑自行车返回机关的途中不慎将公文包丢失。第二天下午，一位外商根据公文包中的名片找到了王秘书，予以归还。王秘书立即将文件交给正在和外宾会谈的主任阅批，然后通过移动电话通知有关部门办理。

请分析案例中的秘书人员违反了哪些保密制度。

任务分析

具备保密意识是秘书的基本职责。显然，这两位秘书要想顺利从事秘书工作，必须认真学习和了解保密制度，遵守保密规定。

理论知识

办公室作为领导的综合办事机构，处在非常关键的位置，是重要的涉密部门。办公室承担具体的保密日常工作，并设有专职保密干部。作为一个承担保密管理日常具体工作的秘书，一定要确保保密工作更好地为单位各项工作服务，将保密工作落到实处。

一、保密工作的含义和内容

1. 保密工作的含义

秘密是指在一定的时间内只限一定范围的人员知悉的事项。将秘密控制在一定时间和范围内称为保密。保密工作是指特定组织及其成员为达到保守组织秘密的目的所采取的一切

手段和措施。

具体而言，从广义上讲，保密是一种社会行为，是人或社会组织在意识到关系自身利益的事项如果被他人知悉或对外公开，可能会对自己造成某种伤害时，对该事项所采取的一种保护行为。从狭义上讲，保密就是保护好国家秘密，保密工作就是围绕保护好国家秘密而进行的组织、管理、协调、服务等职能活动，通过法律手段、行政手段、技术手段和必要的经济手段，来约束和规范组织和个人的涉密行为，使他们的行为能够符合保密要求。从区域发展角度看，在管好国家秘密的同时，还应重视加强工作秘密、商业秘密的保护工作。

2. 保密工作的内容

保密工作是一项系统工程，从宏观角度来看，其内容包括制定保密法律、法规以及组织内部相应的保密规章，建立保密机构，开展保密宣传教育，研制开发和应用保密技术，进行保密检查督促，查处泄密事件，开展保密理论研究等方面。

二、秘密的种类

（一）按秘密的性质分

1. 国家秘密

国家秘密是关系到国家的安全和利益，依照法定程序确定，在一定时间内只限一定范围的人知悉的事项。这类秘密关乎国家的政治安全、经济安全、信息安全，必须严格保守。为此，我国制定了一系列相应的法律、法规和规章，如《中华人民共和国保守国家秘密法》《中华人民共和国刑法》《中华人民共和国国家安全法》《国家秘密定密管理暂行规定》等。

党的二十大报告提出：“我们要坚持以人民安全为宗旨、以政治安全为根本、以经济安全为基础、以军事科技文化社会安全为保障、以促进国际安全为依托，统筹外部安全和内部安全、国土安全和国民安全、传统安全和非传统安全、自身安全和共同安全，统筹维护和塑造国家安全，夯实国家安全和社会稳定基层基础，完善参与全球安全治理机制，建设更高水平的平安中国，以新安全格局保障新发展格局。”做好保密工作对于维护国家安全十分重要。我们每个人都应从自身做起，严守底线，共同维护国家秘密安全。

2. 商业秘密

商业秘密是指不为公众所知悉、能为权利人带来经济利益、具有实用性并经权利人采取保密措施的技术信息和经营信息。商业秘密受《中华人民共和国反不正当竞争法》保护。有些商业秘密同时也是国家秘密。

3. 组织内部秘密

组织内部秘密是指特定组织内部在一定时间内只限一定范围的人知悉、不对外公开的事项，如正在酝酿而尚未确定的干部任免事项、调薪方案、招聘信息、领导人之间的意见分歧等。这类秘密一旦泄露，轻则使领导工作被动，重则损害领导班子内部团结，破坏干部和群众关系，危害组织内部氛围，干扰领导的工作部署，甚至败坏组织在社会上的形象，导致不可挽回的政治经济损失。

（二）按秘密等级分

1. 绝密级

绝密级即国家核心秘密，一旦泄露会给国家的安全和利益造成特别严重的损害。

2. 机密级

机密级即国家的重要秘密，一旦泄露会给国家的安全和利益造成严重损害。

3. 秘密级

秘密级即国家的一般秘密，一旦泄露会给国家的安全和利益造成一定损害。

以上三类属于国家法定的秘密等级。

4. 内部级

内部级包括商业秘密和组织内部秘密，密级和保密期限由特定组织自行确定。

（三）按秘密存在的方式分

1. 有形秘密

所谓有形秘密，是指那些看得见、摸得着、具有秘密特征的实物。有形秘密主要有以下几种：

（1）文献类秘密。文献类秘密即运用纸质文书记载的秘密信息，如记载秘密信息的文件、资料、电报、信函、数据、图表、档案、报刊、书籍等。

（2）物体类秘密。物体类秘密即含有秘密信息的物体。比如，使用关键性的技术，通过观察或者测试、分析手段能够获得其中秘密信息的设备或者产品，统称密品。

（3）声像类秘密。声像类秘密即运用录音、录像和多媒体技术保存的秘密信息，如用于存储秘密信息的音频资料、视频资料、图片资料等。

小案例

2022年底，某单位在内部招待所组织集体学习某会议精神，涉密人员李某在个人房间中阅读、学习单位涉密文件的过程中，接到同事邹某发来的微信消息。然后，李某用手机将正在阅读的涉密文件内容拍照后，通过微信发给了邹某。邹某看到文件后，感到文件内容很有用，随即将其中的部分照片在自己的微信群中进行了分享，造成该涉密文件大范围泄露。事件发生后，李某受到留党察看一年、撤职处分，并调离涉密岗位，邹某受到撤职处分。

分析：微信是一款支持多人文件资料共享的互联网移动应用软件，类似的社交软件非常多，我们在享受信息化技术发展带来的沟通便利的同时，必须重视信息的保密工作。由于网络技术的发展，信息资源共享十分方便，一旦发生泄密事件，信息往往呈几何数级扩散，影响恶劣。身为秘书，必须具备良好的职业素养与高度的保密意识，才能做好保密工作。

（4）电子类秘密。电子类秘密即通过计算机系统和网络传递、接收、处理、存储的秘密。这类秘密包括存储秘密信息的计算机（包括软盘、硬盘、光盘）、内部局域网等。

2. 无形秘密

所谓无形秘密，是指不具有一定的实体形态的、存在于人脑的、具有秘密特征的意识、思维、技能等。无形秘密包括：

（1）口头类秘密。口头类秘密看不见、摸不着，却普遍存在，如会议上口头传达的、需要保密的精神，领导人口头交代给秘书的工作意图，领导班子内部的不同意见等。

（2）技术类秘密。技术类秘密即以技术、技能方式存在的秘密。如产品设计和制造过程中的关键性技术以及技术诀窍、传统工艺、设计方法等。

小案例

20世纪70年代，我国从“钟表王国”瑞士引进了两条手表生产线，一条安装在上海，产品起名为“上海牌”；另一条安装在天津，产品起名为“海鸥牌”“东风牌”。当时，根据我国生产线的实际技术水平，轻工业部组织专家制定并颁布标准，将机械式手表的误差定为24小时±45秒，误差在此范围均属于合格。瑞士技术专家在参观了生产线全过程之后发表了看法：“你们加工生产的零部件质量没有问题，但是人员装配水平太低。”应他们的要求，在我方人员不在装配现场的情况下，他们关上房门，使用我们生产的零部件组装手表。令我方人员感到十分惊奇的是，他们装配的产品24小时误差仅为3～5秒，有些甚至在1～2秒。瑞士技术专家说：“手表的装配工艺是我们的技术秘密，你们购买的生产线不包括这些内容，如果需要可以另外购买。”

分析：这是我们比较早领教到“技术秘密”的概念。技术秘密主要是指凭借经验或技能产生的，在工业化生产中适用的技术情报、数据或知识，包括产品配方、工艺流程、技术秘诀、设计、图纸（含草图）、试验数据和记录、计算机程序等，而且这些技术信息尚未获得专利等其他知识产权法的保护。这也启示我们：在工作中，每一位工作人员都应该树立保密意识，强化保密责任心，这样才能使企业在发展过程中避免一些不必要的损失。

有形秘密和无形秘密在一定条件下是可以相互转化的，如秘书将领导的内部指示和讲话记录下来，形成文件、资料，无形秘密就转化为有形秘密；秘书在处理秘密文件时，有形的秘密就会被大脑摄取并储存，转化为无形秘密。

拓展知识

保密工作守则

1. 不该说的话，绝对不说。
2. 不该问的机密，绝对不问。
3. 不该看的机密，绝对不看。
4. 不该记录的机密，绝对不记录。
5. 不在非保密本上记录机密。
6. 不在私人通信中涉及机密。
7. 不在公共场所和家属、子女、亲友面前谈论机密。
8. 不在不利于保密的地方存放机密文件、资料。
9. 不用普通电话、明码电报、普通邮局传达机密事项。
10. 不携带机密材料游览参观、探亲访友和出入公共场所。

三、保密工作的要求

（一）加强领导，健全机构

保密工作关系到国家的安全和利益，关系到经济建设和社会稳定的大局，关系到一个企业的生死存亡，意义极其重大。因此，各级领导要在思想上高度重视，把保密工作列入经常性议事日程，作为一项长期任务认真抓好。具体要求如下：

1）实行保密工作领导责任制，主要领导作为保密工作第一责任人，要切实履行职责，关心、支持保密工作。

2）在主要领导之下明确一名分管领导，负责对本单位的保密工作进行具体规划、指导、检查、督促和协调。

3）重要单位应成立保密工作委员会或保密工作领导小组，由党委“一把手”挂帅，下设保密委员会办公室，负责处理日常性工作。一般情况下，保密委员会办公室和党委办公室合署办公。

4）一般性单位的日常保密工作由秘书部门负责。

（二）依法管理，完善制度

做好保密工作需要法律和制度保证。我国的《宪法》和《保守国家秘密法》对保守国家秘密有明确的法律规定，此外还制定了一系列行政法规和规章，为做好保密工作创造了良好的法律环境，提供了有力的制度保障。各单位必须将保密工作纳入法制化轨道，做到有法必依、执法必严；同时以法律为依归，从本单位的实际出发，建立并且不断完善、加强本单位内部保密工作的规章制度。

1. 专项保密制度

专项保密制度包括文件保密制度、会议保密制度、新闻报道保密制度、通信保密制度、办公设备使用保密制度、计算机使用保密制度等。

2. 员工保密培训制度

要定期对员工进行保密培训，使他们牢固树立保密意识，掌握保密技术和技巧，养成保密的习惯。对新上岗的员工，特别是涉密的重点岗位人员，要进行重点培训。

3. 保密工作定期检查制度

对各项保密制度的执行情况要进行定期检查，以便及时发现保密工作中的漏洞和隐患，及时采取有效措施，将问题解决在萌芽状态，避免造成更大的损失。

4. 泄密责任追究制度

对违反保密规定，造成泄密的事故，要严肃追究有关人员的责任，给予其相应的处罚，绝不能姑息纵容。

5. 保密工作总结表彰制度

对于在保密工作中有突出贡献的单位和人员要总结他们的先进事迹，进行表彰和奖励；对工作中的先进经验，要及时加以宣传和推广。

小案例

丁秘书正在打印一份“保密”文件，打算交给公司三位领导。其间有客人来访，丁秘书请他先就座。这时，领导又让丁秘书去他办公室取份材料，丁秘书匆忙间打印了5份，随后就去了领导办公室。丁秘书错在哪？

分析：丁秘书的保密意识薄弱，不但按了打印键，还多打印了两份，并且将保密文件与外人留在一起，给单位带来了不可预知的泄密危险。这时丁秘书的正确做法是停止手头工作，关闭计算机，回来后再重新操作。

（三）积极防范，突出重点

积极防范是保密工作的着眼点和立足点。积极防范首先要提高警惕，要从思想上高度重视保密工作，强化保密意识；要以防为主，未雨绸缪，以积极的姿态把工作做在前头，而不是消极预防。比如，要在会议上传达保密文件，应选择符合保密要求的会场，严格审查参加对象的范围；在正式传达之前，要对传达对象进行保密教育，明确保密要求和保密纪律。这样，就能最大限度地减少乃至杜绝泄密和窃密事件的发生。

保密工作还要区别情况、突出重点。这些重点是：

1）从秘密的等级上来说，重点是绝密级。

2）从秘密的分布来说，重点是秘密相对集中、秘密等级高的部门。

3）从掌握秘密的人员来说，重点是接触秘密较多的领导人员、秘密所在的要害部门的工作人员以及分管秘密的专职人员。

（四）既确保秘密安全，又便利工作

保密工作既要确保国家秘密、商业秘密和组织秘密的安全，又要有利于各项业务工作的正常进行，二者要相互兼顾、辩证统一。为此要做到：

1. 确定秘密范围要准确

定密过窄，该确定为秘密的事项而未定密，会造成泄密事件的发生。定密过宽，不该确定为秘密的事项而确定为秘密，就会给业务工作带来许多不便。

凡公开或泄露后，使权利人的经济利益遭受损失的技术信息和经营性信息，应当确定为商业秘密。

凡一个组织内部尚未确定或虽已经确定，但公开或泄漏会给该组织的工作和利益带来损害的非技术和经营性的事项，应当列为组织秘密。

小案例

某公司董事长要召开一次股东大会，内容主要是商议公司刚刚空缺的财务部经理由谁来继任。董事长秘书小王负责帮董事长打印会议资料，无意中，小王在文件中看见董事长有意提升财务部的谢亮任经理一职。

中午吃饭时，小王正好在餐厅看见了谢亮。小王开玩笑地说："这不是谢经理吗？"谢亮听了一头雾水。后来听小王解释后，他很高兴，随即请小王吃了顿饭。

会议过后，公司发布人事调整的通知，财务部经理已经定下来了，但不是谢亮。小王很惊讶，以后看见谢亮都不好意思打招呼了。

分析：秘书小王之所以陷于尴尬的境地，是因为他将公司未公开未成定案的组织秘密传递给当事人，犯了秘书工作的大忌。

2. 确定秘密等级要合适

秘密等级合适，不仅能够确保各项秘密不被泄露，而且也有利于秘密信息的合理利用。秘密等级定得过高，虽然秘密无恙，但会对信息的利用造成不必要的麻烦，确定国家秘密的等级，要综合考察该项秘密一旦泄露，对国家的安全和利益所造成损害的时间长短、损害面的大小、经济损失量的多少等因素。损害特别严重的事项，应当确定为"绝密"；损害严重

的事项，应当确定为“机密”；损害一般的事项，应当确定为“秘密”。商业秘密可由商业秘密的权利人确定相应的密级。

3. 确定保密期限要合理

任何一种秘密都是在一定时间只限一定范围的人员知悉的事项，这里的“一定时间”就是保密期限。保密期限届满后，应自行解密。

合理确定保密期限，一方面是为了提高保密工作的效率，避免为实际上已无须保密的事项付出毫无意义的劳动；另一方面，也是更重要的方面，就是能够使秘密事项在解密后发挥信息共享的作用。

4. 变更密级和保密期限要及时

秘密事项泄露后的损害程度已明显变化，或因工作需要，原接触范围需做很大变动的，应由确定密级和保密期限的机关或单位及时变更密级和保密期限。

文件中所涉及的秘密事项公开后不会再造成损害，或从全局衡量公开后更为有利的，应及时解密，并通过法定程序公开。

（五）应用技术，严防窃密

当前，利用高新技术窃取秘密的事件屡有发生。技术越是落后，秘密就越容易被窃取。因此，要确保国家秘密、商业秘密和组织秘密的安全，就要不断开发和使用新的保密技术，提高反窃密的技术能力。

小案例

2021年4月，某单位综合处处长魏某为图工作方便，违规安排工勤人员将1台涉密计算机送外维修，致使维修人员将该计算机连接互联网，并在该机上交叉使用非涉密U盘，造成相关涉密文件失控。有关部门给予魏某警告处分。

分析：涉密人员在工作、学习、生活中都应合法知密、不传密、不泄密。新时期的保密工作具有失密范围和内容扩大化、泄密渠道多样化、窃密手段的诡秘化、保密难度增大的特点，所以我们做好保密工作尤为重要，不能有丝毫的麻痹大意，要不断学习，提高反窃密的技术能力。

四、秘书部门的保密工作

（一）文件保密

文件保密要严格把好以下环节：

1. 定密

需列入保密范围的文件，应在其产生的同时，由制文机关或单位确定密级和保密期限。涉及商业秘密和组织内部秘密的公文，其密级和保密期限由产生该公文的企业或组织确定。

2. 审核与签批

审核、签发、审批公文时，如发现不符合保密范围，或者密级和保密期限规定不当的，应当予以纠正。

3. 标识

密级和保密期限应在文件首页的右上角（地图、图样、图表在其标题之后或者下方）做出明显并易于识别的标志。书面形式的密件中，国家秘密的标识为“★”，“★”前标密级，“★”后标保密期限，如“秘密★五年”。特殊情况下，保密期限为长期的标识为“绝密★长期”。保密期限与该密级的最长保密期限一致时，可免标保密期限，如“绝密★”，并按该密级的最长保密期限处理。商业秘密的标识由商家自行确定，但不得出现“★”。

文件、资料汇编中有密级的，应当对各独立的密件的密级和保密期限做出标志，并在封面或者首页以其中的最高密级和最长保密期限做出标志。

摘录、引用密件中属于秘密的内容，应当以其中最高密级和最长保密期限做出标志。文件中只有少量内容属于秘密的，除在文件首页标注相应的密级外，还可以直接在应保密的段落之前标明密级，或者以文字指明哪些内容属于秘密事项。

密级和保密期限变更后，应当在原标注位置的附近做出标志，原标志以明显方式废除。在保密期限内解密的密件，应当以能够明显识别的方式标明“解密”字样。

4. 缮校

密件缮印应指定专人，批量印制应指定专门的印刷厂，并由专人监制。印刷密件时产生的废纸、校样等应彻底销毁。密件校对时，不得高声朗读，也不得私自找他人代校。

5. 传递

密件应通过机要交通或派专人传递。传递时，信封上必须标明密级并加盖密封章。用电报传送密件，须使用密码；用电话传达密件，必须使用保密电话；用传真机和计算机传输密件，应采用加密装置。绝密件不得用传真机和计算机传输。

6. 运转

密件应实行严格的签收、登记制度。签收、登记时，要核对份号（印制顺序号）是否准确。登记、分文、传阅时，不能搞错每份密件的份号。

7. 保管与翻印

密件平时应存放在保险柜中，以防被盗。任何人不得将密件带回家，也不得在公共场所阅读密件。如因工作需要，需翻印、复制密件，应办理审批手续。

8. 清退

密件应当定期清退，任何个人和单位不得借故拖延留存。工作人员调离岗位时，应当将本人暂存、借用的公文按规定移交、清退。清退密件时，应填写清退报表，一式两份，由接收部门核对后退回一份备查。单位密件的清退应开具收据。清退时，应检查密件中有无缺页、签收与退还的密件的份号是否一致。

9. 销毁

销毁密件必须严格登记，经主管批准后，至少由两人监销。销毁密件时，应禁止无关人员介入，保证不丢失、不漏销、不泄密。销毁后，监销人在密件登记表上签字。非特殊情况，个人不得销毁密件。

小案例

某市一家机械厂与市机械研究所合作研制生产2L30型装载机，正当技术人员为试制做生产设计、晒图的技术准备时，厂办公室秘书王某利用工作之便，乘档案员李某把钥匙放在桌子上的机会，将此钥匙压在事先准备好的一块胶泥上，并成功配制钥匙。王某在夜间将档案室的门打开，盗出2L30型装载机图样，以1万元卖给外地一家工程机械厂。由于该厂没有及时发现图样被盗一事，造成该厂将此作为拳头产品还在研制时，外厂已照图样投入生产，给该企业带来严重的经济损失。

分析：社会主义核心价值观可以分为三个层面：富强、民主、文明、和谐是国家层面的价值目标，自由、平等、公正、法治是社会层面的价值取向，爱国、敬业、诚信、友善是公民个人层面的价值准则。身为公民，理应遵纪守法；身为秘书，保守秘密、做好保密工作，是忠于职守、爱岗敬业的直接体现。王秘书为了个人利益不择手段，私配钥匙，盗出图纸，其行为是渎职、是盗窃犯罪，应严厉查处，用法律来裁决；档案员李某保密意识不够，责任心不强，随意将钥匙放在桌子上，给犯罪人员以可乘之机，所以必须强化档案室的内部管理，严格执行各项保密制度。

（二）会议保密

1. 场馆保密

场馆是会议人员集中的地方，为防止泄密和窃密，必须加强场馆保密。具体要求做到：

1）会议地点保密。不对外公开会议的地点。

2）会场环境保密。保密会议或内部会议应当选择具备条件的场馆举行。不得安排在接待外国人的宾馆、饭店、招待所内举行。如遇特殊情况必须举行的，一定要采取保密措施。

3）基本设施保密。举行保密会议的会场必须具有良好的隔音和屏蔽效果，以免声音和信号外泄，并能有效防止扩音设备产生寄生振荡泄密。

4）会后清场保密。会议结束后，工作人员应立即进行清场。清场的重点有两处：一是会场；二是与会者住宿的房间。清场的任务主要是检查有无遗留的文件、笔记本以及可能造成泄密的物品或痕迹。

2. 会议文件保密

保密会议中使用的所有文件都要列入保密范围，除遵守一般文件保密的要求外，还要做到：

1）实行严格的签收制度，明确签收责任。

2）需清退的文件，在会议结束时要逐一清退。

3. 器材保密

现代会议离不开先进的器材，如传真机、计算机、签到机、复印机等。但是举行保密会议，就必须对这些器材采取保密措施，具体要求做到：

1）有专人管理和使用，实行谁管理谁负责。

2）会前对使用的器材进行防窃密、防泄密检测。会议期间必须使用的电话机、传真机和计算机要严格加密。复印机、传真机使用后，要及时删除信息痕迹。

3）会前对会场做严格细致的检查，防止有窃听或监控设备。

4）参会人员不得携带手机等移动通信工具进入会场，已携带的必须交工作人员统一保管。

4. 时间保密

除了与会者和必要的工作人员外，不向外界公开会议具体时间，包括开始和结束时间。

5. 人员保密

1）根据工作需要，限定参加会议人员的范围。例如，举行涉及绝密级事项的会议，与会人员必须指定。

2）会前对参加保密会议的工作人员要严格审查。

3）严格入场检查制度。与会者必须携带证件，如会议通知、单位介绍信、代表证等，无证件者原则上不得进入会场。确需列席会议的人员，应将名单呈报主管会议的领导审定。与会者的随行人员因特殊情况需要进入的，应报请批准。

4）除了会议的领导和少数重要的工作人员外，其他与会者和工作人员会前不得打听有哪些人参加会议，会后也不能公开。

5）参加保密会议或内部会议的所有人员都必须履行报到登记手续，会议期间外出应当经过批准并记录在案。

6. 传达和宣传保密

保密会议或内部会议如果需要传达和宣传报道，应当做到：

1）事先确定传达和宣传的口径、程度、方式和范围。

2）各单位要按规定的范围、内容和方式进行传达。如需扩大传达范围和内容，应报请上级机关批准。未经批准，任何人不得擅自向外透露会议的内容。

3）有的会议属于半公开会议，可以进行一定的宣传报道，但要指定专人对报道会议的新闻稿或简报原稿进行统一审查把关，统一宣传报道的口径，避免因文字疏忽导致泄密。

（三）通信保密

1. 电话通信保密

1）需在电话中涉及秘密事项的，必须使用具有保密功能的电话，不得在普通的固定电话、无绳电话、移动电话、可视电话、对讲机中传递秘密信息。

2）平时用普通电话商量重要工作时，要留意周围环境是否安全，如有客人来访，应当中止通话。如果办公室其他同事正在接待客人，秘书通话应压低声音或转至其他处通话。

3）正式通话前必须先确认对方的身份并了解其是否有资格获得本单位的内部情况。在确认通话对象身份之前，或者对方的身份虽然明确，但无法确定其是否有权获得信息时，不能透露本单位的内部信息。

4）经常检查户外电话线是否被偷接设备。

5）通话后要检查是否挂机，防止未挂机泄密。

6）负有机要任务的人员，不得轻易使用移动电话，以防泄密。

2. 传真通信保密

1）传送或接收秘密级和机密级文件应当使用具有保密功能的传真机。

2）绝密级文件不得使用传真机传递或接收。

3）文件传真后，应取回原件保存，不要遗忘在传真机上。

4）带有图像记忆功能的传真机，在传递或接收秘密文件后，要删除图像，以免他人复制。

3. 电子邮件通信保密

1）秘密文件与事项必须使用局域网传送。

2）秘密文件不得翻印、复制。

3）秘密文件在回复时也要注意保密。

4. 社交媒体通信保密

秘密文件与秘密事项不得在微信、QQ 等社交媒体上传递。

素养案例

1998 年，扎西多吉自北京电子科技学院毕业后，便毅然决然地回到了家乡那曲，投身于为人民服务的伟大而又光荣的事业里。

扎西多吉在那曲工作了 19 年，与保密结下了不解之缘。回那曲后，他便任职于那曲安多县机要局。长期与国家秘密打交道，使扎西多吉培养起强烈的保密意识，而过硬的业务素质又让他的职业生涯一路坦途。2007 年，他告别西藏自治区那曲地区机要局副局长的身份，正式加入那曲地委保密办，担任保密办主任一职。上任后，不出几个月便抓住了那曲保密工作机构涣散、执行不力的核心问题。他力主“走出去”，以日常化的执法检查抓工作落实，深入基层去发现问题、查找不足，最终摸清了那曲保密工作的底子，制定出符合实际的具体工作方法。

然而，在那曲，“走出去”谈何容易。这片平均海拔 4 500 米以上的土地，号称“世界屋脊的屋脊”，含氧量只有内地城市的 50%，气候干燥，一到下午便会刮起狂风。高原长冬无夏，气温也极低，全年平均温度只有零下 2 摄氏度左右，极端最低气温则可达零下 40 摄氏度……种种限制，使人们进行必需的生产生活都异常艰难，更不要提出门奔走。勇敢要强的扎西多吉想了又想，不愿意就此放弃，他决心以身作则，率先出发。此后的 10 年间，扎西多吉每年平均下乡 3 次以上。他的足迹踏遍了 45 万平方公里的羌塘草原，跑遍了 11 个县的 114 个乡镇，走遍了整个那曲的山山水水。

每到一处，他不仅按照计划对保密工作进行摸底，还注重鼓励基层保密干部奋力进取：保密工作千头万绪，任何工作都离不开保密，开展保密工作要拓展思维、积极创新，要多想“点子”，多争取支持。常年的奔波终于有所回报，在扎西多吉的苦干实干之下，那曲地区保密工作有了重大进展，各级保密机构的人员、投入、技术配备都得到加强，广大干部职工的保密能力也大大提高，为地区保密工作开展营造了良好氛围，那曲地区保密工作基础得到夯实。

分析：扎西多吉把一生的青春和热血都洒在了这片他热爱的土地，扎西多吉以其使命感与责任感，诠释了一名党员干部、一位保密工作者的忠诚与担当，他的奋斗精神、奉献精神激励着所有保密工作者奋勇前行。

（资料来源：国家保密局网站，http://www.gjbmj.gov.cn/n1/2019/0122/c409093-30584220.html，2019 年 1 月 22 日，有删减）

（四）办公设备保密

1. 使用复印机保密

1）复印秘密文件的复印机应当放置在机要室，由机要人员专用。

2）用公用复印机复制内部文件时，应避免他人在场。

3）使用具有图像记忆功能的复印机后，应立即删除自动保存的图像。

4）复印后将原件取回保存。

5）损坏的废纸要立即投入碎纸机粉碎，不得再次利用。

2. 使用电子设备的录音、拍照和录制视频等功能时要保密

1）使用电子设备的录音、拍照和录制视频等功能记录秘密会议或文件，要事先征得领导同意。

2）涉密的音频、照片和视频等文件要按其密级同秘密文件一样严格保管。

3. 使用计算机保密

1）计算机显示屏放置要隐蔽，不要直接对着门窗或通道。客人来访时应迅速启动屏幕保护程序或直接关闭显示屏。

2）需要离开计算机时，一定要关闭系统，或加密后休眠。

3）用计算机传递秘密信息要使用加密器，但绝密级事项不得用计算机传递。

4）用计算机打印秘密文件时，应保证周围环境安全。

5）存有秘密信息的计算机应当专人专用，秘密数据要用密码保护。他人使用时，要采取制定盘区、限制存取范围等技术措施，使外来用户不能涉及秘密数据。

6）存有秘密信息的软盘、光盘应当标有密级标志，保存在安全的地方，避免随便携带外出。

拓展知识

信息安全意识漫谈

一、Wi-Fi 安全

1. 钓鱼 Wi-Fi

（1）隐患分析。在餐厅、商场、火车站、机场等公众场所，通常都设置了免费的 Wi-Fi 热点，然而，攻击者可能会创建一个有迷惑性的 Wi-Fi 热点，一旦连接到这些恶意热点，可能会导致信息泄露、流量劫持等风险。

（2）安全建议。在公众场所链接 Wi-Fi 前，应留意周围的提示，接入官方提供的网络；在处理重要信息或进行移动支付时，不要使用公用网络，最好使用工具自带的 4G/5G 网络。

2. 私搭 Wi-Fi 热点

（1）隐患分析。Wi-Fi 信号具有一定的覆盖范围，不仅在工作区域内可以连接，甚至在办公楼附近也可以接入。员工私自搭建的 Wi-Fi 加密方式通常较弱，一旦被破解，会导致攻击者直接访问办公网络的风险。

（2）安全建议。在办公区域，使用单位提供的网络接入方式，不要自行搭建个人热点，

不要使用“Wi-Fi 分享器”等设备；如确有需要，在架设无线路由器前必须经过单位批准，并进行安全检查，Wi-Fi 应使用安全算法、设置复杂密码、保证密码定期更改。

3. Wi-Fi 密码共享

（1）隐患分析。一些 Wi-Fi 密码共享类 App 会在安装后自动上传所有已经连接过的 Wi-Fi 密码，其中很可能包含一些家庭、工作单位的密码。一旦攻击者使用这类工具，可以轻而易举地连接到家庭或单位的办公网络。

（2）安全建议。避免使用 Wi-Fi 密码共享类 App；如果需要使用，建议首先关闭自动上传密码功能。

4. Wi-Fi 收集信息

（1）隐患分析。一些广告公司会在公共场所设置“Wi-Fi 探针”，当用户手机开启 Wi-Fi 功能时，探针盒子可以自动识别到手机的 MAC 地址、RSSI 值等信息，从而掌握用户的行为轨迹。如果将这些信息与企业自有数据或第三方数据进行匹配，可能会关联到用户的设备 ID 和手机号码，再据此进行有针对性的营销推广。

（2）安全建议。在不需要使用 Wi-Fi 和蓝牙时，将手机的 Wi-Fi、蓝牙功能关闭；使用手机安全软件，根据数据库中保存的记录，对潜在的推销电话进行拦截。

二、非涉密办公区域安全

1. 非工作人员进入

（1）隐患分析。大门是保护办公区域安全的第一道屏障，可以防范非工作人员进入工作区后产生的物理风险。然而，在与同事聊天、看手机或有急事时，可能会忘记关门，或忘记确认身后是否有人尾随，因此应在平时养成随手关门的习惯。

（2）安全建议。进出大门时应观察是否有人尾随；对不能自动闭合的大门应注意随手关门；收快递、拿外卖应在门外进行；非工作人员进入工作区需登记并由工作人员全程陪同。

2. 内部会议安全

（1）隐患分析。在内部会议召开的过程中，会议组织者应确认在场参会人员身份，员工也应警惕身边是否有可疑或陌生人员，特别是在进行人数较多的大型会议时。一旦有非参会人员混入，就可能造成信息泄露，从而导致危害性后果。

（2）安全建议。会议组织者应现场确认参会者身份；召开重要会议时，应选择隔音、封闭的会议室；会前叮嘱参会人员保密事项；会后整理会场，确保不遗留资料，并擦除信息。

3. 计算机屏幕保护

（1）隐患分析。在单位中，不同岗位的工作内容、工作性质不同，有权限接触到的信息也各不相同，一些信息在公开披露前需要保密。因此，离开电脑前，应锁定屏幕，否则就存在被他人看到文件内容、拷走资料等风险。

（2）安全建议。如果长时间离开，建议将电脑关闭；离开电脑前应使用 Win+L 快捷键锁屏；设置屏保自动启动：右击桌面，选择“个性化”—“锁屏界面”—“屏幕保护程序”，在弹出的“屏幕保护程序设置”对话框中选择屏保程序并设置等待时间（建议控制在 10 分钟以内），同时勾选“在恢复时显示登录屏幕”。

4. 桌面隐患

（1）隐患分析。一旦别有用心者混入办公区域，桌面就成为他们的首要“狩猎”目标。在其找到目标文件或重要物品后，会对其进行拍照、复制、窃取。

（2）安全建议。日常工作中，应及时将重要文件放入带锁的抽屉或柜子里；不要在桌面上放置重要文件、存储重要文件的设备、门禁卡、钥匙、写有密码的便笺等物品。

5. 窃听风险

（1）隐患分析。随着科技的发展，目前的窃听装置已经能够做得非常小。在一些需要保密的重要场所，应该注意防范窃听风险。

（2）安全建议。如有需要，可以选购专业的防窃听检测装置，在重要场所对各个隐蔽位置进行排查，检测电磁波信号或电子设备是否存在，判断是否存在窃听风险。

（资料来源：国家保密局网站，http://www.gjbmj.gov.cn/n1/2019/1014/c409092-31399498.html，http://www.gjbmj.gov.cn/n1/2019/1014/c409092-31399472.html，2019 年 9 月 26 日）

任务实施

任务回顾：请分析案例中的秘书人员违反了哪些保密制度。

作为秘书人员一定要有保密意识，第一，郝秘书不应向好友透露自己正在做的具体工作内容；第二，王秘书粗心大意将保密文件丢失应立即采取措施，第一时间向领导汇报情况，并积极主动寻找；第三，过了一天才被一位外商捡到，那么这份文件已经存在泄密可能，所以应该主动积极地向领导汇报具体情况，寻求解决方案，而不应该再使用了；第四，主任正在与外宾会谈，这种涉外绝密文件不应在此情况下请领导审阅；第五，不应该用保密性差的移动电话来通知保密工作。

技能训练

一、请分析下面案例中秘书的做法。

别因领导坏了规矩

有一次，秘书林峰收到一份密级文件，所办事宜涉及某科室李主任。林峰请李主任到阅文室看件，他说：“我正有个急事忙着呢，麻烦你把文件送到我办公室，我看过就还你。”碍于情面，林峰将该文件送了过去。这时，李主任突然接到一个电话，要马上出去，就跟林峰商量回来再把文件给他。于是，李主任把文件放在抽屉里锁了起来。等李主任回来，林峰去要文件，可他已把此事忘了。丢了密级文件，可是个大事故，林峰吓出了一身冷汗。所幸这位李主任最终想起了这件事，并在抽屉里找到了那份文件。

二、请分析下面案例中秘书的做法。

×× 公司秘书小江正坐在计算机前，按照会议讨论修改后的文稿修改公司的投标书，这时来了三位外单位的未预约客人。小江放下手头的工作，热情地接待、询问、联络和端茶倒水，待将客人安排妥当后才回来接着操作计算机。

几天后开标，×× 公司奇怪地发现竞标成功的对手，其标书中所列主要项目的价格都比自己的价格低，而且都只低 1～2 个百分点。

从上述情况看，公司的秘密不一定是在小江接待访客时泄露出去的。但是，秘书小江的做法是否合适呢?

项目七 / Project 7

07

信息工作

任务一　秘书信息工作

学习目标

知识目标

1. 了解秘书信息工作的内容、特点
2. 了解企业信息工作的作用

能力目标

1. 能够做好秘书信息工作，增强信息处理能力
2. 能够树立正确的秘书信息意识

素养目标

做好每一件平凡的小事

任务描述

小张是一个刚刚走上工作岗位的大学毕业生，在一家大型食品企业任产品开发部门秘书。他所学的专业是信息管理，对信息有着天然的敏感性。从上班第一天起，他就开始注意学习和收集与本企业产品相关的国内外最新的信息。他从公文、网络、书籍、刊物等多种媒体上抄录信息，与同行交流时一有机会就会索取信息。

对于这些信息，小张应该如何处理才能更好地发挥信息的作用？

任务分析

秘书人员作为决策者的助手，在一个单位的信息和调研工作中扮演着重要角色。信息不仅是秘书人员辅助领导决策的依据，也是处理日常事务的基础，更是起草文件的基础。因此，作为公司秘书，一定要学会收集、筛选、分类、加工、传递和合理利用商业信息。

理论知识

早在两千多年前，我国古代军事家孙子就提出了“知己知彼，百战不殆”的观点。这不仅适用于军事战争，同样适用于市场经济中的企业竞争。一个企业或者其管理者，在商业竞争中要做到知己知彼，实质就是要展开全面的信息工作。信息和信息工作对置身于这个时代的企业来说其重要性不言而喻。

一、认识企业管理中的信息工作

（一）企业信息与企业信息工作的概念

企业信息主要是指与本企业相关的经济信息、科技信息、政治信息、社会信息和生活信息等。

企业信息工作是指为企业的经营、战略、管理、生产等服务而进行的有关信息的收集、加工、处理、传递、存储、交换、检索、利用、反馈等活动的总称。企业以先进的信息技术为手段，对信息进行采集、整理、加工、传播、存储和利用，对企业的信息活动过程进行战略规划，对信息活动中的要素进行计划、组织、领导和控制，力求资源有效配置、共享管理、协调运作，以最少的消耗创造最大的效益。

（二）企业信息工作的内容

企业信息工作的内容包括企业信息化建设、企业信息开放与保护、企业信息开发与利用。

（1）企业信息化建设。这是企业实现信息管理的必要条件。任务大致包括计算机网络基础设施建设 [企业计算机设备的普及、企业内部网（Intranet）/ 企业外部网（Extranet）的建立与互联网的连接等]；生产制造管理系统的信息化 [计算机辅助设计（CAD）、计算机辅助制造（CAM）等的运用]；企业内部管理业务的信息化 [管理信息系统（MIS）、决策支持系统（DSS）、企业资源计划（ERP）、客户关系管理（CRM）、供应链管理（SCM）、知识管理（KM）等]；企业信息化资源的开发与利用（企业内外信息资源的利用，企业信息化人才队伍培训，企业信息化标准、规范及规章制度的建立）；企业信息资源建设（包括信息技术资源的开发、信息内容资源的开发等）。

（2）企业信息开放与保护。信息开放有两层含义，即信息公开和信息共享。信息公开包括向上级主管公开信息、向监督部门公开信息、向社会公开信息、向上下游企业公开信息和向消费者公开信息、向投资者公开信息等。企业信息按照一定的使用权限在企业内部部门之间、员工之间和合作伙伴之间进行资源共享。企业信息保护的手段很多，如专利保护、商标保护、知识产权保护、合同保护、公平竞争保护等。

（3）企业信息开发与利用。从信息资源类型出发，企业信息资源有记录型信息资源、实物型信息资源和智力型信息资源之分。智力型信息资源是一类存储在人脑中的信息、知识和经验，这类信息需要人们不断开发加以利用。企业信息开发与利用的内容，包括市场信息、科技信息、生产信息、销售信息、政策信息、金融信息和法律信息等。

（三）企业信息工作的作用

著名科学家钱学森提出把情报信息作为第四产业的新构想。他指出，第一产业是指农业等，第二产业是指制造业，第三产业是指提供各种服务的行业，而地位和作用越来越重要的情报信息则应列为第四产业。他认为，世界各国都在搞“情报战”，对情报信息的竞争十分激烈，第四产业可以说是面向世界、面向未来、面向现代化的一个重要产业，应当高度重视、大力发展。

1. 它是企业管理的基础

企业管理的每个环节都离不开企业信息，管理的过程实质上就是企业信息收集和利用的过程。现代企业的发展与其说是生产技术的提高，不如说是管理水平的加强。20 世纪中期以来，企业管理发生了深刻变化。一个企业管理者的优劣，首先要看两个条件：一是看其对本企业生产经营状况的了解；二是看其对企业市场行情信息的了解。企业管理已由经验管理向科学管理转变，而管理的科学化必须要有大量的企业信息作为参考和依据，否则将对企业的管理造成混乱，而且将失去许多有利时机，使企业蒙受巨大损失。

2. 它是开发利用新产品、新技术、新工艺的前提

新产品从研制开发到成为商品进入市场，是一个信息收集、加工、服务、反馈和提高的全过程。当前一轮新产品投放市场的第一天起，产品在市场上的竞争能力强弱的信息就会源源不断地反馈给企业；而企业的环境信息也随社会竞争势头的变化而变化，加上竞争对手的研究、开发和技术创新动向，高校科研部门的研究成果信息，企业产品自身销售周期的临近等各种信息，必然要促成企业不得不开发出高起点、高科技含量的创新产品，使企业在不断的新产品开发中前进。

企业只有保持强大的科技实力和科学技术的不断进步，才能有远大而健康的生命力，因而要求企业强化新工艺、新产品、新技术开发，密切注意国内外市场动向，引进、开发利用外来新技术、新工艺。开发、引进先进技术必须以企业信息为先导，综合考虑各方面因素，才能避免盲目引进，才能使引进的技术适应国内外市场的发展变化，保持优势，避免产品技术很快被淘汰。企业间竞争越激烈，企业信息的作用也就越明显。

小案例

日本尼西奇公司原是一家生产雨伞的小企业。一次偶然的机会，董事长多川博看到了一份最近的人口普查报告。人口普查资料显示，日本每年有250万个婴儿出生，他立即意识到尿布这个小商品有着巨大的潜在市场。按每个婴儿每年最低消费2条计算，一年就是500万条，再加上广阔的国际市场潜力，于是他立即决定转产被大企业不屑一顾的尿布，结果畅销全国，走俏世界。如今该公司的尿布销量已占世界的1/3，多川博本人也因此成为享誉世界的“尿布大王”。

分析：董事长多川博从最近的人口普查报告中发现信息，并对信息进行深入分析，由雨伞市场顺利转入尿布市场，成为享誉世界的“尿布大王”。

3. 它是生产过程控制的手段

企业的产品、质量、成本、服务和时效是其永恒的主题，是企业效益的五大要素。高效率生产是企业的根本任务，在生产过程中，应随时注意企业内各种反馈的信息，及时发现效率低下、浪费严重、成本高和存在事故隐患的环节。应用国内外先进的科学技术和组织管理信息，对生产过程的关键环节进行技术革新和技术改造，逐步实现生产过程自动化，从而降低成本，提高生产效率，用高效的信息能力来保证企业的高效生产。

4. 它是企业走向市场的关键

随着市场企业的不断发展，企业同市场的联系越来越紧密，而市场的变化也越来越频繁，企业竞争越来越激烈。一个企业要想继续生存和发展，首先必须要开拓和占有市场，而要占有市场则必须随时掌握市场变化情况，通过多种渠道广泛收集各类企业信息，包括科技企业信息、市场企业信息、行业企业信息等。对企业来说，市场企业信息犹如“黏合剂”与“催化剂”，能使企业生产要素优化组合，发挥更大合力，生产出价廉质优量多的产品。企业对市场企业信息把握得是否及时、准确，关系到产品价值能否实现，关系到企业成败。

企业如能灵通地掌握市场企业信息，准确地把握市场格局及其变化，就可以适时调整企业战略，在瞬息万变的激烈市场竞争中立于不败之地。

5. 它是提高企业员工素质的阶梯

通过收集和利用企业信息，能够在实践中快速提高企业信息人员的应用技能和综合素质。企业通过不断加强信息化进程，培育企业文化氛围，使广大企业员工逐渐树立信息意识，自觉地参与到企业信息化建设中去，并在信息化建设中不断提高员工的素质。国际上不少大型企业都建立了完善的员工技能培训计划和制度，并鼓励员工为企业发展献计献策，从而实现企业信息工作的大众化，以提高企业的信息工作水平。

6. 它是树立企业良好形象的途径

企业良好的社会形象是企业产品进入市场，参与市场竞争、广泛吸引社会资金投入和人才投入的基础。所以，企业除了生产出高科技、高质量、高效率和低成本的名牌产品，还应投入一定的人力、物力，通过网络和广告等与外部环境之间进行广泛的信息交流，使企业产品深入人心，扩大企业在社会上的影响力。

综上所述，企业信息的独特功能使其具有十分重要的位置。重视信息、捕捉信息、处理信息和运用信息，已成为社会企业活动的热点。

二、秘书信息工作的主要内容

信息是领导决策的基础和依据，是帮助领导实现科学管理的先决条件，是沟通领导与各方面的纽带，是秘书人员发挥参谋助手作用的基础，秘书部门必须加强信息工作。秘书的信息工作主要包括下述几个环节：

（一）信息收集

信息收集是信息工作的基础。它是指信息收集者根据工作需要，通过不同的渠道和方式收集获取信息的过程。对于秘书来说，这一阶段的基本要求就是收集面要广。但是，以有限的秘书工作范围和工作时间面对无限的信息世界，“广”就是一个相对概念。这就要求秘书的分辨力要强。只有判断准确，收集的信息中“含金量”才会大大提高。为了提高信息的“含金量”，秘书首先要解决信息收集工作中的“建网”环节，即建立秘书的信息渠道。指定安排信息员、明确信息例会制度和信息交换制度、建立信息网站、实现计算机网络联系等，都是秘书工作中建立信息渠道的方法。

小案例

从某名牌大学毕业后不久，王明应聘到一家外企做人事部秘书。因为公司初建，面向全国招聘，所以秘书刚上班时的主要工作就是：筛选简历。量大枯燥，索然无味，且忙得四脚朝天，因此，很多人美好的憧憬一下子灰飞烟灭。办公室里弥漫着沉闷、不耐烦的空气。许多秘书中，只有王明不急不躁，一直耐心仔细地做。很快王明被提升为人事部主管。升迁的理由是：一个名牌大学毕业的硕士生，每天千篇一律地筛选简历，并在上百封简历中不厌其烦地整理出有价值的简历，推荐给老板，展示了秘书人事管理的才能。总裁认为：筛选简历这种小事也做得如此出色的人，其他的事情一定会做得很好。她是同时进入公司的一批人当中的第一位升迁者。想让自己成为办公室的佼佼者，并不一定非要做主导性工作并取得成绩，充当助手常常更有价值，尤其是当你帮助领导获得成功的时候。

分析：秘书要用心做好每一件事，注重细节，积累经验，才会逐渐成长起来，踏踏实实工作，终会被领导认可、赏识，发挥更大的价值。

（二）信息整理

信息整理是信息工作的核心，是对收集来的大量原始信息进行分类、筛选、校核，通过加工整理，变原始信息为系统化信息，变低层次信息为高层次信息。信息整理是使信息成为有价值信息的过程。

（三）信息存储

信息存储就是用科学的管理方法，将有保存价值的信息按照分类标准有序存放的过程。信息的存储就是建立信息库，需要进行严格的登记、科学的编码和有序的排列。

（四）信息传递

信息传递就是将加工整理后的信息通过媒介或载体，从信息发生源传递到信息接收源的过程。信息传递使信息本身具有的潜在价值，通过传递成为实用价值，在实际工作中发挥作用。

（五）信息反馈

信息反馈就是把输出的信息的结果返回来，并对信息的再输出产生影响，起到控制和调节的作用。信息反馈对领导者的决策是十分必要的，也是信息工作一个重要的组成部分。

（六）信息开发和利用

信息开发和利用就是通过各种方式和方法，将收集、整理、存储的信息资源经过开发，以一定的形式提供给利用者，发挥信息的效用，使信息的价值得以实现。无论信息起到什么作用，只要它对领导和有关部门“有用”，秘书的信息工作就有意义。用处越大，意义越大。所以，这一阶段对秘书的要求是注意对信息的综合利用。对某单一信息的利用，远远不如对多种信息的综合处理后的利用。

三、树立秘书人员的信息意识

所谓信息意识，就是信息工作人员对事物的敏感度、洞察力，是信息工作人员政治素质、业务素质、政策水平、学识水平和分析能力、思维能力、理解能力、反应能力、决断能力等多种知识和能力的综合反映。无论现在或未来，秘书工作者和他（她）的服务对象——领导者，每天都生活在被信息包围的社会里，电话、文件、图书、报刊、广播、影视以及互联网上成千上万的信息倾泻而来。秘书人员应具有强烈的信息意识，积极主动地挖掘、收集、利用有利于领导决策和秘书工作开展的各种信息；敏锐地发现别人尚未注意到的信息，迅速而准确地找到事物的本质、问题的症结；善于从司空见惯的信息中看到差异，并能迅速选择和捕捉，达到发现早、挖掘深、效率高的境界。

小案例

在某家生产泥塑的合资企业，一天，秘书接待了一位与该厂有业务往来的顾客。客人说，他刚从某国回来，看到商店里摆着不少泥塑，当地人很喜爱，而且该国百姓对中国民俗很感兴趣。秘书敏锐地捕捉到，这是一条有用的信息，于是请对方详谈有关情况。待客人走后，秘书马上将这条信息提供给上司，并建议本厂制作反映中国民俗的泥塑，到该国去开辟市场。后来的事实证明，秘书的建议是正确的。

分析：秘书要善于从与人沟通中发现信息，对信息要有敏锐度、洞察力。假如这位秘书信息意识不强，有可能放过这条有价值的信息，失去一次发展企业、增加收益的机会。

作为秘书人员，信息的敏感性不是天生的，可以通过平时的刻苦训练逐步提升。

一要多看。这是形成敏锐的信息洞察力的基础。每天有很多来自自然和社会的大量信息资料，但不能把所有信息全部接收过来，要透过现象看本质，才能为领导决策提供有参考价值的信息。首先，秘书每天都要读文件，看新闻，听广播，浏览网络，查找所需要的资料，并形成一种习惯性倾向。尤其要注意阅读与企业主要业务有关的文件和报刊，以提高自己的专业理论水平和鉴赏能力。要及时阅读政府及总公司下发的重要文件、各类报刊和来自基层的简报、信息等，对其中解释政府、总公司的方针政策的重要文章更要仔细研读，领悟透彻。其次，秘书要多接收来自外界的各类信息，以提高认识水平及辨别是非的能力。要做到“眼观六路，耳听八方”，对自然科学知识和社会科学知识都应涉猎，力争上知天文地理、下谙世风民情；还要广泛接受来自各地区、各单位、各部门的信息，站在全局的高度对社会政治、经济、生活的各个侧面进行全方位、深层次的观察，这样就能及时向领导提供准确、新颖、实用的信息。

二要多思。这样才能培养灵活的信息收集和捕捉能力。在实际工作中，信息往往不是明明白白地展现在我们面前的，需要我们花费一定的时间和精力主动地、广泛地收集和摄取。在此过程中，要抓住三点：一是位置准。要站在领导的位置看问题，多思考哪些信息是为上级领导服务的，哪些是为本级领导服务的，哪些是为基层单位领导服务的。要围绕领导决策的需要，主动地对原始的、零星的信息进行比较、分析、归类，这样才能整理出符合领导决策需要的信息来。二是内容新。掌握的信息要立足于新，不保留人人都知道的陈旧过时的信息，删除不真实的信息，对一些不确定但有价值的信息要弄清情况后再上报。三是角度好。收集到的信息要有特色，如工作特色、经济特色、区域特色等，形成特色性信息，使领导了解有关特定的情况，增加信息为领导服务的针对性。秘书要具有超前捕捉信息的意识，才可以通过不同层次、不同方法、不同人员获取各种有用信息。只有处处留心、博闻强识，才可以挖掘出那些潜在的有用信息，发挥主动服务的作用。

三要多练。培养信息工作人员准确地筛选、整理信息的能力。在收集到的信息资料中，有时很难一下子分辨出哪些信息有用，哪些信息无用。这就需要信息工作人员熟练地对这些原始信息进行分析、识别和判断，从众多的一般信息中抓住最有价值的信息。一是筛选细致。信息工作人员要对信息资料加以分析，从中找出哪些信息是不全面的，哪些结论是牵强附会的，哪些情况是需要说明的，还要从中找出疑点、发现问题，把一些个别的、零碎的、不系统的信息过滤出去，这样才能把信息的模糊度和多余度降到最低限度，编写出符合领导需求的信息。二是整理准确。信息工作人员要经常对筛选出的信息资料进行有序的、系统的、综合性整理，通过归纳、排序、分析研究等方法，提炼、推导出一些有新价值的信息，这样才能为领导决策提供可靠依据。

任务实施

任务回顾：对于这些信息，小张应该如何处理才能更好地发挥信息的作用？

小张可以对收集到的大量信息进行加工处理，将重要的信息做成信息简报，提供给部门经理，为经理的工作提供方便。如果对本行业的市场情况有相当的了解，小张可以再接再厉，除了保持原来通过各种途径积极广泛地收集信息，还可以尝试选择若干题目进行深入研究，写成调查报告提供给部门经理。

技能训练

一、请从信息意识的角度，谈谈何秘书为何会遇到这样的尴尬。如果是你，你会如何妥善安排这次住宿？

×× 公司即将举办一个“中国民营企业发展之路”研讨会，会议邀请了国内一批民营企业家来参加。为保证会议各项工作的顺利进行，公司为此专门召开了一个会务筹备协调会，将会议的各项工作都落实到专人负责。

何秘书的工作是安排与会代表的住宿工作。她去会务组王秘书那里拿到了参会通知的回执后，简单地统计了一下，共有 13 名女性、53 名男性，以 2 人一间，算了一下应该订 34 个标准间，既省钱又方便。为了节省时间，她马上打电话给承办这次会议住宿的 ×× 宾馆，要求预订 34 个标准间，告诉宾馆的值班经理，5 天以后他们公司的客人就会陆续入住。

与会代表开始报到的那天上午，何秘书赶到 ×× 宾馆，准备迎接客人入住。令她没有想到的是，与会代表们对她安排的房间很不满意，提出了一大堆何秘书事先没有考虑到的问题：有的与会代表说有失眠症，不方便与人合住，要求换个单人间；有的与会代表不满意阴面的房间，要求换到阳面去；有的与会代表反映所住房间的窗户正对着餐厅空调的排气口，这么吵，没法休息，要求另换房间……诸如此类的问题层出不穷。

有个公司的老板不满地问何秘书：“你这房间是怎么安排的？我在参会的回执上已经写明要个单人间，因为我要办理一些商务工作，两人住一间不方便。”还有 3 个公司的老总对她说：“这家宾馆的档次有点低，我们想换一家星级高一些的。”何秘书连说对不起，她会想办法解决的。

何秘书去找宾馆的经理，希望他能配合解决与会代表们提出的问题。由于现在是住宿的旺季，但宾馆方面考虑她们公司是老客户了，所以做出了最大的努力，尽量满足了与会代表们的要求。最后，何秘书另外联系了一家档次较高的宾馆，满足了对宾馆星级要求较高的那 3 个老总。将全部与会代表都妥善安排好之后，何秘书才松了一口气。

二、阅读下面案例，如果你是小茹，你应该怎么做？

小茹是公司总经理专职秘书，对于公司高层的一些重要决策了如指掌。近期，为了精简机构，提高办事效率，公司决定辞退一部分员工。前两天，公司人力资源部和总经理商量了初步的裁员名单，并让小茹用计算机打印了一份。公司内部对于裁员事件也是议论纷纷。

这天，小茹到市场部经理这里取年度报表，市场部经理坚持要小茹把裁员名单给他看看，他才肯把年度报表给她，小茹不知所措。

任务二　信息的收集

学习目标

知识目标

1. 了解信息收集的范围
2. 掌握企业信息收集的方法
3. 明确信息的形式

能力目标

1. 掌握信息收集的主要渠道
2. 能够正确地选择收集信息的方法
3. 能够完成上司交代的信息收集任务

素养目标

秘书应遵守国家的法律法规，热爱本职工作，具有良好的职业素养

任务描述

某公司打算在城市新区建住宅小区，老总得到消息——在将要建成的住宅小区一带三年后可能规划建一家化工厂，这显然会影响这个小区的房价和销售情况。秘书王洁负责调查这件事是否有根据。

怎样才能更好地完成这一任务呢？请帮助王洁完成这一任务。

任务分析

公司打算建住宅小区，这是公司的大事，“将要建成的住宅小区一带三年后可能规划建一家化工厂”这一信息会影响这个小区的房价和销售情况，确认这一信息的准确性显得尤为重要。

收集信息可以多措并举，不拘泥于某一种方法，以保障信息的真实可靠性。王洁应该掌握收集信息的方法，再从中选取适宜的方法开展工作。

理论知识

一、信息收集的原则

秘书信息工作已成为各级领导了解情况的主渠道、制定决策的重要参考，但大量的信息资源由于重复、过时、不对路等，很少被人阅读和利用。在收集信息的注程中，要遵循以下原则：

1. 准确

信息的内容要准确无误，真实可靠，真实反映事物的本来面目。秘书人员在整个信息工作过程中要做到坚持实事求是，尊重事物的客观性，如实地反映和描述信息。要坚持主观倾向性与客观真实性相统一，报送信息要讲真话，道实情。不渲染夸大，更不生编硬造。必须实事求是，反映事物的真实面貌。不对信息进行自我发挥，尽管收集到的信息很难是完整的，但也不要为完善那些不完整而去自我发挥，否则难免画蛇添足，干扰事实。要消除偏见，尽力戒除先入为主，因为事物总是在变化中，要时刻告诫自己解放思想，一切从实际出发。准确是信息的生命，是信息的全部意义所在，是秘书信息工作的灵魂。

2. 及时

及时即信息的收集、处理、传递、反馈要及时迅速，讲究时效，以最快的速度收集到最新的动态信息。因为信息的使用价值在很大程度上是随着时间的流逝与动态系统的变化而变化的，信息流动的速度越快，它在实践中的价值就越高。秘书人员在信息处理的整个过程中，都要强调一个“快”字，收集、处理、传递信息是如此，反馈信息亦是如此。要做到信息工作的及时，首先要注重收集新信息，要求秘书人员具有敏锐的眼光，善于从稍纵即逝的事物中发现和捕捉新信息，从一般信息中发现有价值信息，从表面现象中发现潜在信息。其次要完善信息工作制度，建立信息收集、过滤、传递、存储等过程的各项制度，规定信息的合理流程，尽量减少中间层次；同时要健全信息网络，运用高新技术，配备现代化工具，实现信息传递现代化。社会主义市场经济对秘书信息工作的时效性提出了更高的要求，不仅传递要快，而且收集、加工、检索、输出都要高速度，信息处理不及时，就会失去信息的价值，甚至造成严重的损失。

小案例

王丽是一家奶制品公司的办公室秘书，她定期会对本市其他牛奶企业的网站进行查询。最近几天，王丽去外地参加一个培训会议，白天听课，晚上还要完成老师布置的任务。虽然很累，她还是利用休息时间浏览本市另一家大型牛奶企业的网站，恰巧看到一则该公司将在下周举行的本市农业博览会上开展促销活动和新产品发布会的通知。她立即将这一消息汇报给总经理。

公司立即召开研发中心和市场部会议，决定调整自己的博览会展览方案，并决定把原计划下月初举办的新产品发布会提前到博览会前一天晚上举行。

点评：王丽作为一名秘书具有良好的工作习惯，每天都能持之以恒地浏览网站，捕捉有价值的信息，并及时向总经理汇报。即使去外地参加会议，也要利用晚上时间进行资料查询，体现出一名秘书应有的责任意识、担当意识。

3. 完整

信息的收集和处理要注意广泛性、完整性和系统性，全面反映事物各个方面的情况。秘书人员首先要掌握科学的世界观和方法论，即辩证唯物主义和历史唯物主义，坚持全面地看问题，防止片面性。不仅要看到事物的正面，还要看到它的负面；不仅要看到局部现象，更要看到整体联系；不仅要看清现状，还要了解它的历史，不能只看到现象，而要由现象探究本质。总之，要从全局着眼，要从不同方面、不同角度和不同层次收集、分析和处理信息。只有全面地反映情况，才能使各级领导根据各方面的信息，权衡利弊，择善而从，做出正确的判断和决策。需要注意的是，完整原则要求的是要收集到反映事物本质和发展规律的必要的信息量，而不是没有限度地包罗万象。

4. 适用

所谓适用，就是信息工作要有针对性。一方面，信息工作要服务于领导的中心工作，要围绕领导关注的热点和难点问题开展信息工作。这就要弄清本地区、本部门、本单位的工作进展情况和急需解决的问题；要及时摸清领导者的思想脉搏，做到心中有数；要突出重点，帮助领导者集中主要精力考虑重点问题，同时兼顾一般，以免发生不应有的疏漏。另一方面，要根据不同领导机关和领导者的不同要求提供信息。由于领导者的职责分工不同，对信息内容的要求也就不一样。除一些需要共同重视的信息以外，本部门领导所需要的信息，并不一定都是其他部门领导所需要的信息；其他部门所需要的信息，也不一定为本部门所需要。同样一条信息，对于不同层次或不同部门的领导者来说，其作用并不相同。秘书人员必须注意研究不同层次的领导者和服务对象的不同要求，在信息的投向上要有针对性，区别对待，注意适用对路。需要注意的是，要防止把“按需要采报”歪曲成“按胃口喂报”。只要是新发生的带有重要的动向性、导向性、苗头性、政策性、突发性的问题，应该及时采报。

5. 优选

信息并不是越多越好，因为信息太多容易形成干扰。因此，必须针对工作需要，利用信息分类标准，对所接触的信息迅速准确地加以判断，分出哪些是有效信息，哪些是无效信息，哪些是干扰信息，从而对信息进行优选，以供领导或组织使用。

二、信息收集的主要渠道

秘书收集信息的方式很多，可以采用公共查询工具，如网络、公共咨询；可以采取员工座谈、调查问卷等方式。秘书要有信息意识，主动获取，注意积累，做收集信息的有心人。

（一）正式收集渠道

1. 公共传播载体

在当代，大量市场情况和动态信息是通过出版发行系统、广播影视系统和互联网公开传播的，因而从图书、杂志、报纸、广播、电视、互联网、行业协会出版物、会议文献、技术报告、产品标准及样本，以及有关单位赠阅的资料中获得信息，是我们收集信息极其重要的途径。

公共传播物辐射面宽、信息含量大、时效性强，如电台、电视台多数都有经济节目，可提供大量的商务信息，还有新闻、科技、广告等节目，通过收听、收看、录音便可从中收集有价值的信息。

2. 各种社会活动

参加企业相关的招商会、展览会、交流会、学术会议，以及企业举办的技术鉴定会、订货会、新闻发布会等，可以获得会议资料以及企业的广告、产品介绍、产品样本等。

3. 向有关单位索取资料

有些信息并非都载于大众化的出版物上，需要通过派人磋商或发函联系等方式才能获取，这可以是无偿的，也可以是有偿的，如国内外企业的产品样本、产品说明书、产品介绍、企业内部刊物、实物样品等。有些企业为了宣传产品、推销产品、扩大企业影响，往往愿意免费赠送有关资料。许多单位之间建立了市场资料的相互交流制度，这样的交换可使双方互通有无。

4. 专利文献

专利技术是一个国家、一个企业在竞争中取得技术优势、立于不败之地的有力武器，同时专利情报也是企业竞争情报中必不可少的一部分。

当前市场竞争既是技术和服务的竞争，也是专利的竞争。据统计，世界上发明创造成果的 90% 以上都能在专利文献中查到。因此，公开出版的专利文献已成为企业获取竞争情报的一个重要来源。

5. 竞争对手的公开资料

竞争对手的许多公开资料，如企业广告、产品说明书、产品报价单、企业简介、企业刊物、企业年报、企业领导讲话等，经过认真分析与研究，同样能发现许多有价值的信息。

（二）其他收集渠道

1. 建立人际网络，收集人际信息

人际信息指通过人际交往获取的信息或别人告诉你的信息。例如，某名销售人员告诉你一家企业可能出售分公司，这是人际信息；你在聚会中听到竞争对手换了新经理，这也是人际信息。获取人际信息的方法包括交谈、询问、采访等方式。

2. 通过第三方获取信息

所谓第三方，是指与企业发生联系的组织和个人，包括广告商、供应商、经销商、企业主管部门、银行、咨询机构、证券商、行业协会等。由于业务上的联系，他们了解企业的发展战略、资本结构、产品结构、销售渠道乃至经营状况等各方面的情况，第三方通过发表谈话，参加各种活动，接受采访等能释放出大量与企业有关的信息。

3. 通过反求工程

反求工程是指通过技术手段对从公开渠道取得的产品进行拆卸、测绘、分析等而获得该产品的有关技术信息。在实践中，具有竞争关系的企业或其他组织为了提高自身的竞争地位，获取商业秘密带来的巨大的经济利益，常常安排技术人员对从公开渠道取得的产品进行拆卸、测绘、分析，以获取该产品的有关技术信息。值得注意的是，作为反求工程研究对象的产品必须是从公开的渠道通过合法的手段取得的，比如从市场上购买所得。否则，如果从竞争对手车间里偷盗一个尚未问世的产品进行“反求工程”，即便获得了技术信息，也是侵犯商业秘密的行为。

小案例

原告 A 市量子科技有限责任公司（以下简称量子公司）是“甲带式给料机”商业秘密权利人。被告吴某、何某原本是量子公司工作人员，掌握量子公司“甲带式给料机”商业秘密，原告认为两人离职后将掌握的商业秘密披露给被告 B 公司，被告 B 公司使用上述商业秘密生产销售甲带式给料机。被告以“反求工程”作为抗辩理由。

法院首先对原告量子公司的商业秘密进行了认定，根据事实认定其符合《中华人民共和国反不正当竞争法》规定的秘密性、价值性和保密性三个构成要件。法院其次对被告的行为是窃取了原告的商业秘密还是合法的“反求工程”行为进行了判定，法院根据事实依据认为，被告B公司、吴某、何某未能提交其主张的通过拆解同类产品获取相关技术信息的实际测绘、分析所获的技术数据，且吴某、何某基于其在量子公司的工作职责，完全具备掌握商业秘密信息的条件和可能，其与B公司相互协作，生产、销售与量子公司涉案商业秘密相关的产品，且B公司不能举证证明该产品系其独立研发或通过“反求工程”获得，可以认定吴某、何某非法披露了其掌握的量子公司的商业秘密给B公司。因此，被告的“反求工程”的抗辩理由无事实和法律依据，不予支持。

点评：被告的“反求工程”的抗辩理由不成立。通过非法手段来获取相应信息属于偷盗行为，侵犯了对方的商业秘密，必然会受到法律制裁。信息收集不能钻法律的空子，要合理合法。

4. 通过参观或学习获取情报

最可靠、最真实的信息来自零距离式的参观或学习，可以尽可能多地了解竞争对手的生产规模、制作程序、管理制度、厂房布局等。

小案例

刘梅是一家通信辅助设备制造公司的秘书。王总刚到公司不长时间，不太了解公司情况，有一个出国洽谈业务的事项，王总征求刘梅的意见，问：“你看安排谁出国洽谈业务比较合适？”刘梅说：“王总，我也不清楚呀！”听刘梅这么一说，王总兴致陡降。接着他指着某公司的宣传样本问：“这个上面写的‘sp’（指内容提供商）是什么意思？”“对不起，我是学中文的，也不懂‘sp’是什么意思。”刘梅实事求是地答道。“好吧，你出去忙吧！”王总明显不高兴了。

在日常工作中应如何利用职务优势充实自己呢？

分析：秘书应该具有较强的信息意识，通过合理的方式搜寻有价值的信息，包括员工业务能力等基本情况，及时准确地提供给领导，供其在管理活动中使用；还应根据工作需要，多学习相关专业知识。刘梅一问三不知，难怪王总要生气。日常工作中，秘书可从三方面入手来充实自己：第一，仔细阅读和琢磨自己经手转发的各种文件和资料；第二，留意上司的电话和上司与各部门经理的谈话，了解每位同事的特长和优势；第三，留意网上和报纸杂志上有关本行业的新闻和动向，遇到不懂的问题就向同事等请教。

三、收集信息的范围

在现代市场经济条件下，企业所面临的生存环境越来越复杂多变。面对企业周围存在的各类信息，秘书只有明确信息收集的范围和收集重点，才能做好信息工作。

从宏观角度分析，秘书收集信息的范围包括：

（一）企业信息

1）企业基础资料，包括企业历史、基本情况简介、规章制度、经营业绩、科研成果、各项荣誉等。

2）企业概括，包括企业名称、性质、地址、电话及传真、网址、业务范围、主要产品、近年业绩情况。

3）企业财务状况，包括企业注册资本、负债、盈利状况等。

4）企业信誉与信用等级情况。

5）企业背景，包括企业历史、企业组织结构、股东情况及股东变化、企业领导层及主要领导人情况。

（二）合作伙伴信息

1）为公司提供原材料、技术、能源、生产设备的供应商。

2）从事公司产品或服务代理、批发、零售业务的销售商。

3）为公司经营管理提供物流、金融、咨询、市场推广、研发等各项服务的服务商。

（三）市场信息

1）行业信息，包括公司主要业务或产品所处行业的市场消费动态、供需趋势、各种会展机会、技术发展趋势、价格趋势、产品功能发展趋势等。

2）本公司产品信息，包括公司产品基本情况、生产销售情况、市场占有率、消费者满意情况、与同类产品比较等。

3）客户及消费者信息，包括客户的资信、经营方式与范围、经营能力、市场营销特点、市场占有率及客户有关背景方面的信息，以及消费群体基本情况、主要特征、消费时尚、消费趋势等。

4）竞争对手信息，包括竞争对手企业基本信息、产品与技术信息、新产品研发、营销战略与特点、重要公关活动等。

（四）法律政策信息

任何一个公司都必须在国家有关法律和政策下开展经营管理活动。正确理解和执行国家法律法规，充分利用国家政策，既能够保障企业利益不受侵害，又能改善企业与政府公共关系。秘书不仅要收集我国现有的法律、政策、规定，还应注意收集与公司有业务往来的公司所在地的法律政策。

（五）宏观经济金融信息

随着我国外向型经济不断发展，我国企业参与国际商务活动日益频繁，我国经济与世界经济关系日趋紧密。现代企业发展与世界经济局势已经密不可分，因此秘书应收集国内外宏观经济信息和金融信息。经济信息包括宏观经济动态、国家经济政策、经济发展导向等。金融信息包括国内外金融动态、外汇汇率变化、国际国内证券市场行情等。

（六）交际活动信息

凡是企业领导要参加的各种交际活动，秘书都要及时掌握有关方面的信息，要迅速掌握会见活动的内容、时间、地点、具体要求等情况；设法掌握对方背景材料、生活习惯、饮食特点、嗜好、忌讳等情况，明确上司对这次会见的指示或批示。

四、信息的形式

信息的形式也称为表现形态，主要有三种，即文字形态、音像形态、记忆形态。

1. 文字形态信息

文字形态信息即以书面形式，包括文字、数字、图形、表格等形式表达的信息资料，一般表现为报纸、杂志中的社会信息、反馈信息、动态、行情等形式。它主要包括以下几种：

1）政府机关、主管部门下达的文件，公布的法规、宣传资料等。

2）各种有价值的图书、专著、译著、地图等。

3）国外的专业杂志、科技文献资料、新产品说明书等。

4）本地区、本机关、本单位的内部资料，例如档案、总结、报表、大事记、地方志等。

5）专业文献、词典、百科全书、年鉴等综合性的资料。

6）名人录、企业名录、电话号码簿、名片等。

2. 音像形态信息

音像形态信息包括各种图文并茂的图书、照片、录音带、录像带、影片、模型、实物所表达的信息。这类信息的优点是声、形、色、像并举，给人视觉、听觉或感觉的强烈印象，具体、真实而且栩栩如生；缺点是往往不够全面、深刻，有些观念、心态、思想等抽象的内容以及未来的、想象的、预测的事物不能很好地体现。所以，秘书最好是将音像形态信息与文字形态信息配合使用，可以互相补充，相得益彰。

3. 记忆形态信息

记忆形态信息是存在于人们脑海中还未以文字或音像表达的信息，又被称为“零次文献”或“零次情报”。秘书只能通过采访、交谈来获取这类信息。记忆形态信息的优点是尚未发表过，有新鲜感；缺点是往往不成熟，具有不确定性。

拓展资料

“一手资料”与“二手资料”

报纸、杂志、文件、图书、档案等信息通常为原始信息，或称为“一手资料”，价值较高。词典、百科全书、年鉴等是“二手资料”或“三手资料”，价值相对较低，只能作为参考或索引。但这些信息资料的优点是信息量大、面广、综合性强，可以为信息收集者节省不少时间和精力。

五、获取信息的方法

1. 观察法

观察法是人们获取信息最基本的方法，即人们直接通过感官或借助其他工具来认识客观事物。通过观察获取的信息直接而又真切，印象深刻。但使用观察法会受到许多方面的制约，譬如时间和空间有限，信息工作人员不可能对每一个获取信息的地点随时进行观察。另外，观察时也可能受表面现象的影响而得出非本质的结论。因此，观察法往往与其他方法结合使用。信息工作人员在观察时要注意以下四点：一要培养较强的信息意识，留意各种司空见惯的现象，于平淡普通中发现有价值的信息；二要具备敏锐的观察能力，善于发现一般人所不能发现的问题，从蛛丝马迹中得到新的信息；三要全面，不以点代面，不以偏概全，而要多角度、多侧面地进行观察，从而得到真实的信息；四要深入，不能只看表面，对事物的发展变化，要透过表面现象认识其本质特征。

2. 调查法

调查法是获取信息最常用的方法。调查即按预先确定的计划对特定对象进行特定问题的了解。

3. 阅读法

阅读法就是通过对印刷媒介中的信息材料进行阅读而获取信息的方法。书籍、报纸、杂志、资料等公开出版物是人们运用最普遍的信息载体，具有信息量大、信息周转快、阅读比较方便的特点。阅读的过程可分为三个阶段：一是浏览，即通过阅读材料的标题、摘要、导语等先对其有大概的了解。浏览也不是针对所接触材料的全部，如浏览一份报纸要对其版面以及栏目有所选择，否则对越来越厚的报纸光是翻一遍就要花很多时间。二是泛读，即在浏览的基础上对有进一步阅读需要的材料进行阅读。泛读的文字材料是经过挑选的，与浏览相比已经很有限了，所以阅读量不是很大。泛读只是对所读材料的一般性了解，对材料中的信息情况先有基本的掌握。三是精读，也可称为研读，就是在泛读的基础上对重要材料进行仔细阅读，边读边记，常用的方法有摘录、圈点、批注等。读完之后，还可根据情况进行剪贴、复印、扫描等。这是获取重点信息的方法。这三个阶段好比选矿、采矿和冶炼，冶炼之后的成品才是我们最终需要获取的东西。

4. 收听收看法

收听收看法是指对广播、电视等媒介采用视听的方法获取信息。广播、电视等是现代电子媒介，是大众信息的传播载体，具有快速、真实、广泛等特点。信息工作人员应该充分利用这些媒介，获取有用信息。

收听收看有随时与定时两种方式。随时即在工作之余，如果条件允许且使用器材比较方便时，随时收听收看。用这种方法获取有用信息虽然具有偶然性，但可以避免与工作时间安排的冲突，弥补用其他方法获取信息的不足。定时即在固定时间或按节目预报收听收看固定栏目。这种方法可以增强收听收看的目的性、针对性。在节目内容的选择方面可以按主观意愿预做安排，因而获取有用信息的可能性比随时收听收看要强。但这种方法时间固定，容易与工作时间相冲突，而且范围有较明显的局限性。

在收听收看前应准备好必要的记录工具，如纸笔、录音录像设备等。一般信息用速记方法记录即可，与本组织有重大利害关系的信息要进行录音或录像。记录可以记全部，也可以记片断，甚至可以只记标题或出处。

收听收看的栏目要认真选择确定，既可从普泛性栏目中选定，也可从专业性栏目中选定。普泛性栏目如新闻节目、法制节目等，可根据其内容的侧重点来选定。专业性栏目如经济、证券、劳动、交通、文化等节目，可根据其与本组织活动及利益的关联程度来选定。选择栏目时要避免兴趣化和泛生活化，否则将造成时间和精力的浪费，而时间与精力对于从事信息工作的人员来说是极为宝贵的。因此，一定要抵御生活娱乐节目的诱惑，把通过收听收看获取信息作为工作的重要部分。

5. 网络查询法

网络查询法就是利用计算机信息网络查询所需要的信息的方法。信息网络包括局域网和国际互联网两类。局域网是指系统内部或组织内部信息共享的网络。这种网络安全保密性好，便于传递秘密信息，而且由于终端数量有限，其登录速度也比较快，这是办公室人员获取公务信息的重要渠道。国际互联网具有信息来源广泛、覆盖面大等特点，能够及时提供大量的信息，能满足多方面的信息需要。但国际互联网上的信息往往鱼龙混杂，需要认真分辨、仔细鉴别，切不可盲目相信和使用，否则将可能产生非常严重的后果。

网络查询分为浏览与下载两个阶段。浏览方式与阅读浏览相似，而下载则是指将文件从 FTP 服务器保存到本地计算机的一种网络活动。目的是将要文件复制于自备文件夹或打印出来，然后再精读或使用。进行网络查询时需要选择网站，可直接打开已知网址，也可根据需要内容的关键词搜索相关网址。网络上的内容五花八门，人们往往容易被猎奇性内容所诱惑误导，因此，相关人员要具备高度的责任感，能够保证做到绝不登录无关网站，绝不在计算机上做与获取有用信息无关的事情。在内部网络上下载涉密信息时要注意保密，并按保密要求对下载材料进行严格的处理与管理。

6. 沟通交流法

沟通交流法是指办公室工作人员在日常工作中与各方面的人员进行接触联系时，通过口头交谈及倾听的方式获取信息的方法。办公室工作人员要从事值班、接待、外出联络、接打电话、参加会议等各种事务性工作，要与各方面人员进行广泛的接触交流，要主动或被动地进行沟通，这为获取信息提供了十分有利的条件。办公室工作人员要做“有心人”，要充分利用这些条件机会，主动收集有用信息。

沟通交流法主要有三种方式，即询问、引导与倾听。询问就是针对特定对象提出相关的问题，俗称“打听”。这种方式目的性很强，凡是进行询问的，可能都是最需要了解和掌握的。询问要区分对象、场合，讲究方式，要提出可问及可答的问题，或直言或委婉，总之不能使对方为难甚至反感，以免遭到拒绝。

引导就是把话题有意引向相关的问题，引起对方述说欲望，使其在不知不觉中提供所要获取的信息。这种方式适用于不能直接询问的对象。引导要讲究策略、技巧，既不能绕大圈子花费很多时间，又不能生硬令对方生疑，要让对方在主动的情况下吐露实情。这就需要工作人员具备较高的语言素养，掌握高超的语言艺术。

倾听带有一定的被动性，是在人们谈话、发言等诉说行为中，抓住所要获取的信息。这些诉说可以是对倾听者本人的，即倾听者是诉说的直接听众；也可以是对其他人的，即倾听者其实是旁听者。倾听者作为直接听众时要表现得专注，使诉说者感受到尊重，但作为旁听者时绝不能表现出专注神态，以免诉说者因有人旁听而不愿说下去。但无论哪种情况，倾听者都不能干扰诉说，更不能打断诉说，否则可能导致诉说中止或话题偏移。在诉说中可能只有部分甚至极少部分内容是所要获取的信息，倾听者要有耐心，做到喜怒不形于色。倾听者记忆力要强，因为倾听时往往不便于即时记录。另外，倾听者要有较强的分析判断力，要能够从诉说者的“无心”诉说中获取有用的信息。

小案例

A商业集团公司已连续开了几天常务会，秘书小李做会议记录。此次会议的主要议题是讨论在美国硅谷设立分公司的问题。在美国成立分公司没有歧义，但派谁去负责，分歧就比较大。有领导主张派企划部部长刘民去，理由是他这两年的工作干得有声有色，而且年轻有为。另一些人，包括秘书小李的主管领导孙副总在内，主张派研发部副部长伍一去，理由是伍一搞技术出身，工作踏实有经验。主张派刘民去的人认为伍一去年负责的TQ项目不尽如人意，既造成了资金上的浪费，又耽误了时间，让美国的同类产品在我国市场上占尽了先机；主张派伍一去的人认为TQ项目的不成功，伍一虽负有一定的责任，但把责任全部推给他是不合适的，公司领导层也有一定的责任……在会上，这两种意见几乎到了针锋相对的地步，张总决定把这个议题先放一放，下周再议，先讨论其他议题。

中午吃过饭后，小李接到刘民打来的电话，说有点事找她帮忙。小李与刘民虽然很熟，但并没有多少私交。她来到刘民的办公室，刘民说他的计算机有点问题，开机后无法进入系统，请小李给看看。小李想，平时虽然是同事，但打交道并不多，怎么这点小事会找她呢？小李去了，试了几次，排除了故障。小李帮他重新启动计算机后，刘民叫她坐一会儿，说中午没有什么事，聊聊天。

东扯西拉一阵后，刘民问道："今天上午怎么没看见伍一来上班，是不是昨天晚上和你们喝酒喝多了？"小李明白了，刘民看似闲聊，其实用心良苦。刘民叫小李过来是有目的的。虽然他没有提小李主管领导孙副总的名字，但其实就是想拐着弯了解孙副总与伍一之间的私人关系，特别是昨天晚上他们俩是否在一起。昨天晚上孙副总请客，宴请从上海来北京列席公司常务会的上海公司经理，是小李帮孙副总订的酒店，但小李没有参加，伍一也没有参加。刘民问小李，伍一昨晚是不是与孙副总他们一起喝酒时喝多了，实际上是给小李下了个"套"：不论她怎么回答，说伍一出席或者没出席昨晚的宴会，说伍一醉了或者没醉，刘民都能推测出孙副总与伍一之间的私人关系。总之，小李任何一种回答，都能给刘民一个明确的信息。

小李只好说："对不起，我不太清楚，昨晚家里有事，我请假了。"

分析：小李做得非常好，作为秘书当然了解许多公司机密，但在领导宣布之前，秘书是不可以随便公布的，好秘书的一个基本特征就是"嘴严"。

7. 索取法

索取法是向与组织有业务或其他联系的单位索要信息的方法，其方式可以是当面索要，也可以通过电话或传真索要。索要的信息可以是专项性的，也可以是普遍性的。索要时间可以是定时的，也可以是不定时的。一般来说，对所属部门和下级单位的信息索取比较普遍，而且往往形成特定的制度，限时限量限范围，要求按制度报送。报送制度要落实到人，如果有必要和可能，还可纳入对下属的考核与奖惩之中。

8. 交换法

交换法适用于与本组织有往来关系的组织单位。这是一种建立在互惠互利基础之上的信息传递关系。交换分为临时性交换与长期性交换两种。临时性交换是在特定情况下针对特定问题、特定内容选择特定的交换对象所进行的交换，往往是己方主动，而对方能否应和并不确定，不一定能形成交换关系。长期性交换又称习惯性交换，是经过一定的过程才稳定下来的交换关系，是双方都感到交换的信息能满足自己的需要之后才确定的。长期性交换应该有固定的交换时间，以增强交换的信誉。应努力拓展长期信息交换对象，丰富信息渠道，在互通有无中受益。应精选交换内容，既不能泄密，也不能塞给对方垃圾信息。对于稳固的信息交换网络，应当建立一定的组织联系，如学会、协会、研究会等，以促进其进一步发展。

9. 购置法

购置法是指有偿索取信息的方法。信息一般是从社会信息服务单位或者相关个人处购买。社会信息服务单位提供的有偿信息服务有两类：一类是获取、汇集信息后，分类分专题，定量定价售卖；另一类是依据客户需要进行专题、专项调查研究，并将结论有偿提供给客户。后一类对于要获取信息的单位来说又可称为委托法。购置信息有两个前提：一是有特殊需要；二是用自有力量或用其他方法不能或不便获取。由于购买信息的价格通常较高，因此购置法不能经常使用，信息工作人员更不能擅自决定购买，必须要在确有必要而且获得领导同意后才能实施。实施前要对信息提供者进行必要的考察，了解其社会信用情况，确定之后再与其签订购买的合同，重点是要其保证信息的真实性及取得信息方式的合法性。

六、收集信息的注意事项

1. 收集各种形态的信息

（1）文字形态的信息。以书面文字为载体的信息资料。

（2）声像形态的信息。以直接记录声音和图像为载体的信息资料。

（3）记忆形态的信息。在人际交往中形成的存储在人脑中的信息。

2. 建立通信联系索引卡

秘书经常在工作中与相关方面的人员打交道，应建立记载往来多的单位、个人或客户信息的卡片（见表 7-1），便于迅速找到通信联系方式，及时进行业务联系。

表 7-1　通信联系索引卡

单位名称：	
地址：	
工作人员姓名：	
电话号码：	传真号码：
备注：	

3. 信息收集要有超前性

在竞争十分激烈的工作活动中，没有超前的信息，就难有有效的对策。因此，秘书收集信息要有超前性、预见性，要抢先捕捉信息，迅速加工传递，增强信息的指导性和预测性。

任务实施

任务回顾： 怎样才能更好地完成这一任务呢？请帮助王洁完成这一任务。

王洁通过分析认为以下三种方法可行：第一种是网络查询法，到网上查询是否已经有相关报道；第二种是观察法，到实地去看看那个地点有没有可能建化工厂；第三种是调查法和沟通交流法，向相关专家和化工企业人士咨询消息的可靠性。

事实证明，采用第二种和第三种方法都没有收获，而通过第一种方法——网络查询法，查到了一些相关内容的报道。一个多星期后，结果终于出来了，在公司原定建设住宅小区的地方的确规划建一家化工厂。

技能训练

一、阅读下面案例，谈谈带给你的启示。

黄秘书是H市电信公司的一位秘书，她工作非常努力并且用心，注意在日常工作中总结各种经验，对于信息工作也不例外。由于电信企业的技术性非常强，作为秘书必须及时了解和本行业相关的各类信息，否则领导开会时会听不明白，撰写文件时也会不得要领。因此，黄秘书平时除了非常认真仔细地阅读集团公司的文件，还非常关注网络上尤其是局域网上提及的最新技术信息。

最近，公司为了让各位秘书更好地了解企业经营的各种具体情况，特别推出一项新政策，要求每位秘书每周必须有半天到营业部上班。这虽然对黄秘书的工作有一定的影响，但的确让她深入地了解了企业的经营状况，而且通过下部门，和其他同事也有了更多交流和沟通的机会。她认为这样的安排很好。

黄秘书是个有心人。她注意到，每次跟领导出去调研，领导在调研现场说的话特别值得留心。那些往往是领导的真实想法，而且是领导一直考虑的问题。黄秘书在自己的计算机里建了一个文件夹，专门记录领导的这些讲话。每次跟领导去调研回来后，她都会把最新内容补充到这个文件夹中。她把这个文件夹进行了分类，把领导讲话的不同主题放到每个子文件夹中，这样就非常明了了。每次她在撰写文件的时候，就会去这个文件夹中寻找相应的内容。这样写出来的内容，往往比较符合领导的真实想法，所以总能获得领导的肯定。

二、采用适宜的方式收集北大荒集团的信息，重点是集团简介、发展历程、直属企业。

任务三 信息的整理、传递

学习目标

知识目标

1. 了解信息分类的程序和方法
2. 明确信息分类的原则
3. 了解信息筛选的程序

能力目标

1. 能够按照信息筛选的要求正确进行信息分类
2. 能够对信息进行整理，并在实际工作中加以运用

素养目标

秘书应服从领导的安排，以大局为重

任务描述

北京某食品加工有限公司销售部的秘书小李，每天帮助领导整理和处理很多的信息，以下是他一天接触到的信息：

上午 8 点半，小李准时上班。按照习惯，他先打开计算机，查看电子邮件，一封是本市一家小超市的订货意向书；另一封是一位顾客发来的，对公司生产的食品味道表示不满。9 点多的时候，销售部经理叫小李到他的办公室取一份关于人事调动的文件送到人事部经理办公室。上午 10 点半，小李陪同销售部经理与一家大型供货商见面商谈，达成合作意向。下午 2 点，小李收到了办公室送来的产品宣传活动挂图。

请明确小李在这一天工作中收到的信息的传递方法。

任务分析

首先，应该明确信息的整理、传递工作的具体内容；其次，将小李一天接触到的信息内容与信息传递的方法相比较。

理论知识

信息整理是决定信息命运与价值的关键环节。信息在加工整理之前，往往是一种处于自然状态的原始信息。这些信息一般是感性的、零散的、无序的和不系统的，并且难免夹杂一些不真实的和不确定的因素。因此，对获取的原始信息材料，必须根据一定的要求，按照科学的程序进行整理。信息整理是指对收集到的大量的原始信息进行鉴别、筛选、综合分析、传递等。信息整理的目的是把原始信息变成便于使用的信息，这样就有利于领导决策或为经营管理提供服务。在信息技术高度发展的今天，计算机已经可以模拟人的思维功能，进行逻辑推理和判断，从而为信息的加工处理提供了广阔的前景。但在许多情况下，信息的加工整理依然靠人的大脑和手来完成。因此，这里介绍的信息整理方法，是指人工整理法。

一、信息的分类

1. 分类程序

信息资料的分类是根据信息的特点来进行的。特点相同的信息归为一类，通常称为母类。在母类下再划分出不同的类别，叫子类。在子类下面还可根据具体情况划分出若干小类，从而形成有秩序、有层次的一个分类体系。这就是信息分类的基本原理。根据这个基本原理，信息的分类过程一般可以分为以下几个环节：

（1）辨类。辨类即对信息类别的分辨。信息要归类，首先就必须辨类。只有通过辨类，才能把有关信息资料归入分类体系中的相应类目。辨类实际上是对信息进行主题分析，分辨其所属类别的过程。

（2）归类。信息经过辨类，就要进行归类。辨类和归类是两个不可分割的环节。归类也就是从主题分析转换成分类归档，即依据辨类的结果，使信息在分类体系中各就各位的过程。在归类中，由于一件资料可能从不同的角度反映和表现不同的主题内容，为了有效地利用，有必要使用“互见”“分析”“参照”等办法进行多角度揭示。

2. 分类方法

（1）按对象分类。这种方法常用于对书信等往来文件的分类。文件的名称就是对象的姓名，一目了然，十分方便查阅。与此相仿，在秘书工作中，根据不同的工作对象进行分类，同样可以收到类似的效果。

（2）按主题分类。这是一种根据信息所反映的主题进行分类的方法。在大型公司中，由于事项繁多，情况复杂，各种主题的活动都可能开展，各种主题的信息资料都可能有大量收集，因此，按主题分类有利于集中为相应主题的活动提供所需的信息资料。

（3）按形式分类。将单据、合同、广告稿、新闻稿、报告书、建议书、信函、文件、调查记录、报刊文章等按形式区分，相同形式的信息资料再按时间细分，形成一种按形式汇集的文档。这种分类有利于及时查找到同种形式的多件信息资料，但往往内容主题不能集中。

（4）按来源分类。这种方法即将信息根据其来源做出分类，把相同来源的信息资料归在一起，如来自上级主管部门的信息、来自某一信息中心的信息、来自咨询机构的信息、来自组织内某一部门的信息、来自消费者方面的信息等。这种方法有利于对信息内容的权威性、可靠性、真实性做出判断，但综合性能较差。

（5）按信息内容分类。这种方法即根据信息所反映的内容进行相应的区分，如可将信息分为组织状况信息、公众状况信息、媒介状况信息、环境状况信息等类，在各类之下，再依据其内容情况区分为若干小类。这是信息分类中较好的一种方法。

（6）按通用分类表分类。这种方法即根据信息的情况，借助于“图书资料分类法”或“档案分类法”等进行分类。一般来说，综合性强、涉及面广、拥有信息数量较多的大公司的信息中心，可以考虑参用此法。信息较少的部门可以采用自编分类表的方法分类。

信息分类应注意的事项如下：

1）遵循一定原则。一是在分类中注意科学性、系统性、逻辑性和实用性；二是要确定分类体系，确定分类层次和各层次的分类标准；三是要把信息归入最符合其实际内容的类别；四是子类之间界限要清楚，不相互交叉或包容。

2）利用颜色、标签区分类别。针对分类结果，将每个字母、地区、主题等的文档使用特定颜色文件夹或在文件夹外边加彩色标签，区分信息类别；给索引卡涂上不同颜色，以便检索。

3）建立交叉参照卡（见表 7-2）。对于能归类到两个位置的信息，如公司更名信息、多主题信息，为了便于查找，可建立交叉参照卡。填写交叉参照卡存储在归档系统的相关位置。查找到该位置，查看卡片就知道另一个查找线索。

表 7-2 交叉参照卡

名称 / 主题
详见
相关名称 / 主题

3. 分类原则

为了确保信息的分类做到准确、适用，分类工作应遵循以下主要原则：

（1）适用性原则。对信息进行分类是为了适用。因此，必须遵循适用性原则，即分类要本着以用为重的原则来进行。

（2）综合性原则。分类的目的不在于对信息进行详尽的区分，而是要进行分类综合化，即能使相应的信息得以集中。因此，分类要贯彻综合性原则。

（3）渐进性原则。分类不能从细微之处开始，它应按照下列顺序进行：上位概念（大分类）→中位概念（中分类）→下位概念（小分类）。只有这样，才能保证分类工作的正常进行。

（4）相斥性原则。经过分类而形成的类别都应有着明确的定义，类别间不能有概念的重复和欠缺。若无法避免概念之间的重复和欠缺，还应以其他方法，如说明等加以限定和补充。

（5）并置性原则。经过分类而形成的类别是相似概念或有关联的概念，在分类体系中应排列在相近的位置，而关联性较小的应排列在较远的位置。这样便于对信息进行查取和合理利用。

二、信息的筛选

筛选是信息整理的一个环节，也是一项基础性工作。信息的筛选工作，对于提高信息的利用率起着至关重要的作用。

（一）阅读筛选信息资料的方法

1. 留意标题

根据标题判断信息资料是否与需求相符。

2. 复印、剪裁

对能满足需求的相关信息进行阅读，将阅读到的有价值的信息做记号、复印或剪裁。

3. 摘记

将有保存价值的信息摘录到手册或卡片上。

4. 标记说明

对筛选的信息资料做标注、注释或说明，注明剪裁下来的信息资料的日期和出处。

（二）信息筛选的程序

1. 看来源

不同来源的信息，重要性不尽相同。上级形成的信息带有全局性、综合性和权威性，而同级和下级形成的信息主要起参考作用。秘书要从多种信息来源中把握重点单位、部门和人员的信息。

2. 看标题

信息的标题一般可以反映信息的内容和价值，秘书要认真分析标题，把握信息的主题，根据信息的标题确定信息价值的大小。

3. 看正文

看正文，了解其主要内容，初步确定是全部选用，还是部分选用，甚至不用，即初选。初选后，对拟用信息再认真阅读，判断是否有价值。如果可用，再看有无内容不准确、不完整和表述不清楚的问题。

最后，对经过筛选的信息分别处理：选中的，分轻重缓急进行信息的加工处理；暂时不用但可以备查的信息，进行暂存；不用的信息，按有关规定进行暂存、移交或销毁。

4. **决定取舍**

对信息进行严格的选择，从中挑出能满足需求的信息。最终决定取舍的时候要注意三个方面：一是要突出主题思想；二是要注意典型性；三是要富有新意。

小案例

上午秘书科的事不是很多，孟姐在指导小石整理公司来客登记簿。孟姐说："小石，整理来访客人名单，是按照客人的姓氏笔画排列还是按照他所在公司的笔画顺序排列？"

小石说："当然是按照客人的姓氏笔画排列。"

孟姐说："这些来访的客人，是代表他们所在的公司来我们公司洽谈业务的。他们个人在将来的某一天有可能会离开他们现在所在的公司，但是他们的公司则有可能是我们公司永久的客户，所以我们的重点是应该记住他们的公司，因此，在整理访客名录时，应该以客人所在公司的笔画来排列顺序。比如昨天第一个来访的客人是北京A公司的副总经理刘允。将来只要一看到刘允的姓名，首先应该想到的是北京A公司。A公司是××年注册成立的，注册资金1 000万元，主要业务是代理销售我们公司的产品，平均每年的销售额在400万元左右，他们的董事长兼总经理叫李明，是我们姜总的战友……"

小石轻轻地叹了口气，她没想到来客登记簿上"刘允"这么简单的两个字，在孟姐的头脑里竟包含了这么多信息。

分析：不同类型的资料有不同的用途，其收集方式、整理方法也会有独特的一套规律和方法，但无论是哪种方法，永远都是为了公司的运营服务的，只要实用即可。在该案例中，孟姐作为经验丰富的资深秘书，科学地设定了来访客人资料的整理方法，仅仅是一个整理方法的微调，就能看出她善于站在公司、领导的角度思考问题的良好素养。

（三）信息筛选时需注意的问题

在信息筛选时应特别注意以下几点：

（1）认真选择信息材料。对经过鉴别的信息材料，还要严格选择，以决定哪些可以采用，哪些可以储存。

（2）要突出主题思想。凡是与反映信息主题无关的材料，要毫不犹豫地剔除。只有舍弃那些多余的材料，才能使信息的主题更突出、更鲜明。

（3）要注重典型性。要从大量原始信息材料中，发现那些能够揭示事物本质的典型信息。一条具有代表性、典型性的信息，往往可以反映事物的一般规律，达到见微知著的目的。

（4）要富有新意。要在筛选原始信息材料时，尽可能抓住那些能够反映客观事物活动新变化的信息。

（5）修正、增补。收集原始信息材料时，往往来不及仔细推敲和精加工，有的可能是主次不分、枝蔓混杂；有的可能是挂一漏万，内容残缺不全。因此，对原始信息资料必须进行修正和增补，既要突出重点，又要尽量保持其主要内容的系统性和完整性。

小案例

某公司为给员工的晋升、工资级别调整、进修、培训等提供更多的服务，进行了一次面向全体员工的个人基本信息登记，以全面了解员工的基本情况。秘书小赵和办公室的其他几名工作人员负责登记表的收集、汇总和处理。小赵将自己所负责部门的登记表收集齐全，根据以往的登记材料进行核对，发现有些信息如工龄、学历、进修情况等，与以往的记载有出入。小赵与有关部门和人员就相关内容和数据进行了校核，对经过校核证实有误的信息进行了修改，特别注明了修改时间，确保了信息的真实、准确。

分析：秘书通过各种渠道收集的信息中包含各种数据和事实，这些数据和事实如不真实，就会丧失其自身的使用价值，甚至给工作带来损失。因此，秘书要对收集的信息进行校验核实，证明信息的真实性，剔除不真实的信息，更改已经变化的信息。

三、信息的综合分析

信息的综合分析是在对原始信息进行鉴别、筛选基础上的深加工，是决定信息质量的关键一环。信息工作部门收集的原始信息，有的只反映了某种现象，缺乏分析；有的只反映了片断情况，缺乏完整性；有的只反映了个别的、局部的情况，缺乏全面性。如果把这些肤浅的、零碎的信息提供给领导，不但不利于领导决策，而且还会干扰他们的工作。所以，信息部门不仅应做到对收集到的信息材料进行筛选，还应该对某些信息进行综合分析，以进一步提高信息的质量。

1. 综合分析的意义

1）可以增加信息的广度、深度，为领导提供高层次的决策参考，有助于他们掌握全面情况。信息工作部门是为领导决策提供高层次信息服务的，其提供的信息应具有较高的广度和深度。但基层信息部门往往受工作范围和观察问题方法的影响，报送的信息大都只是反映一个地区、一个单位的情况，缺乏普遍性、综合性。这就要求信息工作部门对送上来的大量信息进行综合分析，增加信息的广度、深度，使信息增值。

2）可以发现规律性的变化或倾向性的问题，有利于领导比较准确地预测未来，适时做出科学的决策。信息工作部门要对各地区、各部门报送的信息，认真分类、比较、鉴别，从中选出有独到见解、有参考价值的信息，在分析比较的基础上，进行整体开发和综合处理，归纳分析出内容较为系统、完整的综合信息。在进行大量的信息综合整理中，必然会发现一些规律性的变化或倾向性的问题，使之成为领导决策的参考依据。

3）可以减少领导阅看文件的数量和时间，提高工作效率。对信息进行综合分析，就是使之条理化、系统化，能够准确揭示和反映事物内在联系和发展规律，这样就可以减少报送信息的次数、件数，从而减少领导阅看文件的数量，缩短阅看文件的时间，提高工作效率。

2. 综合分析的方式

综合分析通常有以下几种方式：

（1）兼容组合。根据信息所具有的兼容性的本质特征，把来自不同角度和各个方面的信息兼收并蓄，挖掘其涉及事物整体的内在规律性。

（2）序列叠加。根据事物发展的客观规律，把无序的信息围绕一条主线有机地组合起来，系统地揭示事物的本质特征。

（3）扬弃引申。运用对立统一的观点，对内容相互对立的信息，既要保留发挥，又要摈除否定。也就是通过肯定来否定，或通过否定来肯定，在表现对立的信息中探求其统一的实质。

（4）推导升华。以事物普遍联系的辩证法则，对信息价值进行推广、放大思考，做出合乎逻辑的理性推导和升华，达到举一反三、见微知著的目的。

3. 综合分析的方法

综合分析的方法主要有以下三种：

（1）点、面结合法。点、面结合法是指把反映同类问题的信息加以集中和归纳，与全局性的情况结合起来或放在全局大背景下统筹考虑，从中找出带有普遍性、规律性的问题，使原始信息增强广度和深度。这种方法是信息综合处理中较为常用的方法。

（2）定性与定量分析综合法。定性分析就是对事物性质的分析，通过分析确定事物质的规律性。定量分析则是通过对事物构成诸要素的数量的分析，把握其数量的变化及其对事物构成的影响，揭示事物质的数量界限。有些信息材料，要么摆了一堆数字，缺乏对事物本质的分析；要么笼统地给事物定性，却没有数据的分析做依据。这些都是不够全面的。必须把定性分析和定量分析结合起来，把不完整的信息材料加以补充、综合，从而提高信息的准确性、深刻性和实用性。

（3）反映现状与预测未来结合法。信息有历史信息、现在信息和未来信息三种。未来信息也就是预测信息，是领导制定事关全局和长远利益的战略性决策的依据。信息工作人员要学会和掌握信息预测的方法，同时，要善于运用反映现状、预测未来相结合的综合处理方法，尽可能多地发掘和提供预测性信息，把信息工作引向深入，更好地为领导科学决策服务。

4. 综合分析的要求

（1）获得的信息要有广度。对信息广度的要求有以下两点：

1）要有一定的覆盖面，即对一些地区或单位贯彻执行党和国家的某项政策，传达贯彻某些重要会议精神或开展某项活动所取得的成绩、经验及存在的问题等，分专题进行全面综合反映。这种综合法涉及的单位不能是一两个，要有一定的覆盖面。

2）要考虑到不同“战线”、不同行业，这样的综合能给领导提供全面、完整的信息，便于把握全局。

（2）获得的信息要有深度。这体现在综合得出的材料要有现状、有分析、有对策。对信息深度的具体要求是：

1）要有恰如其分的结论。在综合时，要在事物原有基础上进行。综合的事物要属于同一范围，具有内在联系；综合以后，要对事物的性质有准确的判断，得出恰如其分的结论。

2）要有必要的事实和数据。在综合时，不要只用空洞的“形势很好”等一类的话简单进行概括，要用不可辩驳的事实和有说服力的数据来证实结论或说明问题。

3）要有分析和建议。对收集到的原始信息必须进行分析、综合，以揭示事物的本质特征；对发掘的问题要提出改正建议，以供领导决策时参考。

四、信息的传递

信息传递是指在日常工作中有效利用各种媒介（信件、备忘录、通知、新闻发布会等）传递信息。

1. **信息传递的要求**

1）按不同的需要把握信息传递对象、传递方式、传递时间。

2）主动地、不失时机地将信息传递给接收者。

3）保密信息按照保密范围进行传递。

4）在传递信息的过程中保证内容不失真。

小案例

总经理一天三次电话询问办公室信息秘书小王，了解南方市场的销售情况。小王一连打了好几次长途电话，总公司南方办事处主任都不在，得不到答复。

小王中午终于打通了长途电话，接电话的正好是南方办事处吴主任。吴主任说："我们的销售形势大好啊！我正忙着洽谈十万套西服的出口合同呢！面料和样式与上次一样。""能成功吗？"小王问。"估计问题不大！意向书已经草签，今天下午四点进一步洽谈细节，然后签订合同。"吴主任说。"那我下午四点半等您的准确消息。""四点半我还有个应酬。我让办事处小李给你回个电话。"小王刚放下电话，总经理的秘书小刘又打来电话问南方的销售情况。"吴主任说，南方销售形势大好，正在洽谈十万套西服的出口合同。"小王兴高采烈地说。"成功的把握大吗？"小刘问。"吴主任说，今天下午四点正式签约。面料和样式与上次一样。""那就是说，只有签约的手续了？"小刘又问。"是的。"小王肯定地说，"我接到签约回电后马上告诉你。"

小刘接电话后，在总经理写字桌的记事本上写道："办公室小王接到南方办事处吴主任电话，正洽谈出口十万套西服合同，面料和样式与上次一样。今天下午四点正式签约。3 月 25 日小刘记录。"

下午五点二十分，总经理回到办公室，急忙翻阅记事簿，看了小刘的记录后非常高兴。他拨通电话，要求采购员按上次要求购进面料，通知设计部门做好准备，维修部门抓紧维护设备，生产部门准备另外招收一批熟练技工……时间就是金钱，总经理抢在时间前面调兵遣将，一直忙到晚上七点半还没有吃饭。

下午四点半，办公室小王一连接到北方办事处、西北办事处的两个长途电话，一直打到下午五点半。刚放下电话，上海的男朋友又打来长途电话，商量结婚物资采购和蜜月旅行路线，一直谈了两个多钟头。直到男朋友挂断电话，小王才想起南方办事处的重要电话还未接到。这时已快八点了，她一拨通南方办事处，小李开头一句就吼道："怎么搞的？我拨了几个钟头电话，总是占线，你的电话拨不通，总经理的电话也拨不通。""合同签了吗？"小王来不及解释，打断小李的话问道。"生意让深圳一家公司抢去了。"小刘说。

小王赶快拨打总经理的办公室电话。总经理办公室无人接，小刘也下班了。她好不容易在 ×× 酒楼里找到了总经理。总经理一听，手里的酒杯也落地了。他知道高档面料已经购进，现在只有压在仓库里……

分析：首先，信息传递要确保不失真。小王把尚未形成事实的信息传递给秘书小刘，小刘又把这一信息以肯定的语气用书面形式传递给总经理，使得总经理误认为已成事实，急切地做出了决策。其次，应保持重要信息的传输渠道畅通无阻。秘书小王工作分不清主次，和男朋友长时间打长途电话，以致不能及时接到信息。最后，秘书要对重要信息进行跟踪与反馈。秘书小王未对签约这一重要信息进行跟踪与反馈，当得知签约未成功的时候，一切都已晚了。

2. 信息传递的形式

（1）信件。信件是正式的书面交流信息，可用于外向传递（如给客户、供应商的信件）、内向传递（如晋升或提高工资的信件），通常在一些数量有限和需要特殊信息的人之间传递。信件具有凭证作用，便于阅读和参考，能发送至相应的地址，但邮寄花费时间，不便于交换看法。信件内容通常包括目的、主题、结束语三部分。

商务信件的格式见表 7-3。

表 7-3　商务信件的格式

信头
日期（此信件书写的日期）
收件人的姓名和地址
称呼
正文
结尾敬语
发信人姓名
附件

（2）备忘录。备忘录是通信的简化书面表格，用于通知有关工作事项。它通常在公司内部使用，即企业内部之间进行信息交流，尤其是在相互了解的人之间使用。备忘录采用书面形式，文字不必像信件那样正式，便于查阅和参考，使用方便，但信息量较少，沟通较慢，不便于交换看法。

企业一般都有各自的标准备忘录格式（见表 7-4），备忘录表格应预先打印或准备好。

表 7-4　备忘录格式

致（接收信息人姓名）
由（发送信息人姓名）
抄送（其他需要信息的人）
日期
标题
内容

（3）报告。报告是供他人阅读的正式文件，包含了有关内容的详细信息，被用来正式陈述事实性的信息，通常针对特定的利用者。报告的内容要正确、结构合理、重点突出、力求简洁，并得出确定的结论。如果想汇报自己参加的某项活动或针对特定对象的某种需要汇报某一明确主题的事实、情况，可以采用报告的形式。

（4）通知。通知使用的范围最为广泛，使用频率最高。通知的事项或要求办理的事情往往有很强的时效性。即使是规定性通知，也具有时效。通知的语言要求精练。通知的格式见表 7-5。

表 7-5　通知的格式

关于 ×× 的通知
正文： ____________________ 以上通知望认真执行。 ×× 公司 ×× 年 ×× 月 ×× 日

（5）指示。书面指示应简明清晰，要讲清应完成什么工作，以及完成这项工作的时间及工作方法。编写书面指示应讲清目标，指明工作方式，规定时限，指出实现预定目标应采取的措施，明确发送对象。

（6）新闻稿。公司公布决定或政策时，可采用发布新闻稿的方式。新闻稿要简明扼要，直入主题，客观反映事实，不做评论说明。

小案例

某企业信息科夏秘书采写了一篇较有价值的信息稿，经过一番修改、润色，费了不少功夫，然后兴冲冲地呈到王秘书长的办公桌上。凭经验，他估计这一次可获得当年系统内的优秀信息奖。不料，王秘书长看后批示：“此稿目前不宜发。”看到自己的工作成果作废，辛辛苦苦采写的稿子被否定，夏秘书心里有股说不出的滋味。“这么好的题材！可惜了！”“不行，得想个办法。”夏秘书拿定了主意，回到自己的办公室，又经过一番修改，将原稿换了个标题，内容的文字也略做改动，然后拿给信息科李副秘书长签发，居然顺利通过了。当然，他没有把真相告诉李副秘书长。第二天，夏秘书正在为稿件已发而高兴时，被通知到秘书长办公室去一趟，在那里他受到了严厉的批评。

分析：夏秘书之所以受到批评，一是不服从上级领导安排。对同一篇信息稿，发与不发，领导之间的意见有时并不完全一致，但身为秘书人员绝不能去钻这个空子。既然秘书长已明确表态这篇信息稿不宜发，作为下级，夏秘书应执行和服从。二是影响领导间的团结。夏秘书绕过主要领导同志，隐瞒真相，将原稿改头换面后送副职领导审发，这是对领导的欺骗行为，尤其不可取。三是“自我”意识太强。这是从事秘书工作的大忌，也是夏秘书犯错误的根本原因。他表面上想的是信息稿的价值，实质上其内心深处想的是显示个人的才华，实现个人的价值，将个人的成绩、荣誉置于工作之上。

（7）企业内部刊物。企业内部刊物主要介绍公司动态和业务进展情况，是沟通上下、联系员工的桥梁。内部刊物的内容一般有公司内部信息、职务升迁信息、员工信息、员工嘉奖榜、业务往来信息等。

（8）传阅单。需要传阅内容较多的信息时应利用传阅单（见表7-6），传阅单上列出所有应阅读该信息的工作人员的姓名，阅读完信息后在传阅单上签字。

表7-6 传阅单格式

姓　名	传递日期	签　名
传阅后返给：姓名、房间号		

（9）新闻发布会。新闻发布会是在一定时间，根据工作需要，公布重要信息，发布有关新闻或阐述观点，并回答提问，属于权威性的信息发布。公司展示最新产品、演示技术上的最新成果和产品、展览会前或展览期间，都可举行新闻发布会。面对面的交流能产生好的效果。

秘书要落实发布会日期、地点、出席名单，准备展览用品、赠品，制作工作人员及展览会使用标牌，发请柬和资料，拟写及印发有关信息材料，布置会场等。

（10）声明。声明可以在报刊上登载，也可以通过广播、电台播发，还可以进行张贴。声明要简短、引人注目。

（11）直接邮件。直接邮件是将公司的信息材料通过邮局寄出。秘书可以通过邮寄的方式，向经过选择的消费者推销某种产品或服务。

3. 信息传递的方法

（1）语言传递。语言传递是将信息转化成语言传递给信息接收者，如对话、座谈、会议、提出请求、听取汇报、演说等，是使用语言、姿态、倾听来传递信息。语言传递简洁、直接、快速，信息反馈及时，较少受场合地点的限制，但获得的信息零乱，对信息接收者来说较难储存。

（2）文字传递。文字传递是将信息转换成文字、符号、图像传递给信息接收者，可避免信息失真变形，实现远距离多次传递，便于利用和存储。文字传递的表现形式是文本、表格、图表等。

文本是大多数信息传递的形式，人们可用文字处理技巧增加文本的影响力和清晰度。

表格用于对特定的、标准的信息进行展示，要有标题，信息简明，注明信息来源。

统计信息以图表的形式传递，便于表达和理解。基本的图表有柱状图、饼状图、折线图。

小案例

××公司张总经理要求到任不久的申秘书将全国同行业中十大公司最近五年每年的营业额、利润指标、资金周转率等准确数据，在半小时内送到总经理办公室，作为研究市场动态、制定本公司经营策略的参考依据。二十多分钟后，一份按要求打印的清晰表格摆到了张总经理面前，表后还附有简要的对比分析。看完表格后，张总经理的脸上露出了笑容，看来他对这位新秘书的工作效率十分满意。

分析：针对特定的信息需求对象和需求内容，可将获得的数据信息采用书面图表的形式进行传递，能够达到迅速、明了、比较效果突出的作用。秘书应该明确信息的传递方向，能够运用适当的信息传递方式，按照信息传递的要求及时、准确、有效地传递信息。

（3）电信传递。电信传递是利用现代化的通信手段传递信息，传递速度快、信息量大、效果好、抗干扰力强，能够跨越空间的限制。秘书电信传递的途径有电话、传真、电子邮件。

（4）可视化辅助物传递。可视化辅助物传递可通过布告和告示、投影仪、展示架、白板和活动挂图、产品展示和示范、录像等形式进行，可以用来帮助理解工作任务和信息，如可用于消防、安全布告及出口标志等。

1）布告和告示。布告和告示通常印在大型纸张上，是带有图片和大字体的信息。它们通常较醒目，能让人们在一定距离外阅读。布告和告示应该保持文本信息简单、短小，图片和彩色能使它们更具吸引力。布告能用计算机和打印机直接制作，也有多种的标准布告可直接购买，例如消防疏散出口标识。

2）投影仪。投影仪常作为演讲的辅助工具，将图像或视频投影到屏幕上，显示给观众。它帮助演讲者把人们的注意力集中在讲话的内容上。文字的数量应该减到最少，并且文字应该足够大，以使在场的每一个人都能清楚地看到。

3）展示架。展示架包括展板和架子，用来展示信息。布告和告示能固定在展板上，传单、讲义和广告材料能展示在架子上。可携带的展板能用于移动展示，常由销售人员用于宣传和推销企业的产品。

4）白板和活动挂图。白板和活动挂图能用于表示一天或一周或一个项目期间记录的有关信息。备注和信息能写在挂图或白板上。文本通常是短小的，用大号字体书写。

5）产品展示和示范。文本和图片虽是有用的，但让观众看到真正的物体更有意义。例如，给受训者一份带有图表表示如何给复印机换纸的讲义，不如演示给受训者实际操作更有意义。讲义能留给受训者作为提示。

6）录像。录像是非常有用的可视化辅助物，其表现形式丰富，易于理解，例如火灾中如何做，如何面对难以应付的客户。

小案例

艾丽丝是一家大型外资企业的办公室秘书，一天午饭后，艾丽丝就被人力资源部部长叫去了。回来的时候，艾丽丝的脸色显得非常苍白，有明显哭过的痕迹。到底出什么事了？

当我正在疑惑，想用什么方法安慰艾丽丝的时候，珍妮悄悄拉了一下我的衣角，让我跟她到第一接待室来。“艾丽丝的事你还不知道吧？”珍妮低声说，“事情是这样的，前几天公司开人事会，说是在新加坡办事处的洪刚病了，那边要求公司尽快派人去顶替，所以当时就定了出口部的雷鸣过去。9月1日正式发调令。”“那这与艾丽丝有什么关系？”我还是不明白。“你听我说。那天开会正巧是艾丽丝负责送水沏茶，她听见了调雷鸣去新加坡的事。”见我还是不明白，珍妮笑了起来：“艾丽丝和雷鸣原来是打算今年国庆节期间结婚的！”“这样啊？”“可能是他俩昨晚约会时，艾丽丝把雷鸣要派到新加坡去的事说了出来。”我终于明白了。“如果艾丽丝只对雷鸣说了，事情到此为止，也就没什么大事。可偏偏今天上午，雷鸣不知是有意还是无意，把这事在办公室里说了出来。你想想，大家都是工薪阶层，谁有个升迁调动，特别是外派新加坡这样的美差，能不敏感吗？所以，没过几分钟，这件事就传到人力资源部部长的耳朵里去了。人力资源部部长马上找到雷鸣，问他是听谁说的，雷鸣只好说是听艾丽丝说的。人事问题是公司机密，调令还没有正式公布，就已经满城风雨，人力资源部部长当然不能容忍这种事情发生，所以他刚才把艾丽丝叫去，狠狠地批评了一顿。这事怎么处理还没定。”“是吗？”虽然我有预感，但没想到事态这么严重。“刚才，人力资源部部长又把科长也叫去了。估计科长也会挨批。”珍妮说。

（资料来源：《外企女秘书职场日记》，作者谭一平，北京，华夏出版社，2005）

分析：艾丽丝无意中听到了公司的机密，将这个本不该她知道的秘密告诉了当事人雷鸣，雷鸣又不小心说了出去，使得公司的秘密尽人皆知，所以铸成大错。艾丽丝首先应该道歉，向公司承认自己做错了，把公事与私事混淆了。在公司的所有机密里，人事问题永远是秘中之秘。秘书，顾名思义，就要严守秘密，艾丽丝应以此为戒。

任务实施

任务回顾：请明确小李在一天工作中收到的信息的传递方法。

上午8点半，小李收到的电子邮件信息传递方法是电信传递。9点多，小李取的关于人事调动的文件信息传递方法是文字传递。上午10点半，小李陪同销售部经理与一家大型供货商见面商谈，达成合作意向的信息传递方法是语言传递。下午 2 点，小李收到的办公室送来的产品宣传活动挂图的信息传递方法是可视化辅助物传递。

技能训练

一、孙主任在接待李教授的信息传达工作中，哪些地方做得不到位？

某大学李教授打长途电话给某市机械厂，告知他同意邀请，后天飞抵该市，前来为机械厂授课，并请机械厂届时到机场接一下。该机械厂王秘书接了电话，满口答应。后天到了，当李教授走出机场时，左右环顾，无人接站，等了十多分钟，李教授自己打车去了机械厂。在前台，问他们是否知道他来厂，办公室孙主任说知道，已经安排好了。李教授奇怪地问，怎么没去接站？孙主任恍然大悟，拍着脑门说："对不起，忘了。"原来是王秘书打电话向孙主任做了汇报，孙主任匆匆安排了李教授的住房后，把派车接人的事忘记了。

二、阅读下面案例，谈谈小林、某大学技术开发公司员工、科长分别采用了何种信息传递方式，为什么他们会选择该种方式？

某市一家工厂，由于老产品积压，资金亏欠，濒临倒闭。2018 年年初，这家工厂的生产科科长听说一种新产品有发展前途，就提出转产该产品的建议。为此，厂长专门召开了办公会议，对转产问题做初步讨论。可是，会上却引来与会者的一连串提问：新产品经过可行性论证没有？市场预测是怎样的？是否属于专利产品？授产后几年能扭亏为盈？面对这一连串问题，生产科科长一时无语，会议决定暂缓转产。

厂长办公室秘书小林，虽只有专科文化程度，但有一股钻劲儿，在征得厂长的同意后，根据《市场信息报》的信息，向某大学技术开发公司发出了函电，请求给予技术咨询，并汇去 500 元作为咨询费。该公司接电后，即安排一位员工为工厂查阅了国内外有关资料和专利，并复制成册寄到该厂。生产科科长在厂长办公会上，向与会者详细汇报了该产品的性能和发展前景，并提供了某大学技术开发公司查阅的有关资料。会议经过讨论，同意转产。转产新产品后，该厂以年创收逾百万元的利润，引起了省内外同行的瞩目。秘书小林也受到了厂长的表扬。

任务四　信息的校核、开发、利用、储存

学习目标

知识目标

1. 了解信息校核的方法
2. 了解信息开发的程序

能力目标

1. 能够对信息进行开发和利用
2. 能够采用正确方法进行信息储存

素养目标

秘书应做好每一件小事，为成就大事打牢基础

任务描述

小张是刚从大学毕业分配来的某厂办公室秘书，虽然他早就听人说过信息是资源、是财富，但究竟它的价值有多大，对领导决策起多大作用，总感觉说不清。在一次领导办公会上，办公室卢主任让小张做记录，他才对信息工作有了切身的理解。

会上，管设备的副厂长提出技术改造方案，以提高企业的竞争力，要求把刚刚收回的一大笔资金，重点投放到购买机械设备上。管财务、管生产的副厂长都表示支持。当厂长正要拍板决断时，卢主任说他想向各位领导汇报一个新情况，供领导们参考。领导们的目光一起转向了他。

“我先说几条信息请领导们参考：一是我国粮食进入市场后，粮价上调的趋势十分明显；二是国际上几个主要粮食进口量大的国家今年均遭遇自然灾害，国际性粮食歉收趋势已定；三是供应我厂工业粮食原料的产粮区今年都遭到严重的水灾；四是今年又是乡镇企业发展很快的一年，这些乡镇企业不少是利用其资源优势从事投资少、见效快的食品和酿酒业，都将以粮食为原料。根据以上情况，我预计近期粮价必上涨，而且上涨幅度较大，可能每千克上涨 0.2 ～ 0.5 元；我厂每年工业原料用粮 10 万吨，按每千克原料用粮上涨 0.3 元计算，每吨将上涨 300 元，10 吨就是 3 000 元，全年就是 3 000 万元！因此，我建议当务之急是在粮食涨价前购进原料，这样可以降低成本、提高竞争力，获得可观的经济效益，然后再把获得的利润投入技术改造。由于经济实力增强了，我们进行技术改造的起点可以更高些，最好能达到国际先进水平。这样就为我们的产品参与国际市场竞争打下了坚实的基础……”

卢主任的发言结束后，会场一片寂静。领导们有的拿出计算器仔细地算着，有的掏出钢笔在本子上写着，还有的托着腮在沉思……

过了一会儿，厂长的发言打破了寂静：“卢主任提出了一个值得我们深思的问题。我同意他对粮食价格变化所做的分析和预测。摆在我们面前的问题是先搞基本建设和技术改造，还是先购进即将涨价的原料，取得经济效益后再以更大的投入进行高起点的技术改造。请大家对这两个方案再议一议。”

大家七嘴八舌地讨论起来，会议气氛十分活跃。经过反复比较、分析、论证，厂领导最后一致同意采纳卢主任的建议：先购进粮食原料，再进行技术改造。

后来的事实证明，卢主任的预测是完全正确的，他的方案使企业获得了巨大的利润。

小张敬佩地对卢主任说：“看来信息是金钱的说法一点不假！您是怎样获得这些信息的呢？”卢主任说：“信息变化极快，信息工作无止境。这次我们虽然从大量信息中淘出了一些金沙，但不知还有多少金矿等待我们去开采、去淘洗、去利用。稍一马虎，它就会从你眼皮底下溜走。”卢主任的话把小张引入了对信息工作的深层思索中。

这件事情对你的信息工作有哪些启发？

任务分析

秘书历来被认为是领导的智囊、军师，要想真正在关键时刻发挥作用，还有赖于秘书平时做个有心人，对有用信息进行收集、整理、分类、筛选、利用。显然，卢主任是一位出色的秘书工作者。

理论知识

一、信息校核

校核即对经过初步甄别的信息做进一步的校验核实。任何信息都有自身价值，其价值的大小在于是否真实地反映了客观事物发展的状况，即是否具有真实性。由于信息的来源、信息的传播渠道中难免有客观的杂质和主观的因素干扰，因此秘书接触到的信息往往带有一定的模糊度、多余度、滞后度，有的含有虚假成分，有的可能完全是假象。信息中的不真实因素，一般表现为偏颇、夸张、拼凑、添枝加叶、捕风捉影等情况。如果说筛选是过粗筛子，把有用的信息挑选出来，而上述各种不真实的信息则可能因表面有用而漏网。这就需要校核，好比是再过一遍细筛子，确保信息的真实、准确。

校核最常见的方法有三种：

第一，分析法，即对原始信息中所表述的事实和叙述方法进行逻辑分析，发现其中的破绽和疑点，从而辨别真伪。例如，同一材料中前后矛盾，就可以判断其中必有一个有错，或者两个都错。分析法的长处在于一般不需要借助其他手段，仅从原始信息本身就能发现某些错误。

第二，核对法，即依据权威性的信息材料进行对照分析，发现和纠正原始信息中的某些差错。所谓权威性材料，即其本身的正确性是毋庸置疑的。比如，用《中国统计年鉴》来对照某一部门的年终统计材料；用国家颁布的标准化规定来对照某些产品的标准程度等。这就是核对法的具体运用。这里的关键是要掌握直接的、最新的权威性材料。

第三，调查法，即对原始信息中所表达的事物的运动变化情况，通过现场的调查来验证它的真实性和准确性。这种方法需要花费较多的人力和时间，一般只对重要的原始信息进行现场调查鉴别。

二、信息开发

（一）信息开发的工作程序

1. 确定主题

角度要选准。信息开发具有很强的人为主观性，不同的信息人员对同样的信息材料会选择不同的角度。在实际操作中，信息人员只有选择那些有新意、有价值、有效用的信息进行编报，所报信息才能进入领导的决策视野，起到以文辅政的作用；如果角度不新、立意平淡，即使再重要的信息也可能被弃用。

2. 分析信息材料

题材要挖深。要把一个看似平常的、零散孤立的信息开发成精品信息，必须经过深入提炼和加工，从动态性中把握规律性，在苗头性中发现倾向性，从偶然性中揭示必然性，由局部性透视全局性。

3. 选择信息开发方法

信息开发有多种方法，在实际工作中要善于选择和运用。

（1）汇集法。把关于某一主题的信息按照一定的标准汇集在一起。

（2）归纳法。将关于某一主题的信息集中起来，进行系统综合分析，明确说明某方面的工作动态。

（3）纵深法。把若干具有内在联系的信息或不同时期的有关信息纵向进行比较，形成新信息材料。

（4）连横法。把若干不同来源的信息按照某一主题进行横向连接，做出比较分析，形成新的信息材料。

（5）浓缩法。压缩信息材料的篇幅，以求主题突出、文字简明精练。

（6）转换法。把不易理解的数字和文字转换为易于理解的数字和文字。

（7）图表法。将有一定规律的数据制成图表。

4. 选择开发信息的形式

信息的开发形式包括剪辑报纸、编制索引、制作简报、编写文摘、编写简讯、撰写调查报告六种。

5. 形成信息产品

编报要灵活。大多数信息给人的印象往往是内容枯燥、题材类同，要使信息变得生动，富有感染力，就必须在编报上讲求变化，根据不同的信息题材选择不同的编报方法。

（二）信息编写的类型

开发的信息通常被编写为以下几种类型：

（1）动态型信息。它反映某项工作、活动或事件的发生、发展、变化的客观情况。

（2）建议型信息。它反映问题并提出解决问题的措施。

（3）经验型信息。它反映地区、单位、部门某方面经验的信息。

（4）问题型信息。问题型信息即负面信息。

（5）预测型信息。预测型信息是预测社会动态、经济动态、市场前景、工作情况等的信息。

（三）进行一次、二次、三次信息开发

信息开发具有多次性。一般物质资源经过消耗就可能丧失其功效，而信息具有共享的特性，它可以存储，可以被多次传输利用，能够不断地补充、完善和扩散，还可以进行综合和归纳，成为可增值的资源。所以，从信息加工层次的角度出发，可以把信息开发分成一次信息开发、二次信息开发和三次信息开发三种。这三个层次的信息产品中，信息的客观性、原始性逐渐降低，信息开发者的主观性、能动性逐渐增加，在信息编辑、材料整合中逐渐加入自己的观点和思想。

1. 一次信息开发

一次信息开发主要是将无序信息转变为有序信息，提高信息的利用率。这些信息基本是被原封不动地挪过来的，按照一定的主题、类别、领导的信息需求放到一起，这些原生态的信息对领导来说是鲜活的、集中的、方便的。剪报、简报属于一次信息开发。

（1）剪报。剪报是指把从报纸杂志等上面剪下的文字、图片资料，整理分类并集纳成册，

20 世纪八九十年代，人们平时读书看报发现自己感兴趣的文字和图片时，为了便于日后使用的时候方便查找，常制作剪报。直到今天，这也不失为一种良好的习惯。对于企业领导来说，有时虽然订阅了很多报纸杂志，但是没有时间去翻阅、过滤，秘书人员完全可以通过这种方式，摸透领导的信息需求，通过剪报给领导节约时间和精力。

小案例

李明大学学的是文秘专业，他的第一份职业是做某证券公司董事长的秘书，主要工作内容是复印、倒水、剪报纸等，一段时间后，董事长不看李明整理的剪报，中午就吃不下饭。

李明在工作中善于思考。会议期间给董事长端茶送水时，他会估摸董事长一杯水喝了多长时间，以便判断何时倒水妥当。讲话讲得多，就得倒得勤一点，但要注意不能打断董事长讲话的激情。什么时候光倒水不加茶叶，什么时候该带着茶叶进去，这些细节他都把握得很好。

这些琐碎的事情看起来很不起眼，但李明能够把这些事情做得很不一样，他在乎的是细节。李明的这些细节引起了董事长的注意，开始逐步重用他。

分析：李明从剪报、端茶等杂活干起，善于思考，兢兢业业。秘书要用心做好每一件琐碎、重复的事，注重细节，积累经验，才会逐渐成长起来。

（2）简报。简报是传递某方面信息的简短的内部小报，是具有汇报性、交流性和指导性的简短、灵活、快捷的简报，又称“动态”“简讯”“要情”“摘报”“工作通讯”“情况反映”“情况交流”“内部参考”等。它具有简、精、快、新、实、活和连续性等特点。现在很多企业都有自己的工作简报，这些简报既可以为领导及时提供第一手的工作信息，也可以丰富企业的文化氛围。

简报的种类很多，按时间分，有定期的简报、不定期的简报；按性质分，有工作简报、生产简报、学习简报、会议简报；按内容分，有综合反映情况的简报和反映特定情况的专题简报。

简报不是一种文章的体裁，因为一份简报可能只登一篇文章，也可能登几篇文章。这些文章可能是报告、专题经验总结、讲话、消息等，因此，把简报说成一种独立的文体，或说成报告，是不妥当的。简报不是一种刊物。因为有些简报可装订成一本，像一般“刊物”，更多的是只有一两张纸、几个版面，像一份报纸。更重要的是，简报具有一般报纸的新闻特点，特别是要求有很强的时效性。刊物的时效性则远不及报纸。因此，简报不是“刊”，而是“报”，说它是刊物，不如说是“小报”更确切些。

简报的种类尽管很多，但其结构却不无共同之处，一般都包括报头、标题、正文和报尾四个部分，有些还有编者配加按语，成为五个组成部分。简报一般都有固定的报头，包括简报名称、期号、编发单位和发行日期。

1）简报名称印在简报第一页上方的正中处，为了醒目起见，字号宜大，尽可能用套红印刷。

2）期号在简报名称的正下方，一般按年度依次排列。有的简报还会标出累计的总期号。属于“增刊”的期号，要单独编排，不能与“正刊”期号混编。

3）编发单位应标明全称，位置在期号的左下方。

4）发行日期以领导签发日期为准，应标明具体的年、月、日，位置在期号的右下方。

报头部分与标题和正文之间一般用一条粗线隔开。有的简报根据需要还应标明密级，如“内部参阅”“秘密”“机密”“绝密”等，位置在简报名称的左上方。

报尾部分应包括简报的报、送、发单位。报是指简报呈报的上级单位；送是指简报送往的同级单位或不相隶属的单位；发是指简报发放的下级单位。如果简报的送、发单位是固定的，而又要临时增加发放单位，一般还应注明“本期增发 ×××（单位）”。报尾还应包括本期简报的印刷份数，以便于管理、查对。报尾部分印在简报末页的下端。

2. 二次信息开发

二次信息开发是对一次信息进行整理后形成新信息。索引、目录编制和文摘属于二次信息开发。

（1）索引。索引是揭示文献内容出处、提供文献线索的检索工具，旧称通检、备检或引得。组成的基本单位是索引款目。款目一般包括索引词、说明或注释语、出处三项内容。所有索引款目实现有序化编排。索引的本质特征是只揭示内容出处或文献线索，并不直接提供事实、资料本身。索引的主要功能是为人们准确、迅速地获得文献资料提供线索性指引。常见的索引主要有报刊论文资料索引、文集篇目索引、语词索引、文句索引、关键词索引、专名索引、主题索引等。

（2）目录编制。目录编制是指根据信息的题名编制目录，以表格的方式系统化记载和揭示相关信息。它的形式很灵活，完全可以根据需要设置项目，设置的项目可多可少。目录编制的优点在于结构清晰，查找方便。

索引与目录没有严格的界限，一般来说，目录是对信息内容和形式特征进行全面、系统的著录，项目比较完整；索引则是对信息中的某一部分特征进行著录，如文件中涉及的人名、地名等，著录项目比较简单，只有名称（人名、地名、文号）及出处（或者编号）两个项目。

（3）文摘。文摘是指对信息简明扼要地摘录其重要内容，以便更全面地指示信息的方法，在工作中经常被称为“摘要”。一般来说，文摘可以分为三种：一是报道性文摘，即对原始文献进行浓缩的文摘；二是指示性文摘，即根据原文编写的带有评价的文摘；三是报道－指示性文摘，即兼具以上二者特点的文摘。

应该说，写文摘或者摘要，对于文秘人员的信息整合能力、思考能力是较大的挑战，不仅要尽可能地忠实于原信息，又要清晰、合理地表达自己的思想、观点，要持之有据，也要客观中立，这样才能保证文摘的质量，才能对领导起到真正的参谋作用。

3. 三次信息开发

三次信息开发是在一次、二次信息的基础之上，通过分析概括而形成更深层次的信息。简讯和调查报告属于三次信息开发。其中，简讯是用简明扼要的语言报道最新动态信息。调查报告是在实地调查获得第一手信息的基础上，通过分析得出反映有关事实的本质特征信息的三次信息产品。调查报告的撰写、形成，离不开扎实的调查研究功底。

三、信息利用

信息利用有利于实现信息的价值，促进管理水平的提高；有利于信息的增值和信息资源共享；有利于提高决策的成功率。跟踪信息的去向是监督信息利用、提高利用效率的有效方法，也是测评信息流动使用的依据。

信息的利用包括两个方面：一是秘书人员如何自觉地、正确地利用信息，为科学决策提供服务，这是发挥信息效益的主要方面；二是信息工作部门对收集上来的信息如何进行充分利用，挖掘其潜在价值，综合加工成高层次信息，使其在领导决策中发挥更大的作用。

1. 合理利用信息

针对信息的特点，要合理地利用信息，首先就必须处理好以下五种情况：

（1）吃透“上情”。正确理解领导工作思路，有助于确定具体的信息利用方式。秘书人员应该自觉地提高自己的素质，多看一些文件，多听一些报告，多参加一些重要会议，在此基础上，按照理论联系实际的原则，将上级的精神与具体的“小气候”[㊀] 联系起来，主动开发有关信息。当然，吃透“上情”的关键在于保持与上级的联系，要多请示、多汇报，以便正确把握行事的方向。

（2）掌握“下情”。这是秘书人员的职责。任何一项事关群众切身利益的政策的出台，都会引起群众的强烈反响。因此，对于一个秘书人员来说，最重要的莫过于注意群众的一言一行，深入群众，将群众情绪这个“晴雨表”及时反映给上级，向上级提供恰如其分的信息反馈。

小案例

王小明是公司销售部总经理，刘力是市场部的副总经理。公司刚成立的时候，他俩都在销售部，是工作上的搭档；但两人的工作作风完全不同，王小明在工作上一向大刀阔斧，而刘力则精益求精。由于两人性格上的差异，再加上一些个人的恩怨，几年来他俩一直不和。这在公司内部几乎是尽人皆知。老总刚从集团总部调来不久，想打开欧洲市场，于是准备派王小明和刘力去参加下个月的莱比锡国际博览会，同时考察欧洲市场。秘书张雪在与老总的接触中，知道了老总的这一想法。面对这种情况，张雪应该如何处理？

分析：如果老总问起王小明和刘力的关系如何，应如实说明他们两人因为性格等方面的原因在工作中确实有些矛盾。首先，两位经理之间有矛盾，这是事实，但如果没有安排他们去欧洲的计划，秘书的确没有必要主动汇报。上司每天要处理那么多的信息，如果再把管理人员之间的纠纷汇报上去，无疑会给上司增添烦恼。其次，当得知上司的安排后，这种小事就不再无足轻重，它有可能影响欧洲考察效果。所以，此时的知情不报就成了一种不负责任的行为。最后，让上司了解这两位经理性格不合，这样做没有错，至于会不会影响考察效果，应该让上司自己判断。下属不应越俎代庖、自作聪明，所以，一般情况下，秘书只需告诉上司事实，结论应由上司自己判断。

（3）突出“内情”。强调地方或行业特色，信息工作在不同的地区和不同的行业有不同的着重点。例如：发达地区或行业，应着重于发展方面的信息；落后地区或行业，要着重于生存方面的信息。

（4）了解“外情”。注意观察外部世界的情况。秘书人员在了解“外情”时，要“眼观六路，耳听八方”，综合了解各方面的情况。密切注视外界动态，随时掌握相关地区或行业的情况。

㊀ 小气候是指领导的工作思路，关注的热点、焦点问题。

（5）注意“时情”。注意信息的时效性，对于时效性强的信息，秘书人员应时刻意识到其紧迫性，一分一秒的耽搁都可能招致巨大的损失。秘书只有随时注意方方面面的情况，在处理信息时，才能得心应手、游刃有余。

2. 信息利用的特点

（1）周期性。信息利用是一种社会现象，受各种工作活动规律的影响，呈现出周期性。如工作任务重要，对信息分析的需求就大；反之，信息利用率就低。

（2）经常性。人们从事任何工作都离不开信息，使其有了经常性的特点。

（3）广泛性。无论是决策者，还是一般员工，只要其在解决实际工作问题、从事业务工作中需要利用信息，都可成为信息的利用者。

（4）实效性。信息资源的利用能够带来一定的实效，如在文化、教育等方面发挥社会效益，在产品更新、降低成本、节约费用等方面发挥经济效益。

3. 信息的利用方法和效果

谈到利用信息的方法，首先应该探讨一下发挥信息的效应问题。这是一个问题不可分割的两个方面。一般而言，信息因其效应具有潜在性，在这种效应的潜力得到充分发挥之前，是谈不上利用的。当我们想将信息运用于实际工作，将信息的潜在效应转变为直接效应，意在引起领导重视，并制定出解决问题的对策时，就必须充分发挥秘书人员的主动性、积极性，在鼓励领导掌握必要的信息的同时，也应主动争取他们对这些信息的重视，实现信息的双向反馈，并注意对同一条信息不断跟踪反馈形成“信息链”，使信息在良性循环中实现连锁效应。

利用信息的具体办法很多，总结起来大致有以下几点：

（1）与调研相结合。以信息为调研线索，进一步调查研究，同时在调研中发现新的信息线索。

（2）与督查相结合。对于领导批示的信息，由督查机构立案落实、跟踪督办。

（3）与新闻相结合。将一些有价值的信息加工转化成内参、新闻文稿发表，以扩大影响。

（4）发挥决策层信息的权威优势。对于领导没有批示但十分重要的信息，可以督促有关部门给出解决问题的办法和措施。

（5）把重要信息纳入文件传阅渠道，争取让更多的领导阅示。总之，只要我们在开发利用信息时拓宽思路，信息的效应就会从多方面体现出来。

由此可见，信息利用的效果，一方面是看如何使信息为上级领导的决策提供有用、有效的服务；另一方面是看信息能否较好地反映同级或下级的意愿，从而发挥信息所应具备的作用。

4. 信息利用中应注意的问题

要提高信息工作的水平和层次，进一步发挥信息在领导决策和各项工作中的效用，在信息工作中要克服平、浅、窄、慢，做到真、新、深。

秘书信息工作中最突出的问题就是平、浅、窄、慢。平，就是信息的层次不高；浅，就是信息的深度不够；窄，就是信息的来源不广，秘书人员的主动性不高；慢，就是信息反馈速度慢。信息工作的这些不足具体表现在：信息工作有许多还停留在对文字、数字的传输和反馈上，致使上级领导难以获得直观、具体的印象，缺乏对事故、事件的了解；而秘书人员缺少基层干部那种解决问题的能力，效果自然不佳。

要克服信息工作中平、浅、窄、慢的问题，就必须把工夫下到真、新、深上，这才是解决问题的关键。真，是信息的生命，它是衡量信息有无价值的唯一标准。要做到真，我们就应着重练好实、全“两字功”。所谓实，就是实事求是，信息都是实人、实事、实情节、实数字、实思想，一切都实实在在，道听途说的不能算信息。所谓全，是指信息工作应该涉及各个层次，要全面。

新，即信息应反映客观现实中新近、正在发生的或具有新意的信息。我们的社会处于不断的变化发展之中，新事件、新人物、新风尚层出不穷。要把握这些新信息，并非易事。要准确把握信息的新，就必须练好快、鲜“两字功”。所谓快，就是要求比新闻更快，一旦在新闻中出现了，那此类信息就很难再引起领导的兴趣。所谓鲜，就是要求信息要对准当今中心工作和社会的焦点、难点、疑点问题以及领导重要决策的风格。其实，这里所说的“鲜”就是一种新意。

深，是指挖掘领导在决策和实施中具有高效能的和超前预测引导作用的信息。要想让信息更多更好地进入领导决策层，就需要做到深，使之成为领导面前的透视镜。相应于深，着重练好的就是高、超“两字功”。高，就是向领导多提供高效能、高层次的信息，即善于将分散、零碎、表面化，缺乏系统性和深刻性的初级信息进行筛选，形成具有一定深度的信息。超，即要有超前意识，要经常围绕决策的目标，及时反映与之相关的动态性、倾向性问题，努力捕捉事物变化的前兆。

四、信息储存

信息储存不同于一般的物资储存，它需要进行严格登记、科学编码和有序排列。信息储存是指将有查考使用价值的文件、图像、统计报表、档案材料等信息材料存放起来，以备随时调出使用。信息储存是信息处理过程中的重要环节。

1. 登记

信息工作人员在获得各种形式和内容的信息资料后，首先要进行登记。登记的作用如下：一是把存入的信息资料列为本单位的正式财产，使之有据可查；二是为信息资料的保管和利用提供可靠的凭证，也便于对信息资料进行加工整理；三是可以掌握存入信息资料的变化情况，发现缺漏，便于补充配套。

信息资料的登记分为总括登记和个别登记两类。总括登记应反映一个信息库内所存入的信息资料的全貌，一般只登记存入册数、种类及总额等；个别登记是对每一份、每一册信息资料的详细记录，以掌握各类信息资料的具体情况。

2. 编码

信息资料的具体形式是多种多样的。为了便于管理和利用，特别是为了适应电子计算机处理信息的要求，需要对各类信息资料进行统一编码。

（1）信息资料编码的原则。信息资料的编码结构要表示出资料的组成方式及其相互关系。一般由字符（可以是字母，如 26 个英文字母；也可以是数字，如阿拉伯数字 0 ～ 9）组成基本数码，再由基本数码结合成为组合数据。信息资料编码应注意以下几项原则：

1）代码应具有逻辑性强、直观性好的特点，使人们在应用中容易掌握，一目了然。

2）选择最小值的代码。因为代码值的增加，工作人员的工作量也就随之增加，势必会导致差错率上升，给工作造成困难。

3）尽可能地使用现有的编码与通用符号，以便容易与其他方面衔接。

4）编码要考虑到发展远景，以便适应社会生活的变化，在进一步充实时不至于发生紊乱，能保持编码的系列性。

（2）信息资料编码的方法。在信息工作实践中，人们创造了信息资料编码的多种方法，运用最广泛的是分类编码法。例如：

1000——×× 市场信息资料。

1100——×× 市场纺织品信息资料。

1110——×× 市场化纤织品信息资料。

1111——×× 市场纯涤纶销售信息资料。

1112——×× 市场混纺织品销售信息资料。

1113——×× 市场毛涤织品销售信息资料。

这种方法就是利用十进制数，按后继数字来区别信息资料的大小类，进行单独的编码。采用这种编码方法，左边的数码表示大类，向右排列的数码依次表示更细的小类。再如：

1000——A 市场信息资料。

2000——B 市场信息资料。

3000——C 市场信息资料。

4000——D 市场信息资料。

3. 保存

信息资料的保存方式有以下几种：

（1）案卷存储。即建立信息资料档案。纸质的资料比较适合采用这种保存方式，要针对不同类型的资料特点，选择不同的存储装具和设备。比如，名片盒、名片册、活页资料册、资料柜、文件柜等。

（2）音像存储。把信息用录音带、录像带、胶片等形式记录下来。

（3）计算机存储。利用计算机的内外存储器存储信息，需要时可以随时调阅，存储数据量大，存取速度快。

（4）缩微胶片存储。利用照相方法，将信息记录保存在缩微胶片上。缩微胶片存储节省空间，节省存储设备费用，但照相和阅读胶片需要昂贵的设备，缩微胶片图像的质量会随时间的推移而下降。

4. 排列

科学地存放排列信息资料，是为了便于查找利用。这对于信息资料丰富、服务对象又多的单位来说，尤为重要。信息通常有以下四种排列方法：

（1）时序排列。按接收到信息资料的时间的先后顺序排列，也就是按资料的登记号排列。这种排列方法的优点是简便易行，缺点是分类不清，不容易根据内容来查找资料。

（2）按来源部门排列。按信息资料来源地区和部门，结合时间顺序依次排列。这种排列方法的优点是便于查找信息源，但需较大的存放空间。

（3）按信息资料的内容排列。将信息资料按其内容进行分类后依次排列。这种排列方法便于信息的查找和利用。

（4）按资料的形式排列。信息资料存在的形式多种多样，可将信息资料按其存在形式（如图书、期刊、报纸、内部资料、录音带等）分类排列。

信息资料的排列方法要按照各单位的具体情况来决定，排列原则是便于存放和查找。无论选用哪一种排列方法，一经确定，就应保持相对稳定，当然也要根据资料情况的变化而改变排列存放方式。

小案例

小陈是个细心的秘书，习惯于将各部门报送的原始信息、资料、文件、往来信函等统统归类收集，以至于他管理的档案柜由最初的一个变成了现在的三个，每次有人要找东西时都要大费周折。为此，办公室主任批评了他，他很委屈："我错了吗？"

分析：小陈的确做错了，细心是秘书的好品质，但信息收集整理工作有相应的原则和规律。保存太多的原始信息，一方面使档案成倍增加，不易查找；另一方面，信息有它的时效性，保留过期的信息资料毫无意义。

任务实施

任务回顾：这件事情对你的信息工作有哪些启发？

秘书尽管不是领导者、决策者，但他要站在领导者、决策者的高度去观察问题、分析问题。秘书的助手作用更为重要地表现在帮助领导出谋划策，即充当领导的参谋。党政机关的领导秘书要参与政务，企事业单位的领导秘书要参与业务。当然，参谋不是主谋，参与不是决策。秘书要当好领导参谋，对信息漠然视之，不关心、不收集、不整理、不加工是断然不行的。一个优秀或称职的秘书，应是处理信息的能手，处理信息就是对获取的各种信息进行加工、分析、综合、归类、过滤，从中获取有用的情况、数据，进而提炼出新的思想、理论，用以指导工作实践的全过程。所以，秘书应把信息工作作为一项重要的日常事务来抓，保持信息处理的准确性、连续性、完整性、时效性。

技能训练

一、阅读下面案例，谈谈你对秘书信息工作的认识。

张林从秘书专业毕业，刚到某石油集团公司行政办公室工作时，办公室主管让他负责了解与分析石油市场价格运行情况，不定期提交报告，为公司提供石油原料购买与储运方面的决策和建议。张林觉得自己的任务并不难完成，所以当主管问他有没有困难时，他毫不迟疑地回答："没问题。"可是，不久后他发现完成这项工作不仅有问题，而且问题很大。当时国际石油价格呈直线上升趋势，而国内石油价格由于进口关税下调却呈下降趋势。张林据此在提交的第一份报告中建议：减少国际采购量，增加国内采购量。他的报告很快就被退了回来，上面批示的意见是：情报不实。明明是真实的市场油价，怎么被判定为不实呢？张林百思不得其解，只好去请教主管，主管告诉他，受运输等因素的影响，国际石油价格对国内石油市场的影响需要一定的时间，现在进口石油的到岸价，是国际市场一段时间以前的价格。所以，目前国内油价下跌是短期的，很快就会上升。于是，他撰拟了第二份报告，建议在国际油价相对平稳时，增加期货购进，以防止油价继续上调使公司受损。第二天当他把报告交上去后，当天即被退回，上司批：情报过时。他赶快上网查阅，情况使他目瞪口呆：油价继续大幅攀升。在石油制品价格未发生较大变化的情况下，按现在油价购进石油原料，将使公司严重亏损。连续两次受挫，张林的自信几乎完全丧失了。

这之后，他采取了自认为慎重的态度，再也没有提交新的报告，觉得这样做虽不能立功，但也不至于惹祸。不料有一天总经理却亲自来找他，对他进行了严厉的批评，国际油价受各种因素影响迅速下跌，而张林对此信息无任何反应。后来油价止跌回升，到总经理找他时，油价已恢复到之前的水平，造成公司丧失了低价购进的最好时机。

二、阅读材料，将反馈的信息编写成信息简报。

××电池有限公司是一家蓄电池行业的龙头企业，自身拥有完善的试验、检测手段，采用德国、日本等地知名品牌的先进设备，是A县乃至全国的知名生产企业。

检测中心工作人员多次走访该企业主要是帮助企业解决进口检测设备检测技术难题。检测中心工作人员通过沟通询问、查阅技术文件、实地观看和操作检测设备等多种方式，本着科学精确、方便企业、高效服务的原则，帮助企业解决计量检测中存在的困难并提出了具体实施方案。

检测中心工作人员对企业的帮扶，不论大小，一视同仁，平等对待，但又根据企业的需求提供差别化服务。引导和鼓励企业名牌培育，加强标准化、计量等技术基础工作，严格按标准组织生产，鼓励有条件的企业采用国外先进标准和国际标准，积极推行卓越绩效管理模式、5S管理、质量管理体系认证等先进的质量管理方法，加强企业质量文化建设，强化企业质量诚信意识，建立健全质量诚信制度

检测中心下一步将加强对A县重点支柱企业的走访，不断深化服务内涵，改进服务方式，帮扶更多企业提升计量技术检测和管理水平。

项目八 / Project 8

08

调 研 工 作

任务一　了解调查研究的意义、特点和作用

学习目标

知识目标

1. 了解调查研究的意义、特点和类型
2. 掌握调查的方法和技巧

能力目标

能选择正确的方法和技巧进行调查

素养目标

增强秘书对客观问题的分析判断能力，能够细致、耐心、踏实地开展调研工作

任务描述

××集团是个大型企业，为了提高员工的工作积极性、增强员工在工作中的竞争意识，公司决定进行人事制度改革，实行“末位淘汰制”，该项工作由人事部负责。公司颁布这项制度已经两个月了，公司员工反应如何？人事部部长让秘书李倩去做调研，李倩应如何开展工作呢？

任务分析

秘书具有辅助管理的职能，管理的核心内容是决策。一项决策要保证切实可行，必须掌握全面、翔实的信息，而掌握信息最有效的方法就是调查研究。在调查研究中必须采用科学的方式方法，设计合理且可操作的程序、全面并易收集整理的调查内容，才能获取真实而又丰富的材料。

理论知识

信息是管理的重要依据，秘书人员在辅助领导实施管理的过程中，不可忽视的一项工作就是进行广泛的和有目的的调查研究，以掌握大量真实可靠、富有价值的信息，并通过对信息的分析研究，认识事物的本质和规律，提出解决问题的意见和建议，为领导的决策、指挥、协调和控制提供必要的信息服务。

一、调查研究的含义和意义

1. 调查研究的含义

所谓调查，是指为了了解情况进行考察；所谓研究，是指探求事物的真相、性质、规律。调查和研究有着密切的联系，调查是研究的前提，不经过调查，就不可能占有所需要的信息，

而没有信息，研究也就无从谈起；但是，光有调查，而不对调查材料进行研究，也不可能把握事物的本质和规律，更无法提出解决问题的合理意见和建议。

2. 调查研究的意义

这里不准备叙述调查研究的一般意义，而是着重分析秘书人员开展调研工作的具体意义。总体来说，秘书人员开展调查研究的意义主要表现在以下几个方面：

（1）可以使秘书人员的主观认识同客观实际相一致。事实上，秘书人员如果把自己整天关在办公室里，远离实际、脱离群众，是不能把工作做好的。为更好地开展工作，秘书人员应深入调查研究，扑下身子干实事、谋实招、求实效。

秘书工作本身所涉及的范围很广，外部信息又复杂多变，因此，秘书人员要想使自己的思想和认识不断适应新情况，就必须经常走出办公室，深入做一番调查。这样，秘书人员就会同基层、社会以及广大群众建立起牢固的关系，从而使自己的思想认识更贴近客观现实。

（2）可以使秘书人员的意见、建议更加趋向合理。秘书人员在辅助领导决策的过程中，如果只是闭门造车、教条主义，则不可能拟订出优秀的预选方案，针对各种实际情况和具体问题所提的意见和建议也必然是空洞无物或无的放矢。所以，秘书人员要想使自己的预选方案或意见、建议能够做到切合实际，富有较高的参考价值，就一定要深入下去，开展认真的调查研究，从客观实际中得出正确的结论。

（3）可以使秘书人员充分发挥桥梁和纽带作用。上情下达和下情上传是秘书人员的一项重要工作，其中，下情上传在很大程度上要靠秘书人员本人进行调查。坐在办公室里等材料、听汇报，是不可能及时获得大量高价值信息材料的，有时甚至会被伪信息、假材料所蒙骗，以至对客观情况做出错误的判断。即使是上情下达，也有必要进行调查，以了解上情下达后，基层及群众有何反应，行动进展如何，以及执行中存在什么问题等。这样，通过调查，沟通了上下关系，秘书人员的桥梁和纽带作用也就得到了充分体现。

（4）可以使秘书人员的能力得到提高。调查研究是一项较为复杂的工作，需要秘书人员具有较强的能力，而且这种能力是多方面的。在调查过程中需要有较强的理解能力、口语表达能力、判断能力、启发引导能力和处理人际关系的能力；在研究过程中需要有较强的综合分析能力；如要写调查报告，还需要有较强的文字表达能力。总之，秘书人员开展调查研究工作，应具有正确的思想方法、掌握科学的工作方法，这也就是能力的集中表现。

二、调查研究的特点和类型

1. 调查研究的特点

一般来说，调查研究有以下几个特点：

（1）目的的明确性。调查研究是一种有明确目的的行为，目的可以是远期的，如为制定某一发展规划而调查；也可以是近期的，如为处理某一突发事件而调查。不论是哪一种调查，都有其动机，而动机来源于需要。任何目的都内含着一定的功利性，而正是这种功利性，不管是积极的还是消极的，都将成为调查研究的原始动力。尽管调查研究的目的通常不由秘书人员确定，但作为领导参谋助手的秘书人员则必须根据领导确定的目的开展调研。

（2）内容的广泛性。与职能部门相比，秘书部门工作的综合性决定了秘书人员所进行的调查研究工作内容的广泛性。它不仅涵盖了本部门管辖的整个范围，而且涉及对本部门产生影响的外部环境。可以说，只要是领导决策和处理问题的需要，不管哪方面的事物，都可能成为秘书人员调查研究的目标。事物的多样性自然也就决定了秘书人员调查研究工作内容的广泛性。

（3）对象的复杂性。秘书人员所开展的调查多为社会调查，而社会是复杂的，尽管不同的事物，其复杂程度会有所不同。调查研究的难度主要取决于调查对象的复杂程度，随着社会的不断发展，事物的构成越来越复杂，矛盾相互交叉、关系纵横交错，从而使调查研究的难度变得越来越大。

（4）手段的多样性。调查手段包括调查的方式和方法。由于经验的不断积累，如今人们已掌握了许多调查手段，可以根据不同的问题、不同的对象采用不同的调查方式和方法。计算机的使用，为处理调查所获得的信息材料提供了先进的手段。从实践情况来看，大多数秘书人员都掌握了多种调查研究的方式和方法。

（5）能力的综合性。调查研究可以使秘书人员各方面的能力得到增强，其关键正是由于调查研究本身需要多方面的能力。可以这样说，调查研究是综合能力的运用，调查研究的水平取决于调研人员的综合素质。

2. 调查研究的类型

调查研究主要有以下几种类型：

（1）一般情况的调查研究。所谓一般情况，是指单位整体工作层面的情况。它既可以是综合的情况，包括政治、经济、文化、教育、卫生等各个方面；也可以是某一方面的情况，如社区文化建设、青少年健康状况、困难群体的生活保障等。一般情况的调查研究对领导决策，不论是宏观的还是微观的、战略的还是战术的，都具有十分重要的价值。

（2）特殊情况的调查研究。所谓特殊情况，是指个别的，但具有典型意义或特殊意义的情况。特殊情况既可以是正面的、积极的，如先进单位、先进个人、典型事例、典型经验等；也可以是负面的、消极的，如各种突发事件。对正面的、积极的情况的调查，其成果能够起到以点带面的作用；而对负面的、消极的情况的调查，其成果可以作为事件处理的依据，并能对其他单位和个人起到警示的作用。

（3）反馈情况的调查研究。所谓反馈情况，是指下级机关单位执行上级机关的有关方针、政策、决策、决定的情况。秘书部门对反馈情况的调查研究，将有利于机关领导了解整个系统工作进展的实际状况，以便对执行不力的机关单位通过协调、控制、激励等必要的措施，使其达到规定的执行要求。过去，对反馈情况的调查研究谈得不多，其实这是很重要的。

三、调查研究的步骤和要求

无论党政机关还是公司企业单位的秘书部门，都会有大量的调查研究工作。一般来说，可以把调查研究的程序按逻辑分成准备阶段、调查实施阶段、研究分析阶段和撰写报告阶段。每个阶段有不同的步骤和要求（见表 8-1）。

表 8-1　调查研究的具体步骤和要求

调查研究阶段	具体步骤	要求
准备阶段	确定调查研究的课题	课题必须是必要的、可行的
	确定调查的对象、类型和方式	根据课题的性质和要求来确定
	设计必要的调查问卷和表格	设计要明朗、简洁、易答、逻辑性强、选项分明、便于统计分析
	规定调查的时间和地点	包括调研的起始时间、所需时间以及时间限度，注意地域的差异性
	制订调查研究计划	一般包括调研的主题、目的、内容与要求；调查的对象、范围、方法；调查的步骤与时间安排；调研人员和组织安排，以及经费和物质保证等
调查实施阶段	联系确认调查对象	建立联系，详细说明，协商配合
	实施调查	科学安排，点面结合；注意遵守有关法律、法规和制度；严守有关保密纪律
研究分析阶段	对调查材料的取舍、审定、核对和证实；分类整理，将初级信息通过技术手段转化为高层次信息；利用科学准确的研究方法，对调研内容进行研究分析统计；确定研究结果	注意突出重点，注意全面性和重点性相结合
撰写报告阶段	调查报告一般包括调查过程（含主要的及重要的事实、情况、资料或数据等）、调查结果（含原因、因素、评价、问题的症结、解决办法、意见或建议等）和研究结果	调查报告要求主题突出、观点鲜明，内容具体、材料实事求是，布局合理，格式规范，语言运用得当

四、调查的方法

1. 普遍调查法

普遍调查法，简称普查，也就是对调查对象所包括的每个部分进行逐个调查，以获得全面的数据和情况的一种调查方法。运用普遍调查法，首先，必须根据需要确定一个调查的范围，调查范围不同，调查的对象也不同；其次，不能遗漏调查范围内的任何一个部分。普遍调查法是可靠性极高的一种调查方法，适用于对基本情况的了解和掌握。由于普遍调查法投入较大，因此使用率不太高。

2. 典型调查法

典型调查法，也就是通过对某一或某些具有很强代表性的对象所进行的调查，从而认识和掌握事物的性质和变化规律的一种调查方法。采用典型调查法，首要的问题是选准对象，如果所选的对象不典型、不具代表性，那么也就无法借助个性来反映共性了。

典型调查法有三种形式：

（1）座谈法。座谈法就是用座谈会的形式来进行调查。要开好座谈会，应掌握四个要点：一是要控制出席的人数，一般来说，少则三五个，多则十来个为好；二是要考虑出席人的代表性，使与会者能从不同的方面、不同的角度来反映情况；三是要先拟好调查提纲，使座谈会始终围绕主题，抓住问题，逐层深入展开；四是调查人要以谦虚的态度主持会议，并善于引导大家发言。座谈法的优点在于，不仅能够获得较多的信息，而且信息的来源相当丰富；缺点是，对有些问题，主要是负面的问题，不宜使用。

（2）访问法。访问法就是通过个别访问的形式来进行调查。在不需要用座谈会或不便于用座谈会的形式进行调查的情况下，可采用个别访问的形式。同座谈会相比，个别访问往往容易谈得更深、更细一些，因为没有其他人在场，被调查人的思想顾虑会较少。调查某个先进人物或调查某一事件，一般来说，都要用到访问法。访问法的缺点是：

1）受访问者自身素质的影响较大。访问调查的结果和质量，在很大程度上取决于访问者的素质，特别是理论素养、对研究目的的了解程度和人际交往的能力。

2）访问的标准不一样，结果难以进行定量研究。访问法，尤其在无结构式访问中，受访问者的个人兴趣和能力影响较大，这就容易形成对同一研究主体，不同的访问者能收集到不同的资料、得出不同结论的现象，造成所获资料缺乏总体代表性，且无法定量分析。

3）访问成本较高。访问调查需要较多的访问人员，并需要进行专门培训，费用较大。

（3）观察法。观察法就是通过到现场实地观察的形式进行调查。使用这种方法，可以获得生动的、直观的印象。运用观察法，对调查人的观察能力有较高的要求，也就是要善于抓住重点，善于透过事物的现象看到事物的本质。缺乏观察力的人很可能会视而不见、见而不觉，只顾看热闹、不知看门道，从而达不到观察的目的。现场观察要特别注意防止有人制造假象，布置假现场，将调查引入歧途。

3. 抽样调查法

抽样调查法，也就是从某类事物的总体中抽出其中一部分作为调查对象，并通过对这一部分对象的分析研究，推断出整体情况的一种调查方法。被抽出的那一部分调查对象，称为“样本”。抽样前首先要确定调查的总体范围，并根据实际情况确定抽样的比例。与普查相比，抽样调查，其可靠度虽不如普查，但可以节省不少人力、物力和时间，所以使用率高于普查。

抽样调查可分为随机抽样和非随机抽样两种。

（1）随机抽样。随机抽样则是按随机原理，即用概率原理进行抽样，可靠性较高，因此使用随机抽样也就比较多。随机抽样有以下几种方法：

1）简单随机抽样，就是完全按照随机原则的特定方法抽取样本，不进行任何分组、排列，使总体中的每个单位被抽取的机会等同。常用的方法有两种：一种是抽签法，即将总体中的每个单位进行编号，并制成纸签，根据抽样比例，从中任意抽出所需数目的样本；另一种是随机号码法，也叫乱数表法，即将总体中所有的单位统一编码，并根据编号的最大位数确定使用随机数表中若干列数字，然后从任意列或任意行中抽取号码，直到抽满预定的样本数为止。

2）等距抽样，也叫机械抽样或系统抽样，就是首先将总体中的所有单位按一定的标志或次序编号排列，接着根据抽样比例将总体划分为数量相等的间隔，并在第一间隔中随机抽出第一个样本的号码，然后再按这个号码做等距抽样直到抽满预定的样本数为止。比如，从总体的 2000 人中按 10% 抽取样本，这样样本数为 200 个，每个间隔为 10。如第一个抽样间隔随机抽出的号码为 10，那么第二个抽样间隔应抽的号码为 20，第三个抽样间隔应抽的号码则为 30，依此类推，直到最后的第 200 个抽样间隔，其号码应是 2000。

3）分层抽样，也叫分类抽样，就是将总体中的各个单位按其属性或特征，运用一定的分类标准划分为若干层次或类型，然后在各层次或类型中采用简单随机抽样或等距抽样的办法抽出一定数目的样本。每个层次或类型的抽样比例是一样的。如某公司调查员工的用纸需求，可将纸张按照尺寸分为A3、A4、B5三种常用类型，按同一抽样比例分别抽样。

4）整体抽样，也叫整群抽样、成组抽样或聚类抽样，就是不以总体中的每个单位为抽样单位，而是以一群、一组为抽样单位，被抽到的作为样本的这一群、这一组（如一个家庭、一个学校、一个街道、一个支部等）中的各个单位都是调查的对象。如某公司调查办公用品情况，可先用简单随机抽样抽出某一种或某几种办公用品，然后对这些办公用品的使用量进行调查。整体抽样是一种比较简单、经济的抽样方法，其缺点是由于以群体为单位抽取样本，样本过于集中，因此样本在总体中的分布很不均匀，代表性也就比较差。为减小误差，应尽可能缩小各群体之间的差异，而扩大群体内的差异。另外，多抽几个群体，也能提高准确度。

5）多段抽样，也叫分段抽样，就是多级的整体抽样。前四种抽样方法都是一次性直接从总体中抽取样本，而多段抽样却是分几个层次逐步进行的。首先将总体各单位按一定的标准分为若干个群体，作为抽样的第一段单位，然后将这些群体中的一个或几个再分为若干群体，作为抽样的第二段单位，依此类推，还可以分为第三段、第四段。如某集团调查员工工作加班情况。先以各分公司为第一段抽样单位，抽出一个或几个为样本；再以楼层为抽样单位，抽出一个或几个样本；再以位于这个楼层的办公室为抽样单位，抽出一个或几个样本；最后以这个或这几个样本办公室的所有员工为调查的对象。

（2）非随机抽样。非随机抽样是根据人的主观经验、设想来抽取样本，不按随机性的原则进行的抽样。它的缺点是不能从样本中对总体做出可靠的统计推断。如果对总体不了解，就无法进行非随机抽样。非随机抽样有判断抽样和配额抽样两种方法。

1）判断抽样是完全根据调查者的主观判断来抽取样本，样本的代表性取决于调查者对总体的了解程度。当总体包括的元素数量较少，调查所涉及的范围较窄时，判断抽样可以获得较准确的资料。随着总体包含的元素数量的增加，调查所涉及范围的扩大，判断抽样的准确性和代表性会显著降低，误差也将大大增加。

2）配额抽样是指规定一定的样本容量，并规定一些与研究现象有关的标准，将样本容量按不同的标准和比例加以分配，然后从符合标准的总体元素中，主观地抽取元素组成样本的抽样方法。配额抽样必须规定两项或两项以上的标准或特征，如性别和文化程度。这些标准或特征可以是相互独立的，也可以是相互交叉的。譬如，规定200人的样本中，男女性别应各占50%；而文化程度的比例则是大学占20%，高中占30%，初中占50%。

配额抽样的优点是操作比较灵活、方便，费用较分层随机抽样低，准确度较高；不足之处在于：需要太多的总体信息；容易受到调查者随意性的影响；总体中配额标准如果选择不正确，样本的代表性就会降低。

小案例

某大学学生工作部为了更好地对学生进行思想教育，要求就业指导中心对学生就业意愿进行一次调查。学院有学生近两万人，光是应届毕业生就有五六千人，就业指导中心觉得普遍调查工作量太大，还是采取抽样调查的方法好。他们先区分开本科、硕士、博士三个不同层次，再分成毕业和不毕业两种，然后按男生女生、本地外地、城镇农村三个不同对象群分别抽取样本，在实际抽取样本时又采用随机抽取的方法，避免了选择中主观因素的影响。在处理数据时，再分类汇总。等他们把调查结果交给学生工作部后，学生工作部和校党委主管学生工作的副书记都非常满意，认为调查结果全面准确，有很强的说服力和很高的参考价值，这么大的工作量在这么短的时间内完成，太不容易了。

分析：就业指导中心的调查工作之所以能圆满地完成并受到好评，是因为他们抽样的方法选择得好，确定样本时的分类比较准确。

4. 书面调查法

书面调查法是以书面的形式进行调查的方法，具体可分为以下两种方式：

（1）查阅法。查阅法就是通过查阅有关的、现成的书面材料进行调查。查阅的对象可以是文献资料，包括档案、书籍、报刊、个人文献、政府的各种统计材料和民间保存的各种历史资料；也可以是各种法定公文、事务文书（计划、总结、调查报告等）以及其他的文书材料。查阅法的优点是资源丰富，成本较低，且不易受主观因素的影响。

运用查阅法要注意针对性，否则投入的时间和精力很多，而所获得的有用的材料却很少。

（2）问卷法。问卷法就是根据问卷所列的问题并选择一定数量的调查对象回答这些问题的调查方法。调查问卷的结构一般包括三个部分：前言、正文和结束语。

1）前言。问卷调查在多数情况下是面向社会、面向消费群体进行的，所以需要向被调查者简单阐释本次调查活动的目的、意义，以引起被调查者的重视和兴趣，获得他们的支持与合作。例如："本项调查主要想了解游客'是否在利用互联网进行旅游相关活动'，包括上网浏览查询旅游信息，预订客房、车票、机票等，以便于我们更好地为您服务。"此外，还需要对对方的支持表达谢意。例如："您好，谢谢您参加我们的调查！本次调查只需要占用您两分钟的时间。对于您能在百忙之中填写此问卷再次表示感谢！"

2）正文。该部分是问卷的主体部分，主要包括被调查者信息、调查项目、调查者信息三部分。

① 被调查者信息。这主要是了解被调查者的相关资料，以便对被调查者进行分类。被调查者信息一般包括被调查者的姓名、性别、年龄、职业、受教育程度等。这些信息可以使调查者了解不同年龄阶段、不同性别、不同文化程度的个体对待被调查事物的态度差异，在调查分析时能提供重要的参考作用。

② 调查项目。调查项目是调查问卷的核心内容，是组织单位将所要调查了解的内容具体化为一些问题和备选选项。问卷中的问题在形式上可分为开放式和封闭式两大类。

A. 开放式问题即不需要提供具体答案而可由被调查者自由填答的问题。所以，开放式问题形式很简单，在设计时，只需留出一块空白即可。唯一需要考虑的是应根据问题的内容、样本的文化程度、研究的目的来预留空白的大小。开放式问题的优点是，被调查者可以自由地按自己的方式表达意见，不受限制，因而调查者所得到的资料往往比较生动、丰富。但是，开放式问题的缺点也是显而易见的，比如，要求被调查者具有较高的知识水平和文字表达能力；填写所花费的时间和精力较多；只能进行定性分析，难以进行定量处理和分析。

B. 封闭式问题即在给出题目的同时，还提供若干选项，要求被调查者进行选择的问题。它的形式有以下几种：

a. 填空式，即在问题后面画一条短横线，让被调查者填写。通常只需填数字。

b. 是否式，即可供选择的选项只有两个，被调查者选择其一。它的缺点是两种极端的回答类型不能了解和分析被调查者中客观存在的不同层次。

c. 多项选择式，被调查者可根据自己的情况选择其中的一项或几项。

d. 矩阵式，即将同一类型的若干问题集中在一起，构成一个问题的表达方式。

e. 表格式，是矩阵式的一种变体。

封闭式问题的优缺点正好与开放式问题相反，其优点是：被调查者填写十分方便，对文字表达能力也没有过高要求，所得的资料特别适于定量分析；缺点是不如开放式问题生动丰富，所获资料缺乏自主性和表现力。

③调查者信息。调查者信息是用来证明调查作业的执行、完成和调查人员的责任等情况，并便于日后进行复查和修正的信息，一般包括调查者的姓名和电话、调查时间和地点以及被调查者当时的合作情况等。

3）结束语。在调查问卷的最后，简短地向被调查者强调本次调查活动的重要性以及再次表达谢意。例如：“对于您所提供的协助，我们表示诚挚的感谢！为了保证资料的完整性和准确性，请您再花一分钟时间，翻看一下自己填过的问卷，是否有填错、填漏的地方。再次感谢您的配合和支持！”

小案例

大学生兼职情况调查问卷

您好，我们是××师范学院××专业的学生，我们正在进行一项关于大学生兼职状况的调查研究，耽搁您宝贵的时间询问一些问题，愿您协助我们做好这项调查工作，谢谢！我们向您承诺，本次调查仅供研究所用，无任何商业目的，涉及的个人信息我们将绝对保密，希望您能够放心与我们合作，来做好这份问卷！

1. 您的性别是（　　）。

A. 男　　B. 女

2. 您所在系别与专业：　系别__________　专业__________

3. 您所在年级是（　　）。

A. 大一　　B. 大二　　C. 大三　　D. 大四

4. 您的家庭所在地是（　　）。

A. 城镇　　B. 农村

5. 请问您在过去有否有过兼职经历？（　　）

A. 是（请您回答6～16）　　B. 否（请您回答17～19）

6. 如果是，您有过几次兼职？（　　）

A. 1～2次　　B. 3～5次　　C. 6～10次　　D. 更多

7. 您是如何找到兼职工作的？（　　）

A. 自己　　B. 朋友介绍　　C. 他人推荐　　D. 其他

8. 您兼职工作主要从事什么？（　　）

A. 家教　　B. 促销　　C. 招生　　D. 其他

9. 您对目前的兼职工作是否满意？（　　）

A. 很满意　B. 比较满意　C. 一般　D. 不太满意

10. 您认为您目前每月兼职赚取的费用能否满足您的所需？（　　）

A. 勉强　B. 刚好　C. 绰绰有余　D. 远远不能

11. 您期待一个月的兼职所得为多少？（　　）

A. 100～300元　B. 300～500元　C. 500元以上

12. 您认为您的兼职取得的效果如何？（　　）

A. 较差　B. 一般　C. 较好　D. 双方共赢

13. 您认为兼职对您的作用是什么？（　　）

A. 生活来源　B. 工作经验　C. 学以致用　D. 其他

14. 您认为兼职与学习是否冲突？（　　）

A. 是　B. 否

15. 您对学生上课时间到外面兼职如何看待？（　　）

A. 支持　B. 反对　C. 无所谓

16. 您对目前网上兼职有何看法？（　　）

A. 支持　B. 反对　C. 无所谓

17. 如果没有做过，您对自己找兼职工作持何种态度？（　　）

A. 不考虑，浪费时间　B. 无所谓

C. 有兴趣，锻炼能力

18. 如果您没有做过兼职，您是否想找份兼职？（　　）

A. 是　B. 否

19. 如果您想兼职工作，会选择在哪个时期？（　　）

A. 大一　B. 大二　C. 大三或大四　D. 整个大学

20. 您的家长对您兼职的态度如何？

21. 您认为兼职的最大收获是什么？

感谢您的参与，您的加入是对我们最大的肯定！

调查者姓名：×××

电　　话：××××××

分析：该调查问卷在题目里交代了调研的内容，清晰明了；在问卷前言里阐述了调查的宗旨、目的等内容；从问卷调查者的基本信息入手，以封闭式问题为主，同时安排了两道开放式问题；问题设置合理，便于调查组进行分析。

5. 网络调查法

网络调查法是指利用网络技术进行调查的一种方法，大多应用于企业内部管理、商品行销、广告和业务推广等商业活动中。网络调查法一般分为两种方法，即网上直接调研法和网上间接调研法。

（1）网上直接调研法。网上直接调研法是指为当前特定目的在网上收集一手资料或原始信息的过程，主要有在线交流调查法、网上问卷调查法、网上观察法、网上实验法等。

（2）网上间接调研法。网上间接调研法主要是利用互联网收集与公司业务相关的一些宏观等方面的信息资料，主要可以利用搜索引擎、公告栏、新闻组、电子邮件等方式收集资料。

做好网络调查的策略大致分为以下方面：选择合适的搜索引擎；科学地设计调查问卷，并根据调查情况及时调整问卷内容；给被访者以适当奖励，激发参与调查的积极性；监控在线服务；有针对性地跟踪目标被访者；利用 E-mail 和被访者注册表，获得第一手信息资料；与传统调查方法相结合。

五、调查的要求

1. 明确目的

既然调查研究是一种有目的的行为，在开展调查前就应有明确的目的，否则就会成为盲目的行动。诚然，秘书人员的调查研究活动多数是根据领导的指示和要求进行的，其目的植根于领导，但作为调查研究的直接实践者，秘书人员必须准确、深入地领会领导的意图，即理解调查的目的，使之成为行动的导向。对于秘书部门或秘书人员自行确定的调查活动，就更要注意活动的目的性，以领导的管理行为取向作为确立调查研究目的的基本依据。只有这样，调查工作才能取得实际成果。

2. 力求全面

要正确地认识事物，就必须在调查中全面地去了解事物，不能只调查事物的某一方面，而忽视了事物的其他方面，否则所收集的调查材料将是片面的，对事物不可能形成正确的认识。要做到全面，首先，调查人要以客观公正的态度对待每一个调查对象，调查时不能带有某种感情倾向或成见，调查中也不能先入为主，偏听偏信。其次，在调查中要努力克服各种自然的和人为的障碍，去获得那些应该获得的和必须获得的材料，不然，就难以甚至无法真实地了解所要调查的事物。秘书人员提供的调查材料不全面，很可能使领导的决策和决定产生失误。

3. 深入细致

要想确保调查材料的真实性，获得深层次的调查材料，秘书人员在调查过程中一定要做到深入细致，尤其面对复杂的情况更是如此。有些情况如果调查时只限于其现象而不深究，就无法抓到问题的要害，无法发现事物的本质，无法找到客观的规律，甚至很可能会被某些假象所蒙蔽。丰富的调查材料来源于细致的调查，走马观花、粗枝大叶，肯定拿不到多少材料，更拿不到什么好材料。特别要注意的是，有的情况看似细微、毫不起眼，但在事物的整体中占有着十分重要的地位，它极可能是问题症结之所在，也极可能是调查工作能否打开局面的关键点。假如调查人员心不细、眼不尖，忽视了这些情况，就很难使调查有所突破。

小案例

某酒店集团派出安全检查组去检查旗下某酒店的安全问题，检查组成员钱仪和老周一起检查该酒店的安全问题。在该酒店的大堂和餐厅，都设置有醒目的安全口号和提示语；在楼梯口、门廊等显眼位置，也都放置着灭火器；安全通道的标牌做得很大，灯很亮，字迹很清晰；几个主要部门的办公室墙上都悬挂着安全制度、安全工作组织机构及成员分工……钱仪认为这里的安全防范工作比自己先前去过的场所强多了，可以说基本符合要求。在用完了酒店的招待餐后，钱仪建议老周到下一家检查。老周却提出要在这儿休息一会儿，酒店立即给他们开了一间客房。老周进房后并没有躺下休息，而是用自带的手机充电器在屋内的几个电源插座上插了又插，边插边摇头，然后又去开朝外的推拉窗，推完后又是摇头。他叫起了钱仪，让他陪着出去走走。在离开房间时，老周从服务员手中要过门钥匙，反复开关；走到楼梯口附近，他把电源闸门关闭，然后又打开。老周告诉钱仪，这个酒店的安全隐患太多，比如：电源插座老化严重，使用时有明显的打火现象；朝外窗户没有插销；门锁处于半失灵状态；楼道没有应急灯，一关电源，安全通道的标牌就看不到了。这些隐患让钱仪直抽冷气，他觉得自己的观察能力比老周差多了。

分析：钱仪之所以认为这里的安全防范工作比自己先前去过的场所强多了，是因为他看到的多是表面现象；而老周心细、眼尖，通过亲身实践发现了问题所在。

4. 突出重点

突出重点包含两方面的要求：一是调查项目要突出重点；二是调查过程要突出重点。秘书部门应当围绕领导的重大决策及处理的重要问题来确定重点调查项目。调查做得好，提供的信息价值高，将对领导的中心工作产生积极的支持作用。此外，为了提高调查的质量和效率，秘书人员在实施调查中，要重点抓主要矛盾，重点调查那些起关键作用的人和事以及重要的知情人。突出了重点，也就能收到事半功倍的效果。假如主次不分，甚至本末倒置，那么调查势必难以达到预想的目的。

5. 态度端正

调查的态度与调查的成果有着密切的相关性。所谓态度端正，就是要以认真的态度进行调查，做到一丝不苟；就是要以科学的态度开展工作，做到客观公正；就是要以顽强的意志克服困难，做到知难而进；就是要以谦虚的态度对待被调查者，做到虚怀若谷。经验证明，有些调查工作没有做好，不是因为缺乏必要的能力，而是缺乏端正的态度。只有不断提高自身的职业道德素质，才会有端正的态度可言。

6. 方法恰当

除了态度，方法也很重要。应当认识到，掌握科学的调查方法，以及正确地运用这些方法无疑是做好调查的又一必要条件。首先，必须学会使用各种调查方法，了解其特点和适用的范围；其次，必须善于根据不同的情况恰当地选用不同的调查方法；最后，必须在调查实践中不断总结使用各种方法的经验，从而提高调查的能力和水平。

任务实施

任务回顾：人事部部长让秘书李倩去做调研，李倩应如何开展工作呢？

因为是在公司内部进行调查，有很多方便因素，对李倩来说，可采用的调查方法也很多。李倩可以采用访问法、观察法，到各部门，特别是各车间的班组去走走，收集员工的真实看法；可以采用座谈法，组织不同员工的座谈会，收集反馈意见；还可以采用问卷调查法，设计调查问卷进行调查。

技能训练

一、设计一份调查文秘专业学生心理状态的问卷，侧重就业意向及其心理准备。

二、你所在的学校又迎来了新一届入学的学生。许多学生都由家庭成员陪同报到。校学工部要你调查了解一下这些陪同新生报到的人对学生本人和学校的期望和要求，请你设想一下对不同专业和来自不同地区以及职业和家庭状况不同、与学生关系也不相同的人应如何提问，把这些预想的提问方法开列出来，作为调查人员进行调查时的参考。

三、以“秘书的参谋工作”为主题，进行社会调查。

要求:

（1）通过调查问卷方式，调查社会上的秘书工作者，了解他们在工作中的参谋方法、技巧及注意事项等。

（2）通过网络调查的方式，了解秘书参谋的方法。

任务二　掌握调查研究的流程

学习目标

知识目标

1. 掌握研究的基本方法
2. 熟练掌握调查报告的撰写方法

能力目标

1. 能选择正确的方法、运用技巧进行研究
2. 能撰写调查报告

素质目标

锤炼学生实事求是、诚信做人的思想品格，坚持用数据说话，用事实说话，一切从实际出发

任务描述

××公司的王睿是刚毕业的大学生，对信息工作不是很了解。部门李秘书到基层调研，拿回来一堆调查问卷材料，请王睿帮忙整理。王睿面对一堆材料束手无策，他应如何做呢?

任务分析

对不是很了解信息工作的王睿来说，首先应掌握研究的方法，特别是对问卷调查材料的研究方法。

理论知识

一、研究的方法

调查得来的材料往往只是一些表象、事例、情况和数据，必须加以研究，才能了解事物的特征和本质，了解其内在联系和规律，才能发现问题并找出解决问题的方法。

小案例

××染印有限公司准备在春节前推出一款新挂历，于是公司设计部的汪秘书准备开展一次市场调查，深入了解人们对挂历的看法。汪秘书认真地进行了调研，把调查到的情况向设计部经理进行了汇报。但经理认为，这些信息与以前搜集到的信息存在很多重复之处，而且有些想法根本就不符合设计要求，认为汪秘书的市场调研没有多大借鉴价值，因而没有采用。汪秘书很不明白，为什么自己辛辛苦苦做的调研，却没有受到领导的重视，心里十分委屈。

分析：秘书参与调研前，要准备相关信息资料，这也是调研工作减少偏差的重要保证。此环节主要包括查阅有关资料，了解与调研内容有关的理论、政策、法律和必要的调研知识及技术参考信息等。做好充分的信息准备，这样才能使调查目标明确、分析到位、结论准确，得出的结论才会为领导的决策提供帮助。

研究的方法主要有以下几种：

1. 归纳法

归纳法就是将多件同类的个别事物归在一起，从中概括出共同属性或特征以加深认识的研究方法。归纳法是常用的逻辑推理方法之一。例如，如果研究者通过资料了解到某班有 40 人，其中有 30 人认为案例式教学法很好，就可能得出结论——案例式教学法是一种比较受学生欢迎的教学方法。这一过程就是归纳推理。它的前提是一些关于个别事物或现象的判断，而结论却是关于该类事物或现象的普遍性判断。这是从个别到一般的认识的飞跃。

2. 综合法

综合法就是将众多的零散事物进行横向组合或纵向串联，视作一个整体进行研究。它比归纳法具有更大的概括性，也更为复杂。例如，公司进行内控制度改革，前期对各项制度进行全面摸底与梳理，经过组合、比较、筛选，形成需立改废的制度近 50 条，最后综合归纳汇总为行政管理、人事考核、财务审计等几个方面。

3. 统计法

统计法就是运用统计数据来描绘社会经济现象的状况和变化，认识社会经济规律的方法。一切客观事物都有它的量和质两个方面，而且量变可以导致质变。因此，研究量的方面，多做数量分析至关重要。例如，公司财务年度报表显示，当年开拓省内市场所需经费占据开拓市场总经费的 50%，较上一年下降 10%，开拓省外市场经费占 35%，较上一年提高 8%，开拓国外市场经费占 15%，较上一年提高 2%。这些统计数据表明，公司业务市场主要还是集中在省内，应进一步扩大省外业务。

4. 比较法

比较法就是把两个或两个以上虽属同类但有不同之处的事物放在一起比较、分析，可以更深刻地认识各自的特征。

在进行比较时必须注意，作为比较对象的事物应该具备某一方面或某些方面的共同性质。如果没有这种共同性质，比较就不能成立。运用比较法必须从客观、逻辑、历史、总体的角度看问题，才能抓住事物的本质。

5. 分析法

分析法就是将复杂的事物进行分解，联系其他有关因素，从而辨析、认识事物的本质和规律。例如，某公司面向社会发放500份问卷，主要调查公司在市场中消费者的认可程度。收回有效问卷480份，得出数据如下："认为公司的产品质量过硬而认可公司"占78%，"认为公司的售后服务好而认可公司"占55%，"认为公司拥有良好的企业文化而认可公司"占37%。根据以上数据，公司得出结论：消费者对公司的认可程度多数源于公司的产品，好的产品可以吸引消费者，好的售后服务可以加深消费者对公司的认可程度。

素养案例

早年日本乃至国际学界曾认为，中国已没有唐代木结构建筑，要领略唐代古朴雄浑的木结构建筑，只能到日本奈良市去。1937年，梁思成、林徽因夫妇发现佛光寺，打破了这一断言。

1932年到1937年初，梁思成和林徽因率领考察队实地考察了中国137个县市、1 823座古建筑。可是，他们一直期望发现的一千年以前的唐代木结构建筑却从未出现过。梁思成偶然看到了一本画册《敦煌石窟图录》，这是法国汉学家伯希和在敦煌石窟实地拍摄的。在这本书中，梁思成看到61号洞中有一幅唐代壁画"五台山图"，画中一座叫"大佛光之寺"的庙宇引起了他的注意。循着《敦煌石窟图录》的线索，梁思成和林徽因很快查阅到了有关"大佛光之寺"的资料。

1937年6月，梁思成、林徽因带着助手莫宗江、纪玉堂动身前往五台山，这是他们第3次前往山西寻找古建筑。几经辗转，他们终于看到了敦煌壁画中描绘的大佛光寺。经过连续3天的辛勤查勘，梁思成仍然没有找出确切的建造年代。如果仅靠大殿的唐代结构和雕塑的风格特征来判断建筑的年代，误差有时可能多达半个世纪。就在此时，一直负责地面工作的林徽因突然欢快地叫了起来，她说她发现一根大梁上有很淡的毛笔字迹——"佛殿主上都送供女弟子宁公遇"。这句话的意思是说，大殿是由一位叫宁公遇的女性捐钱建造的。正当大家还在琢磨这段文字的时候，林徽因突然快步奔向大殿外的石经幢……因为她忽然记起，在佛光寺大殿前的石经幢上似乎也有相同的名字。果然，石经幢上刻有这样一句话："女弟子佛殿主宁公遇"，这绝不是偶然的巧合，梁上的题字、石经幢上的刻文相互吻合，那么大殿的建造时间终于能够确定了。石经幢上刻写的纪年是：唐大中十一年——公元857年。这同一座大殿里，他们还找到了唐代的绘画、书法、雕塑和建筑。

佛光寺称为“中国建筑第一瑰宝”，体现了中国悠久的辉煌历史和独一无二的建筑成就。

分析：“没有调查就没有发言权”，梁思成、林徽因夫妇广泛查询有关“大佛光之寺”的资料，先后3次前往山西寻找古建筑，认真探查，验证了我国尚存唐代木结构建筑这一论断。他们通过深入的调研获得了话语权，反驳了国际学界的错误论断，为中华文化瑰宝正名。

6. 演绎法

演绎法也是逻辑推理的方法之一。它以公理为大前提，以求证的事物为小前提，如果小前提符合大前提的前项，那么小前提的结论必然符合大前提的后项。比如，大前提：学习好的贫困大学生可以申请贫困生助学金；小前提：王强学习很好，是个家庭经济困难的贫困生；结论：王强可以申请贫困生助学金。

二、调查报告的撰写

调查报告是对整个调查研究结果客观而又具体的反映，是对调查材料深入分析研究的总结，因此，熟练掌握调查报告的撰写方法，是秘书必须具备的基本功。

调查报告一般由标题、前言、正文、结尾四部分组成。

1. 标题

标题即题目，有以下两种形式：

（1）正标题。它是全文的主要内容或中心观点的概括与说明。

（2）副标题。副标题补充交代调查对象或调查内容，并标明文种，常用“关于……的调查”的形式。

2. 前言

前言也称导语，起着总领或引出正文的作用，主要概括介绍调查的意义和目的、调查对象和范围、调查采取的方法及其过程等。前言要开门见山、言简意赅、明快朴实、紧扣主题。前言主要有以下几种形式：

（1）概述式。用叙述的方法，概括地写出调研报告的基本情况、问题、目的、方法及其重要意义。

（2）结论式。先写调查结论，然后分别叙述调查的内容。

（3）说明式。先简要说明所述对象的基本情况、背景情况，再叙述主题和其他有关的材料。

（4）提问式。开头首先提出问题，设下悬念，然后引出下文。

3. 正文

这一部分是调查报告的主体部分，要详尽叙述调查的情况（经验或存在的问题），并引出调查的结论。调查报告写得成功与否，主要取决于正文部分。正文部分常用的结构有以下几种：

（1）横式结构。写作的方法是两段式，即把要反映的调查内容分几个问题叙述，接着归纳出规律性的内容（经验、教训或者结论）。这种结构的优点是反映情况系统性强，给人以完整的感觉。

（2）纵式结构。写作的方法是逐一叙述、逐一论证，即把要反映的调查内容和论证的结果有机结合，针对每一项调查内容分析归纳，得出结论。这种结构的优点在于有鲜明的针对性。

（3）综合式结构。综合式结构也称纵横式结构，即纵式结构和横式结构结合使用，通常是按时间顺序介绍经验产生的前因后果，然后再将经验并列为几个部分加以说明。

4. 结尾

结尾即调查报告的结束语。从形式上看，有的调查报告无结束语，有的有简短的结束语，有的有较长的结束语。从内容上看，结尾既可以对调查对象的发展前景做展望，也可以对调查提出解决的办法和意见，还可以对调查中得出的结论从更高的角度进行论述，揭示其现实的普遍意义。

任务实施

任务回顾：王睿面对一堆材料束手无策，他应如何做呢?

王睿可以采用分析法对问卷调查材料进行整理，再根据调查数据撰写调查报告。

技能训练

一、对本院大学生使用手机情况进行调查研究，采用问卷调查的方式，根据调查数据结果撰写调查报告。

二、下面的案例对你有何启示？

上海某冰箱厂的冰箱畅销全国各地，一天，江苏某城市报刊登了该厂生产的家用冰箱发生爆炸的消息，几天之内，这家厂的冰箱在当地便无人问津。奇怪的是，厂方未收到用户的投诉信或电话，而是记者纷纷上门。

厂方决定派一位副厂长带一名技术员、一名文秘人员主动上门访问、调查。在经过周密的检查之后，技术员始终找不出冰箱爆炸的原因。细心的文秘人员发现户主的神色不太正常，又发现冰箱旁有细小的红色纸片，便向副厂长汇报。副厂长和户主进行了耐心、诚恳的交谈，并主动提出了赔偿冰箱和为之保密的条件。户主终于说出是在冰箱旁放了准备过年的鞭炮，不慎引燃导致鞭炮爆炸，幸未伤人。又说是因为邻居听到爆炸声后向居委会报告，引起了媒体的注意才上了报的。查清了原因，副厂长当即与上海厂方联系，在当地召开了记者招待会，向新闻界说明了真相，隐去了户主的姓名，并承认了厂方的责任“未在冰箱使用说明书上写明：冰箱旁不可存放易燃易爆物品。”此话引发记者们的哄堂大笑，这件事就此戏剧性地结束了。几天后，这种品牌的冰箱销售量迅速回升，一台崭新的冰箱也送至那位用户的家中。

项目九 / Project 9

09

会议工作

任务一 会 前 筹 备

学习目标

知识目标

1. 掌握拟定会议议程、日程，提供会议地点备选方案的要领
2. 掌握布置会场、安排座次、发布会议信息、安排会议食宿、邀请会议嘉宾的程序与技巧
3. 掌握准备会议资料、会议用品，安排会议礼仪服务的方法
4. 掌握检查会议常用视听设备是否正常等的方法和技巧

能力目标

1. 会拟定会议议程、日程，能提供会议地点备选方案
2. 会布置会场、安排座次、发布会议信息、安排会议食宿、邀请会议嘉宾
3. 能准备会议资料、会议用品，安排会议礼仪服务
4. 能检查会议常用视听设备

素养目标

1. 明确秘书要有良好的职业操守，工作严谨、认真负责
2. 明确秘书应具有精益求精、精雕细琢的工匠精神，追求职业的极致之美

任务描述

一次，某企业举办十周年庆典活动，会务组会前起草的“大会开幕式（送审稿）”中列有“合唱企业歌曲《××××》”一项。大会秘书处一位负责人审稿时，拟把此项放在大会闭幕式时进行，于是把这个项目在开幕式的程序中删除了。后来大会秘书处主要负责人定稿时，又把该项圈了回来。会务组的人员凭印象只记住了已删掉合唱企业歌曲的环节，而对后来又被圈了回来一事未加注意。当主持人在大会上宣布合唱企业歌曲时，没有人回应，一时形成冷场。幸好会务组组长急中生智，立即上台挥拍领唱，这样才圆了场。尽管这件事得到及时补救，但会后会议组织负责人仍然受到了领导的批评。

会议组织负责人受到批评的原因是什么？

任务分析

会议程序出现重大偏差，通常是会议组织负责人对会议工作程序了解不足造成的。所以，作为会议组织负责人，一定要了解会务组筹备会议的流程。

理论知识

一、拟定会议议程、日程

（一）会议议程、日程的内容和作用

1. 会议议程的内容

会议议程是为完成议题而做出的顺序计划，即会议所要讨论、解决的问题的大致安排，会议主持人要根据议程主持会议。拟定会议议程是秘书人员的任务，通常由秘书拟写议程草稿，交领导批准后，复印分发给所有与会者。会议议程是会议具体的概略安排，它通过会议日程显示出来。大中型会议的议程一般安排如下：开幕式；领导和来宾致辞；领导做报告；分组讨论；大会发言；参观或其他活动；会议总结，宣读决议；闭幕式。会议议程的样式见表 9-1 和表 9-2。

表 9-1　样式 1

××公司销售团队会议议程
公司销售团队会议将在 5 月 25 日星期三上午 9:00 在公司总部的三号会议室举行
宣布议程
说明有关人员缺席情况
宣读并通过上次会议的记录
通信联系情况
东部地区销售活动的总结
销售一部经理关于加强团队沟通问题的发言
公司销售人员的招聘和重组
销售二部经理的人选
下季度销售目标

表 9-2　样式 2

至：部门经理		
自：总经理办公室		
日期：2022 年 5 月 18 日		
主题：销售团队的人员招聘		
我们下一次团队会议计划在 2022 年 5 月 25 日 9:00 召开。根据公司领导的指示，要迅速扩大公司的销售队伍，在 6 月要完成 100 人的销售队伍的招聘和培训		
会议目标：确定一种固定的招聘人员的方法，在全公司通用		
会议议程：会议将按照下面的议程进行		
议程事项	责任人	时间
介绍组建公司销售团队的目的与将来的任务	经理	5 分钟
讨论每种招聘方法的合理及不合理之处	团队	30 分钟
讨论新方法	团队	10 分钟
下一步工作设想	团队	15 分钟
准备：请在会议开始之前准备如下内容		
（1）阅读后附的目前正在使用的三种安排方法的文件		
（2）讨论这三种方法的优缺点		

2. 会议日程的内容

会议日程就是根据议程逐日做出的具体安排，以天为单位，是会议全程各项活动和与会者安排个人时间的依据。

3. 会议议程和日程的作用

通过了解会议议程和日程，与会者可以更好地了解会议所要讨论的问题，清楚会议顺序计划，即获得有效信息。会议议程更是一个沟通的平台、一种高效的市场管理工具。

（二）会议议程的制定程序

1. 明确目标和参加者

要清楚为什么开会以及哪些人将到会。

（1）明确目标。通过会议要取得什么样的成果（比如更深入、获取更多的信息，或是达成某种共识）。

小案例

某公司总裁秘书李欣受总裁委托，去公司的生产车间主持第一季度的生产运营会议。会议开始时，她首先发言：“今天，我们主要谈一谈第一季度的生产运营计划，大家自由发言吧！”大家先是面面相觑，会议出现了冷场。过了一会儿，张副厂长开始说生产设备需要更新的问题，王副厂长又由生产设备更新说到职工食堂设备也需要更新，大家七嘴八舌，李欣发现讨论越来越偏离主题，谈了半天，正题也没说上几句，而且只是几个人在夸夸其谈，大多数人无法发表自己的见解。会议就这样不了了之。

分析：此次会议之所以失败，是因为秘书没有事先把会议目标通知与会者，与会者也没有做好发言的准备。

（2）在会议议程上陈述目标。要让参加者知道会议预期的成果是什么，以及对他们的参加有哪些期待（如提出想法、缩小意见的范围或者做出决策）。除了要在议程上把目标陈述出来，还要在会议初始，口头再次重申目标。

（3）列出会议参加者。会议议程还应该包括所有参加会议的人和任何可能涉及的责任人员，这样参加者才能准确地知道哪些人将到会，以及他们将承担什么样的职责。

2. 安排各议程事项的时间

考虑会议的时间长短以及内容的顺序。

（1）会议长短。会议时间超过两小时或者涉及的问题太多，会议效率都会下降。如果议程要求的时间很长，那么可以安排一系列的短时间会议。对待很长的报告，可以要求演讲者提交一份书面报告以利于记录，但在口头报告时必须只涉及最重要的项目或者只是那些需要集体进行讨论的事项。

（2）内容顺序。可以把最重要的事项安排在开头，即使它们是敏感话题，这样就可以预留足够的时间来处理，而不用担心由于参加者知道后面还有一项重大的争议问题而对第一个问题无法集中精力，或者至少要确定把敏感话题安排在某项议程上。如果认为会议一开始就出现重大不一致，将会使会议难以有效进行，那么可以把敏感话题保留到会议的最后，但一般会将涉及秘密事项的议程安排在最后。在编排议程的时候，应遵循以下两个原则：

1）按照议案的轻重缓急编排处理先后次序。这样做的好处是：就算在预定的会议时间内无法将全部议案处理完毕，但起码较紧要的议案已被处理；那些相对不太紧要的议案则可另择时间，或并入下次会议再予处理。

2）应预估每一个议案所需的处理时间并清楚地标示出来，会议就席可让某些人只参与与他们有关的某些特定议案的讨论，某些人可以晚到，也可以让某些人提前离开。

3. 确定每一项议程

对议程上的每一项内容，参加者应清楚了解如下内容：

（1）目标。每一项议程的目标是什么，为什么让大家进行讨论以及如何做出决策。

（2）准备及贡献。与会者应做哪些具体的准备，他们应该阅读、检查或者思考什么，组织者期望他们做出哪些具体的贡献，组织者应该让他们知道自己的期望。比如，可以说“思考这条建议的合理及不合理之处”或者“在会前提出5个想法”等。

（3）时间安排。对每一个话题是怎样安排时间的；如果组织者希望对议程的时间安排进行修改，会在会议中怎样对它们进行修改（比如，是按照组织者自己的决定还是遵从团队的决定）。

（4）演讲者。谁负责对每一项议程进行解释或是主持每项议程的讨论，是组织者亲自主持整个会议，还是安排了几个不同的演讲者进行串讲。

（5）提前分发会议议题。如果你希望从他人那里获得意见和想法，就要在会议之前给他们时间考虑会议的议题，而不能到了开会的时候才分发议题。对于那些复杂的财务或分析性质的议题，要提前一周分发出去；对于不太复杂的议题，也要提前几天分发下去。

4. 决定会议讨论形式

（1）典型的会议形式。大多数会议采取自由讨论的形式，以做出一个决定为结束。但因为这种形式是非程式化的，讨论通常会持续很长时间，性格强势的人通常会控制整个会议，因此参加者一般会迫于群体压力而摇摆不定，最后也想不出什么办法。

（2）头脑风暴形式。头脑风暴的形式可以使会议很有乐趣且有效果，但是只有当协调人能够有效确保参加者遵守以下三条基本准则才行：

1）在会议开始之前进行准备，想出尽可能多的办法——想法越特殊、越有创意越好。

2）在会议进行过程中，追问其他人的想法，进行自由联想，并产生其他新的想法。

3）不要批评或是评论其他任何的建议或想法，要等到所有的想法都说完之后再进行评论。

（3）团队列名形式。这种形式是头脑风暴的高度结构化形式，能够保证每个人都参与其中，而且没有一个人会控制整个会议。使用这种方法应做到：

1）在会议开始前，参加者用书面形式将他们每个人的想法分别列出来。

2）会议协调人或场记不分先后顺序地在题板或白板上记下每个人的想法。

3）团队讨论所有不清楚的事项，以保证所有参与人都能理解每一个想法，之后才能开始集体研讨和评估。

（4）小型团队形式。在一个更小的群体中，人们往往会更加自由和舒心地进行讨论，因为小群体的氛围相对来说没有那么公开，所以没有人会有局促不安感。在各小组讨论之后，每一小组都要向全体到会者提供一份书面或者口头总结，把这些总结作为团队讨论的基础。

（5）决定会议决策的形式。让参加者提前知道会上将以什么方式做出决策。在某些情况下，要让他们知道会议只是用来讨论问题而不是要做出什么决定——这样他们就不会因为期待做出决定而感到沮丧了。决定会议决策一般通过会议表决的方式实现。

小案例

××生物公司将举行销售团队会议，研究销售工作下一季度的目标以及人员招聘、选拔等问题。秘书王哲在编制议程表前，先请总经理、销售总监等有关上司提出议题，再询问各主管方面有无要拿到会上讨论的事情，并提请主管上司定夺，然后将要讨论的问题排出顺序。在设计具体的议程表时，王哲将需在会上讨论的议题编排了一下，便打印交给了上司，上司认为这份议程表有问题，需重新做。

××生物公司销售团队会议议程表

公司销售团队会议将于5月5日星期一上午10:00在公司总部会议室举行。

确定销售二部经理的人选。

东部地区销售活动总结。

上次会议记录。

销售一部关于内部沟通问题的发言。

下季度销售目标。

公司销售人员的招聘和重组。

分析：王哲设计的会议议程表有三个问题：第一，未注明参加此次会议的人员范围和参加会议的一些特殊议程的人员范围。例如，确定销售二部的经理人选。第二，议程的顺序不当。应将重要的、具有保密内容的议程放在最后。第三，部分程序表达不清。例如，“销售一部关于内部沟通问题的发言”应为“销售一部经理关于加强内部沟通的典型经验发言”。第四，还要注意整体的格式问题，时间也应单独列出。

（三）日程的编制方法

（1）制定日程时，应注意议题所涉及的各种事物的习惯性顺序和本公司章程有无对会议议程顺序的明确规定。

（2）制定日程之前还须明确会议活动的参加人员、时间、地点、有关的餐饮安排（见表9-3）。

表 9-3 会议日程的样式

<table>
<tr><td colspan="6">×× 公司新产品销售展示会</td></tr>
<tr><td colspan="3">时间：2022 年 8 月 8 日　　参加人员：销售主管和所有工作人员
地点：员工餐厅和公司会议室　　目的：使员工对公司新产品有所了解</td><td>地　点</td><td>参加人员</td><td>备　注</td></tr>
<tr><td rowspan="6">上午</td><td>8:30</td><td>报到</td><td>员工餐厅门厅</td><td>所有员工</td><td></td></tr>
<tr><td>9:00</td><td>销售主管做介绍</td><td>公司会议室</td><td>所有员工</td><td></td></tr>
<tr><td>9:50</td><td>休息</td><td>公司会议室</td><td>所有员工</td><td></td></tr>
<tr><td>10:00</td><td>新产品展示——技术总监主讲和演示</td><td>员工餐厅三层</td><td>自由参加</td><td></td></tr>
<tr><td>11:00</td><td>销售活动录像</td><td>员工餐厅二层</td><td>所有员工</td><td></td></tr>
<tr><td>12:00</td><td>自助午餐</td><td>员工餐厅三层</td><td>所有员工</td><td></td></tr>
<tr><td rowspan="4">下午</td><td>1:30</td><td>员工自由观看和动手操作新产品</td><td>员工餐厅三层</td><td>所有员工</td><td></td></tr>
<tr><td>2:30</td><td>销售人员讲解广告宣传单</td><td>公司会议室</td><td>所有员工</td><td></td></tr>
<tr><td>3:30</td><td>分小组讨论与咨询</td><td>员工餐厅三层</td><td>自由参加</td><td></td></tr>
<tr><td>4:30</td><td>散会</td><td></td><td></td><td></td></tr>
</table>

（3）宣布日程，然后说明一些有关此次会议事务性的内容（例如点名、报告缺席情况、宣读和修正上次会议记录等），之后再安排讨论的问题。

（4）尽量将同类性质的问题集中排列在一起，这样既便于讨论，也便于有关列席人员到会和退席。

（5）保密性较强的项目，一般放在后面。

（四）会议议程和日程的区别

会议议程是对会议所要通过的文件、所要解决的问题的概略安排，可冠以序号或按时间顺序、逻辑顺序将其清晰地表达出来，会前发给与会者。

会议日程是指会议在一定时间内的具体安排，一般采用简短文字或表格形式，将会议时间分别固定在每天上午、下午、晚上三个单元里，使人一目了然，如有说明可附于表后，会前发给与会者。

会议议程的编制应在前，议程一旦确定，就不应再变；会议日程在时间、地点、人员等问题上，如遇变化，可相应调整。

二、选择会议地点

（一）会议地点选择的要求

要综合考虑各种因素，选择恰当的会议地点。

（1）交通便利。会场位置必须方便与会者前往，应选择在距与会者的工作地点较近的地方。

（2）会场的大小应与会议规模相符。一般来说，每人平均应有 2 ～ 3m² 的活动空间比较适宜，同时应考虑会议时间的长短，时间长的会议场地不妨大些。

（3）场地要有良好的设备配置。桌椅家具、通风设备、照明设备、空调设备、音像设备要尽量齐全，同时应该根据会议需要检查有无需要租用的特殊设备，如演示板、白板、投影仪、计算机等。最好有窗帘，以便于在放投影资料时能够看清楚，插座电源及白板、麦克风等要齐全。

（4）场地应不受外界干扰，尽量避开闹市区。同时，“外界干扰”还包括室外的各种噪声、室内的手机声以及访客参观等。因此，应在场外挂起“会议正在进行中，谢绝参观”的牌子，并要求与会人员将手机调成静音状态。会场内部也应具有良好的隔音设备，以保证会议能在安静的环境中顺利进行。

（5）选择会议地点应考虑有无停车场所。

（6）场地租借的成本必须合理。

（二）会议酒店的类型划分

1. 按功用划分

（1）商务型酒店。这类酒店无论在外部设计还是在内部装修，以及可提供的先进通信工具、适合会务的商用场地上（有特定的商务楼层），一般都充分体现了现代商务高效、快捷的内涵。酒店既能接待中小型会议，也能接待大型会议，有一个或多个多功能厅，24小时全天候办公，有较强的服务能力，此外还有多个中西式餐厅，以及各种商店、健身房、游泳池等。

（2）度假型酒店。这类酒店一般建在旅游胜地或海边，外部设计、园林规划、内部装修都充分体现了当地特色，集休闲、娱乐于一体。随着社会的发展，度假型酒店也能提供相应的会议设施、美食和各种代表地方和季节特色的活动，这些无疑大大方便了会议单位。

2. 按地点划分

（1）位于市中心。在选择位于市中心的酒店时需考虑酒店与机场的距离（包括交通是否便捷）。如果与会者来自国内或本地区，那么选择这样的酒店是明智的。会议策划者一般喜欢选择位于理想的城市里且设施和功能齐全的市中心酒店，这样与会者的随行家属便有很多活动可做。有些酒店被公认为服务一流，良好的口碑常使酒店成为会议策划者的首选会议场所。

（2）位于市郊。对于需乘飞机从外地而来的与会者来说，位于市郊的酒店可能不是很合适。从机场至会场和住地要花不少时间，因而不宜选择这类酒店。但对于当地可驱车前往的与会者来说，这类酒店还是大受欢迎的。

（三）会议地点选择的工作程序

会议地点的选择相当重要，应如何选择适当的会议地点，以下基本步骤都要考虑：

1. 明确会议目的与形态

大部分会议具有教育、学术交流、商业讨论、专业提高或社交联谊等多重目的，少数活动是单一目的。例如，一般社团年会多半集教育、学术交流、商业及休闲活动于一体；而一般企业界会议的特色是激励性的研讨会结合休闲活动，如高尔夫球赛等。每一种会议都有其特定理由、目的与期望，因此在考虑会议地点前要先了解清楚。

2. 了解会议实际需求和与会者的期望

根据会议的目的，了解会议的实际需求，同时应了解与会者的期望，他们愿意在什么地方举行会议。

3. 列出清单

确定会议地点时，先列好工作清单，知道你在选择场地时需要注意哪些事项，这能帮助你正确选择适当的会议地点。清单包括以下方面：

（1）所在地区情况。便利性与费用（成本）：是否邻近机场；轿车或出租车是否足够；是否有充足的停车空间；如果需要，接送交通工具是否充足，费用如何。

（2）会场的环境。环境是否良好；餐厅和饮食；当地有何观光点和购物点；休闲活动；当地治安是否良好；社区经济状况；过去会议举行情况；会议周边供应厂商的经验、设备是否足够，如视听器材公司、展览公司与安全方面。

（3）会议地点的设施。大厅是否整洁；报到处是否容易找到；会议室隔音设备是否良好；会议室是否有良好的音响系统；设备如白板、投影仪等是否齐全；视听效果如何，后排的人是否可以看到银幕；是否有足够的电源插座；洗手间数量、位置、是否干净。根据以上内容，确定会议召开的场地。

4. 对会议地点进行确认

确定了会议地点后，会议安排的负责人应视察会议场地。核对细目可以包括下列各项：

（1）检查考虑中的全部会议室或场地。不要认为任何两个房间都一样；要检查每个房间的物质条件，以发现不合适的照明或通风、不方便的休息室、妨碍安静的通道或出口、不恰当的场地分配及其他问题。如果怀疑一个房间是否能容纳会议要求的座位数，就要坚持试摆以核对容量。

（2）随意抽查一个单人房间、一个双人房间和一个套房的设备。检查家具、床铺的质量以及全面清洁情况。

（3）检查会议登记部门、会议管理服务部门以及其他后勤所在地。要便于客人寻找并到达所有的会议地点，还要有加锁的储藏处。

（4）检查膳食供应。要求旅馆提供各种菜单。在没有旅馆人员的陪同下，检查每个餐厅的一般伙食，了解服务质量和员工态度。

（5）假如被指定的房间不在同一层楼，则须检查电梯的服务情况。应考虑到参会者来往于会议室与房间，如发生突发事件，则可能会造成会议停顿。

（6）检查服务项目、营业时间，了解社交与娱乐活动的费用。

（7）了解交通及停车设施。

5. 签订书面合同

会议服务已经成为许多旅馆和会议中心的重要收入来源。大型会议几乎每个方面都可以谈判，如房租、宴会费用、会议场地等。一旦细节谈妥，就可把口头协议变成书面形式，分别详列每项具体安排。最终合同或协议应包括如下细节：

（1）确定全部会议场地，包括每个房间的名称及可供使用的时间、餐桌座位安排、视听器材以及其他设备的图表。应将有关内容附于签订的协议书之后。

（2）确定保证的客房间数，应列出参会者大多数人员的到达和离开日期、房费起算和退租日期以及不受约束的客房退房日期。

（3）确定由旅馆提供的免费商品和服务，如会议室及其布置、特别装饰、欢迎会的音乐和酒、机场接机、娱乐活动、工作人员的伙食等。

（4）说明特殊设备安装或改装，是否要增加特别人员、服务或设施，并明确开支怎样负担。

（5）确定预订和开票手续，包括组织方为宾客承担财务责任的限度。

（6）列明应向参与者个人直接收取的费用。

（7）指定可以取消预订而不向参会单位收费的一段时间或最后期限。

不管协议细节多么细致，都可以形成书面合同。随着会期临近，应经常与场地管理部门保持联系。人员、旅馆装修或其他变更都可能对会议计划产生重大影响。通过密切联络，可以应对各种变化。

（四）会议类型与地点选择的关系

选择一个能让会议组织者和与会者都满意的会议场所非常重要，选择适合的会议场所，必须依据当地可提供的会议资源状况及该会议的程序、预计的与会人数、与会人员的背景情况，以及重要的会议目的、目标和与会者的偏好等因素综合考虑。会议活动的群体性特征决定了会议信息传递的当面性和实时性，因此，传统的会议形式都是把与会者召集起来进行面对面的信息传递和沟通。随着科学技术的发展，现代会议的手段也日新月异，出现了许多新的形式，如电话会议、电视电话会议、视频会议等，会议地点的观念也随之发生了很大的变化。现代会议的地点可以分成若干个会场，会场也不一定要设在单位和宾馆里，凡是有电话机、电视机和计算机终端的地方，都可以成为分会场，这就使会议的举行更为灵活、方便和快捷，从而大大提高会议的效率。但是，面对面的群体会议也是必不可少的，依然起着重要的作用。公司会议一般是在公司会议室，靠近公司总部、接近公司办公地点、符合公司的定位，或者是富有吸引力的地点（如风景区、旅游景点）召开。在选择酒店时，公司会议往往先考虑会议服务和设施，再考虑其他娱乐设施；交通的便利程度对于会议的召开也颇为重要。培训会议还可能会选择较偏僻、远离市区的酒店举行。某些会议还需要会场为其提供展览的地方，把会议厅和展览厅结合起来，大型会议厅附设小型会议室等。会议地点选择的建议如下：

1）研究和开发会议，需要有利于沉思默想、灵感涌现的环境（培训中心或其他宁静场所最为合适）。

2）学会年会的地点选择，一般根据会员的意见来定（一般选在当前最受欢迎的城市，能提供会议服务的酒店）。

3）举办培训活动的最佳环境是能提供专门工作人员和专门设施的成人教育场所（公司的专业培训中心或旅游胜地的培训点）。

4）重大的奖励、表彰型会议地点要布置得隆重热烈。

5）对于交易会和新产品展示会，需要选择有展厅的场所，还要求到达会场及所在城市交通必须便利。

三、布置会场和安排座次

（一）会场整体布局

1. 会场整体布局的要求

会场布置包括主席台设置、座位排列、会场内花卉陈设等许多方面。要保证会议的质量，会议的整体布局要做到：

1）庄重、美观、舒适，体现出会议的主题和气氛，同时还要考虑会议的性质、规格、规模等因素。

2）会场的整体格局要根据会议的性质和形式创造出和谐的氛围。

3）中大型会议要保证一个绝对的中心，因此多采用半圆形（见图9-1和图9-2）、大小方形（见图9-3）的形式，以突出主持人和发言人。中大型会场还要注意进场、退场的方便。

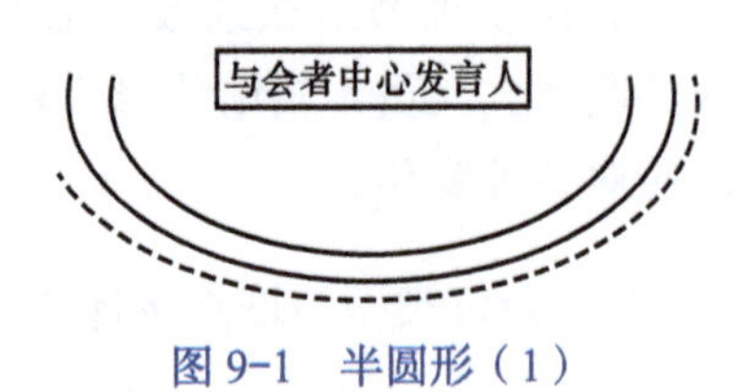

图9-1　半圆形（1）

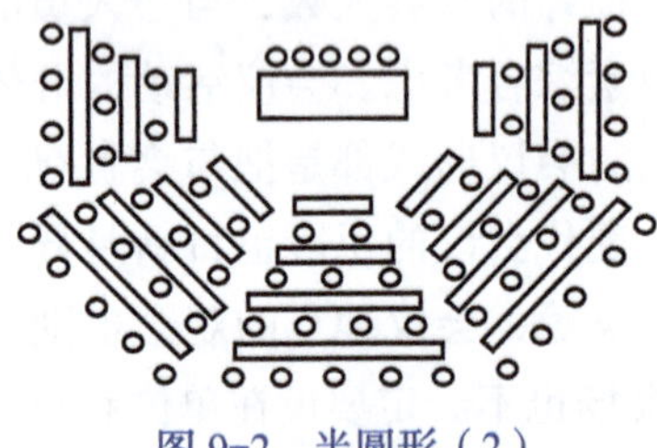
图9-2　半圆形（2）

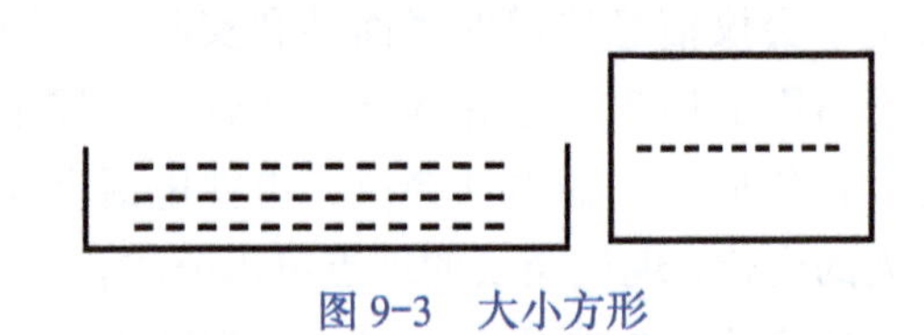
图9-3　大小方形

4）小型会场要注意集中和方便。

2. 会场整体布局安排

（1）确定会议形式。常见的会场形式有十几种，如圆形（见图9-4和图9-5）、椭圆形、长方形（见图9-6）、T形（见图9-7）、“三”字形、马蹄形（见图9-8）、六角形、八角形、“回”字形（见图9-9）、倒“山”字形、“而”字形、半圆形、星点形、众星拱月形等。不同的会场形式取决于会议内容、会场的大小和形状、会议的需要及与会人数的多少等因素。会场整体布局的类型有以下两种：

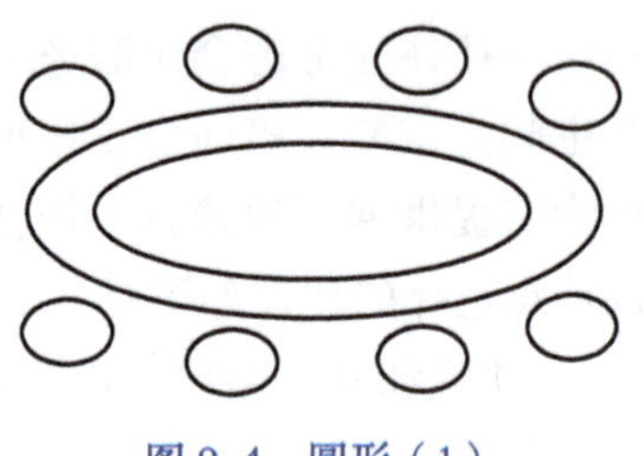
图9-4　圆形（1）

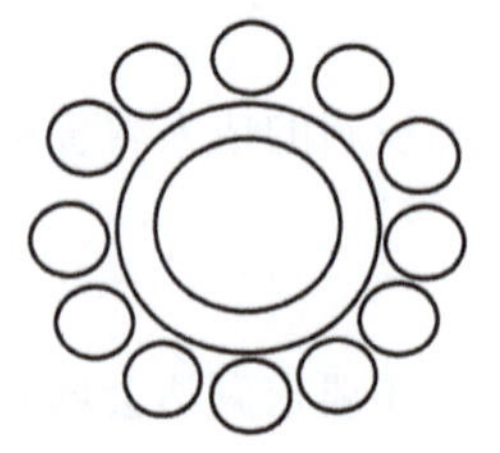
图9-5　圆形（2）

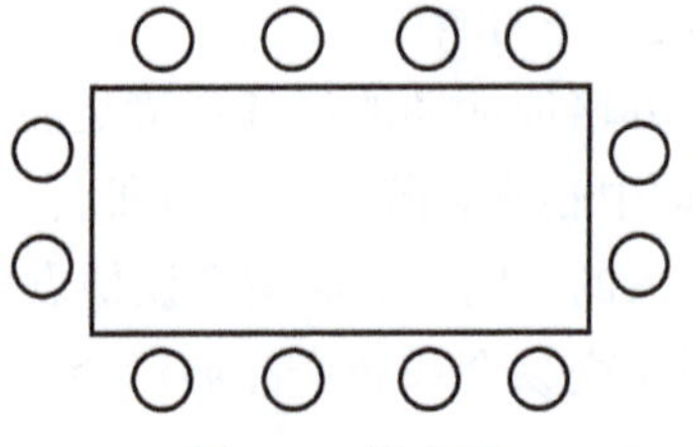
图9-6　长方形

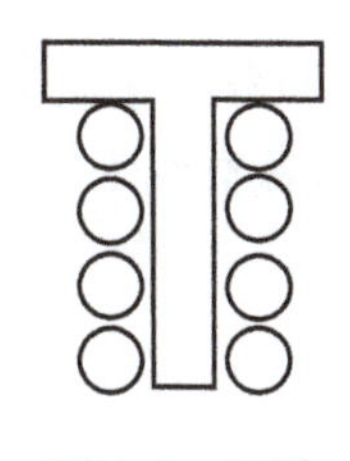
图 9-7　T 形

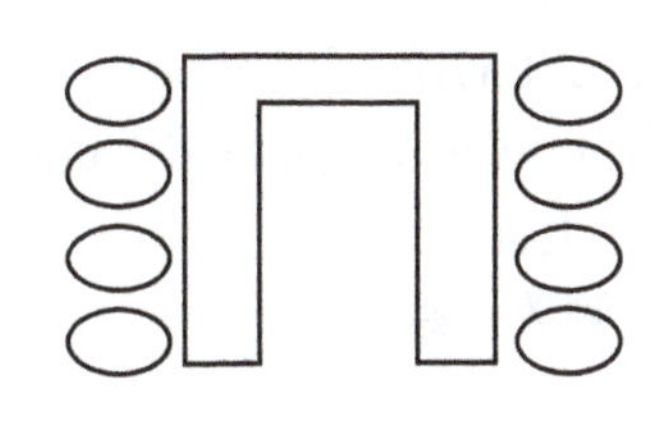
图 9-8　马蹄形

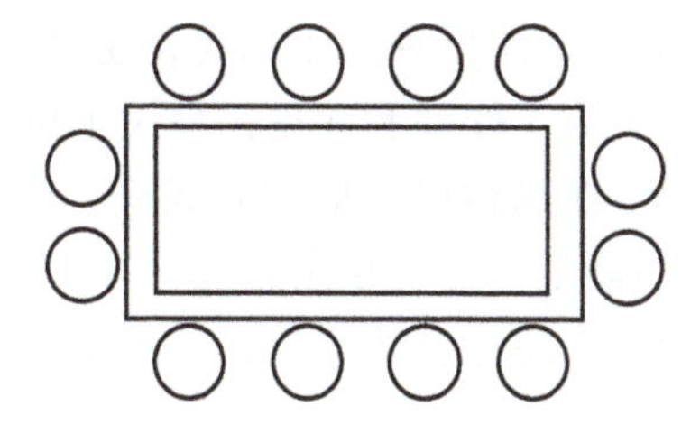
图 9-9　“回”字形

1）较大型会场的座次安排。会场座位布局摆放可以有多种形式或形状，较大型的会议一般在礼堂、会堂、体育场馆举行，会场座位布局形式或形状基本固定，还可采取大小方形和半圆形、圆形。大小方形适用于大型代表会议、纪念性会议、布置工作会议等的会议安排形式。小方形中就座的是领导，大方形中就座的是其他与会者。

2）中小型会议的座次安排。一些中小型的办公会、专题会、研讨会一般在会议室、会议厅或临时设置的会客室举行，可摆放成方拱形、半月形、椭圆形、圆形、“回”字形、马蹄形、长方形、T 形等。这些形式可使人员坐得比较紧凑，便于讨论和发言。

（2）合理摆放桌椅。视频会议的需要决定是否用桌椅，用什么样的座椅。座椅有软椅、硬椅之分，软椅中又有沙发、扶手椅、一般软椅之分。本着既要开好会，又要考虑到与会人员身体需要的原则，不同类型的会议需要摆放不同的座椅。

（3）其他布置。例如，温度、湿度、照明、通风、卫生设施、电源插座等。

（4）布置装饰。装饰性布置包括会标、标语口号、会徽、旗帜、花卉、字画等的选择和布置。

（二）主席台的座次和场内座次安排

主席台是与会人员瞩目的地方，也是会场布置工作的重点。各种大中型会议的会场均应该设主席台，以便于体现庄重气氛和有利于会议的主持者主持会议。座谈会和日常工作会议一般不设主席台或主席桌。

1. 会场座位区划的意义

一些中大型会议参加的人员多，会场的区域过大，使参会人员不易迅速找到座位，常常影响会议按时召开，降低了会议的效率。有些会议参会人员的角色不尽相同，例如表彰、发奖大会，一些代表是表彰对象，在会议中要上台领奖，为了有序和方便起见，一般都会事先划分有关的区域，以便统一就座或有序地进场、退场。

2. 场内座次区划的主要方法

1）根据会场的整体布局，划分出 A、B、C、D 等大区域。

2）按照场内座位排号分区，每个单位各占几排，或正式代表坐前，列席代表坐后。

3）为会议中受表彰、领奖的人员标出专门的区域。

3. 安排主席台的座次

会议主席台就座者都是主办方的负责人、贵宾或主席团成员，安排座位时应注意以下惯例：

1）依职务的高低和选举的结果安排座次。职务最高者居中，然后按先左后右、由前至后的顺序依次排列。正式代表在前居中，列席代表在后居侧。

2）为工作便利起见，会议主持人有时需在前排的边座就座，有时可按职务顺序就座。

3）主席台座次应编制成表，先报主管上司审核，然后贴于贵宾室、休息室或主席台入口处的墙上，也可在出席证、签到证等证件上标明。

4）在主席台的桌上，于每个座位的左侧放置姓名台签。

小案例

某分公司要举办一次重要会议，请来了总公司总经理和董事会的部分董事，并邀请了同行业重要人士出席。由于出席的重要领导较多，秘书决定用U形的桌子来布置会议桌。分公司领导坐在位于长U字横头处的上首，其他参加会议者坐在U字的两侧。在会议的当天，贵宾们进入了会场，按安排好的座签找到了自己的座位就座。当会议正式开始时，坐在U字横头座位上的分公司领导宣布会议开始，突然发现会议气氛有些不对劲，有些贵宾相互低语后借口有事站起来要走，分公司领导不知道发生了什么事或出了什么差错，非常尴尬。请问分公司失礼在哪？

分析：分公司领导的地位要低于总公司的领导，而他们的位置被安排在了上首，安排座位的秘书显然不懂得礼宾次序。

4. 安排场内其他人员的座次

（1）小型会场内座位的安排。小型会议室的座位，应考虑与会者就座的习惯，同时要突出主持人、发言人。要注意分清上下座，一般离会场的入口处远、离会议主席位置近的座位为上座；反之，为下座。会议的主持人或会议主席的位置应置于远离入口处、正对门的位置。

（2）中大型会场内座位的安排。代表会议、工作会议、报告会议等类型的会议需要安排场内其他人员的座次，常见的安排方法有三种：

1）横排法，即以参加会议人员的名单以及姓氏笔画或单位名称笔画为序，从左至右横向依次排列座次的方法。选择这种方法时，应注意先排出会议的正式代表或成员，后排出列席代表或成员。

2）竖排法，即按照各代表团或各单位成员的既定次序或姓氏笔画，从前至后纵向依次排列座次的方法。选择这种方法也应注意将正式代表或成员排在前，职务高者排在前，列席成员、职务低者排在后。

3）左右排列法，即以参加会议人员姓氏笔画或单位名称笔画为序，以会场主席台中心为基点，向左右两边交错扩展排列座位的方法。选择这种方法时应注意人数。如果一个代表团或一个单位的成员人数是双数，那么排在第一、第二位的两位成员应居中，以保持两边人数的均衡。

四、发布会议信息

（一）会议信息的内容和类型

1. 会议信息的内容

会议信息的内容包括：会议的报名时间、地点、费用及方法；会务联系电话与联系人；

会议报到及会议议程、日程；与会者的信息；会议报送的交流信息；会议的记录和纪要内容；会议的宣传报道内容；会议的决议内容。

2. 会议信息的类型

会议信息分类是根据信息所反映的内容性质和特征的异同，将信息分成各个类别，使信息条理化，便于存放和查找，提高信息利用的效率。

小案例

××公司要召开2022年度总结大会，作为大会工作人员的康博主要负责会议文件材料工作。会前，康博进行会议筹备相关信息的收集，为会议议题的确定及大会会议材料的形成做好准备。年度大会的工作报告非常重要，包括一定时期的工作总结、体会或者经验，对目前情况的分析和下一步工作的思路、要求及具体措施等内容。为此，康博有针对性地广泛收集一段时间以来各方面工作的进展情况。例如，有哪些成绩、经验，出现了哪些问题，哪些问题有相当的普遍性，哪些问题亟须研究解决等。通过广泛、深入、细致的了解，康博获得了大量可靠的信息，并从中选择出有价值的信息为报告的准备提供参考。会议期间，她认真做好会议记录，力求会议记录准确、完整，忠实于发言人的原意，并进行会议发言录音和录像。为了使会议信息尽快传递给与会者，她及时编写会议简报，确保与会者掌握会议情况和主要信息，使会议达到良好的效果。会后，康博认真编写会议纪要，作为与会代表贯彻执行的依据，推动会议精神的贯彻落实。她还收集齐全会议期间所有文件材料，及时整理有关会议文件，为文件归档打下基础。康博在大会期间的表现赢得了大家的一致好评。

分析：会议的规模大小不一，内容也相差甚远，但是任何性质或内容的会议，实际上都是通过信息沟通和交流，解决问题、达成共识、得出结论，因此会议的信息工作至关重要。康博在会议活动中积极主动做好会前信息的收集、会中信息的综合处理以及会后信息的整理利用工作，体现了良好的信息意识和信息工作能力。信息素养是每个秘书应该具备的基本素养之一，因为秘书是领导的眼与耳，确保信息有效流动，是秘书的工作内容之一。

（二）会议信息工作程序

1. 传递会议通知信息

会议通知是向与会者传递召开会议信息的载体，是会议组织者同与会者之间会前沟通的重要渠道。传递会议通知是会议准备工作的重要环节。

在做出了召开会议的决定以后，应将有关会议通知信息传递给与会者。通知的传递可以通过当面告知、打电话、发传真或电子邮件等形式进行，可以根据会议的性质、参加的范围、时间的缓急和保密要求选择适当的通知方式，必要时可以同时使用两种以上方法，以确保通知信息的有效性。

会议通知内容的传递要尽可能详尽、明确。书面通知的内容一般应包括会议名称、主办者、会议内容、参加对象、会议的时间与地点、其他事项、联络信息等。

会议通知样本要作为档案收存，其样式见表9-4和表9-5。

表 9-4　小型会议通知样式

××市委关于召开“推普周”大会的通知

所属各单位：

为了总结交流经验，研究分析存在的问题，进一步贯彻落实国家、省关于全面加强新时代语言文字工作的实施意见，做好今年“推普周”工作，经研究决定召开“推普周”工作会议。现将有关事项通知如下：

一、会议内容

…………

二、参加人员

…………

三、会议时间、地点

…………

四、要求

…………

××市委宣传部

××年×月×日

表 9-5　大型会议通知样式

首届国际××研究论坛（2022）会议报名通知

由我院主办的首届“国际××研究论坛”会议将于 2022 年 10 月 15 日—16 日在××会议大酒店隆重召开。大会将邀请国内外多位知名专家学者进行专题学术报告，内容丰富、涉及面广，是一次非常难得的学习机会。希望各位研究生积极参与、踊跃报名！

一、会议安排

1. 会议时间：10 月 15 日（周六）全天（8:00—18:00）

　　　　　　10 月 16 日（周日）上午（8:00—12:00）

提供班车往返：早上 7:20 在××医院住院部门口集合，由医院班车前往，届时将统一发放列席代表证、午餐券。

2. 会议地点：××会议大酒店（××市××区××路 2106 号）三楼会议大厅

二、报名对象

每场名额 45 人，作为研究生代表列席会议。原则上，××专业研究生均需报名参加（如有特殊情况者至少参加其中一场会议），其余专业研究生亦欢迎积极报名。

三、报名方式

请于 10 月 11 日（周二）前至各位班委负责人处报名登记，如因特殊情况只能参加一场会议者请予注明，如有自行前往者亦请注明。

班委将名单汇总后请于 10 月 12 日（周三）12:00 前上报教办。（请保证每场会议本组中至少有 1/3 同学参会。如汇总后有超额情况，教办将再做协调统筹。）

四、注意事项

1. 各位参会同学当日着装应相对正式（如衬衫等），勿过于随意。

2. 凡参会者请勿中途随意退场，注意会场纪律。返程有医院班车统一接回。

3. 参会研究生属于旁听列席代表，不必缴纳会务费。

××医院　教学办

2022 年 10 月 8 日

2. 分发传递会议文件

有些会议文件要在会议召开之前发给与会者，有些则在会议召开时分发。但无论何时分发，都应尽量提前做好文件分发的准备工作，落实各项分发工作。会议文件材料的分发环节如图9-10所示。

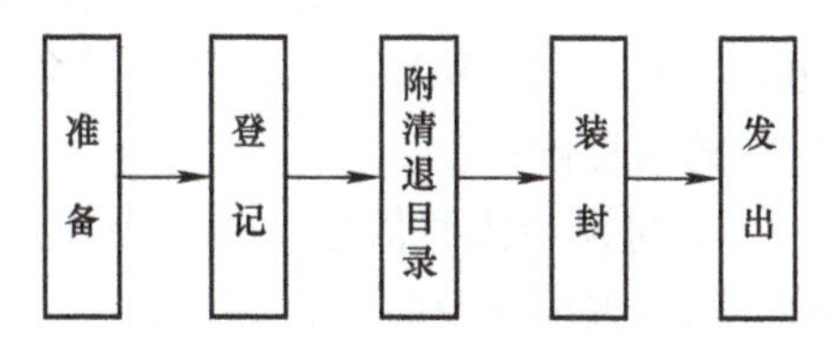

图 9-10　会议文件材料的分发环节

（1）准备。分发文件前可以按照与会人员名单，给每人准备一个文件袋，在文件袋上填写与会者的姓名，并注明“会议文件”字样。

（2）登记。分发重要文件一般要登记编号。文件编号通常印在文件首页的左上角处，字体、字号应有别于文件正文。具有保密内容的文件应注明密级。

（3）附清退目录。一些征求意见稿或保密性文件，需要在会后退回的，分发时应附上一份文件清退目录或清退要求的说明。

（4）装封。对于需要提前发出的文件，首先要认真检查核对，明确文件的发送对象，确保发送的文件准确无误。查文件份数，查有无附件，查有无多发、重发、漏发的单位或个人。其次，将文件装入文件袋，封上口。封口要牢固，以免文件信息在传递过程中滑出。然后，在封皮上仔细填写好收件人的姓名、地址与联系方式等。

（5）发出。发出会议文件时，要根据会议的规模以及会议文件的性质，采用合适的传递方法，及时将文件分发给与会者，避免漏发。重要文件及保密文件分发时要履行签收手续，会议召开后临时分发的文件，秘书要做好记录。会议文件的发出方法有：

1）提前发出。对需提前发出的文件，应按照会议的时限要求与保密程度选择适当的文件传递方式及时发出。内容重要又须事先送达与会者的文件，可派专人递送或用传真、特快专递送达。

2）签到时发出。较大规模的会议可在与会人员签到时由工作人员分发给与会人员；中小型规模会议的主要文件及会务管理文件，如工作报告、议程、日程安排、作息时间表、会议须知等尽可能在与会者报到时分发。

3）会中发出。领导讲话，会议快报、简报及其他会议资料，需要在会中分发。所发文件或资料如果属于要收退的，应在文件的右上角写上收件人姓名。收文时要登记，为清退工作创造便利条件。

4）现场发出。会议期间使用的文件大多数可以在会议现场发出。特别是人数较少的小型会议，会议的信息资料可以放置在会议室的桌面上，由与会人员直接拿取。

3. 沟通传递会议有关情况

在会议组织与活动中有许多事项需要沟通与联系，必须做好会场内外、与会者之间、会议活动上下之间的沟通。

（1）会场内外的沟通与联系。会议期间，会场内外随时要进行文件的传递或事项的沟通，如有关部门转送给领导批办的文件，有关重要的紧急情况，有关重要的电话、电报、信件等，应及时传送给领导或相关人员。

（2）办好会议简报、快报传递信息。会议期间要认真做好会议记录工作、情况汇总工作，编写和印发会议简报、快报，作为会场信息沟通的工具和分组讨论时各组间信息沟通的重要渠道，及时向会议领导和与会者提供会议期间的动态信息；也可以此作为形成会议纪要等会议文件的信息依据。

（3）向领导传递信息。利用会间休息时间，广泛征求与会者的意见、建议和要求，并将收集的有关情况及时进行综合处理，分类向领导汇报，以便将具体问题及时予以解决。

（4）发布会议新闻。重要的会议需要发布新闻报道，要做好新闻发布工作，加快会议精神传播的速度和扩大传播的范围，扩大会议的影响，提高会议的透明度，以利于会议精神的贯彻落实。

（三）发布会议信息注意事项

1. 发布会议信息前要进行报审

（1）审核会议新闻稿。与新闻媒介接触，一般需要公共宣传人员提供新闻稿件。因此，会议宣传人员必须具备新闻写作的基本知识与技巧。报送、审核会议新闻稿时要重点关注以下几点:

1）报道的消息是否是客观事实。

2）这些客观事实是否是新近发生的；这些新近发生的事实是否是广大观众所关心而未知的。

3）新闻稿是否简明扼要，应尽量用精悍凝练的文字传达最多的信息。

4）关键词是否抓住了公众的注意力，能够吸引公众继续阅读。

5）在新闻稿的开头要注明会议标志、主题以及主办者。

（2）审核提供给新闻单位的图片、表格和音频、视频资料。对于这些材料要加强审核，特别是涉及知识产权、商业秘密内容的资料更要认真把关。

2. 要对媒体进行选择

（1）发布会议信息方首先要发掘有新闻价值的信息。会议的许多方面都可能具有新闻价值：会议可能有很重要的主题，能够有效地吸引新闻编辑的注意，或者会议有别具一格的策划，也会引起媒体的兴趣。最好的会议新闻也不一定得到媒体的重视，但是组织欠佳的信息发布，肯定会遭到媒体拒绝。因此，发布会议信息的人员应该考虑向媒体提供怎样的信息才能更好地引起媒体的重视。

（2）发布会议信息的人员在选择媒体时要了解各种媒体需求的重点和偏好，会议组织者要清楚不同的媒体各自需要什么类型的新闻。自媒体和报纸通常很注重新闻的即时性，而杂志则对那些有深度的过往信息比较感兴趣，日报和电视有时也可能使用一些没有时间性要求的信息。

（3）在选择媒体时要兼顾新闻的覆盖面、受众群体、费用和时效。

（4）要尽量邀请与组织关系良好的媒体。

（四）发布会议信息的程序和媒体的类型

1. 发布会议信息的程序

发布会议信息的程序如图 9-11 所示。

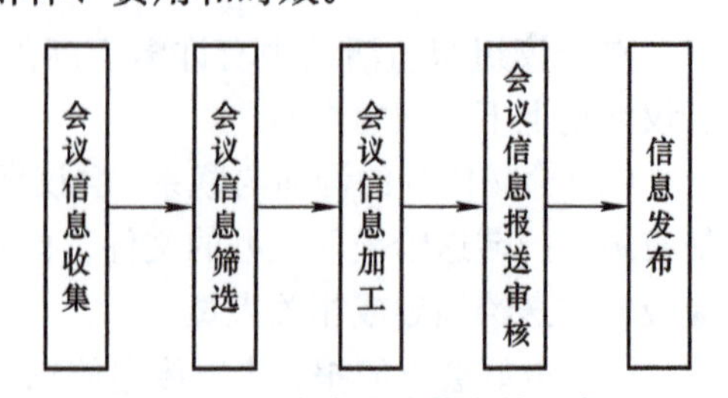

图 9-11　发布会议信息的程序

2. 媒体的类型

会前发布会议信息的一项非常重要的任务就是了解媒体，知道有哪些媒体可以利用，这些媒体习惯的工作方式分别是什么，如何才能接触到这些媒体。从社会公开信息中可以查找各种不同媒体的联系方式。根据媒体的来源，会议发布信息策略中可供利用的媒体可以划分为以下几种：

（1）地方媒体。地方媒体是会议组织者首先要面对的媒体，这里所说的地方媒体主要是指会议所在地的媒体。会议当地各种类型的媒体，组织者都应该考虑到，地方媒体会比较重视关系到当地经济和社会发展的新闻，因此优先考虑。

（2）全国性媒体。全国性媒体有时会转载地方新闻，并在全国，甚至世界其他国家进行报道，因此全国性媒体具有更强的宣传实力。

（3）会议组织者自有媒体。部分会议组织者拥有自己的主办刊物（例如，某些行业协会有自己的正式刊物，某些企业有自办的报纸和杂志）与自媒体公众号或App，它们可以就会议进行报道，并且可以发表一些在会议上宣读的论文。

（4）发言人或参会者家乡的地方媒体。这些媒体也可能对其家乡名人参与的会议感兴趣。

五、安排会议食宿

（一）会议餐饮、住宿的常识

1. 会议餐饮的常识

1）餐饮安排的原则是让与会人员吃好而又不浪费。

2）就餐大体上是一个标准，要适当照顾少数民族和年老体弱者，确定好伙食标准和进餐方式，考虑南北方不同与会人员的口味。

3）秘书人员应提前到现场布置并检查组织工作的落实情况，应事先将座位卡及菜单摆好。

4）席位的通知除在请柬上注明外，还可在宴会上陈列宴会简图，标出全场席位图以及全体出席者位置，或者写好席位卡发给本人。

如有讲话，通常要事先确定讲话的内容，致辞要尽量简明扼要、热情洋溢。如是涉外会议，要事先安排翻译员。

2. 会议住宿的常识

1）住宿的安排是一项具体细致的工作，要提前编制房间分配方案。

2）长者、尊者、领导要着重考虑。

3）具体安排住宿时，要根据与会人员的职务、年龄、健康状况、性别和房间条件综合考虑，统筹安排。

4）有时还要考虑按地区集中，便于讨论。

5）不同标准的房间要做合理分配，一般是根据房间的不同规格并结合代表具体情况列出住宿表。

6）报经有关领导审定后，按表分配住宿，做到有条不紊。

小案例

年底，××公司为表示对客户的谢意，召开了客户联谊会，会后共进晚餐。负责接待工作的秘书宋若飞根据上司的指示和宴会惯例，安排桌次座位。这次宴会共设3桌（圆桌），餐厅正面靠墙为主桌，编1号，靠入口处为2、3号桌，摆成三角形，突出主桌。重要客户在主桌。为方便来宾入席，宋若飞特意做了座位名签，并摆放在桌上。但由于这次联谊会时间紧，与会人员名单确定得晚，宋若飞在抄写时漏了应编在主桌的一位重要客户，致使该客户入席时找不到座位，出现了十分尴尬的场面。

分析：秘书宋若飞在安排会议晚宴时，只注意到桌次的正确安排和名签的摆放，但忽略了对人员和名签的核对，致使重要嘉宾未能受到应有的礼遇，给组织的公关工作造成了不良影响。所以，秘书工作无小事，事事都要用心。

（二）会议餐饮、住宿的工作程序

1. 安排会议餐饮

1）根据会议的经费和人员情况决定会议餐饮的标准。一般由主办方付费的会议餐饮，应根据会议经费的预算情况，量入为出，制定统一的餐费标准。由与会者自己付费的餐饮，主办方一般要给予一定的补贴。

2）就餐方式可根据会议的规模和性质来确定，提倡实行自助餐制和分餐制。一般性的会议除了开头和结尾的宴会采取包桌形式，大多采取自助餐的方式。

3）事先与提供餐饮的单位确定餐饮时间和地点。

4）事先设计和确定就餐的凭证。

5）要与餐饮提供单位一起确定菜单，饮食要干净卫生、美味可口、品种多样。会议餐饮的菜肴应精致美观、特色突出，要照顾不同国家、不同民族与会人员的饮食习惯、风俗、禁忌，还要冷热、甜咸搭配，并为有饮食禁忌的人员单独安排菜单。

6）事先要准备好干净的饮食用具。

7）给因开会或服务工作误了用餐的人员预留饭菜。

8）做好开水、饮料的供应。

2. 会议餐饮的类型和标准

根据宴请目的、出席人员的身份和人数的多少，可将宴请分为正式宴会、便宴、酒会、茶会、工作餐等。

（1）早餐。早餐食物的选择范围很大，可以是正规的复杂早餐，也可以是自助早餐。品种多样的自助早餐会让人各取所需，比较随意。

（2）会场休息期间的茶歇。一般供应咖啡、茶或其他饮料，有时有食品，有时没有。

（3）午餐。午餐如何安排，主要看下午计划做些什么。一般来说，午餐不宜大吃大喝，以免影响下午的会议安排。

（4）正式晚餐。晚餐食物的选择既要考虑到营养和健康，又要考虑到出席者的口味和特色，而且出席正式的晚餐，对着装有要求，一般要穿礼服出席。

（5）招待会。它可以作为正式餐宴的引子，也可以仅举行招待会。招待会的目的决定招待会的食品选择。

为将以上工作做好，秘书人员应努力为与会者选择健康的、美味的、受大众欢迎的配餐，以便在会议期间的每一天，与会者们都能感到精力充沛，心情愉快。

3. 安排会议住宿

在选择住宿的招待所、饭店、宾馆、会议中心时，要充分考察其基本设施是否齐全，安全性如何，价格是否合理，地点是否方便，环境是否安静、整洁，综合比较后再做决定。如果由与会者自己支付住宿费，就要选择几家价格、条件不等的招待所、饭店、宾馆或者是同一家宾馆不同标准的客房供其选择。

（1）安排方式的选择。最简单的方法是由与会者自己安排住宿，更有效和经济的方法是由主办单位集体预订房间。如果不事先预订房间，会产生下列问题：遇到旺季，饭店可能将房间订出，这会迫使与会者住在距离会场较远的地方；与会者可能拿不到优惠价格，因为散客住宿的价格活动空间较小；会场租金可能较高（如会场也在饭店），通常饭店以预订房间数多寡来考虑场租可否讲价。

（2）预订会议住宿的程序。会议期间可能需要大量的房间，这些都必须事先预订，否则会造成住宿方面的问题，特别是旅游旺季，可能订不到房间。

1）通过会议回执，掌握与会人员的数量和订房规格。在会议的先期通知上附上一份表格寄给被邀请人，要求被邀请人填写陪同人员的名字、希望住哪种类型的房间、抵达与离开日期，然后将以上资料填在住宿预订单中。表格内容还包括：主办单位名称、会议名称、会议日期、会议地点、收件截止日期、确认函回信地址、各饭店的房价、饭店的地理位置图、联系电话等。

2）向宾馆、酒店预订会议用房。如果会议需要住宿的人数不多，可以直接向饭店或会议中心索取订房卡。

主办单位随同会议通知寄上订房卡，再由与会者直接向饭店订房。

如由主办单位统一订房，则要与提供服务的酒店或饭店进行必要的谈判，要求一定的折扣，并在此基础上与之签订合约。合约中应包括房价、订金数目和截止日期等关键内容。

（3）确定会议住宿的程序。

1）与参会人员确认。通知与会者已收到他们的住宿表格和确认他们的房间，有些主办单位并不通知与会者，而是由饭店直接寄发确认函。最好在收到住宿资料时立即寄发收到通知，因为有些饭店比较晚才寄发确认函。

2）与饭店或酒店确认预订。住宿安排是相当复杂与耗时的工作，需记录有关各类房间的存量、回答各种问题、解决各种住宿的特殊问题，以及将住房报告转给饭店。所有这些工作务必尽量快速与准确。

在到达预订截止日期时，组织方要尽快与饭店沟通，将最后的订房数字予以确认。这样既可保证会议的住宿需要，又可避免不必要的支出。同时，主办方要熟悉饭店、酒店的作业程序，例如如何处理截止日期以后的住房预订。

（4）会议房间的分配。

1）如果由主办方支付费用，则需按其职务标准住房，除了部分嘉宾和主办方的领导，其他与会人员的住宿标准应相近。

2）年龄较大的与会者和女性应尽量安排到向阳、通风、卫生条件较好的房间。

3）安排住宿时，应坚持尊重少数民族风俗习惯的原则。

4）可预先在会议回执上将不同规格的住宿条件标明，请与会者自己选择预订。

5）预订住宿地点的工作一定要打出“提前量”，预订数量上应略有富余。

六、邀请会议嘉宾

（一）会议嘉宾的类型和邀请的要求

1. 会议嘉宾的类型

（1）组织方的上级领导。他们代表着组织方的上级对会议的重视和会议的规格，以及可能产生的社会性影响。

（2）企业的重要客户和各种利益相关方。他们代表着与企业生存和发展密切相关的方方面面，如销售商、供应商、银行、政府、媒体等。

（3）社会知名人士。他们的到场有助于企业制造新闻事件，吸引公众和媒体的关注。

（4）对实现会议目标有潜在贡献的人。他们对会议目标的有效实现常具有不可替代的作用，如员工代表、社区代表、专家、顾问等。

2. 会议嘉宾邀请的要求

1）要先确定嘉宾名单，并事先与嘉宾沟通确认其能否出场。

2）要发出正式邀请函。沟通方式可以是电话，也可以是正式邀请函。

3）要做到有礼貌。既要盛情邀请，又不能强人所难。

4）要了解嘉宾各自的背景，处理好嘉宾之间的关系。

5）对于难以分辨是否应该邀请的人士，则采取“宁可邀请，而不排斥”的原则，邀请他们参加，以免遗漏。

6）嘉宾人数不宜过多。邀请嘉宾既要考虑代表性，又要考虑经济性，不要一味追求名人效应，给组织带来不必要的麻烦和费用。

小案例

某公司要举办成立大会，请了有关单位的领导参加，秘书小李负责嘉宾的邀请。她用电话通知各位嘉宾，但有的嘉宾电话没通，所以没有找到，事后她把这件事忘了，会前也没和嘉宾再次确认。对于重要嘉宾，她发出了邀请函，但邀请函不够美观，比较简陋。结果开会那天，来的嘉宾很少。

分析：秘书人员的责任意识是其道德修养和职业责任感交织融会而产生的一种心理机能，是在为领导科学决策和决策正确执行提供优质服务的实践中逐渐培养起来的，是秘书人员的服务思想、服务经验及服务智能等方面相互结合、相互影响而产生的一种心理冲动，具有目的性、自觉性和整体性等特征。由于秘书工作是为领导决策和决策实施提供服务的，秘书人员的责任意识必须强。责任意识能提示秘书人员经常从服务的角度观察、审视服务的对象和环境，发现和挖掘服务的内容、任务及其他服务需要，从而把工作做扎实。

秘书小李的做法显然有许多不妥之处：邀请嘉宾是一项重要的工作，一定要抓住确认环节，这样才不会使组织被动。另外，要注意邀请的礼节，在邀请函和请柬这些环节上都要精益求精，以显示出组织应有的尊重和诚意。

（二）邀请会议嘉宾的工作程序

1）在邀请参会嘉宾方面，要开会研究，确定嘉宾名单，接下来邀请嘉宾的工作由工作组负责组织实施。

2）拟写并发送嘉宾请柬，每一份请柬都制作精美。从打印请柬开始，一直到折好、套封皮、系丝线、盖章、装信封，每一道工序都要一丝不苟地完成。

3）要逐一与嘉宾联络，确认其参会情况。如果邀请对象包含国外相关行业的专家及负责人，为了使其更好地了解会议议程及相关内容，要对提供给嘉宾的会议资料进行翻译，努力确保国外嘉宾能顺利了解会议情况。

4）在会议正式召开之前，要再次与嘉宾联系，并确认接送方式。

（三）会议嘉宾的安全保卫

1. 会议嘉宾安全保卫工作的内容

会议的主办方和承办方需关注会议的安全。会议应确保嘉宾、与会者及参展商的人身及财物安全。会议安全保卫包括嘉宾的人身安全保卫、嘉宾私人贵重物品的安全保卫、嘉宾所携带的重要文件的安全保卫、会场和驻地的安全保卫、会议各种设施用品的安全保卫、会议使用车辆的安全保卫等。

许多承接会议的饭店为了实现安全保卫，除了配备保安人员，还采取了一系列安保措施，包括配备电子锁，备有良好照明设施的停车场和公共区域，在展览厅安装高科技的警报和监视系统等。

2. 会议嘉宾安全保卫的关键阶段

（1）会议嘉宾的到达阶段。应注意会议前期的准备和检查是否已到位，无关人员是否已清离现场，嘉宾进入会场的通道是否安全畅通等。

（2）会议的进行阶段。防止会场出现火灾等突发事件，加强会议设备的安全检查，保安人员应对可能进入会场的、身份不明的人员保持高度警惕。

（3）休会阶段。在会中休息和闭会时期，也会有涉及人员、物品和文件的各种不安全因素出现。

（4）嘉宾离会阶段。检查会场通道是否安全畅通，嘉宾随身物品是否携带齐全等。

3. 会议安全保卫人员的职责

会议安全保卫人员应熟悉地方和国家法律、法规，能够冷静协助公安人员制伏滋事者；防范火灾（包括在消防人员赶到前能够组织扑灭小型火灾）；熟知会场的紧急疏散示意图，了解如何在大规模恐慌中维持秩序；向领导汇报事故情况；监督装卸会议用品，防止与会议有关的财产或展品被盗；会议值班制度要健全，安全保卫人员要坚守岗位。

4. 会议安全保卫工作的检查

会议安全保卫工作的检查内容包括确保会场内所有设备线路、运转及操作规范的安全可靠；确保会场的防盗设施（监控器的探头等）处于运转状态；检查进出会场人员的身份，禁止与会议无关的人员进出会场。

（四）会议嘉宾的接待

接待人员大致可以分为接站人员和接待注册报到人员。这些人都要事先通知，落实到人。

1）接站工作。根据嘉宾事先反馈的信息，安排人员和车辆到机场、火车站等地接站。对于会议请来的贵宾，一般应该用小轿车迎接。接站人员应提前 20 分钟到达接站地点。

2）嘉宾到达会场时，主办方的领导应到停车处迎接，并由专门的陪同人员引领至贵宾室休息。

3）具体接待工作。在会议的整个过程中，要有专门的人员负责嘉宾的食宿服务，在餐饮时要注意为嘉宾安排特定的座位，在住宿时要尽量提供给嘉宾特殊的待遇。

七、准备会议资料、会议用品

（一）会议资料、会议用品的类型

1. 会议资料的类型

1）来宾资料，如会议手册、宣传材料、会议管理性材料（会议通知、议程、会议须知、名单）。

2）会务资料，如开会的请示、提交会议审议批准的文件（计划、规划、报告、决议）、会上使用的文件（开幕式、闭幕式、报告、总结材料）、会议宣传性文件（提纲、发布稿）。

3）通信资料，如来宾登记表、住宿登记表、用餐分组表、会务组成员通信录。

2. 会议用品的类型

根据会议不同规模设定内容，会议用品和设备分为必备和特殊两种类型。

1）必备用品和设备是指各类会议都需要的用品和设备。

① 会场内设备主要包括灯光设备、音响设备、空调设备、通风设备、录音和摄像等设备以及必要的安全设施等。秘书人员应当会使用这些设备。

② 常用物资有计算机、打印机、复印机、传真机、照相机、摄像机、投影仪、存储卡、饮用水、一次性水杯、电池、裁纸刀、剪刀、胶带纸（宽窄均备）、双面胶、回形针、大头针、胶水、白板笔、信封、信纸、禁烟标志、放大的公司标识等。

2）特殊用品和设备是指一些特殊类型的会议所需用品和设备。例如，选举会议、谈判会议、庆典会议、展览会经常需要的特殊用品和设备，包括伴奏音频视频资料、投票箱、旗帜、仪仗队、鲜花等。另外，有些会议还需准备产品样品、常用药品等。

小案例

某公司总经理秘书潘毅请前台秘书小李协助，向公司的各部门主管发送一次重要的临时会议通知。通知的内容如下：

会议通知

各部门经理：

公司定于 12 月 16 日（星期三）下午 1:30 在公司会议室召开会议，讨论公司人员编制和工作绩效评估问题。此次会议内容重要，请有关人员务必准时出席，您能否参加，请于 12 月 14 日（星期一）之前打电话告知秘书小李。电话：5142××××。

总经理办公室

12 月 11 日

小李只在公司布告栏上贴了一张通知，却没有向各主管发送通知，她想反正是内部会议。可是她忽视了一个问题，此次会议是临时召开的重要会议，并非公司例会。因此，有些主管因为一直在工程现场，未能及时看到通知，造成了三位主管未能准时到会，待发现时，已经是星期三的中午。小李只得匆忙电话通知三位主管迅速赶到开会地点。其中，销售经理赵宾接到电话后不满地说："这么重要的会，为什么不早下通知？我下午约了重要客户，会议只能让我的助手去开了。"小李急忙说："那可不行，总经理特别指示，有关人员务必准时出席。"赵宾说："可是我已通知了客户，改期已来不及了，你说怎么办？"小李张口结舌，无言以对。

分析：小李因为考虑不周，导致一次重要的会议没能准时召开。她应该提前电话通知每一个人，在召开会议之前，落实到人。归根结底，这次失误在于她缺乏工作责任感。秘书只有具备完全自觉的责任感，才能算是真正的职业秘书。当秘书把做好分内工作的要求内化为一种责任意识之后，就会把它当作一种价值尺度，时时用它来衡量自己的行为，而不在乎有没有外在的监督。在这一过程中，秘书的职业素养会不断提高，在更高的层次上体验秘书工作所带来的快乐和幸福。

（二）准备会议资料、会议用品的工作程序

1. 准备会议资料

1）来宾资料袋内容，如会议手册（会议日程、会议须知）、会议文件资料、分组名单、笔记本、文具、代表证、房号（房间钥匙）、餐券等。

2）会务资料内容，如接站一览表、来宾登记表、住宿登记表、用餐分组表、订票登记表、会议讨论分组表、会务组成员通信录（人手一份）。

3）沟通资料内容，如会议参考文件、会议宣传文件、各种记录、各种会议协议和合同以及相关资料。

2. 准备会议用品

1）检查空调设备，必要时做好开机准备，一般要在会议前两小时开机预热或预冷。

2）检查好灯光、扩音设备。

3）准备白板、指示棒，安放图架，准备好配套图表等。

4）如有陌生人或外来人参加会议，摆放好姓名牌，注意文字大小适当，清楚易认。

5）在每人座位前摆放纸笔。

6）需要安装投影仪、屏幕、录音录像设备等。

7）如果有选举、表决、表彰的议程，还需准备好投票箱、计数设备和奖励用品。

8）会期较长的会议，要安排好开水、饮料，并指定专人服务。

9）如果是电话、广播会议，须提前检查线路，保证音频效果良好。

（三）选择会议用品及使用会议经费应该注意的问题

1）树立全局观念，搞好综合平衡。

2）经济适用、合理先进。

3）严格根据会议经费的预算，量入为出。

4）注意轻重缓急，精打细算。如宣传材料、电话传真等是召开商务会议时必不可少

的开销，应当优先支出；如奖品、纪念品等是商务会议的附属支出，可以根据会议目标要求进行弹性收缩。即便是必要的支出，也要根据具体情况精打细算、厉行节约。

小案例

某公司生产部赵经理经常通过召开会议来解决问题和处理工作，同时他自己又必须参加很多上司主持召开的会议，于是感觉整天忙于各种会议，无暇理事，还造成了工作的被动，为此他很想改进会议。他的秘书小王发现：赵经理每召集一次会议，不管会议内容是什么，总是要求所有的下属负责人来开会，导致会议规模很大。而每位参会者为了表示重视，大都会提出一些问题，而多数问题又与会议议题无关，这就难免使会议时间拖长。究竟怎样确定与会人员的范围才合理呢？经过认真分析研究，并与赵经理反复磋商，小王找到了一个两全其美的办法。会前他先分发一份会议须知单，内容大都为：某月某日某时，在某会议室讨论某问题，已邀请有关领导同志参加讨论，如你认为需要了解有关情况或愿参加讨论，请届时出席；未到会者，我们将于会后立即送上会议讨论纪要，供参考并提出意见。新办法实施以后，效果显著。过去每次会议都要十多人参加，并且时间很长，现在只有少数几个人参加，再加一个记录的秘书，每次半个多小时就能把会开完，而且没有人感觉被怠慢了。

分析：现代秘书应该充分认识秘书工作的重要性，作为领导的参谋和助手，应主动自觉地为其提供辅助管理和综合服务。在全程参与领导管理的过程中，要想领导之所想，谋领导之所谋，与领导在思想上保持同频共振。要主动发现问题，创新性地解决问题，这才是一位优秀的秘书。

八、安排会议礼仪服务

（一）会议礼仪服务的内容

1. 会议的通用礼仪

（1）会议文书礼仪。会议的请柬、邀请函、通知等文书在格式、称谓、语言上都应遵守相关礼仪要求。

（2）迎送礼仪。凡是一些大型或中型会议，对会议参加者要认真做好迎送工作。无论是参会的领导、嘉宾，还是一般的参会人员都应热情接待和周到服务。一般应在会前组成一个会务组，专门处理有关问题。

（3）参会礼仪。会议的组织方要尽量使会议开得紧凑高效，尊重与会者的时间。参会者要遵守会议纪律和时间，不交头接耳，不迟到早退，发言不超过规定时间。

（4）服务礼仪。在会议的签到、引领、食宿接待服务中要遵守礼仪的一般要求，注意服务忌语，使用礼貌用语。

2. 主持人的礼仪

各种会议的主持人一般由具有一定职位的人来担任，其礼仪表现对会议能否成功有着重要的影响。秘书作为会议的组织和服务人员，应对会议主持人的礼仪知识有所了解，并做好相应的服务。

主持人应衣着整洁、庄重大方、精神饱满，切忌不修边幅、邋里邋遢。入席后，如果是站立主持，应双腿并拢，腰背挺直。坐姿主持时，应身体挺直，双臂前伸，两手轻按于桌沿。主持过程中，切忌出现搔头、揉眼、抖腿等不雅动作。主持人言谈应口齿清楚、思维敏捷、简明扼要。主持人应根据会议性质调节会议气氛，或庄重，或幽默；或沉稳，或活泼。主持人对会场上的熟人不能打招呼，更不能寒暄闲谈，会议开始前，或会议休息中可点头、微笑致意。

3. 会议发言者礼仪

会议发言有正式发言和自由发言两种，前者一般是领导报告，后者一般是讨论发言。正式发言者应衣冠整齐，走上主席台应步态自然、刚劲有力，体现一种成竹在胸、自信自强的风度与气质。发言时，应口齿清晰、讲究逻辑、简明扼要。如果是书面发言，要时常抬头扫视一下会场，不能只低头读稿、旁若无人。发言完毕，应对听众的倾听表示谢意。

自由发言则较随意，但应注意，发言应讲究顺序和秩序，不能争抢发言；发言应简短，观点应明确；与他人有分歧时应以理服人，态度平和，听从主持人的指挥，不能只顾自己。如果有会议参加者对发言人提问，应礼貌作答，对不能回答的问题，应机智而礼貌地说明理由，对提问人的批评和意见应认真听取，即使提问者的批评是错误的，也不应失态。

4. 会议参加者礼仪

会议参加者应衣着整洁，仪表大方，准时入场，进出有序，依会议安排落座，开会时应认真听讲，不要私下小声说话或交头接耳，发言人发言结束时，应鼓掌致意，中途退场应轻手轻脚，不影响他人。

小案例

公司应邀参加一个研讨会，该次研讨会邀请了很多商界知名人士以及新闻界人士参加。老总特别安排小刘和他一道参加，同时也让小刘开阔视野。小刘早上睡过了头，等他赶到，会议已经进行了20分钟。他急急忙忙推开了会议室的门，“吱”的一声脆响，他一下子成了会场上的焦点。刚坐下不到5分钟，肃静的会场上又响起了音乐声。原来是小刘的手机响了！这下子，小刘可成了全会场的“明星”……

分析：不管是参加自己单位还是其他单位的会议，都必须遵守会议礼仪。因为在这种高度聚焦的场合，稍有不慎，便会有损自己和单位的形象。

（二）会议礼仪服务的工作程序

礼仪工作一般包括会议礼仪服务人员的选择、工作程序分解、会议礼仪服务培训、服装用具的准备、礼仪执行等程序，不同会议对于礼仪也提出了不同的要求。

1. 会议礼仪服务人员的选择

（1）从组织内部的员工中选择。要选择有经验、素质好、气质佳的人员。

（2）聘请专业礼仪公司或礼仪人士承担会议主要的礼仪服务。专业公司和人员有丰富的经验和专业的知识、程序，服务的质量会比较高。

2. 工作程序分解

对礼仪服务人员进行分工，接站、签到、引领等各个环节都应有相应的服务人员。

3. 会议礼仪服务人员培训

（1）对会议工作的宗旨和合作精神的培训。

（2）对会议礼仪知识和工作技能的培训。

（3）对会议设备和用品使用常识的培训。

4. 服装用具的准备

（1）礼仪服务人员的服装应统一并且与会场环境相协调。另外，要根据会议的实际情况确定是否准备鲜花等物品。

（2）迎接一般的与会者不需要献鲜花。对于应邀而来的贵客不应省却献花这一环节，而且必须用鲜花。不要选择黄色、白色的菊花，因为那是丧礼上的用花。不同国家对于花语有各自的使用风俗，如果是迎接外宾，就要根据来宾所在国的习俗选择鲜花，注意不要犯忌讳。

5. 礼仪执行

在礼仪服务过程中，要注意几个重点环节：

（1）接待礼仪及程序。当接待人员看到有人向自己走过来并介绍自己的身份时，应该马上表示欢迎，献上鲜花，主动与对方握手、自我介绍，接过对方的大件行李（挎包、公文包由来宾自己拿着）。如果迎接者有好几位，应该由其中的秘书或其他职位较低者向来宾介绍自己一方，从身份最高者介绍起。

（2）引领。国际通行的礼仪是“以右为尊”，接待人员应该走在来宾的左前方一两步引路，同时用手示意，并明确告诉来宾：“我们现在去乘车，就在离这里不远的停车场。请跟我来。”不要仅仅简单地说一声“我们走吧”，就自己先走了。

（3）乘车的座次安排。这里主要介绍乘坐小轿车的礼节。如果是主人驾车，则副驾驶位置为上位；如果是司机驾车，则后排右座为上位。可根据乘车者的身份合理安排座次。

在上车前应当清点行李，向来宾确认行李件数，以避免忙中出错。如果到达目的地后才发现少了行李，不但找起来麻烦，且找到的可能性不大，将会极大地影响来宾情绪和与会的兴致。

（三）安排会议礼仪服务的要求

1. 突出重点

会议举行期间，一般应安排专人在会场内外负责迎送、引导、陪同到会的领导和嘉宾。对老、弱、病、残、孕者，少数民族人士、宗教界人士、港澳台同胞、海外华人和外国人，往往还须重点考虑。

2. 尽量满足合理要求

对于与会者的正当要求应尽量予以满足，但也不能有求必应，应量力而行，周到热情。

3. 从小处入手，注重细节

在会议接站、签到、食宿安排方面都要注重礼仪的细节。如接站时，在征得与会者的同意后，主动帮助他们提拿重物；在签到时，主动向与会者问候；在斟酒上菜时，注意位置等。

九、检查会议常用视听设备

（一）会议常用视听设备的选用

目前，几乎所有类型的会议都会使用一定的视听设备来辅助演讲、代替现场发言、进行娱乐活动等。音响手段与视觉手段可以分开单独使用，也可以合在一起使用。一般人们所说的视听手段是对二者的统称，没有进行具体区别。

在商务会议中常用的设备类型有幻灯机、投影仪、投影屏幕、录像机、数据监视器、灯光设备、摄像机、音响设备和其他设备等。

对于会议使用的音响、照明、通信、录音、录像、通风等设备，应设专人操作与维护，其目的是避免会场上出现不必要的尴尬场面。比如，麦克风要选择最佳位置摆放，如果讲话人多，则应多摆放几组话筒，以免来回挪动。又如，盛夏开会，空调、通风等设备要给以特别的注意，既不能温度过低，使年长的与会人员身体不适；也不能温度过高，使会场中酷热难耐。

小案例

某新产品发布会上，经理正在用投影仪介绍产品，突然投影仪失灵，服务人员马上过去修理，但半小时都没有修好，经理只好不用投影仪，效果非常不理想。其间，由于专业化内容多，不易理解，有的听众离开了会场，致使会议无法达到预期目的。

分析：这个案例说明了会议视听设备的重要性，秘书应在会前准备好发言人所需的各种设备，试用试听，确保设备能正常使用。

（二）检查会议常用视听设备的工作程序

为了会议的正常进行，应该在会议正式开始之前对这些视听设备进行全面检查，使用结束后还应该进行良好的维护，这能够使设备在使用过程中避免出现一些不必要的故障，进而造成不良后果和影响。

1. 确定工作人员的职责

由于视听设备比较昂贵，因此有必要派专人负责设备的使用和安全工作，包括登记设备的出入、正确操作设备以及在会议前后保证设备在会场中的安全。这些工作人员日常例行维护的工作范围是：视听设备使用前检查全部电源，将需要用到的耗材准备好，认真填写设备使用操作记录，操作过程中出现异常现象时，要做详细记录，并及时进行维修。

2. 预演和检查会场视听设备

不论视听设备是由谁提供的，在临近会议开始前对设备的工作状况的测试总是有必要的。如果可能的话，应该在测试结束后对设备做一些标志，以免使用的时候拿错。尽管大多数发言人不需要或不要求进行预演，但是大会的承办者还是应在会议正式开始之前测试设备的使用情况，并熟悉会场。在需要使用视听设备的会议之前，有必要对灯光调整和幻灯片放映等进行预演，以确保相关人员清楚地知道操作的过程。通过预演，可能会发现有些幻灯片需要重新制作或完善，或者讲台、灯光、投影仪等需要重新布置等问题。

（三）检查会议常用视听设备的注意事项

1）会议承办者应在会前向设备供应商明确询问具体的解决程序。如果租赁的设备比较多，要提前向租赁公司问清其免费提供各种服务的范围和联系方式。

2）在会议召开前由专门人员负责检查所有设备。

3）会议检查人员应该有一个可以请求紧急帮助的电话号码，以便与相关部门进行联络。如果会议过程中出现了一处或几处紧急情况，可以判断首先处理哪里的问题。

4）有些设备故障（如灯泡报废等）可以由会议工作人员自行处理，因此，在可能的情况下，应该在会场准备一些备用的设备。无论问题多么简单，都不应该让与会者和发言人动手参与紧急维修。

5）发现设备故障要及时请有关的公司和专业服务机构派人修理。

6）有些设备在出现故障时最好更换新的设备，等到会议结束后再进行修理。

（四）远程会议视听设备的检查

远程会议视听设备要求较高，要保证既能将主会场的画面和声音传给各分会场，又能把各分会场的信息反馈给主会场。会场内可以配备联网计算机，以便同时传送文件。场内会议设备要落实专业技术人员调试、检测。会议期间要有值班维修制度，及时解决技术上的故障，确保会议顺利进行。对于某些交通状况不好，特别是地处山区、边疆的会议，远程会议将带来极大的方便。在一些紧急场合，如救灾、防汛、战地会议等，采用远程会议系统能帮助与会者及时、正确地做出决策（见图 9-12）。

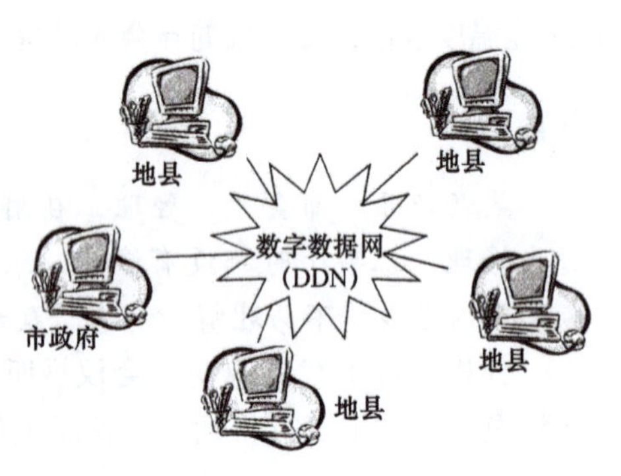

图 9-12　某市网络视频会议模式

大部分视听设备的操作温度在 0 ～ 40℃，极端的温度会给设备的使用带来很大的影响。因此，移动设备时不要将其直接放在温度过高的地方，例如，被太阳晒得炙热的汽车里。

任务实施

任务回顾：会议组织负责人受到批评的原因是什么？

会议组织负责人受到批评的原因是他对待工作不够认真负责，事前没有仔细核对方案内容，导致在大型会议上落项。他应在会前认真审核会议方案，将方案中的事项一一落实，尤其是领导的意见不能忽视。如有条件，还应按方案预演一遍会议程序，以便心中有数、遇事不慌。

技能训练

一、阅读以下案例并回答问题。

×× 公司准备在本市的 ×× 大厦召开大型的新产品订货会，参加订货会的有本单位、外单位的人员。总经理让秘书部门负责安排，门口要放置充气拱门。租借充气拱门的任务交给了总经理秘书刘丽。会议召开的时间是 8 月 9 日上午 10:00，刘丽打电话给租赁公司，要求租赁公司在 9 日上午 9:30 之前把拱门充好，并放好宣传标语条幅。

9 日上午，会议开幕前，×× 公司的秘书们正在紧张地做着最后的准备工作。刘丽一看表，已经 9:20 了，充气拱门还没有送到。刘丽马上打电话去问，对方回答已送出。眼看着各地来宾已陆续进场，刘丽心急如焚。

思考题：

1. 假如你是刘丽，如何应对这种情况？

2. 召开大型会议前各种准备工作，包括充气拱门，应提前多久安排？

二、××公司为了开拓夏季服装市场，拟召开一个服装展示会，推出一批夏季新款时装。请你拟定一个会议策划预案。

三、阅读以下案例并回答问题。

某单位欲召开50人规模的会议，会期为2天，地点为××宾馆，会场租赁费一天800元。参加人员为各部门负责人40人，秘书及工作人员10人。交通补助费人均80元，住宿补助费每天人均100元，伙食补助费每天人均20元，材料打印费等共计200元。

请计算此次会议的成本。

四、阅读以下案例并回答问题。

××显示器有限公司是我国主要的计算机显示器生产厂商之一，2022年实现销售额8亿元，产品30%出口海外，并不断保持产量连年递增的势头，显示器年生产能力达到了100万台。产量增加了，销售必须跟进。该公司在全国设有300多个代理商，为了让代理商更多地了解公司的发展，同时展示其即将推向市场的新产品的优势及性能，研究如何扩大产品销售等问题，公司领导决定8月8—10日在××市召开一次全国代理商会议。根据公司领导的意见，张副经理立即从各部门抽调了10位同志成立了大会筹备处，并召开了会务工作会议，对会议准备工作进行了部署和分工。

任务：根据会议的规模、层次和主题，会议筹备处应具体划分哪几个小组来展开准备工作？

任务二　会中服务

学习目标

知识目标

1. 了解会议值班要求，掌握接待采访会议的新闻媒体的技巧
2. 掌握会议记录要领，以及有效收集与会人员对会议的意见和建议的方法

能力目标

1. 能安排会议值班，能接待新闻媒体
2. 能进行会议记录，能收集与会人员对会议的意见和建议

素养目标

1. 具备良好的秘书职业素养，能有条不紊地安排好所有事务
2. 树立秘书职业意识，具有良好的新闻素养、写作素养、沟通技巧与保密意识

任务描述

××公司要召开股东代表大会，总公司办公室的人手不够，从业务部和分公司抽调一

些人做会务工作。第二分公司的周秘书是“笔杆子”，颇想借此机会展露一下自己的才华，主动请求为大会写工作报告。然而，会务组最后确定他的工作是做会议记录。周秘书认为自己大材小用了。

于是，在做这些“小事”时，周秘书并没有认真听取与会者发言，思想总是在开小差，一会儿回忆着昨晚电影的精彩片断，一会儿又想着会后约朋友一起吃饭、逛街。这样一来，与会者发言、会上决议，周秘书就听得零零散散，不成系统，自然会议记录也记得乱七八糟、错漏百出。

后来，办公室吴主任检查会议记录情况，发现周秘书的会议记录字迹潦草、内容不完整，甚至有些内容是乱编乱写，极为不妥。于是，吴主任严厉批评了周秘书，并在讲评会上强调了会务工作要细致认真。这下周秘书可有些受不了，借故调回到分公司了。

周秘书错在哪里？

任务分析

会议记录要完整、清晰、有条理，作为会后工作的依据，也便于后期的文件整理和归档。显然，周秘书要想成为一位优秀的秘书，首先要学会做好会议记录。

理论知识

一、会议值班工作

（一）会议值班工作的内容和意义

1. 会议值班工作的内容

值班工作是保证组织及时获得准确的信息、进行正确决策以及出于安全防范的需要而开展的经常性工作。各个组织的值班工作内容具有不同的侧重点。总体来说，值班人员应做好以下三项记录：

（1）值班电话记录。这主要包括来电时间、来电单位、来电人员姓名、来电内容。

（2）值班接待记录。这主要记录来访人员的姓名、单位、来访事由、联系方式等内容。

（3）值班日志。这主要是对外来的信函、电报、反映情况和外来的电话等进行认真登记，使接班人员保持工作的连续性。

除此之外，值班人员还应做好信息传递工作，及时将重要或需要紧急处理的信息向有关人员通报。

2. 会议值班工作的意义

会议值班工作起着沟通上下、联系内外、协调左右的作用，起着保证上级重要指示、会议精神及时传达和会议发生的重大紧急事情及时处理，保证会议顺利进行的作用。从一定程度上说，值班工作质量也代表了会议的工作质量，值班工作的好坏直接反映和影响会议主办方的工作效率。

小案例

××公司正在召开新产品质量鉴定会，会务秘书黄利正在会务组值班室值班，这时进来一位西装革履的先生，声称有急事要找一位鉴定专家，黄利便让他自己到会场去找。这时，一位工作人员匆匆跑来，告诉她会场的电源插口出了问题，让她快找公司的电工师傅，黄利说："今天是周六，我哪知道他在哪里啊？"于是，她便不再管。过了一会儿，她看了看表，快下午5:00了，估计不会再有什么事，便离开公司下班了。

分析：会议的值班工作是一项重要且严肃的工作，值班人员要以认真负责的态度做好工作，不能脱岗，不能推诿责任。会场的情况复杂，在不能确定对方身份的时候，是不可以让对方随便走动的，应主动为对方联络相关人员；会场电源插口出了问题，同样是会务工作的一部分，值班时，手边要有相关的人员通信录，要积极主动为对方排查并解决问题；值班期间不能随意离岗，应与下一位值班员交接工作后方可离开。

（二）值班工作程序

1. 制定值班工作制度

值班工作的职责范围可以宽，也可以窄，值班人员可以轮流和交换，但值班工作从不能间断，必须保持连续性。在值班工作中，值班人员有时可能接受、传达上级机关、单位领导的指示，可能处理会议的突发性事件，要完成领导临时交办的事项，这些工作的具体内容和时间一般都是事先不知道或需要应急处理的。要完成好值班任务，除了要求值班工作人员有较好的素质，建立健全各项规章制度也必不可少。

（1）信息处理制度。这主要包括对各种渠道传递来的信息基本处理程序，会议值班员如何记录、登记，哪一类信息应报哪一级领导等。

（2）岗位责任制度。应制定值班人员必须坚守的制度。

（3）交接班制度。会议值班应坚持交接班制度，由前一班的值班员将所接收的信息及处理情况逐一交代给下一班值班员。对一些尚未办完的事项更要详细讲明处理情况，以便保证工作内容不断线。

2. 明确值班工作任务

会议期间值班人员的主要工作任务如下：

1）在会议中协助收集有关情况、文件和资料，传递各种信息。

2）要加强会场控制，特别是新产品鉴定会等保密性较强的会议更不能让外人随意进出。

3）手边要有公司和各部门领导的联络方式，以便出了问题及时与之联络、请示。

4）要备有一份设备维修人员、车队调度人员和食宿等后勤服务部门主管人员的电话通信录。

5）要坚守岗位，人不离岗，保证会议信息的畅通无阻。

6）必要时，要负责督导和协助专职会议服务人员，为与会者做好各项具体的服务。

7）做好会议期间各项活动与各种问题的协调工作。

8）必要时，应建立主管领导带班制度。

小案例

某公司决定于某月某日召开一次重要会议，公司主要领导要求公司的程经理一定要参加。交办此事的一位办公室负责人还特别交代，要提前发通知，以便于程经理预先安排工作。值班人员马上将开会的时间、地点、内容、要求通知到程经理的秘书，并要他及时向上汇报。但到开会的前一天，程经理有事与主要领导通电话才获悉此事。电话中程经理说："没有接到通知，我已经安排明天有几十个人参加的会，怎么办？"那位主要领导马上找通知的值班室查问。经查实，某月某日某时已通知到程经理的秘书。为什么会出现这个问题？关键在哪里？经过与程经理的秘书核实后，秘书承认已接到会议通知，但没有按要求立即报告，后来忘记了，造成两个会议冲突。最后，程经理服从公司的安排，取消了自己安排的会议。

分析：秘书人员作为连接领导和基层的桥梁、协调部门关系的纽带，这一客观地位决定了其工作的基本职责是服务。秘书工作以服务为主又寓于单位各项实践活动之中，服务是秘书人员的本职工作，而要做好服务，首先需要的就是责任心、细心和耐心。唯有细致周到地做好每一件事才能忙而不乱。办事情要有主次缓急之分，领导再三嘱咐要办的，属于重要的、紧急的事情，要及时办理。如果程经理的秘书能注意到这方面，立即报告，就不会出现两个会议冲突的事情。

（三）编制会议值班表

值班表是将某一时间段中已经确定的上班人员姓名清晰地记载和表明的表格，是提醒人们按照值班表的要求值班，以保证组织整体工作连续性和工作顺利完成的表格。

会议值班表编制过程是：先由主管人员就会议值班的时间和人员安排写出初步意见并绘制成表；然后将值班表报送主管领导审批，领导批准后，通知有关部门和值班人员；最后，根据实际情况调整和确认每天的值班责任人。制定详细表格，方便检查与备案。编制值班表应考虑会议值班日期、具体值班时间、值班地点、值班负责人姓名等，有时须用简明的文字标明值班工作内容。以一次会期 5 天的会议为例，可分别列出总值班表、工作记录单和工作记录簿（见表 9-6 ～表 9-8）。

表 9-6　会议值班记录表（总值班表）

项　目		周一	周二	周三	周四	周五
		月　日	月　日	月　日	月　日	月　日
值班类别	日班 8:00—17:00					
	夜班 17:00—8:00					
值班部门						

主管：　　　　　　　　　　　　　　　　　　制表：

表 9-7　值班登记表（工作记录单）

<table>
<tr><td colspan="2">值班部门</td><td></td><td>值班人数</td><td></td><td>值班负责人</td><td></td><td>值班地点</td><td></td></tr>
<tr><td colspan="2">值班人员名单</td><td colspan="7"></td></tr>
<tr><td colspan="2">当班时间</td><td colspan="7">月 日 时 分—月 日 时 分</td></tr>
<tr><td colspan="2">接班时间</td><td colspan="7">月 日 时 分</td></tr>
<tr><td colspan="2">交接情况</td><td colspan="7"></td></tr>
<tr><td rowspan="7">值班情况记录</td><td>当班执勤记录</td><td colspan="7"></td></tr>
<tr><td>来访接待及处理</td><td colspan="7"></td></tr>
<tr><td>来电内容及处理</td><td colspan="7"></td></tr>
<tr><td>人员进出记录</td><td colspan="7"></td></tr>
<tr><td>物品出入记录</td><td colspan="7"></td></tr>
<tr><td>安全消防记录</td><td colspan="7"></td></tr>
<tr><td>其他说明</td><td colspan="7"></td></tr>
<tr><td colspan="2">备注</td><td colspan="7"></td></tr>
</table>

表 9-8　值班日志表（工作记录簿）

<table>
<tr><td>时间</td><td>月 日 时 分—月 日 时 分</td><td>值班人</td><td></td></tr>
<tr><td colspan="2">记事</td><td colspan="2">待办事项</td></tr>
<tr><td colspan="2"></td><td colspan="2" rowspan="5"></td></tr>
<tr><td colspan="2"></td></tr>
<tr><td colspan="2"></td></tr>
<tr><td colspan="2"></td></tr>
<tr><td>承办事项</td><td></td></tr>
<tr><td>处理结果</td><td></td><td colspan="2"></td></tr>
</table>

二、接待采访会议的新闻媒体

（一）接待新闻媒体的基本原则和工作内容

1. 接待新闻媒体的基本原则

1）会议新闻要实事求是，报道的内容必须与会议基本内容相吻合，达到宣传会议精神的目的，以利于会议精神的执行。

2）掌握会议信息的保密度，做到内外有别。对于会议内容中涉及的机密问题，应严守保密原则，不能在报道中泄露机密。

3）报道中的重要观点和提法要经领导审定，以免造成差错或失误。

4）无论是撰写新闻报道稿，还是为新闻媒体采访报道会议情况提供服务，都要准备得全面周到、主动积极。

5）在传递的方式和内容选择上应本着对象、效果、时效、费用的原则综合考虑。

6）在会议中，秘书要随时注意收集外界舆论和新闻媒体对会议的反映信息的报道，为领导准确掌握会议的效果提供参考。

7）在会议结束后，秘书要为召开媒体沟通会提供必需的信息资料，使会议领导者能更好地向新闻媒体介绍会议情况、回答记者的提问。

2. 接待新闻媒体的工作内容

1）由会议秘书撰写新闻报道稿件，经领导者审阅后，向媒体发送。

2）在会议召开期间，邀请有关报社、电台、电视台派记者驻会随访，发布消息。

3）在会议结束时，召开记者报告会，由会议领导者直接介绍会议情况，并亲自回答记者提出的问题。

（二）接待新闻媒体的工作程序

会议过程中，会议秘书人员应该尽量为媒体人员的活动提供方便。接待采访会议的新闻媒体的程序如下：

1. 媒体人员登记

一般来说，应对参会的媒体人员与一般参会者以及工作人员进行区别。会议组织者要对他们进行登记，而且登记的地点要与一般参会者的登记地点区分开，登记时为其提供专门的工作证。有些媒体人员在会前并没有在会务组织方登记，他们可能来自一些与会议无关的机构。此时是否接待他们，应取决于会议的主办方和会议主题，一般情况下最好放宽大门，而不要约束过严。

2. 为媒体人员提供简单的会议材料

大多数媒体人员都喜欢自己决定采访哪些人，以及报道会议的哪些新闻。因此，会议组织者可以为他们安排一个介绍会，简单说明会议的整体结构，着重指出那些可能引起他们兴趣的人和事件，并向他们提供会议材料，让他们自己从全局上进行把握。

3. 安排拍照和新闻发布会等传统活动

会议组织者应该为静态拍照和动态录像准备一个专门的场地，并搭建起相应的背景，所有参与拍照的人都应该得到充分的提示。如果录像的目的是进行电视报道，会议方面应该为活动安排特定的日期，以免错过播出时间。会议秘书处还应该为摄影师提供所有参加拍摄的人员名单。

会议组织者要为新闻发布会提供应有的准备，满足部分媒体人员的要求，如将自己的录音麦克风连接在演讲台上。每个参会的媒体人员都应该事先知道发布会的日程安排，以及是否可以在会上提问等。

4. 安排媒体沟通会

媒体沟通会是一种非正式的新闻发布会，参加的媒体在发布新闻时将不直接引用被采访者的原话或者提到其姓名。媒体人员应该被明确告知该活动是不是媒体沟通会，因为有些媒体不愿意参加这样的活动。虽然媒体沟通会规定了一些限制，但是许多媒体人员还是希望参加，因为他们可以从中得到一些非常重要的信息。

（三）接待新闻媒体的注意事项

1. 妥善处理新闻媒体的负面报道

当危机来临，企业要有勇气面对危机，以负责任的态度出现在公众面前，对舆论进行疏导。正确的做法如下：

（1）快速做出反应。

（2）联合或聘请专业公关公司处理危机。

（3）让负责人出面。

（4）对未知的事实不要推测。

（5）不要隐瞒事实真相。

（6）为媒体采访敞开大门。

（7）统一口径。

（8）频繁沟通。

2. 汇总新闻媒体的各种报道

预先与要来访的媒体取得联系，力求在发稿后可以得到他们邮寄的样稿，或者在发稿后马上将报纸收集起来，或通过网络查询的方法下载相关报道以备将来查询、使用。

三、会议的记录工作和简报工作

（一）会议记录工作

1. 为会议记录做好准备工作

准备足够的中性笔、笔记本和记录用纸。准备好录音设备，补充手工记录。要备有一份议程表和其他的相关资料，在需要核对数据和事实时随时使用。

在开会之前提前到达会场，安排好进行会议记录的地方，迅速画出一幅与会人员的座位图（特别是对新任秘书的人员来说），便于识别会议上的发言者。提前参阅其他的会议记录，揣摩其行文结构、细节内容。在利用录音设备的同时，必须手工记录，这样不仅整理记录的速度快，而且可以防止设备故障而漏掉内容。

2. 会议记录的内容

（1）会议描述。这主要包括会议类型、时间、日期和地点。

（2）与会者姓名。注意领导的名次排位。

（3）记录缺席者姓名等信息。

（4）上次会议记录宣读情况。

（5）会议中产生的待定、待办、待讨论问题。

（6）一般事务——决议应包括会议上的确切措辞。

（7）其他事务——按在会上进行的顺序记录。

（8）下次会议日期。

（9）相关人名签名及会议日期。

小案例

××公司董事会会议记录

会议时间：2021 年 4 月 14 日

上午 10:00，××公司董事会例会在北京海淀××大厦公司总部会议室召开。主持人为高杰，有符合法定人数的人员参加了会议，他们是：

高杰（董事长）　刘明（副董事长）　白雪（秘书）　欧阳军（财务主管）

安慧（董事）　郭利（董事）　王龙（董事）　李忠（董事）　钱清（董事）

王龙董事、李忠董事、钱清董事为代理投票人。

记录：秘书白雪。

白雪宣读了 2021 年 3 月 10 日会议的记录，并在宣读后获得通过。

财务状况：财务主管欧阳军提出的一份财务报告显示，2021 年 2 月 28 日，公司的流动资金余额为 2 576.98 万元。财务主管的报告在宣读后获得通过。

公司其他活动报告：主管公司企划部的副总经理郭利董事报告说，公司企业策划活动的下一个项目是为××项目捐款 10 万元，这项公益活动将有助于提高企业的知名度。计划在“五一”期间举行捐款仪式，向北京市有关部门捐款。关于此事全部细节情况的材料将于 4 月 21 日发放给所有成员。

新的事项：

安慧董事提出在 5 月 14 日举行的下一次董事会例会上，公司董事会应任命一人负责公司职工艺术节（将于 8 月初举行），同时董事会还应在下次会议上为职工艺术节确定一个主题。此动议得到了郭利董事的附议并获一致通过。

休会。

已无其他问题，会议于上午 11:50 结束。

秘书（签名）　董事长（签名）

分析：会议记录是会议内容和会议进程的客观反映，是日后分析研究整理文档的重要依据。负责会议记录的秘书或负责录音、录像的人员，应事先熟悉会议议题、会议程序、发言人员名单、器材安置等情况。会议记录要求真实、准确、完整，尤其对议定意见，一定要忠实于原话。这份会议记录比较完整，条理清晰。

（二）会议记录和会议简报的工作程序

1. 会议记录

会议记录的结构是标题 + 正文 + 尾部。

（1）标题。标题有两种形式：一种是会议名称 + 文种，如“××公司第三届董事会会议记录”；另一种是文种，如“会议记录”。

（2）正文。正文包括首部、主体和结尾。

1）首部主要包括会议概况、会议名称、会议地点、会议主席（主持人）、会议列席和缺席情况、会议记录人签名等。

2）主体包括：①会议议题，如果有多个议题，可以在议题前分别加上序号；②发言人及发言内容，记录每个人的发言时都要另起一行，写明发言人的姓名，然后加上冒号；③会议决议，决议事项应分条列出，有表决程序的要记录表决的方式和结果。

3）结尾另起行，写明“散会”并注明散会时间。

（3）尾部。在右下方写明“主持人：（签字）”“记录人：（签字）”。

2. 会议简报

（1）会议简报的内容。会议简报要迅速反映会议的实际情况，交流会议的经验，沟通会议的信息。会议简报要反映出会议的新情况、新问题、新经验、新见解、新趋势，更好地对会议起到指导和沟通作用。对于会议中代表们的建议、意见，应使领导及时地掌握。

（2）会议简报的结构。会议简报的结构与其他的简报一样，分为报头、报核、报尾三个部分。

会议简报的标题应简明、准确、醒目、生动、形式灵活。单行和双行标题都可。

会议简报的导语多用叙述式和结论式。主体部分要突出会议的主要精神和会议决定，内容要单一、精练。

（三）会议记录的注意事项

1）会议记录的重点是将主要讨论的观点、决议、决定、重要的声明、修正案内容、结论一字不漏地记录下来；其他的内容可简要概括地记录，无须有言必录。

2）如果当时漏记了内容，可事先做出记号，然后对照录音修改，也可提示会议主持人请发言者重复内容或对某一术语做出简要的解释。

3）不管是谁提出了一个动议，或附议了一个动议，或提出了任何行动、意见，都应把人名记录下来。

4）可设计一张表格来记录会议上的信息。

（四）会议记录及会议简报的要求

1. 会议记录的要求

会议记录的要求归纳起来主要有三个方面：一是速度要求；二是真实性要求；三是资料性要求。

（1）速度要求。快速是对记录的基本要求。

（2）真实性要求。纪实性是会议记录的重要特征，因此确保真实就成了对记录稿的必然要求。真实性要求的具体含义是：

1）准确。不添加、不遗漏、依实而记。

2）清楚。首先，书写要清楚；其次，记录要有条理。

3）突出重点。会议记录应该突出的重点有：①会议中心议题以及围绕中心议题展开的有关活动；②会议讨论、争论的焦点及各方的主要见解；③权威人士或代表人物的言论；④会议开始时的定调性言论和结束前的总结性言论；⑤会议已决议的或议而未决的事项；⑥对会议产生较大影响的其他言论或活动。

会议记录的样式见表 9-9。

表 9-9　会议记录的样式

公司会议记录		
会议名称：		
会议时间：　年　月　日　时　分至　年　月　日　时　分		
地点：		
参加人：		
缺席情况：		
主持人：		
记录人：		
（会议进程记录，发言及决议）		
记录人（签名）：	主持人（签名）：	共　页

（3）资料性要求。会议记录是分析会议进程、研究会议议程的依据，是编写会议纪要的重要资料，还可以作为原始资料编入档案长期保存，以备需要时查阅。

2. 会议简报的要求

（1）真实准确。真实是简报的生命。会议简报所反映的会议事实不仅是千真万确的客观存在，而且其所涉及的主要情节以至每一个细节，包括具体的时间、地点、人物、数字和引语等，都要做到准确无误，绝不能凭借主观经验和良好愿望而进行粉饰和“加工”，否则就会严重影响会议简报的质量和效用。

（2）短小精悍。短小是会议简报的力量所在。会议简报应简明扼要、短小精悍，这样才能起到快速传递会议信息、交流经验的作用。如果文字冗长，就成了“通报”和“报告”，从而失去了简报的意义。

（3）快。快是简报的质量体现。会议简报是一种“快报”，因此它还具有一定的新闻性，类似于新闻报道中的“会议消息”。会议简报不求全，但求快。只有快，才能真正发挥其在实际工作中所应起到的指导性作用，否则将会失去会议简报的意义和价值。

（4）生动活泼。会议简报生动活泼，与会者爱看，而且能够获得深刻印象。要做到生动活泼，应当采用一些群众性语言，必要时还可以采用通讯的手法，进行一些具体形象的描述，做到以情动人。

小案例

××函授大学全国教学工作会议简报

第 1 期

会议秘书组 ×× 年 ×× 月 ×× 日

“函大”全国教学工作会议在京召开

经过一段时间的积极筹备，×× 函授大学全国教学工作会议于 ×× 年 ×× 月 ×× 日在北京正式召开。

参加今天会议的有××研究会的部分理事、各地辅导站代表、学员代表和校部教职员，共70余人。

今天上午和下午都召开了全体会议。

上午，校务委员会主任××同志在开幕词中讲了这次会议的宗旨。他说："我们召开这次会议，是要交流、总结各地辅导站的工作经验，研究如何提高教学质量，明确今后的办学方向，讨论执行、考试问题。希望大家畅所欲言，为'函大'开创新局面献计献策。"

紧接着，各地代表分组进行了讨论。讨论会上，××同志对如何开好这次大会，还提出了许多宝贵意见。

在下午的会上，教务长××同志结合一些辅导站的情况进一步强调，要办好面授辅导站，必须争取当地文教部门的支持，必须要有一个坚强的领导班子和高水平的教师队伍，以切实保证教学质量的稳定，以质量取信于社会，同时还必须严格财务管理制度，坚持勤俭办学的原则。

"函大"顾问、××大学教授××先生，虽已年逾80，但仍不顾气候炎热，到大会看望大家并发表了讲话。他指出，函授教育是一种很好的形式，这种形式有很多好处：一是节约人力，学员可以边工作边学习；二是费用不高，却能为国家培养出大量人才。他还指出，面授辅导要搞好，就得搞资料交流，资料要有针对性，要解决学员提出的实际问题。××先生的讲话给了与会者巨大的鼓舞，受到大家的热烈欢迎。

分析：这是一份很规范的会议简报，首先明确说明会议的时间、地点、主要内容，其次具体叙述会议中代表们的发言要点，结构清晰、一目了然。

四、收集会议信息

（一）会议信息的作用

1. 利用信息保证会议的顺利进行

会议活动的过程中，信息无时不在、无处不有。要善于把握和利用信息，完善会议的各项工作。

（1）利用信息，策划会议。商务会议的类型很多，虽然会议的内容可以不同，但同一类型会议的性质和作用有相似之处，这就使人们在策划会议的时候可以充分利用以往召开会议的有关信息，借鉴同类型会议组织和活动的一些做法，如采用类似的程序，选择以前的服务提供商，使会议策划建立在一定基础之上。但要避免脱离实际、生搬硬套以往的会议形式，要在参考以往会议信息的基础上，针对本次会议的目的与任务实事求是地做好会议策划工作。任何会议都要注意保留会议的信息资料，以便日后查考利用。

（2）利用信息，把握到会情况。与会人员的到会情况对于会议各项安排和活动十分重要，要熟悉到会情况，利用获得的到会信息，做好会议工作。通过会议签到，收集到会者人数、缺席者人数和名单，让会议主持者及时了解具体的准备情况，让会务后勤部门准确把握与会者到会情况，做好相应的安排。重要贵宾到会后，要及时报告给会议主持者，以便于沟通；要详细了解年老体弱的与会者的有关情况，在住宿、保健等方面给予必要的照顾。特别是大中型会议，到会人数多，情况复杂，必须准确把握到会情况，以便对可能发生的各种意外情况及时采取应急措施。

（3）利用信息，进行情况反馈。对与会者向会议提交的建议、议案或提案，必须及时收集、整理，慎重处理，并迅速汇总呈送给会议主持者和主席团，以便按规定的程序进行审议和处理。广泛征求与会者的意见、建议和要求，并将收集的有关情况及时进行综合处理，分类向领导汇报，以便对具体问题予以解决。

对会议决议和决定事项的督促检查和贯彻落实情况进行追踪、反馈，落实工作。检查会议精神的传达情况、执行会议精神的实际活动情况和效果等，发现问题或者发现明显效果，要及时向单位领导汇报，并采取措施解决出现的问题或推广经验。

2. 利用信息进行会议沟通

会议的过程就是沟通协调的过程，要充分利用信息，实现有效的沟通。如发出会议通知，提前让与会者和有关单位做好会议准备；与特邀领导、专家学者、知名人士等贵宾联系，邀其光临会议；收集与会者和贵宾能否出席会议的信息反馈，落实会议出席者，并根据反馈信息对各项具体事务做好安排；根据会议需要，与电视台、报刊等传播媒介联系，做好宣传准备；根据会议需要，与要视察、考察、参观的单位联系，以便具体安排有关事项。

在会期较长的会议上，要办好会议简报，作为会场信息沟通的工具和分组讨论各组间信息沟通的重要渠道，并以此作为形成会议纪要等会议文件的信息依据。

信息沟通工作十分繁杂，必须做到心中有数，件件落实。会议通知发出后，由于情况的变化使得会议不得不改期召开或更换地址时，必须及时把补充通知发送给所有与会者。沟通中出现问题，如重要与会者不能按期出席会议等情况，要及时向领导汇报；沟通中一时未能得到确定回复的，必须继续联系，直到得到确定答复为止。要准确无误地记录沟通的结果，对各方面沟通的记录进行反复检查，避免出现疏漏，及时应对情况的变化。

3. 利用信息进行催办

会议形成的文件信息是会议取得的重要成果，是会议精神贯彻落实的重要依据。利用信息加强催办，可以使领导全面了解会议精神的贯彻落实情况，了解办理过程中出现的新情况、新问题，并根据实际需要采取必要的措施，及时解决会议事项办理中遇到的困难和问题。

要根据会议文件信息内容，加强检查催办工作，使会议精神落到实处，防止有关单位或部门不重视会议交办的事项，长期拖延，甚至从自身局部利益出发，对会议交办事项采取消极态度，故意不办。

进行催办可以利用催办表。会议决议催办表、会议决议落实一览表见表 9-10 和表 9-11。

表 9-10　会议决议催办表

决议事项	办理时限	现状评估	催办原因	催办结果	确认完成时间	责任人	催办人

表 9-11　会议决议落实一览表

日期	会议名称	决议议项	决议落实情况	问题及原因	处理意见	责任人	催办人

4. 利用信息为决策服务

信息是决策的基础，决策是依靠信息来制定的。科学的决策依靠围绕决策活动的各种会议活动的信息来实现。如通过调查会、汇报会、研讨会、咨询会、论证会、决策会等会议形式，收集情况、发现问题、分析原因、确定目标、制定方案、征询意见、做出决策。因此，要广泛利用会议信息，为科学决策做好辅助和服务，为领导决策提供依据。

5. 利用信息为商务活动服务

会议信息是推动商务活动的重要基础。商务活动经常通过举行会议来传达决策意图、布置落实任务、统一思想、协调各种关系、督促检查工作、总结交流经验、表彰先进，从而推动商务活动工作有序进行。商务会议形成的信息是商务活动客观情况原始真实的反映，是日后商务活动查考的重要凭证，对研究分析问题具有不可替代的参考价值。利用这些会议信息为商务活动服务，必将促进商务活动的进行。

6. 利用信息进行宣传

会议信息不仅是历史凭证，而且是进行宣传的重要素材。

1）为了宣传会议的精神，可以利用会议形成的信息，通过内部的广播、有线电视、内部计算机网络、简报、内部刊物等载体进行广泛宣传。

2）为了推动会议精神的贯彻落实，对于会议中形成的有关决议和方针，也可通过传播媒介进行广泛宣传，使会议精神深入人心。

3）为了扩大会议的影响，要向采访记者或新闻单位提供充分的会议信息，通过报纸、广播、电视等媒介进行宣传和报道。

（二）会议信息的分类

1. 按照会议信息的作用划分

（1）与会者信息。与会者是根据会议的目的、性质、议题以及议事规则确定的，是会议活动的主体，是会议活动成功与否的重要因素。与会者的有关信息可以方便会议的沟通协调，有利于顺利实现会议的目标。

1）与会者的基本情况信息。这包括与会者的国别、地区、所代表的组织机构、人数、姓名、性别、年龄、身份、职务、民族、宗教信仰、生活习俗、健康状况等信息。收集与会者基本情况信息的途径与方法主要是汇总回执和报名表。根据会议通知回执或报名表可以了解和掌握与会者的基本情况，并通过汇总大致统计出有关信息。

2）与会者的背景信息。这包括与会者的与会目的与意图、过去参加会议的情况、过去和现在的立场与态度及其他背景材料。这些信息决定与会者在会议期间的观点和态度，会务工作人员应当通过各种途径和渠道了解和掌握，以便有针对性地做好接待工作，确保会议期间的有效交流。

3）与会者的抵离信息。要准确掌握与会者抵达和离开的时间和交通工具，以便安排人员和车辆到机场、码头、车站迎接和送别。

（2）会议指导性、宣传性信息。

1）指导性信息。它是指对制定会议的目标和议题并开好会议具有指导意义的信息。例如，有关的方针政策，有关的法律、规章；上级单位的工作部署性文件和有关要求。这些信息能正确指引会议的方向，明确会议的主题，因而具有极其重要的作用。

2）宣传性信息。它是指传达会议情况、宣传会议精神、扩大会议影响力的文件信息，包括会议纪要、会议公报、会议简报、会议消息以及配合会议宣传的广告、招贴等。

（3）会议议题性信息。它是指需要列入会议议程，进行讨论、研究并解决的问题和工作的文件信息。会议议题性信息有工作规划、计划、报告、预算决算、各项决议的草案。秘书收集这类信息并及时向领导传递，有助于领导制定切合实际的会议议题和议程，从而使会议的目的更具有针对性和现实意义。

（4）会议主题内容信息。它是指在会议期间围绕会议目标和任务形成的文件信息，是会议的中心文件，包括开幕词、闭幕词、讲话稿、代表发言材料、经验介绍材料、专题报告、会议总结报告等。

（5）记录性、结果性文件信息。

1）记录性文件信息。它是指在会议过程中记载会议情况和进程的文件信息，如会议记录、会谈记录、会见记录等。

2）结果性文件信息。它是指经过谈判、协商、审议、表决、签署而形成的会议文件信息，是记载会议结果的书面文件。这类文件体现了会议活动的最终成果，又称最后文件，包括各种决议、决定、纪要、公报、合同、协议、条约、协定、备忘录、声明、宣言、计划、纲领等。

（6）会议程序性文件信息。它是指为规范会议成员的行为、保障会议活动有序进行而形成的文件信息，包括议事规则、会议议程与日程安排表、会议时间安排表、选举程序及表决程序安排表等。

（7）会议交流性文件信息。会议交流性文件信息主要形成于总结性、交流性、研讨性会议，在会议中发挥宣传交流作用，包括事迹报告、经验介绍、学术论文、会议简报。事迹报告、经验介绍和学术论文一般由与会者或与会单位撰写提供，由会议组织者根据会议目的和主题进行筛选、修改、核查，确定在会议上进行交流的信息。会议简报则由会议秘书编印发。

（8）会议参考性信息。它是指围绕会议议题和议程所收集的背景性、资料性信息，包括下级单位、人民群众、社会的舆论，围绕即将召开会议所形成的意见、建议、要求以及动向，国内外同行的经验和教训，帮助说明和阐述会议文件的有关资料等，如调查报告、可行性分析报告、统计报表、技术图纸或图表、典型材料、有关参考文书。

会议参考性信息有助于会议领导和与会者全面掌握情况、开拓思路，为形成正确的决定和决议提供可靠的依据。

（9）会议管理性信息。它是指对会议活动进行有效管理的文件信息，包括会议通知、会议须知、出席证件、作息安排表及保密规定、会议主席团名单、委员会名单、与会人员名单、票证、签到簿、文件清退表等。

及时准确收集会议管理方面的信息，对于搞好会议的筹备工作意义重大。如要做好会议的接待工作，就必须收集与会者的情况；要做好会议宣传工作，就要事先掌握前来采访会议的媒体和记者的情况。

2. 按照会议信息的保密性划分

（1）保密性会议信息。保密性会议信息是在内容上涉及商业秘密、暂时不宜公开的文件信息。在商务会议活动中形成的涉及商业秘密的会议文件一旦泄露，会给有关的企业、组织的利益造成一定程度的损害。对此类信息要采取一定的保密措施，控制或限定使用范围，确保安全。

（2）内部性会议信息。它是指内容涉及会议的主办单位和与会单位内部的事项，或者涉及正在酝酿而尚未决定的事项，暂时不宜对外公开，只能在会议内部传达、阅读和使用的会议文件信息。对于内部性会议信息，应加强保管措施，确保信息不失密、不泄密。

（3）公开性会议信息。它是指不涉及任何商务活动秘密和组织内部事项，无须采取保密措施的会议文件信息，如在会议上通过的决定、决议、规章等。这类会议文件信息可以通过新闻媒介或以张贴方式公开发布。

3. 按照会议信息的传递方式划分

（1）会议讲话信息。它是指由与会者以个人、集体的名义或代表一定的组织在会议上进行口头宣读的信息，如开幕词、闭幕词、祝贺词、欢迎词、祝酒词、工作报告、发言稿等。

由于会议活动主要以口头表达作为交流方式，因此，会议讲话文件信息往往是会议文件的主体部分。

（2）会议书面信息。它是指只以书面形式交流、不做口头发言的会议信息。有些会议因时间有限，与会者可以用书面形式代替口头发言。

（3）会议声像信息。它是指将讲话事先制成录音或录像，然后在会议上播放的信息。随着会议传播信息技术的不断提高，声像信息的形成越来越多。

（三）收集会议信息的要求

会议信息是企业会议活动的客观反映，会议信息收集是会议信息利用的基础。收集会议信息的质量高低、数量多少，直接影响和决定整个会议信息工作的效果。秘书要对会议文件进行及时收集，回收不宜扩散和保密的文件，防止泄密，为会议文件信息的归档做准备。信息收集是信息工作的基础。会议信息收集过程实际上是深入会议活动、了解会议情况、掌握会议信息的过程。齐全、及时、准确、有效是会议信息收集的基本要求。

1. 齐全

为了使会议信息能够全面反映会议活动的真实面貌，提高日后查考利用价值，必须将有保存价值的会议信息收集齐全，为归档奠定基础，使会议信息充分发挥应有作用。

2. 及时

收集会议文件要迅速、快捷，讲求时效，不得延误，以免造成文件的遗失，降低或失去会议信息的使用价值。由于会议活动有明显的时限性，而大量的文件又分散在与会者、会议领导者以及有关会议工作人员手中，如不及时收集，会给收集工作带来许多不便和麻烦，甚至会导致收集不全，影响归档工作以及会议信息的参考价值。对于秘密文件来说，收集清退不及时，容易造成文件内容扩散、会议机密泄露。可见，及时收集会议文件信息对于做好归档工作和加强会议保密都是十分重要的。

3. 准确

准确是信息的生命。信息要准确才能有用，因为错误的信息不仅会产生交流障碍，还可能会产生反作用。在收集信息时，要坚持实事求是的原则，确保收集的信息真实、客观地反映会议活动的真实面貌。

4. 有效

会议信息收集是为企业经营和管理活动服务的。为保证信息收集的数量和质量，必须采取有效的措施，促使会议信息收集达到良好的效果。

（1）责任到人。会议文件信息收集的责任要落实到人，做到职责清楚、分工明确。

（2）履行登记。收集文件应当与分发文件一样，履行严格的登记手续，认真检查文件是否有缺件、缺页、缺损的情况，如发现类似情况，应尽快采取补救措施。

（3）严格保密。注意做好保密文件的收集工作，做到不失密、不泄密。保密文件要按会议文件的清退目录和发文登记簿逐人、逐件、逐项检查核对。

（4）明确范围。统一制发收集文件目录，分清收集文件和不收集文件的范围，避免只要求部分与会者退回文件而造成误会。

（5）有针对性。要明确信息的用途、服务对象，有针对性地收集信息。对本单位的情况和工作有较全面的了解。在确定召开会议之后，有针对性地收集一段时间以来各方面的事务和工作的进展情况，例如，有哪些成绩、经验，出现了哪些问题，哪些问题有相当的普遍性，哪些问题亟须研究解决。通过广泛、深入、细致的了解，对这些问题进行梳理，从中列出最需交付会议讨论的议题，供领导参考和决定。

（四）提供会议信息服务

通过各种有效的方式和方法，将收集、处理、存储的会议信息资源提供给商务活动使用，以满足利用者的信息需求，发挥信息的效用，促进商务活动效率的提高。会议活动的始终都会形成和利用信息，要围绕会议中心任务，充分开发、利用信息，主动服务，提高会议工作水平。

（五）会议信息工作程序

1. 收集会议信息的程序

（1）确定会议信息的收集范围。凡是在会议活动中形成和使用的有参考价值的文字、图像、声音以及其他各种形式的信息记录都属于收集范围，包括会前、会中和会后产生的所有文件材料。具体来讲，要收集的会议文件信息主要有：①有关会议立项方面的文件、关于召开会议的请示、关于召开会议的批复；②有关会议筹备工作的文件、会议预案、会议策划书、会议通知；③有关会议内容的文件、议程、讨论提纲、各种报告和发言材料、会议记录、议案、决定、决议；④有关会议宣传报道的文件、会议宣传提纲、新闻发布会上的介绍材料、新闻发布会稿件（包括报刊上刊登的新闻版面）、会议简报；⑤有关会议管理与服务方面的文件、各种名单、票证、报告簿册、会议总结、不同载体的信息材料；⑥有关会议活动的照片、录音和视频资料；⑦记载会议信息的U盘、光盘；⑧各种形式的文件材料、会议文件的定稿、会议通过的正式文件及其附件、会议所有正式语言书写或翻译的文本、重要文件的草稿、讨论稿、送审稿、草案、修正草案。

（2）选择会议信息的收集渠道。会议信息的来源广泛、内容丰富，在会议策划、立项、实施、总结的各个工作环节都会产生信息。要通过各种渠道，运用适宜的信息收集方法，获得全面、准确的商务会议信息。

会议信息收集的主要渠道包括：①向全体与会人员收集文件；②向会议的领导人、召集人和发言人收集文件；③向有关的工作人员收集文件，如会议的记录人员、文书起草人员；④收集各种会议记录，如主席团会议记录、主持人会议记录、分组会议记录；⑤召集各团组联络员碰头会，汇总情况；⑥收集代表的提案、发言稿和书面建议等。

（3）确定收集会议信息的方法。

1）召集开会。召集能够提供信息的人开会，是收集信息的一种有效的方法。

2）提供书面材料。请信息提供者用书面的方式将信息进行传递。如果有必要让其他人了解有关信息，可将信息复印，然后分发出去。

3）个别约见。通过个别约见有关人士，当面向他们收集信息。

4）会议结束时及时收集。一般小型内部会议，由于参加会议的人数较少，人员又比较熟悉，可以由会议领导在会议结束时，要求与会者将需要收集的文件当场留下，由秘书人员统一收集，也可由秘书人员在会场门口随时收集。

5）个别催退。对个别领取会议文件后未到会或提前离会的人员，及时采取个别催退的方法。

6）按清退目录收集。大中型会议文件的收集可事先印发会议文件清退目录，要求每位与会者在会议结束时，根据目录整理好要清退的文件，统一交至会议秘书处，或由各组秘书收齐后交给秘书处。

7）限时交退。收集会议工作人员手中的文件，可采取下发会议文件收集目录的方法限时交退。

2. 处理会议信息的程序

参见项目七信息工作中的任务二“信息的收集”，任务三“信息的整理、传递”与任务四“信息的校核、开发、利用、储存”。

五、反馈会议信息

（一）反馈会议信息的内容及要求

1. 反馈会议信息的内容

（1）反馈会前信息。在会议召开之前，秘书人员要及时反馈会议的策划、宣传、筹备和组织方面的信息，以便及时掌握会议的进展情况，了解与会者的态度和会议组织在人、财、物等方面的问题和实施状况。

（2）反馈会中信息。在会议的召开过程中，通过召开联络员会议、阅读各种会议记录和会议简报，以及与参会人员座谈交流，及时捕捉会议过程中的动向，使会议的目标能够如期完成。

（3）反馈会后传达落实的情况。会后对会议精神的传达和落实是会议工作产生实效的关键所在。可以通过座谈会、电话和问卷等形式对会后精神的落实情况进行全面的反馈，并在此基础上进行修正。

2. 反馈会议信息的要求

1）会议的信息反馈要注意点面结合，正负反馈结合，不仅要看到成就，更要收集会议未能有效解决的问题和议而未决的事项。

2）会议信息反馈的目的要明确，要看服务对象。会议信息反馈是给领导做参考还是给下属做指导，或是转给相关部门的建议与意见，由于反馈对象不同，所给出的信息也会有所区别。

3）充分重视会议的反馈信息沟通，正负反馈都要力求做到适时、适量、适度。

小案例

××公司在2022年年末召开了改革企业管理制度新春座谈会，会上各个部门的职工代表就如何改革现有的企业管理制度纷纷献计献策，公司总经理在做会议总结之前，让秘书许茹收集会议各方面的信息资料。许茹从简报、会议记录和群众来信中收集了一些资料，但总经理认为她没有能够提供一些负反馈的信息，希望她能改进这方面的工作。

分析：秘书许茹在掌握会议反馈、信息收集途径的方面不够全面，因此所收集的信息量不够。许茹应扩大自己收集信息的渠道，以客观的态度收集正面与负面信息，掌握更多的收集方法。

（二）反馈会议信息的工作程序

1. 布置会议信息收集工作

在会议的筹备之初，就要对会议的有关工作人员进行会议反馈信息的布置，并建立起有效的沟通渠道。

2. 会议信息收集渠道的选择和建设

由于会议信息内容和载体的多样性，应通过组织渠道、人际渠道建立一个广泛的收集网络，同时根据会议内容与特点选择主要渠道。

3. 建立定期的会议信息反馈制度

定期会议信息反馈，是指重视会议信息的时效性，确定会议信息的反馈周期和时限。

4. 做好会议信息的反馈汇报工作

会议信息的汇报工作是指对会议的精神和决定的执行情况要定期以书面和口头的形式向领导汇报，并听取领导指示。

5. 抓好会议反馈信息的落实工作

会议反馈信息的落实工作是指根据向领导汇报和向有关部门反馈的结果，对下一步执行和修正情况的跟踪与落实。

（三）反馈会议信息的方式

1. 口头反馈

口头反馈是指信息的接收者用口头语言将反馈信息传达给信息的发出者，这种反馈方式多用于距离较短的信息反馈。

2. 书面反馈

反馈可以用书面形式，这样比较正式，使反馈的内容有据可查（见表 9-12）。

3. 会议反馈

会议反馈即采用反馈会、传达会、座谈会的形式，将会议的信息反馈给参加者。

表 9-12　会议反馈表

姓名:		性别:
工作单位:		
联系地址:		邮编:
电话:	传真:	电子邮件:
职位:		单位性质:
您认为本次会议的亮点是什么?		
您对本次会议的评价: □很好　□良好　□普通　□较差　□差		
您认为会议的节奏: □很好　□良好　□普通　□有待改进　□差		
您认为需要改进的地方:		
您的整体满意度:		

（四）反馈会议信息的注意事项

1. 会议信息的反馈时机

（1）在会议工作进展顺利时反馈。在此时反馈，有利于鼓舞士气、营造良好的氛围，并可通过负反馈信息，帮助组织者保持清醒的头脑。

（2）在会议工作出现问题时反馈。在此时反馈，可以帮助人们及时发现问题、解决问题，使各种漏洞能够及时得到补救。

（3）在会议工作处于停滞时反馈。这种反馈有助于通过目前的状况，寻找会议工作下一阶段的突破口，发现会议组织过程中存在的隐患，及时制定预防措施。

2. 选择会议信息的反馈形式

（1）正面指导反馈。正面指导反馈是积极的反馈，是一种正面的强化指导，即一般意义上的表扬。

（2）建设性反馈。建设性反馈是一种劝告指导，即一般意义上的批评。批评要注意方式，既要达到反馈的目的，又不能伤害别人的自尊。

任务实施

任务回顾：周秘书错在哪里？

周秘书错在工作态度不端正。在会议中，他认为自己大材小用了，对待工作敷衍随性、眼高手低，导致会议记录错漏百出，给后期工作带来了不必要的麻烦。

技能训练

一、针对近期班级召开的一次共青团活动主题会议，做好会议记录。

二、阅读案例，回答问题。

××市商业糖酒批发公司是一家股份制企业，公司经济实力雄厚，主营糖、酒、副食品、非酒精饮料、滋补品、粮油及制品、食用香精及添加剂，兼营日用百货、针纺织品、文化用品、五金、交电等。公司营销方式以调拨、批发为主，辅以零售、代购、代销，薄利多销为该公司的一大特色。

该公司目前已与国内150多家厂商建立了直接的业务关系，以互惠互利为合作之本。各厂商通过商业糖酒批发公司反馈的信息，在管理和经营上都获益匪浅；而商业糖酒批发公司也得到了更多的信赖，相互合作更加紧密。

适逢××市商业糖酒批发公司投资兴建的商业大厦竣工暨商场开业，为进一步加强工商合作，××市商业糖酒批发公司决定召开商品供货商业务恳谈会，邀请年供货1 000万元以上的30家企业老总莅临××市共谋发展，同时为××市商业大厦商场开业剪彩。剪彩后，30家厂商的老总还将举行购物签名活动。

在公司办公室主任夏雨的精心准备下，上午的业务恳谈会议在友好热情的气氛中开始。

由于大家相互间都很熟悉，又有一段时间没有见面，因此会议开始后，很长一段时间大家都在相互问好，谈论对近期国家大事的看法，期间还有很多人接电话。作为会议召集人的夏雨，很想控制会议的进程，但她不知道怎样说。

事后，公司老总批评了办公室主任夏雨，认为本次会议没有达到预期的效果。

请问：夏雨错在哪？

三、阅读案例，回答问题。

××企业家协会举办了“××公司融资操作研讨会”，此次会议邀请了国内一批顶尖的经济学家、管理学家到场发表演说，各大媒体闻风而动，齐聚会场。秘书邓林负责会议的信息宣传工作。当许多记者向她索要新闻稿、宣传资料、专家讲座大纲时，她因事先对情况估计不足，无法满足对方的要求；协会领导向她询问各大媒体对会议的报道情况时，她也没有做好剪报集、留齐各种资料（文字资料、音像资料、图片资料等），无法为领导提供适用的信息。

请问：邓林为何没有使会议期间的信息工作收到应有的成效呢？

任务三　会后落实

学习目标

知识目标

1. 掌握会议文件的收集整理、立卷归档的程序与技巧
2. 掌握会议纪要的整理印发、会议经费结算的要领
3. 明确会议决定事项催办的方法和技巧

能力目标

1. 能收集整理会议文件，做好立卷归档工作
2. 能整理印发会议纪要，做好会议经费结算工作
3. 能及时对会议决定事项进行检查催办

素养目标

1. 明确秘书要工作严谨、认真负责
2. 具备秘书职业素养：具有文字写作能力、沟通协调能力与合作能力

任务描述

某公司日常管理比较混乱，张秘书没有将公司会议记录立卷归档，经常发生找不到会议文件资料的情况。一次，公司与合作方经过几次协商，双方签署了一个项目的合作意向。不久，双方约定再次商谈并签订正式文本。然而，当需要签署的意向书时，张秘书在自己所保存的文件中无论如何也找不到了。当合作方听说此事后，中止了与该公司的合作。

合作方为什么中止了与该公司的合作?

任务分析

一家公司的工作作风会直接影响其工作效率，优良的工作作风一定是严谨认真、系统条理的。显然，该公司要想谋求长远发展，首先要从其会议文件归档工作开始做起。

理论知识

一、会议文件收集整理

（一）会议文件收集整理的要求和内容

1. 会议文件收集整理的要求

（1）确定会议文件的收集范围。会前分发的保密文件要按会议文件的清退目录和发文登记簿逐人、逐件、逐项检查核对，以杜绝保密文件清退的死角。

（2）收集会议文件要及时，确保文件在与会人员离会之前全部收集齐全。

（3）选择收集文件的渠道，运用收集文件的不同方法。

（4）与分发文件一样，收集会议文件也要履行严格的登记手续。认真检查文件是否有缺件、缺页、缺损的情况，及时采取措施补救毁损的文件。

（5）收集整理过程中要注意保密。

2. 会议文件收集整理的内容

（1）会前准备并分发的文件。它包括指导性文件、审议表决性文件、宣传交流性文件、参考说明性文件、会务管理性文件。

（2）会议期间产生的文件。它包括决定、决议、议案、提案、会议记录、会议简报等。

（3）会后产生的文件。它包括会议纪要、传达提纲、会议新闻报道等。

（二）会议文件立卷归档

会议文件立卷归档是指会议结束后依据会议文件的内在联系加以整理，分门别类地组成

一个或一套案卷，归入档案。这是将现行会议文件转化为档案的重要步骤，是档案工作的基础。

1. 会议文件立卷归档的意义

在会议文件完成现行使命，即它们被阅办讨论之后，由于它们记载了公司的工作活动，在此后的工作实践中可能需要经常找出来进行对照和参考，因而具有查考作用。这说明会议文件具有史料性特点，有立卷归档的必要性。同时，为了便于管理和查找档案，也要求会议文件先立卷后进入档案保管。搞好会议文件的立卷归档工作，对于科学保管和方便利用档案具有重要意义，主要有以下四点：

（1）保持会议文件之间的历史联系，便于查找利用。公司的日常会议过程中讨论和形成的文件种类、数量繁多，每份文件都有特定的使命和作用。在同一个会议中，必然要涉及和形成许多文件，它们之间有着密切的联系，不仅需要把具有查考价值的全部会议文件完整地保存下来，而且还要依照它们之间的历史联系，科学地加以整理、鉴定、区分，组成案卷。这样才能很好地反映公司活动的历史面貌，并便于查考和利用。

（2）保持历史的真实面貌，反映工作的客观进程。会议文件是公司活动的第一手珍贵的历史记录，是公司会议活动的真实记载，通过立卷归档，完整地将会议文件收集保存下来，可以真实地体现公司的工作进程和历史面貌。

（3）保护会议文件的完整与安全，便于保存和保管。会议文件内容广泛、数量很多，如不加以系统整理，不仅不便于使用，而且容易磨损散失，特别是零散的会议文件，按一定的规格立卷、装订成册，可以避免文件破损和散失、丢失和泄密，有利于保存和管理。

（4）保证会议秘书工作的联系性，为档案工作奠定基础。公司的文件是公司档案的来源，会议秘书部门将讨论完毕的文件立卷，算是完成了文书处理工作。案卷移交给档案部门后，会议文件便从运转过程进入了档案管理阶段。所以，立卷是档案部门的工作对象，立卷工作是档案工作的基础，立卷的质量直接影响档案的质量。

2. 会议文件立卷归档的范围和分工

公司日常处理的会议文件很多。在众多会议文件中，绝大多数需要留作查考，其中也有少数没有查考价值，这就需要明确规定会议文件的立卷归档范围，以确保有保存价值的会议文件资料能完整地立卷保存，做到既不遗漏，又不重复庞杂。同时，还应明确立卷归档分工，避免遗漏和不必要的重复。会议文件的立卷归档要严格遵守档案制度，要把会议过程中的一整套文件资料进行分类归档。

（1）会议文件立卷归档的范围。

根据有关规定，会议文件立卷归档的范围是：

1）各种例行会议、工作会议和其他各种会议所形成的全部会议正式文件资料，如决定、决议、指示、计划、报告、开幕词、闭幕词等及其复印稿。

2）上述会议的参考文件资料。

3）上述会议的出席、列席、分组名单。

4）上述会议的议程、日程和程序。

5）上述会议的书面通知、来往重要电报、电话记录等。

6）上述会议的会议记录、发言稿、简报、快报、纪要及其复印稿。

7）领导在上述会议上的报告、讲话、谈话及其复印稿。

8）上述会议的选举材料。

9）上述会议有关的图表、照片、视频资料等。

10）上述会议的证件。

11）上述会议的记事表。

12）上述会议的总结情况。

13）会议总结。

14）与会人员名单、联系方式。

15）其他有关资料。

此外，对于外出开会带回来的重要的、有价值的文件资料，也应立卷归档。

（2）会议文件立卷归档的分工。进行立卷归档分工是为了避免公司不同部门之间，会议文件立卷发生不必要的遗漏或重复。

3. 会议文件立卷的基本原则和方法

（1）会议文件立卷的基本原则。会议文件立卷工作的基本原则是“一会一案”，即以会议为单位立卷，按照会议文件资料的自然形成规律，保持文件之间的历史联系，反映公司工作活动的特点和真实面貌，便于保管和利用。

（2）会议文件立卷的方法。

1）编制案卷类目。会议立卷工作在正常情况下，应依据事先编制好的案卷类目来进行。案卷类目是每年年初在实际文件产生之前，根据公司性质、职权范围、内部组织结构情况、当年会议工作计划、任务和一年中可能产生的会议文件情况，参照往年的案卷类目，按照立卷要求拟制出的案卷分类名册。这是一种比较详细具体的立卷规划。编制案卷类目可以由会议秘书部门的有关工作人员提出方案，经主管领导批准即可。

2）灵活运用文件的特征立卷。每一份会议文件都有其一定的特征。一般来说，一份文件主要由作者、名称、内容、收文机关和形成文件的时间等几个基本部分组成，可以概括为六个特征：部门特征、时间特征、名称特征、作者特征、地区特征、通讯者特征。会议立卷就是按会议文件资料的共同特征或以一个特征为主结合其他特征组成案卷。通常来说，一卷之内结合使用两个以上特征立卷，是比较科学的方法。

4. 会议文件立卷的工作程序

本部分主要针对的是会议文件立卷工作，对于信息的立卷归档可参考文档管理部分。

（1）大中型会议文件立卷。

1）收集资料。这是立卷工作的第一步，要按会议文件立卷范围将会议中形成的所有文件、资料及时完整地收集起来。

① 分发会议文件时须留出必要的份数。一般印发的文件以保存两份为宜（不包括原稿）。重要会议文件的初稿、历次修正稿也应保存，如有复印稿，亦应保存一份。

② 注意收集领导阅办完的会议文件资料。

③ 注意收集会议的非正式文件，如来往电报、电话记录、证件等。

2）甄别整理。

① 检查收集的文件资料是否齐全完整，如有未收集的应尽快收集起来。

② 剔出不需立卷归档的会议文件资料。

3）分类归卷。对会议所有文件进行大体分类，区分为主要文件、一般文件、参考文件、大会发言、书面发言、领导讲话、会议简报、会议快报、有关文书资料等，然后按问题和时间特征立卷。一般来说，会议主要文件（报告、决议、结论及主要负责人的重要讲话等）单独立卷；一般文件及参考文件，分别按问题特征立卷；大会发言按发言日期立卷；书面发言按地区或单位立卷；通知、来往文书均按时间立卷。

4）组卷。组卷时最好将永久、长期、短期三个保管期限的文件分别组卷。同一类问题的文件集中组卷，按照文件张数多少，多的可分几个属类汇成若干卷，少的可将若干属类汇成一卷。卷内文件按重要程度和时间进行排列，同一文件的不同修改稿按时间先后顺序排列，定稿放在前面。同时，为使案卷不受污损，要拆除文件上的金属钉和障碍物，注意文件页码顺序的排列。

5）卷内文件编目。定卷以后在会议文件上加盖编目章（包括卷号、顺序号），以卷为单位编排标注页号，第一页在右上角，第二页在左上角，把每份文件在卷内的位置固定下来。然后，按顺序填写卷内目录，没有标题的文件要代拟标题。

6）填写卷内文件备考表，即对每次会议卷内文件情况做必要的说明，说清楚文件的来龙去脉、形成过程以及文件重要程度和卷内文件变动情况等，字迹要清楚，卷面要整洁，立卷者、检查者还要签注姓名和立卷时间。

7）拟定案卷标题。每个案卷要拟定标题，一般应反映出会议名称、作者和主要内容。它是查找利用文件的基本线索，因此所拟标题要确切，语言要通顺精练，概括性强。标题通常由作者、问题、名称三部分组成。

8）填案卷封面。案卷封面要用毛笔或钢笔正楷书写，字迹要清楚、整洁，卷皮所列项目应填写齐全，卷皮起止日期均以卷内文件的最早和最晚日期为准。

9）案卷排列。大中型会议文件的分卷，也按保管期限、重要程度和时间排列。

10）编写案卷目录。案卷目录是登记案卷和提供利用档案的基本工具，是立卷部门向档案部门移交案卷的手续和凭证，也是档案部门检查、统计案卷的依据。要按案卷排列顺序逐卷、逐项填写案卷目录，打印一式三份，两份随案卷移交档案部门，一份留存备查。

上述工作完成后，即可按归档要求移交档案部门。在正常情况下，应在第二年上半年将上一年的案卷向档案部门移交归档。归档时交接双方应按照案卷目录清点核对无误后，履行签字手续。

（2）日常工作会议文件立卷。日常工作会议文件立卷也要从收集资料做起，做好甄别整理。然后是组卷、拟定案卷标题。其他如卷内文件编目、备考表的填写、卷皮的填写、案卷目录编写等，与大中型会议基本相同。上述工作完成后，即可按归档要求移交档案部门归档。

小案例

在一次商务会议后，新来的秘书面对一大堆会议文件不知怎样立卷归档。她把主要文件与一般文件混在一起归档，在编写目录时将本公司部门的与外单位的混在一起。秘书钟苗看到这种情况后，耐心地告诉她立卷归档的基本程序及注意事项，并手把手地教给她具体的操作步骤。

分析：秘书需要重视会议文件的立卷归档工作。会议文件的立卷归档工作要严格遵守档案制度。立卷归档应该根据会议类型和材料多少而定。秘书在收齐会议文件后，应及时整理会议相关文件，加工、修改与会人员的讨论稿，根据需要形成决议纪要或会议纪要。会议文件的立卷归档原则上是一会一卷，便于日后查找、利用。秘书应及时将与会人员名单、议程汇报的资料、会议记录、会议纪要，会议照片、录像、录音等相关文件资料组卷归档，注意分门别类或按时间顺序装订成册。

（三）会议文件收集整理的工作程序

根据上述会议文件立卷归档的程序介绍，可以将其基本程序简单归纳为：将收集的会议文件进行登记→向上级总结、汇报情况→甄别整理、分类归卷→卷内文件的排列→卷内文件的编号、编目→填写卷内文件的备考表→案卷标题的拟制→填案卷封面→移交给档案室→清理、销毁不再利用的纸张。会议文件多属草稿性质或参考性质，并带有保密性，所以会议文件在会后多数应收回。有关会议的文件及原材料、照片、音频、视频等，都是宝贵的资料。会议结束后，秘书应立即收集整理，分类归卷，保存起来。会议档案整理一要及时，二要完整。秘书需要对收回的文件进行登记，并及时向领导汇报。对重要会议的资料、具有查考价值的文件在处理完毕后，依据其相互的内在联系，迅速进行分类、立卷，建立专门的档案，既方便查找，又可以为下一次会议提供参考。会议文件归档后应由有关人员保管，不要保留在个人手中。

大会文件基本上是按重要程度和时间进行排列的，如开幕词、领导讲话、报告、决议、大会文件、大会发言、书面发言、参考资料、大会的来往文书、通知、纪要等，有关选举方面的文件要单独排列在后边。

按照会议文件立卷归档的要求，每份文件均应保存三份，即一份原稿、两份印稿。重要文件的初稿和历次修改稿的原稿和复印稿也各保存一份。大会文件除立卷保存的以外，要再保存若干套复印稿，按文件原来编号存放或按问题汇编成册，以备查找利用。为了会后利用方便，对所保存的会议文件应该按问题分类编出卡片，作为索引。

在按照文书立卷的原则和方法将会议文件立成案卷以后，应该按照归档制度的具体要求，办理好向档案部门的移交工作。这样，整个会议文件的立卷归档工作即告结束。对于整理完毕不再有使用价值的纸张或清退后需要销毁的会议文件、简报等，应先登记造册，然后按规定进行销毁。严禁将会议文件、简报等当废纸出售。

（四）会议文件收集整理的注意事项

1. 整理会议文字记录

（1）熟悉有关方针政策，提高思想理论水平，增强分析和理解能力。

（2）善于对讲话中的不足之处进行补正。口头表达有明显的随意性。做记录整理，或将讲话整理成文章，有的甚至作为指导性或指定性文件下发时，就要求整理人能鉴别出过之、不及和疏忽之处，加以补正，这也体现一种能动性。

（3）加强写作训练，提高写作水平。要把口头语言转换成书面语言，做到既保留讲话人的风格，又要观点鲜明、条理清晰、文从字顺。

2. 整理会议录音

整理录音的工作，就是根据所录语言的中心思想，删除不必要的语言，补充和修改不足、不恰当以及没有录进去的内容，使整理稿成为中心明确、条理清楚、文字通顺、内容连贯的书面材料。

录音整理是针对讲话、发言没有文稿或讲话、发言与文稿差距较大的情况而开展的。对于照本宣科所做的录音，就没有整理的必要，只要把录音文件存档即可。

整理录音既要借鉴整理文字记录的方法和技巧，也要结合录音的特点，掌握一些方法和技巧。

（1）删除。在整理过程中，要删除不必要的、重复的语言，还要根据讲话稿的用途，删除不宜公开的材料。对明显的错误说法给予删除或代为改正，删除过多的举例，只留下最能说明问题的一个。

（2）增加。在整理过程中，应该增加一些作为书面文章必不可少的内容，如补充语句、标点、标题等。

（3）修改。这里所说的修改主要是指语法、写作上的修改。

如果讲话人表达不规范、不严谨、不确切，引文不准、层次混乱、衔接不好，就要对录音进行修改。在整理录音时，要特别注意辨别讲话人的声音，不可张冠李戴。

（4）送审。录音整理好后，要送讲话人、发言人审阅。讨论性的发言除了给发言人审阅，还要送会议领导、主持人审阅。这样，一方面，讲话人、发言人、会议领导、主持人可以对自己的讲话做些修改；另一方面，也可避免因整理者水平所限而造成的整理错误。送审是对讲话人的尊重，更重要的是，这是一种工作程序，必须按工作程序办。

（5）整理录音在技术上要注意的事项。一是在整理时，千万不要按错键，以防把录上的内容抹去，保险的办法是在整理录音前先复制一份放好，这样就万无一失了。二是为避免过多地按键，在整理录音时，可使用录音设备的暂停功能，放一句录音，记一句。如果用的是可变速的录音设备，可慢速放音，这样，整理者能够记得过来。三是重要的会议录音要注意保密。

二、会议纪要的内容和要求

会议结束后，要运用会议纪要的形式，将会议的情况及议定事项记载下来，并要传达给与会单位的有关人员，使他们对某个会议有共同的认识与行动方向，以利于贯彻执行。

（一）整理、编写会议纪要，并经领导签字后及时打印成文

会议纪要是记载和传达会议情况及其议定事项的书面材料，是在会议记录的基础上，分析、综合、提炼而成，用来概括反映会议精神和会议成果的文件。会议纪要的作用是对上可以汇报工作，对下可以指导工作，对平级可以互通信息。有些会议纪要需要经会议讨论通过并签署，如协调性会议纪要，但大部分会议纪要是在会议结束后为了传达会议精神而拟写的。

会议纪要不同于会议记录，记录是如实记载；纪要则是根据会议的宗旨，用准确而精练的语言综合记叙议事要点和决定事项，它是在记录的基础上进一步分析、综合、提炼而成的文件。

1. 会议纪要的种类

（1）办公会议纪要。办公会议纪要记载和传达领导的办公会议决定和决议事项。如其中涉及有关部门的工作，可将会议纪要发给他们，并要求其执行。

（2）工作会议纪要。工作会议纪要用于传达重要的工作会议的主要精神和议定事项，有较强的政策性和指示性。

（3）协调会议纪要。协调会议纪要用于记载协调性会议所取得的共识以及议定事项，对与会各方有一定的约束力。

（4）研讨会议纪要。研讨会议纪要记载研究讨论性或总结交流性会议的情况。这类会议纪要的写作要求全面客观，除反映主流意见外，如有不同意见，也应整理进去。

2. 会议纪要的内容

（1）会议情况简述。它包括召开会议的根据、目的、时间、地点、与会人员、会议讨论的问题以及会议的成果。

（2）对会议主要精神的阐发。这是会议纪要的主体部分。

3. 会议纪要的拟写要求

经过领导签发的会议纪要是会议的正式文件。这种文件应当简短扼要、观点鲜明、确切说明事项，不必发表议论和交代情况，具体有以下三点：

（1）实事求是，忠于会议实际。

（2）内容要集中概括，去芜存菁，提炼归纳。

（3）要有条理，眉目清楚，使人一目了然。

（二）印制并分发给有关部门或归档保存

需要上报或下发的会议决议等，要抓紧印制并分发传递。会议纪要写好核定后，就要发给有关方面执行。如果会议决定的事项涉及有关部门，可以将会议纪要发给他们，也可以由秘书部门从会议纪要上摘录出有关内容后通知他们。

印发会议纪要只限于日常工作会议，对于大型的会议和专业会议，因为都有正式文件和决议，一般不再印发会议纪要和决办事项通知之类的文件。

（三）会议纪要按印发范围和查看等级分发

会议纪要发出之前，会务相关工作还不能算结束。所以，秘书在拟定会议纪要后，应及时做好会议纪要的印发工作。

1. 确定印发范围

秘书应该根据会议的性质和纪要的内容来确定会议纪要的印发范围。

2. 确认接收者

秘书应根据会议纪要的印发范围，发送到相应接收者手中，并落实接收者签字确认。

3. 签发会议执行

秘书在确认接收者后，将接收者签字确认的会议纪要加以校对，经由领导签字后统一印刷，盖章后发给会议决策执行人。如果会上取得一致的决策没有进一步的实施，印发会议纪要就显得毫无意义。

小案例

为期两周的职工代表大会结束后，秘书李扬马上着手会议纪要的撰写工作。第二天，她就将会议纪要下发到公司各部门，并要求各部门将会议精神传达到每一位员工。没几天，公司上下议论纷纷，对其中涉及自身利益的条文感到非常不满意。意见很快反映到领导那里，领导把李扬叫去问情况，李秘书一脸无辜。

分析：为完整、准确传达贯彻会议精神，使会议决定事项得到认真落实，日常工作会议后，一般都应印发会议纪要和会议决定办理事项通知。会议纪要印发范围应根据会议性质和纪要内容确定。撰写会议纪要的人必须熟悉整个会议情况，客观如实地反映会议的精神。会议纪要的初稿写出来后，要征求与会人员的意见，以便加以补充和修改，使之更加完善，并由领导确认定稿后，才可印发给有关单位贯彻执行。会议纪要按印发范围和查看等级分发。

李秘书在撰写了会议纪要之后，未经领导审核直接下发，这是非常不合程序的行为，给公司带来了额外的麻烦与问题，应加强秘书职业修养的训练。

（四）会议纪要的工作程序

会议纪要的工作程序是：完善会议记录→起草、编写会议纪要→确定印发范围→接收者确认→领导签字→打印成文→印制、分发或归档保存。

秘书要完善会议记录，对于不清楚、不明白、空缺的内容，要在会后立即请教发言人进行完善。为完整、准确地传达、执行会议决定，使会议决定的事项得以具体落实，需要在会议记录的基础上加工整理成会议纪要。秘书需要将接收者签字确认的会议记录加以校对，经由领导签字后印刷，盖章后发给会议决策执行人，使得会议决策得以实施。

（五）会议纪要的注意事项

会议纪要印发范围应根据会议性质和纪要的内容确定。

（1）绝密级会议纪要只印发与会领导。

（2）一般密级会议纪要可印发与会人员，并视情况加发会议内容、决定涉及的部门。

（3）有些纪要保密性强，不宜公开全部内容，只需部门了解有关会议决定事项，此时宜印发会议决定事项通知，即决办通知。会议纪要、决办通知都要标明密级，进行编号。

三、会议经费结算的方法

会议经费的结算是办会者在会议结束后对整个经费使用情况即会议开支费用的结算。会议经费的结算依据是会前经费预算。会议召开之前应拟定会议开支预算，并经领导审核批准。准备专门账册，对会议的各项开支进行详细记录。会议结束后，会议财务工作人员、秘书应按照经领导审定的预算进行决算。一切会议都宜遵循勤俭节约的原则，精打细算，尽量减少不必要的开支，又要保证会议的质量和档次。超过预算指标，又无正当理由的不予报销。要做好会议经费的结算工作，及时向领导汇报，并向财务部门报销。

（一）会议的收费与付费方法

1. 收款的方法与时间

有些会议是要由与会人员向主办方支付一些必要的费用（如资料费、培训费、住宿费、餐饮费等），所以应注意如下事项：

（1）应在会议通知或预订表格中，详细注明收费的标准和方法。

（2）应注明与会人员可采用的支付方式（如现金、支票、信用卡等）。

（3）如用信用卡收费，应问清姓名、卡号、有效期等。

（4）开具发票的工作人员事先要与财务部门确定正确的收费开票程序，不能出任何差错。另外，如果有些项目无法开具正式发票，应与会议代表协商，开具收据和证明。

2. 付款的方法和时间

会议经费的付款方法和时间见表 9-13。

表 9-13　会议经费的付款方法和时间

设施和服务		付款的方法和时间
演讲者	事先确定费用	在活动之后支付给演讲者
食品饮料	事先商定费用	预订时交订金，活动之后按实际支付的钱开发票
会议地点	事先商定费用	预订时交订金，活动之后按实际支付的钱开发票
其他费用的偿付	事先确定的费用，活动之后开具账单	按照账单开具发票
文具和打印	活动之前申请和安排	零用现金支付并开发票
音像辅助设备	活动之前确定租用费用	活动之后为租用费用开发票和结账

（二）会议付费的要求

（1）会议经费的名称要规范。

（2）遵守公司零用现金、消费价格及用品报销的各种财务制度和规定。

小案例

公司员工小张去某城市参加全国电子产品交流会，会期一周。按照会议通知，他交了1600元的会务费，组织方开具了发票。小张回来报销时，财务处说发票无效不予报销，原因是发票上缺少财务章。小张马上与会务组织方联系，几经周折才联系上，对方称他们的发票是正式的，不可能没有财务章，让小张将发票寄给他们，如果确实有问题愿意承担责任。

分析：发票是报销的凭证。发票开具应按照规定的时限和顺序，逐栏、全部联次一次性如实开具，并加盖单位财务印章和发票专用章。不符合规定的发票，不得作为财务报销凭证，任何单位和个人有权拒收。任何单位和个人不得转借、转让、代开发票；没有经过税务机关批准，不得拆本使用发票；不得自行扩大专业发票使用范围；禁止倒买倒卖发票、发票监制章和发票防伪专用品。

本案例中会务方工作不够细致严谨，忘记在发票上盖财务章；而小张也过于粗心，收到发票后没有仔细核查信息。

（三）会议经费结算的工作程序

会议经费结算的工作程序如下：通知与会人员结算时间和地点→清点费用支出发票→核实发票→填写报销单、将发票贴于报销单背面→请领导签字→到财务部门报销→与相关部门及人员结清费用。

秘书要提醒与会人员结清食宿、会务等相关费用。会议一结束，应及时清点整个会议费用的实际支出，对照会前经费预算，逐笔账目进行核点。填写报销单，按报销要求将发票用胶水粘贴在报销单背面。请主管领导签字后即可去财务处报销。一定要结清所有人的费用。将经费的使用情况向领导汇报。

（四）会议经费结算的注意事项

（1）开具会议住宿费发票时，需要向宾馆或酒店索取盖有宾馆或酒店公章的正式发票，保证开立的发票与收取的会务费相等。发票的服务项目一栏如何填写需要询问宾馆或酒店，以利于宾馆或酒店的账目管理。

（2）住宿费一般不包括使用房间的长途电话费、客房小酒吧、在酒店签单的费用。会议主办方如果所收取的会务费不包括这些额外的开支，又不希望这些开销带来不必要的麻烦，可以事先要求宾馆酒店撤掉这些服务项目，或与与会人员说清楚。

四、跟踪反馈落实会议精神

对于会议做出的决定和工作部署，秘书要保证各项工作得到及时贯彻落实，要及时了解各执行和配合部门各项工作的开展和贯彻落实情况，并将进度、问题、影响等信息反馈给领导，以便领导随时了解会议决定的各项工作的进展情况，及时采取下一步行动。从会议做出决定到这些决定付诸实施之间的工作环节，称为会议决定事项的传达与催办。这一环节处在会议的“决”与实际的“办”之间，是中间连接环节。

（一）会议决定事项的传达

会议决定事项传达的基本要求是准确、及时、到位。要认真领会会议精神，组织传达，并提出贯彻执行的意见。

（1）传达会议决定事项必须准确，必须原原本本地传达，不得采取“实用主义”的态度，断章取义，随意舍弃不符合自己意见的有关事项或认为对自己不利的问题；更不得站在利己的立场，或搞本位主义，对会议决定随心所欲地做解释。

（2）传达会议决定事项必须及时，不能拖延，当会议决定本身有传达时间的特定要求时，如要求上级某文件下达基层之后再传达，则应执行这些时间要求。

（3）传达会议决定事项必须到位。会议决定一般都规定了传达的范围，应该直达其人。有些会议决定属于保密事项，则应严守保密规定。

会议决定事项的传达方式有口头传达、录音录像传达、印发文件等。其中，印发文件包括会议决定、会议简报、会议纪要、会议决定催办通知单等。实际采用什么方式传达取决于会议的性质、内容和要求。

（二）会议决定事项的催办与登记制度

1. 催办的意义

催办是指秘书对有关单位和部门落实会议议决事项办理情况的检查和催促。会后催办对做好会议精神的传达贯彻、落实会议的各项决定具有重要意义。

建立会议事项的催办与登记制度，目的是使会议精神落到实处，防止有关单位不重视会议交办事项，长期推诿、拖延，工作效率低下，或从自身局部利益出发，对会议交办事项采取消极抵抗态度，故意不办。另外，催办也是一条信息反馈渠道，可使领导及时掌握会议决定事项的办理情况，了解办理过程中出现的新问题、新情况，并有针对性地采取措施加以解决，保证会议决定事项办理工作的顺利进行。因此，检查催办与登记是会后工作中不可缺少的重要内容。

检查催办工作要做到如下几点：

（1）明确催办人员。

（2）健全登记制度，建立催办登记簿，逐项列出检查催办的事项，并由催办人员根据实际情况，定期记载催办事项的进展状况。

（3）建立汇报制度，催办人员可采用口头汇报、书面汇报、专题报告等多种方式向领导汇报催办事项的落实情况，对一些重大问题不能自作主张，要听从领导的指示。

2. 会议决定事项传达催办登记

会议决定事项的催办通常是：①业务范围明确、专一的工作，责成相关业务部门催办；②综合性、交叉性的工作内容由秘书部门或综合部门负责催办；③几个部门、几个单位联合召开的会议的决定，由牵头部门或单位负责催办；④领导集团本身会议形成的决定，由秘书部门或指定单位负责催办。会议决定催办的事项还需要有领导机关主要负责人的支持，需要具体分管的领导者的督促检查。在会议决定事项催办工作任务较重的部门应建立相关的制度。比如，建立会议决定事项催办的汇报制度、登记制度等。登记制度应设置登记表（见表 9-14）。

表 9-14　会议决定事项传达催办登记表

<table>
<tr><td>会议名称</td><td colspan="4"></td><td>时间</td><td></td><td>地点</td><td></td></tr>
<tr><td>参加人员</td><td>主持人</td><td></td><td>出席</td><td></td><td>列席</td><td></td><td>记录员</td><td></td></tr>
<tr><td>会议发文</td><td colspan="6"></td><td colspan="2">记录本页
__本__页</td></tr>
<tr><td colspan="3">会议决定事项摘要</td><td colspan="2">承办部门</td><td colspan="2">传达情况</td><td colspan="2">办理情况</td></tr>
<tr><td>1. ……</td><td colspan="2"></td><td colspan="2"></td><td colspan="2"></td><td colspan="2"></td></tr>
<tr><td>2. ……</td><td colspan="2"></td><td colspan="2"></td><td colspan="2"></td><td colspan="2"></td></tr>
<tr><td>⋮</td><td colspan="2"></td><td colspan="2"></td><td colspan="2"></td><td colspan="2"></td></tr>
</table>

3. 催办的方式

催办的方式通常有发文催办、电话催办、派员催办或约请承办部门来人汇报等。

（1）发文催办。发文催办又称发函催办，即向执行单位发送催办函或催办单。催办文件上需要写明要求贯彻执行的决定、决议的内容和条文，写明办理要求、办理时限，并要求将办理结果及时书面告知。发文催办在催办单位必须登记在案。一次催办不成，可以再催办两次、三次，务求有所结果。

（2）电话催办。电话催办比发文催办更为快速、方便，适用于本地区、本系统、本单位的一般工作部署。电话催办除了快速、方便，还有两个优点：一是可以直接找到执行的当事人，不像文件那样可能会几经周折；二是可以双向沟通，通过对话可以及时了解执行的情况或遇到的困难，可以及时汇报、研究，而不至于像发文催办那样只是单项催促、等待结果。但电话催办也有缺点，就是容易被忽视，所以电话催办往往频率更高、间隔时间更短。

（3）派员催办。重要的、紧急的决定、决议下达之后，领导部门往往委派专人（通常是秘书）去催办。派员催办比电话催办更为直接，是一种面对面的催办形式，比文件更受执行单位的重视，甚至形成某种压力，有着明显的督促作用。派员催办还可以观察现场，了解基层实况，发现问题或困难可以及时帮助研究、解决，或向上级领导及时汇报、请示处理。派员催办的缺点是花费的时间、精力或费用较大。

另外，还可以通过约请承办部门来人汇报方式进行催办。

对于重要的会议决定事项，秘书应采取发文催办的方式，填写“发文催办卡”，要求有关单位限期办理完毕；对有些事项，可采用电话催办的方式，但必须有电话记录，以备查考。对个别牵涉单位多、相互扯皮、事情难办的事项，应采取派员催办或约请承办部门来人汇报等方式，与有关单位面对面协商解决。催办方式可以交替、结合使用。总之，一定要抓好会议决定事项的落实工作，这是提高会议效率的最后环节。

（三）会议决定事项的反馈

会议决定事项的反馈就是将会议决策精神传播给执行者后，通过各种途径和方式将执行者的意见收集起来，反映给领导者的过程。它既是实现会议决策目标的主要环节，是对会议决策的检验、制约和完善，又是公司领导做出决策、正确行使指挥职能的重要手段。

1. 反馈的原则

反馈信息，一要迅速及时，便于领导尽快了解和掌握实施执行中的各种信息，从时间差上找效率，不能当“马后炮”，失去反馈的意义；二要真实准确，真实准确的信息是领导决策或完善决策的重要依据；三要对堵塞言路、阻止反馈的言行认真对待和处理，使反馈渠道保持畅通无阻。

2. 反馈的重点

反馈的重点主要是妨碍会议决策落实活动的各种信息。因为决策不是目的，通过实施取得社会效益才是目的。如果在贯彻落实中出现了影响进程和效益的因素，又不及时反馈，求得上级帮助解决，将会造成一定损失，甚至前功尽弃。即使自己能解决问题，亦不应顾及单位和个人声誉而隐匿不反馈，更不应弄虚作假、欺骗上级和群众。

3. 综合反馈

在总结的基础上系统地进行综合性的反馈。这种反馈要实事求是，找出经验教训，提出今后意见，如实向上级组织反馈，同时还要向公司或其代表反馈。这是取信于民、动员群众的重要方法之一。

小案例

一段时间以来，某公司的一些会议决定迟迟得不到落实，也有的部门因对领导处理问题持有异议，故意将会议决定拖延。这使领导非常挠头。为解决此种被动状况，秘书小李帮助领导在会后及时梳理会议决定内容，制定“近期工作提示表”，明确写出每项工作的截止日期与相关要求，下发到相关部门；并提前一周给各个部门打电话提醒对方该交材料了，暗示对方要及时完成任务。在小李的提示和反复催办下，各个部门工作变得积极起来。另外，秘书协助公司领导层层开会，对一些问题加以澄清，统一了认识，从而疏通了会议决办环节。

分析：传达落实会议精神是秘书的重要职责之一。会后的检查催办是会后工作中不可缺少的重要内容，可以敦促会议精神落到实处。秘书的工作就是组织、协调、辅助领导顺利完成工作，所以当发现问题时，秘书应不畏困难，想方设法及时疏通、努力解决。

（四）跟踪反馈落实会议精神的工作程序

跟踪反馈落实会议精神的工作程序为：会议决定事项的传达→会议决定事项的催办与登记制度→会议决定事项的反馈。

会议决定事项是需要下级机关和单位贯彻执行的，为督促下级部门和人员及时贯彻执行，避免将应当及时办理的事情拖延或遗忘，需要对决定事项的贯彻及时进行催办。

催办、查办工作应形成一定的制度。定期催办，及时落实，直到办完为止。有的公司在办公室设有专人负责会议决定事项的催办工作，建立催办登记制度，利用催办卡及时进行催办工作。有的还建立有会议决定事项催办落实报告制度，利用催办报告定期向领导人员报告、反馈会议决定事项的落实情况。

公司的决策是调查、决策、落实、反馈，再调查、再决策、再落实、再反馈的螺旋式往复过程。通过这种过程，决策不断趋于完善。秘书需要对会议决定事项做及时、准确、科学的反馈。会后反馈工作分为会议决议、决定事项的监督检查和贯彻落实情况的反馈汇报两项内容。要通过各种方式和相应的渠道及时将有关情况、信息、意见和建议反馈给有关部门及领导，保证会议精神的贯彻落实。

（五）跟踪反馈落实会议精神的注意事项

在会议决定中明确落实承办责任，须注意以下两类问题：

1. 综合性的、需由多部门共同办理的工作事项

这些工作事项涉及多部门，必须明确由哪一部门牵头主办，并授予牵头部门进行实际组织和协调其他部门的权力。如果不明确牵头主办部门，相关部门之间可能扯皮、推托，使会议决定难以落实。

2. 部门职责分工边缘的、交错的工作事项

领导机构各部门一般有明确的职责分工，在平时的正常业务范围内能够正常运转。但是，会议决定的内容不一定全部与平时分工对口，往往有一些内容处于几个部门工作的边缘状态，或是处于几个部门分工的交叉点。对于这些工作，会议决定要明确指定一个部门或者单位领导确定一个部门承办。否则，有时就会形成“有好处的事抢着干，得罪人的事都不做”的局面，耽误会议决定的落实，甚至有可能引起部门之间的矛盾。

五、传达落实会议决策

（一）会议决策传达落实的作用

1. 会议决策传达落实是实现会议决策目标的主要环节

任何会议决策都是为了实现社会的某种需要，而实现这种需要的手段就是对会议决策迅速付诸实施，使决策目标如期或提前实现。落实的主要任务是将主观的东西变为具体的实际行动。没有这种行动，决策就失去意义；如果落实不力，就收不到好的效果。可以说，传达落实是实现会议决策目的的重要一环。

2. 会议决策传达落实是衡量下级组织得力与否的主要标志

上级组织通过对会议决策的贯彻落实过程，考核和衡量下级组织领导班子是否称职和得力。

3. 会议决策传达落实是对会议决策的检验、制约和完善

好的会议决策是经过调查研究、收集信息、可行性论证和咨询、集思广益做出的。由于人们认识上的差距及其他原因，有时并非完美无缺、切实可行。会议决策只有通过落实才能得到检验，并予以修正和完善。所以，决策需要落实，而落实的好坏对决策能否顺利实现则有一定的制约甚至直接影响。

（二）传达落实会议决策的要求

1. 迅速果断，保证质量

会议决策事项一般包括时间和质量（标准）要求，规定在一定的时间内按要求实现某项目标或任务。决策信息一经发出，就应迅速组织实施。在保证质量（标准）要求的前提下，实施越迅速，效率越高；反之则越低。因此，下级组织要努力创造条件，克服困难，尽快贯彻落实。

2. 忠实决策，不打折扣

下级在传达落实中首先要深刻认识和理解并结合实际进行分析，在此基础上不折不扣地按决策精神办事。在实施中还要严明纪律和规章制度，以保证决策卓有成效地达到目的。

3. 解放思想，创造性地落实

这就要求发挥自己的主观能动作用，结合实际，采取相应的灵活有力的措施，使之具体化、可行化。

因此，有力地传达落实工作是会议决策目标顺利实现的关键。

（三）传达落实会议决策的具体实施

所谓具体实施就是在充分准备的基础上，进行实际操作的活动，这是决策落实的主要步骤的关键阶段，一般应抓好下列环节：

1. 传达动员

为取得传达布置的较好效果，要事先调查和了解员工的思想动向与脉搏，有针对性地解决认识问题，使之消除疑虑，轻装上阵。

2. 分解任务

在传达动员的基础上，将落实任务按系统层层分解下去，直至每个执行者个人。要职责明确，保证计划或安排的落实。

3. 互相沟通

整个实施过程是一个复杂的系统工程，需各子系统和系统内部的小系统以至每个人共同努力、团结协作才能完成。部门之间、个人之间需要及时互通信息、克服困难，消除不利因素，做到步调一致、协同动作是十分重要的。

4. 操作控制

操作控制是指对整个落实过程全部活动的监督和制约。监控方法很多，可以收集汇报，获取信息，利用规划进度表及现代化的闭路电视、电子计算机等。

5. 效益考核

在实施过程完成后考核，是实现高标准、高效率的必要步骤。考核方法除由主管或专业人员根据要求进行外，还可以采取执行人员自我鉴定、共同评议、群众复议等办法。考核要体现公开公正原则，必须尊重客观实际，最后由领导把关审查。

小案例

××有限公司是一家销售本地特色农产品的公司，公司有50多位员工。近期公司新换了一位销售经理，比较喜欢强调自己的重要性，特别爱开会，每次开会都让别人先讲，自己做总结，但总结的内容又是前面别人讲过的。这样会议变得越来越多，而且耗时越来越长，员工工作积极性也受到了严重的影响。

分析：会议对于一个组织的行政管理而言，是必不可少的重要手段。但是会议过多，形成“会海”则是行政管理的一大弊端。所以，作为秘书要提高认识和站位，协助领导控制好会议的频率、会议的时长和会议的规模，有效开会，提高效率。

任务实施

任务回顾：合作方为什么中止了与该公司的合作？

因为张秘书平时工作粗糙马虎，对文件不做细致有序归类，等用时就手忙脚乱，甚至把重要的合作意向书都弄丢了，这是原则性错误。合作方根据张秘书的工作作风就能想见其领导作风随意、企业文化不严谨，所以中止合作也是情理之中的。

技能训练

一、请举例说明你经常抱怨的会议现象。借助本项目所学知识，你认为通过什么方式可以缓解或者消除这种现象？

二、你认为会议中哪些环节较影响与会者的感受？

三、阅读下面案例，这则案例说明了什么问题？

××公司邀请全国的客户来参加新开发的××系列化妆品的洽谈订货会，地点是云南昆明，李秘书负责安排与会者的返程工作。他想先解决容易预订的近处与会者的车票，再慢慢解决远地难以解决的车票预订问题，而且他自以为只要为大家尽可能预订火车硬卧票就行了。结果，部分与会者因不能及时拿到返程的车票或机票而对组织方十分不满；有些与会者拿到票后感觉不满意，又要求组织方更换车次或退票，结果闹得大家不欢而散，使洽谈订货会的工作成果大打折扣。

参 考 文 献

[1] 孟庆荣，张庆丰．秘书理论与实务 [M]．3 版．北京：北京大学出版社，2017.

[2] 刘慧霞．会议组织与服务 [M]．2 版．北京：北京大学出版社，2019.

[3] 李强华，吴良勤．办公室事务管理 [M]．2 版．武汉：华中科技大学出版社，2017.

[4] 卢海燕．办公室事务管理 [M]．北京：中国人民大学出版社，2014.

[5] 葛红岩．新编秘书实务 [M]．4 版．北京：高等教育出版社，2019.

[6] 王琦．秘书信息工作与档案管理 [M]．2 版．北京：中国人民大学出版社，2019.

[7] 王励，王瑞成．秘书理论与实务 [M]．北京：科学出版社，2008.

[8] 黄若茜，陈琼瑶．秘书理论与实务 [M]．北京：清华大学出版社，2007.